Familientraditionen und Familienkulturen

AF172755

Meike Sophia Baader · Petra Götte
Carola Groppe (Hrsg.)

Familientraditionen und Familienkulturen

Theoretische Konzeptionen, historische und aktuelle Analysen

Springer VS

Herausgeberinnen

Prof. Dr. Meike Sophia Baader
Universität Hildesheim
Deutschland

Dr. Petra Götte
Universität Augsburg
Deutschland

Prof. Dr. Carola Groppe
Helmut-Schmidt-Universität
Universität der Bundeswehr Hamburg
Deutschland

ISBN 978-3-531-18468-5   ISBN 978-3-531-19064-8 (eBook)
DOI 10.1007/978-3-531-19064-8

Die Deutsche Nationalbibliothek verzeichnet diese Publikation in der Deutschen Nationalbibliografie; detaillierte bibliografische Daten sind im Internet über http://dnb.d-nb.de abrufbar.

Springer VS
© Springer Fachmedien Wiesbaden 2013

Das Werk einschließlich aller seiner Teile ist urheberrechtlich geschützt. Jede Verwertung, die nicht ausdrücklich vom Urheberrechtsgesetz zugelassen ist, bedarf der vorherigen Zustimmung des Verlags. Das gilt insbesondere für Vervielfältigungen, Bearbeitungen, Übersetzungen, Mikroverfilmungen und die Einspeicherung und Verarbeitung in elektronischen Systemen.

Die Wiedergabe von Gebrauchsnamen, Handelsnamen, Warenbezeichnungen usw. in diesem Werk berechtigt auch ohne besondere Kennzeichnung nicht zu der Annahme, dass solche Namen im Sinne der Warenzeichen- und Markenschutz-Gesetzgebung als frei zu betrachten wären und daher von jedermann benutzt werden dürften.

Lektorat: Stefanie Laux

Gedruckt auf säurefreiem und chlorfrei gebleichtem Papier

Springer VS ist eine Marke von Springer DE. Springer DE ist Teil der Fachverlagsgruppe Springer Science+Business Media.
www.springer-vs.de

Inhalt

Einleitung der Herausgeberinnen:
Familientraditionen und Familienkulturen 7

Familientraditionen und Familienkulturen:
Theoretische Konzeptionen und Diskussionen

Petra Götte
Von der Tradition zur Erforschung von Tradierungspraxen –
Überlegungen zu Tradition und Tradierung
aus familienhistorischer Perspektive 13

Wolfgang Gippert
Familienkultur oder Kulturgeschichte des Familialen? 33

Jutta Ecarius
Familie – Identität – Kultur 53

Dominik Krinninger/Simone Bahr
Im Kern der Familienkultur: Symbol und Erfahrung 71

Familientraditionen: Historische und aktuelle Fallstudien

Barbara Rajkay
Autobiographie als Familientradition:
Die Augsburger Familie von Stetten 95

Ulf Morgenstern
Lebensstile, Familientraditionen und bildungsbürgerliche
Elitekonzepte einer liberalen Gelehrtenfamilie.
Das Beispiel der Schückings 119

Christina Rahn
„Es war vorherbestimmt, was aus mir werden sollte"
Nachfolge in Familienunternehmen
zwischen Tradition und Veränderung 139

Familienkulturen: Politische und gesellschaftliche Rahmungen

Ole Fischer
Pietismus und Aufklärung in Familienkonstellationen 163

Till Kössler
Familie und Demokratie im „Zeitalter der Extreme".
Spanien 1931–1936 183

Sandra Kirsch
Familien in der Migration – zur Bedeutung
kultureller Einbindungs- und Ablösungsprozesse
für die Entwicklung des Selbst in der Adoleszenz 209

Isabel Heinemann
‚Modernizing Mom'? Der Einfluss von Expertendiskursen
und Werbung auf die Familienwerte in den USA des 20. Jahrhunderts . . . 235

Claudia Roesch
Umstrittene Familienkonzepte: Repräsentationen
von Familienwerten US-amerikanischer Experten
und mexikanisch-amerikanischer Bürgerrechtsaktivisten im Wandel 257

Die Autorinnen, Autoren und Herausgeberinnen 281

Einleitung der Herausgeberinnen: Familientraditionen und Familienkulturen

Familientraditionen und Familienkulturen finden in inner- und außerwissen-schaftlichen Debatten zunehmend Aufmerksamkeit. Nicht zuletzt werden sie im Gefolge von internationalen Schulleistungsvergleichen für den schulischen Erfolg oder Misserfolg von Kindern und Jugendlichen mitverantwortlich gemacht. Dabei werden Familientraditionen und -kulturen auch in den Zusammenhang der sozialen Lage von Familien, der Veränderung von Lebensstilen sowie allgemeiner gesellschaftlicher Normen- und Werteentwicklungen gestellt. In historischer Perspektive ist das Interesse an Familientraditionen und -kulturen zunächst aus den neueren Theoriedebatten um die Möglichkeiten und Grenzen sozial- und kulturhistorischer Zugänge erwachsen. In diesem Kontext ist durch die stärkere Beachtung der historischen Akteure und Akteurinnen eine Reihe von mikrohistorischen Familienbiographien entstanden; dezidierte historische Forschungen zu Familienkulturen und -traditionen sind jedoch weiterhin selten.

Vor diesem Hintergrund hatte sich der Arbeitskreis Historische Familienforschung (AHFF) in der Sektion Historische Bildungsforschung der Deutschen Gesellschaft für Erziehungswissenschaft die Aufgabe gestellt, das Thema Familientraditionen und Familienkulturen theoretisch und empirisch – historisch wie aktuell – zu erarbeiten. Im Zentrum der Analyse stand dabei stets die Familie als erziehende und sozialisierende Instanz, die neben weiteren gesellschaftlichen Institutionen die Persönlichkeitsentwicklung ihrer Mitglieder durch Generationsbeziehungen, Erziehung/Erziehungsstile und sozialisatorische Arrangements entscheidend prägt. Dies ermöglichte analytische Zugriffe auf die Familie auf verschiedenen Ebenen. Mikrohistorisch ging es bei Familientraditionen um die Entstehung, Ausgestaltung und Weitergabe von Ritualen, Themen, Aufträgen, Normen und Werten etc. in der Familie. Dabei zeigte sich, dass Familienkulturen, d. h. familiale Lebensstile und Generationsbeziehungen, die Ausgestaltung kindlicher und jugendlicher Lebensräume in der Familie, Familienfeste etc. stark durch Familientraditionen geprägt sein können. In makrohistorischer Perspektive geht es um gesellschaftliche, politische, kulturelle und ökonomische Bedingungsgefüge und Einflussfaktoren auf Familienkulturen und -traditionen. Hier stellt sich unter anderem die Frage nach der Bedeutung von Standes-, Klassen-, Schicht- und Milieuzugehörigkeit, nach der Bedeutung öffentlicher Debatten und Stellungnahmen, von bildungs- und familienpolitischen Maßnahmen etc. für Familienkulturen und -traditionen.

Insbesondere die erneute Pluralisierung von Familienformen im Verlauf des 20. Jahrhunderts nach der Hochzeit des Ideals der klassischen Kernfamilie im 19. Jahrhundert und seiner Geltung bis in die zweite Hälfte des 20. Jahrhunderts verweist aber auch darauf, dass Familie als soziale Formation zunehmend hergestellt werden muss. Damit wird Familie im Zuge von Modernisierungs- und Pluralisierungsprozessen reflexiv, das heißt sie muss sich als Familie überhaupt erst konstruieren und herstellen ('doing family'), möglicherweise auch von Vorgängerkonstellationen abgrenzen. Um diese Prozesse zu beschreiben, hat die Familienforschung auf die Bedeutung von Verhandlungsprozessen hingewiesen, diese sind jedoch kaum ohne die Einbeziehung von Familienkulturen und -traditionen zu erfassen.

Zudem wurden Familientraditionen und -kulturen bislang überwiegend unter der Fragestellung der gelingenden generationellen Weitergabe, also von Kontinuität und Wandel, erforscht. Weniger berücksichtigt wurde die Frage, welche inner- und außerfamiliären Bedingungen denn tatsächlich Kontinuität ermöglichten und welche dagegen Brüche in Familienkulturen und -traditionen erzeugten. In Einzelfallanalysen und in der Erforschung von staatlichen, sozioökonomischen und kulturellen Rahmenbedingungen in ihren Auswirkungen auf Familien gehen die vorliegenden Beiträge auch dieser Frage nach. Einbezogen in die Analysen werden dabei auch transnationale und internationale Perspektiven und Migrationsprozesse.

Das Buch widmet sich vor diesem Hintergrund folgenden Problemstellungen und Analyseperspektiven: Ein Anliegen ist zunächst, eine Diskussion über theoretische Konzeptionen von Familientraditionen und -kulturen anzustoßen. Zu beobachten ist, dass die umfassende Theoriedebatte um den Kulturbegriff bislang zwar eine erhöhte wissenschaftliche Aufmerksamkeit auf Mikroprozesse in Familien mit sich gebracht hat, aber die Frage, was denn Familienkulturen ausmacht und welche Bedeutung sie für Familien besitzen, ist bislang nicht behandelt worden. Warum das der Fall ist, thematisiert der zweite Beitrag dieses Buches. Schließlich geht es in weiteren Beiträgen um den Zusammenhang von Interaktion und Kulturbildung in Familien und um dessen Bedeutung für die Identitätsbildung der Familienmitglieder sowie für die Reproduktion sozialer Ungleichheit. Des Weiteren wird danach gefragt, unter welchen theoretischen Prämissen Familienkultur beobachtbar und erforschbar ist, wobei dies konkret an Beispielen aus laufender Forschung erprobt wird.

Dass das Thema ‚Familientraditionen' weniger einem common sense der wissenschaftlichen Forschungsperspektiven entspricht als die Familienkulturen, zeigt sich auch in diesem Buch. Obwohl sich das Thema Tradition und ihre Auswirkungen auffallend häufig in politischen und gesellschaftlichen Debatten findet, ist es von der Wissenschaft generell wenig aufgenommen worden. Das vorliegende Buch wird im theoretischen Teil daher eingeleitet mit einem Beitrag, der das Thema ‚Tradition' generell theoretisch bilanziert und dann konkret auf das Konstrukt Familie anwendet.

Daran schließt eine Erforschung und Diskussion des Themas Familientraditionen in Form von drei Fallstudien an, die jeweils eine Familie oder eine familiale Abfolge von Generationen in unterschiedlichen Epochen (18. Jahrhundert, 19. und 20. Jahrhundert, Gegenwart) behandelt und nach der Bedeutung von Familientraditionen für Transferprozesse, Weitergaben von Familienaufträgen, Identitätsbildung der Familienmitglieder etc. fragt. Im dritten Teil werden dann die Familienkulturen in politischen und gesellschaftlichen Kontexten in fünf Beiträgen behandelt, wobei Migrationserfahrungen ebenso analysiert werden wie religiös und weltanschaulich motivierte Handlungsorientierungen und der Einfluss von Expertendiskursen und Werbung auf Familienwerte und deren Repräsentation. Diese Beiträge zeigen, welche Bedeutung politisch-gesellschaftliche Rahmungen für Familienkulturen haben, ohne dass sie dafür ‚eins zu eins' in Familienkulturen umgesetzt werden müssten. Mit den vorliegenden Zugängen gelingt es, eher politikorientierte Perspektiven der Familienforschung mit familienbiographischen zu verknüpfen und somit Makro- und Mikroebene miteinander zu verbinden.

Dieses Buch ist entstanden aus der Arbeit des Arbeitskreises Historische Familienforschung (AHFF) in der Sektion Historische Bildungsforschung der Deutschen Gesellschaft für Erziehungswissenschaft, dessen Sprechergremium die Herausgeberinnen derzeit bilden. Präsentiert werden ausgewählte Arbeiten, die aus mehreren Tagungen und Arbeitstreffen hervorgegangen sind, welche sich mit dem Thema Familientraditionen und Familienkulturen auseinander setzten. Insbesondere zu nennen sind die Tagung „Familienkulturen – (und) Familientraditionen", Stiftung Universität Hildesheim (28.–30. 01. 2010) und die Tagung „Familienkulturen – (und) Familientraditionen. Historische Forschungen und aktuelle Debatten" vom 28.–29. 01. 2011, die an der Universität Augsburg stattfand. Auf den Tagungen und Arbeitstreffen standen sowohl familienbezogene theoretische Reflexionen zum Thema Kultur und Tradition im Fokus als auch historische und aktuelle Analysen, die untereinander in einen wissenschaftlichen Dialog traten. Dabei zeigte sich, dass Familienkulturen und -traditionen elementarer Teil familialer

Erziehung und familialer Sozialisationsordnungen sind und innerfamiliäre Generationsbeziehungen und Transferprozesse nachhaltig prägen. Dieses Buch präsentiert eine thematische Auswahl der zentralen Ergebnisse.

Meike Sophia Baader, Petra Götte, Carola Groppe

Familientraditionen und Familienkulturen: Theoretische Konzeptionen und Diskussionen

Von der Tradition zur Erforschung von Tradierungspraxen – Überlegungen zu Tradition und Tradierung aus familienhistorischer Perspektive

Petra Götte

1   Einleitung

Wer sich mit dem Thema Tradition beschäftigt, stellt zunächst einmal zweierlei fest. Erstens: Traditionen kennen alle, Traditionen haben alle, und alle reden davon: Von Firmentraditionen, von Festtraditionen und von Familientraditionen. Traditionen sind fester Bestandteil in den alltäglichen Praxen menschlicher Kollektive. Zweitens: Traditionen wird eine kaum zu überbietende Bedeutung für die menschliche Existenz zugeschrieben. Traditionen seien ein „Grundphänomen menschlicher Existenz" (Brüggen 1989: 1528), als Teil der Kultur des Menschen seien sie „eine anthropologische Universalie" (Auerochs 2004: 24), so notwendig und unentbehrlich wie Sprache: „Für den instinktverunsicherten Menschen war, ist und bleibt die konservierende Kraft der Tradition eine tiefgreifende Garantie der Kontinuität, Sicherheit und Weiterentwicklung von kulturellen Errungenschaften" (Nahodil 1971: 98). Tradition sei eine Grundbedingung jeder Art von Kultur, „weil sie die Kontinuität von Vergangenheit, Gegenwart und Zukunft" erzeuge (Brüggen 1989: 1528).

Angesichts der hohen Alltagsrelevanz von Traditionen – mithin gilt dies für Familien – und angesichts ihrer offenbar immensen Bedeutung für den Menschen schlechthin sollte man vermuten, zum Traditionsthema gäbe es einen breiten Forschungsstand in der Erziehungswissenschaft bzw. in den Sozial- und den Kulturwissenschaften. Tatsächlich jedoch ist die Literaturlage sehr überschaubar: Vorhanden sind Arbeiten, die sich um eine grundständige theoretische Klärung des *Traditionsbegriffs* bemühen. Neben einzelnen Überblicksartikeln in Sammelbänden (z. B. Steenblock 1998; Wiedenhofer 1990; 2005), sind hier zwei Monografien hervorzuheben: das 1999 erschienene Werk „Zeit und Tradition" der Anglistin und Literaturwissenschaftlerin Aleida Assmann sowie die im Fachbereich Philosophie angesiedelte und 2004 publizierte Dissertation von Karsten Dittmann mit dem Titel: „Tradition und Verfahren". Sowohl Assmann als auch Dittmann stellen Zugänge aus unterschiedlichen Fachdisziplinen zum Traditionsbegriff vor. Und schließlich sind Beiträge zu erwähnen, die sich aus der Perspektive ihrer jeweiligen Fachdisziplin auf begrifflicher bzw. theoretischer Ebene mit dem Thema Tradition befassen (aus soziologischer Perspektive z. B. Boudon/Bourricaud 1992; Giddens 1993; Oevermann 2005; Shils 1981; aus ethnologischer Perspektive z. B. Müller 2005; aus geschichtswissenschaftlicher Perspektive Hobsbawm/Ranger 1983). Resümierend lässt sich also festhalten, dass zum *Begriff Tradition* einschlägige Untersuchungen vorliegen; gleichwohl nimmt sich ihre Anzahl gering aus im Vergleich zur immensen Fülle an Publikationen, die in den vergangenen Jahren zu benachbarten Begriffen, wie z. B. ‚Kultur' und ‚Gedächtnis', erschienen ist. Sehr dürftig sieht schließlich die Lage aus, wenn es um die *empirische Forschung zu Traditionsprozessen und Tradierungspraxen* geht. Dies gilt mithin für Familientraditionen.[1] Vielmehr scheint die neuere empirische Forschung, die sich mit der Weitergabe kulturellen Wissens und mit Erinnerungsprozessen in sozialen Kollektiven einschließlich der Familie befasst, sehr viel stärker mit den vielfältigen Konzepten von „Gedächtnis" zu operieren als mit dem Traditionsbegriff. Studien zum kollektiven Gedächtnis – seinen Inhalten, seinen Formen, seiner Entstehung und Veränderung – haben sich im Feld der Kulturwissenschaften etabliert; der Gedächtnisbegriff ist zu einem zentralen theoretischen Bezugspunkt avanciert (vgl. stellvertretend für viele: Assmann 2000; Erll 2005; Gudehus/Eichenberg/Welzer 2010; Kansteiner 2004; Pethes 2008; Welzer 2004; 2005).

Ein Grund für die mangelhafte Forschungslage zum Thema Tradition mag in der oben bereits angedeuteten „ontologisch[en] und anthropologisch[en]" Überhöhung des Traditionsbegriffs liegen (Simonis 2004: 667). Eine andere Ursache könnte in der nicht nur, aber häufig normativen Verwendungsweise des Traditionsbegriffs liegen. Wenn dem so ist, dann gilt es zunächst einmal, auf die verschiedenen Verwendungsweisen des Traditionsbegriffs aufmerksam zu machen. Dies soll im Folgenden geschehen, wobei der Versuch unternommen wird, drei unterschiedliche Verwendungsweisen des Traditionsbegriffs herauszuarbeiten: In der einen wird der Traditionsbegriff zur Klärung normativer Fragen genutzt, in der zweiten wird er als Gegenbegriff zu Rationalität verwendet und in der dritten Verwendungsweise werden erfundene von echten Traditionen unterschieden. Diese drei Verwendungsweisen verstellen, so die hier aufgeworfene Vermutung, auf die ein oder andere Weise eine vertiefte theoretische und mithin eine empirische Erforschung des Traditionsphänomens. Im Anschluss an die Vorstellung die-

---

1   So ist der Aufsatz „Wissen, wo's Brot herkommt'. Bäuerliche Familientraditionen als Hemmschuh oder Sprungbrett" von Dorothee Suin des Boutemard (2006) eher als Ausnahmeerscheinung anzusehen.

ser drei Umgangsweisen mit dem Traditionsbegriff sollen Überlegungen formuliert werden, an welche Themen und Fragestellungen eine noch zu etablierende Erforschung von Tradierungspraxen, insbesondere solcher in Familien, anknüpfen könnte. Doch zunächst gilt es, sich zumindest kursorisch darüber zu verständigen, was der Begriff Tradition denn eigentlich bezeichnet.

Der Begriff ‚Tradition' leitet sich vom lateinischen Wort ‚tradere' (übergeben, überliefern) ab, einem Kompositum von dare (geben), und bezeichnet die „Weitergabe von Elementen der kulturellen Ausstattung" (Assmann 2002: 288; vgl. Müller 2005: 95; Kasper/Waldenstein 1989: 494).[2] Das zugehörige Substantiv ‚traditio' entstammt der lateinischen Rechtssprache und bezeichnete dort „den rechtlichen Akt der Übergabe einer Sache in den rechtsrelevanten Verfügungsbereich eines Empfängers im Rahmen eines Kaufvertrages oder einer Erbschaft. Diese Verwendungsweise findet sich heute noch im englischen trade" (Dittmann 2004: 118; vgl. Sandkühler 2010: 2763; Müller 2005: 95). Zu einem geänderten Wortgebrauch kam es in den ersten beiden christlichen Jahrhunderten als nämlich Tradition auch im übertragenen Sinne verwendet wurde und bis heute wird: „[N]icht mehr werden nur Gegenstände übergeben, sondern Regelungen, Bräuche, Sprüche und Geschichten" (ebd.).[3]

Gegenstand der Überlieferung, auch Traditionsmaterial genannt, sind also kulturelle Symbole im weitesten Sinne: „Arbeits- und Produktionsweisen, Techniken, materielle[ ] Güter[ ], [die] Etikette, Sitten, moralische[ ] und rechtliche[ ] Normen, Institutionen, Erzählungen, Werte[ ], Vorstellungen usw., also im Grunde dem Ganzen einer Kultur" (Müller 2005: 95; vgl. Brüggen 1989: 1528). Versuche, diese Vielgestaltigkeit der Traditionsinhalte zu systematisieren und zu klassifizieren, sind bisher „eher vage und wenig befriedigend" geblieben (ebd.). Tradieren lasse sich letztlich alles, so Ulrich Oevermann, „was grundsätzlich versprachlicht

---

2 Dittmann verweist allerdings darauf, dass von Tradierung zu sprechen ist, „wenn etwas weiter-übergeben" wird (Dittmann 2004: 326). Eine einfache Übergabe reicht seiner Meinung nach nicht aus, um als Tradierung klassifiziert zu werden. Denn gibt oder schenkt einer einem anderen z. B. eine Uhr, so hat dies nach Dittmann mit Tradierung nicht viel zu tun. Tradition als *Weiter-Übergabe* zu klassifizieren trifft sich im Übrigen auch mit dem, was in den kulturwissenschaftlichen Studien zur Bildung von Gedächtnissen über Erzählungen hervorgehoben wird: Auch dort gilt als „Indikator für die Tradierung" nicht die einfache Erzählung, sondern „die Wiedererzählung. Folglich ist Rezeption im Sinne einer neuen, eigenen, angeeigneten Wiedergabe der Kern dessen, was mit Tradierung beschrieben wird" (Gudehus 2010: 314).

3 Speziell im Christentum spielt der Traditionsbegriff seit dem 2. Jahrhundert „eine wichtige Rolle für die Stabilisierung der Wahrheit des Evangeliums jenseits der kanonisierten Schrift einer apostolischen Reihe persönlicher Zeugenschaft" (Assmann 2002: 288). Allgemein bezeichnet der Traditionsbegriff in der theologischen (vor allem christlichen) Variante die „‚getreue' Weitergabe dessen, was Gott in seiner Offenbarung zum Heil der Menschen gegeben hat, vor allem die Vermittlung seiner eigenen Gegenwart" (Wiedenhofer 2005: 258).

werden kann" (Oevermann 2005: 20), wenngleich Tradierung häufig über „außersprachliche Praktiken" erfolge (ebd.). Zu erwähnen ist schließlich, dass der Begriff Tradition nicht nur den Gegenstand der Überlieferung bezeichnet, sondern auch den Akt der Übergabe bzw. den Prozess der Übermittlung (vgl. Müller 2005: 95; Kasper/Waldenstein 1989: 494; Wiedenhofer 2005: 257).

2   Verwendungsweisen des Traditionsbegriffs

2.1 ‚Normativer Traditionsbegriff'

Kennzeichen für eine, wie es hier vorsichtig genannt werden soll, ‚normative Begriffsverwendung' ist, dass der Traditionsbegriff dazu verwendet wird, normative Fragen zu verhandeln. Die betrifft zum einen den *Inhalt* von Traditionen und zum anderen den *Prozess* der Überlieferung. Erörtert wird: Was ist der richtige Gegenstand von Traditionen und wie hat sich die Übergabe bzw. die Übernahme zu gestalten? Die Antworten auf diese Fragen fallen je nach Positionierung des Autors natürlich unterschiedlich aus. Dies soll an zwei Beispielen erläutert werden.

Der christlich-katholische Philosoph *Josef Pieper* (1904–1997) hat sich Ende der 1950er Jahre mit dem Thema Tradition befasst. Bei Pieper ist der Inhalt, der tradiert werden soll, die heilige Überlieferung. Allerdings unterscheidet er zwischen einem stets gleichbleibenden Kern einer Tradition und einer sich wandelnden äußeren Gestalt bzw. Hülle, in der der stets gleichbleibende Kern tradiert werde. Damit das Traditum, die aus göttlicher Quelle stammende Überlieferung, unverändert bewahrt werden kann, müsse es ständig, dem Verständnis der Zeit entsprechend, neu ausgedrückt werden. „Der Wandel der äußeren Gestalt ist dabei seiner Meinung nach sogar notwendig, damit der Traditionskern in einer sich wandelnden Welt unverändert bewahrt werden kann" (Dittmann 2004: 61). Pieper sieht Tradition also als Medium, „durch das die eigentlich wichtigen, existenziellen Wahrheiten aus der Vergangenheit in die Gegenwart hinüber gerettet werden", die Traditionshandlung dient „der unveränderten Bewahrung dieses Kerns" (ebd.: 60). Die Traditionshandlung ist bei Pieper nicht als kritische Überprüfung oder Reflexion konzipiert, sondern als Übergabehandlung zwischen einem ranghöheren Überliefernden und einem im Rang unter ihm stehenden ‚Erben' (vgl. ebd.: 56). Tradition fasst Pieper zwar als lebendigen und dynamischen Vorgang auf, gleichwohl ist die Traditionsübermittlung nicht als dialogischer Prozess gestaltet, sondern als ein Übermitteln und Empfangen. Soll eine Traditionshandlung gelingen, so muss der Empfangende das, was er hört, annehmen und glauben. Es geht also weder um ein einfaches zur-Kenntnis-nehmen, noch um ein Aneignen (was ja mit einer zumindest impliziten kritischen Überprüfung verbunden ist), sondern um die Akzeptanz dessen, was man gehört hat als wahr, obwohl man es selbst nicht einer kritischen Überprüfung unterzieht. Nur wenn das Überlieferte vom Empfänger in diesem Sinne geglaubt wird, ist die Traditionshandlung erfolgreich.

Als zweites Beispiel für eine hier als ‚normativ‘ bezeichnete Verwendungsweise des Traditionsbegriffs dient *Theodor W. Adornos* Text „Über Tradition" (Adorno 1998). Zunächst einmal ist für Adorno das verbissene Festhalten an überkommenen Traditionen ebenso problematisch wie Traditionslosigkeit:

> „Inhuman aber ist das Vergessen, weil das akkumulierte Leiden vergessen wird; denn die geschichtliche Spur an den Dingen, Worten, Farben und Tönen ist immer die des vergangenen Leidens. Darum stellt Tradition heute vor einen unauflöslichen Widerspruch. Keine ist gegenwärtig und zu beschwören; ist aber eine jegliche ausgelöscht, so beginnt der Einzug der Unmenschlichkeit" (Adorno 1998: 315).

Ein naiver Umgang mit Tradition ist ebenso unangebracht wie der ebenfalls naive Glaube, wir könnten Traditionen einfach abstreifen wie einen Mantel, der nicht mehr taugt. Allein durch die Sprache sind wir in Traditionen eingespannt, aus denen wir uns nicht einfach befreien können (vgl. ebd.: 314). – Adorno fragt: Was ist ein möglicher Ausweg aus diesem Paradox? Wie kann man den Traditionen begegnen und welche Traditionen tragen heute noch, welche nicht? Zu klären sind also zwei im weitesten Sinne normative Fragen, nämlich die nach einem adäquaten Umgang mit Tradition und die nach tragenden Inhalten.

Der richtige Umgang mit Tradition ist für Adorno der kritisch-reflexive, der die Tradition nicht vergisst, denn Vergessen führt zu Inhumanität, der sich ihr jedoch ebenso wenig fraglos beugt. Vielmehr gehe es darum, Traditionen „mit dem einmal erreichten Stand des Bewusstseins, dem fortgeschrittensten, [zu] konfrontieren und [zu] fragen, was trägt und was nicht" (ebd.: 315). So ist für Adorno das „kritische Verhältnis zur Tradition" das „Medium ihrer Bewahrung" (ebd.: 318). Das Ergebnis der kritischen Bezugnahme auf Tradition kann dann auch ihre Veränderung oder ihre Negation sein (vgl. ebd.). Adorno schwebt ein Umgang mit Traditionen bzw. eine Beziehung zur Vergangenheit vor, „die nicht konserviert, doch manchem durch die Unbestechlichkeit zum Überleben verhilft" (ebd.: 315). Der kritisch-reflexive Umgang mit Traditionen bildet aber nur die äußere Form, bezieht sich also auf das, was wir Traditionsverhalten nennen. Noch offen ist die Frage, auf welche Inhalte sich ein solcher Umgang mit Tradition beziehen kann und welche Inhalte nach kritischer Prüfung nunmehr überliefert werden sollten. Solche Inhalte sind nach Adorno zu suchen unter dem „am Weg liegen Gebliebene[n], Vernachlässigte[n], Besiegte[n], das unter dem Namen des Veraltens sich zusammenfasst" (ebd.: 317). Dort, so Adorno weiter, suche „das Lebendige der Tradition Zuflucht" (ebd.). Dieses vermeintlich Veraltete gelte es ins Bewusstsein zu heben, kritisch zu reflektieren und, sofern der Gehalt der Sache trage, könne man sich auf solche Traditionen beziehen.

Adorno gelangt also „zu einer radikalen Umkehr des Blicks, der an der Vergangenheit nicht das bewahren möchte, was weiterhin Anspruch auf kontinuierliche Geltung macht, sondern ganz im Gegenteil das, was veraltet, missachtet und zu Unrecht vergessen worden ist" (Assmann 1999: 77). Abgesehen davon, dass bei Adorno letztlich offen bleibt, welche Traditionsmaterialien es denn im Einzelnen sind, die da am „Rand offizieller Überlieferungsprozesse" liegen geblieben sind (Dittmann 2004: 38), wird das Traditionsthema bei ihm als normatives Problem verhandelt – wenngleich er, sowohl was die Inhalte als auch was den Umgang angeht, zu geradezu gegensätzlichen Antworten gelangt wie sein Zeitgenosse Josef Pieper.

Es soll hier natürlich nicht bestritten werden, dass die normative Auseinandersetzung mit Inhalten und Formen von Traditionen für soziale Kollektive hoch bedeutsam ist. Für eine empirische Analyse dessen, auf was sich Menschen in ihren Traditionen tatsächlich beziehen und wie der Aneignungsprozess von Traditionen tatsächlich vonstatten geht – dafür sind solch normative Verhandlungen hingegen wenig zweckdienlich. Im Gegenteil: Allzu leicht verstellen sie den Blick für die Vielgestaltigkeit realer Tradierungsprozesse, weil sie bewerten, was vermeintlich richtige Inhalte von Tradition sind und was ein vermeintlich richtiger Umgang mit Traditionen ist.[4]

---

4   Eine dezidiert pädagogische bzw. bildungshistorische Auseinandersetzung mit Tradition scheint mir nicht ausschließlich, aber doch am ehesten in diesem Feld angesiedelt zu sein. Verhandelt wird hier die Aufgabe der Erziehung im Spannungsfeld von Einführung des Nachwuchses in überkommene, oder anders gesagt: in tradierte Wissens- und Handlungsbestände bei gleichzeitiger Befähigung zu deren kritischer Hinterfragung und Veränderung. Diese Frage, so Friedhelm Brüggen, habe „das pädagogische Denken seit seinen Anfängen begleitet" und sei deshalb zu Recht als eines der „‚Hauptprobleme der Allgemeinen Pädagogik'" bezeichnet worden (Brüggen 1983: 569). Als ein Beispiel neben anderen wird bei Brüggen Schleiermacher angeführt, der ein „dialektisches Verhältnis der Erziehung zur Tradition" postuliere (Brüggen 1989: 1529; vgl. Böhm 2005: 635). Für Schleiermacher müsse Erziehung „‚unterstützend' und ‚gegenwirkend' an die jeweiligen Verhältnisse und Situationen anknüpfen. Weder blinde Affirmation noch abstrakte Negation von Tradition und Sitte können von der Erziehung erwartet werden, sondern Anleitung der Jugend, ‚einzutreten in das, was sie vorfindet, aber auch tüchtig in die sich darbietenden Verbesserungen mit Kraft einzugehen'" (Schleiermacher zit. n. Brüggen 1989: 1529 f.). – Angemerkt sei an dieser Stelle Folgendes: Abgesehen von einem einseitigen Artikel in Winfried Böhms „Wörterbuch der Pädagogik" (1994) sind die beiden, sich stark ähnelnden Artikel von Friedhelm Brüggen die einzigen Abhandlungen pädagogischer Provenienz, auf die ich bei meinen Recherchen gestoßen bin. Sie finden sich in der von Lenzen und Mollenhauer herausgegebenen „Enzyklopädie Erziehungswissenschaft" (1983) und in Lenzens „Pädagogische Grundbegrif-

2.2   Tradition als „Gegenbegriff" zu Rationalität

Auf mehreren thematischen Feldern hat sich Max Weber in „Wirtschaft und Gesellschaft. Grundriss der verstehenden Soziologie" ([1921] 1980) mit dem Thema
Tradition befasst, unter anderem im Rahmen seiner Herrschaftstypologie[5], aber
auch in seiner berühmten Typologie sinnhaften Handelns, worin er vier Idealtypen von Handeln unterscheidet:

> „1. *zweckrational*: durch Erwartungen des Verhaltens von Gegenständen der Außenwelt
> und von anderen Menschen unter Benutzung dieser Erwartungen als ‚Bedingungen'
> oder als ‚Mittel' für rational, als Erfolg, erstrebte und abgewogene eigne *Zwecke*, –
> 2. *wertrational*: durch bewußten Glauben an den – ethischen, ästhetischen, religiösen
> oder wie immer sonst zu deutenden – unbedingten *Eigen*wert eines bestimmten Sich-
> verhaltens rein als solchen und unabhängig vom Erfolg, – 3. *affektuell*, insbesondere
> *emotional*: durch aktuelle Affekte und Gefühlslagen, – 4. *traditional*: durch eingelebte
> Gewohnheit." (Weber 1980: 12; Hervorh. i. O.).

Die vier vorgestellten Handlungstypen unterscheiden sich beginnend vom
„zweckrationalen" bis hin zum „traditionalen" Handlungstyp unter anderem nach
dem Grad ihrer Reflexivität. Während beim zweckrationalen Handlungstyp Zwecke, Mittel und Folgen rational gegeneinander abgewogen werden, ist der traditionale Handlungstyp gleichsam vorreflexiv, man handelt ohne nachzudenken in
einer bestimmten Art und Weise, eben weil man immer so gehandelt hat. Das
„traditionale Verhalten", so führt Weber weiter aus, „ist sehr oft nur ein dump-
fes, in der Richtung der einmal eingelebten Einstellung ablaufendes Reagieren auf
gewohnte Reize" (ebd.). „Traditionales Verhalten" stehe „an der Grenze und oft
jenseits dessen, was man ein ‚sinnhaft' orientiertes Handeln überhaupt nennen"
könne (ebd.). Die Unterscheidung von Tradition und (Zweck-)Rationalität steht
bei Max Weber im Kontext seiner Konstruktion begrifflicher Idealtypen:

> „Sehr selten ist Handeln, insbesondere soziales Handeln, *nur* in der einen *oder* der and-
> ren Art orientiert. Ebenso sind diese Arten der Orientierung natürlich in gar keiner
> Weise erschöpfende Klassifikationen der Arten der Orientierung des Handelns, son-

---

fe" (1989). In den anderen einschlägigen pädagogischen und erziehungswissenschaftlichen
Handbüchern fehlt der Begriff Tradition.

5   Darin unterscheidet und beschreibt Weber nach dem Prinzip der Idealtypenkonstruktion
drei Typen legitimer Herrschaft: die legale Herrschaft, die traditionale Herrschaft und die
charismatische Herrschaft (vgl. Weber 1980: 122 ff.). Hierauf soll an dieser Stelle aber nicht
weiter eingegangen werden.

dern für soziologische Zwecke geschaffene, begrifflich reine Typen, denen sich das reale Handeln mehr oder minder annähert oder aus denen es – noch häufiger – gemischt ist." (Weber 1980: 13).

Bei Webers vier Handlungstypen handelt es sich also um abstrakte Idealtypen, um begriffliche Konstruktionen, geschaffen für eine und im Dienst einer Soziologie als „generalisierende Wissenschaft" (ebd.: 9), die möglichst eindeutiger Begriffe bedarf. Allerdings ist Weber sich bewusst, dass begriffliche Trennschärfe und Abstraktion den Preis haben, dass die Begriffe gegenüber der „konkreten Realität des Historischen relativ inhalts*leer* sein müssen" (ebd.; Hervorh. i. O.). Reales Handeln entspricht nur selten einem der begrifflichen Idealtypen, es nähert sich ihm allenfalls an und tritt zudem üblicherweise in Mischformen auf.

Auf die Rezeptionsgeschichte der Weberschen Typologie sinnhaften Handelns kann an dieser Stelle nicht näher eingegangen werden. Letztlich scheint sich allerdings weniger die Tatsache der Mischung der Typen als vielmehr ihre Entgegensetzung festgeschrieben zu haben. Jedenfalls gilt dies für die Entgegensetzung von Tradition und Rationalität. So heißt es zum Beispiel bei Anthony Giddens: „Tradition ist Wiederholung und nimmt eine Art von Wahrheit an, die im Gegensatz zu ‚rationaler Überprüfung' steht – sie zeigt in dieser Hinsicht gewisse Ähnlichkeiten mit der Psychologie des Zwangs" (Giddens 1993: 453). Auch Ulrich Oevermann argumentiert in diese Richtung: „Die Inhalte von Traditionen sind in sich konservativ, insofern sie die Tendenz haben, ihre Geltungsansprüche gegen methodisierte Kritik aufrechtzuerhalten und sich gegen sie zu immunisieren" (Oevermann 2005: 19). Weiter heißt es bei ihm: „Sobald der ‚naturwüchsige' Gegenstand der Tradition sowohl als Inhalt wie als Vorgang Gegenstand der Reflexion wird, erzeugt er sein eigenes Widerlager" (ebd.: 12). Der Prozess der Tradierung erfolge, so Oevermann, gleichsam „naturwüchsig", er verlaufe „im sozialen Unbewussten" (ebd.: 20). Traditionen verdanken ihre Geltungskraft also ihrer „lebensweltlichen Authentizität", sobald aber ihr Inhalt oder auch ihr Prozess explizit zum Gegenstand der Reflexion und Überprüfung gemacht werde, werde damit die Sphäre der Tradition verlassen (vgl. ebd.: 18 f.).

2.3 Authentische versus erfundene Traditionen

Das Konzept der „erfundenen Traditionen" ist 1983 von Eric Hobsbawm und Terence Ranger in ihrer seither stark rezipierten Aufsatzsammlung „The Invention of Tradition" eingeführt worden. Das Charakteristikum „erfundener Traditionen" ist – wie das Wort schon sagt – die erstaunliche Tatsache, dass die Kontinuität mit der historischen Vergangenheit, auf die in solchen Traditionen Bezug genommen wird, weitgehend künstlich ist. Mit anderen Worten: Es ist ein erfundener Zusammenhang, ein konstruierter.

> „However insofar as there is such reference to a historic past, the peculiarity of ‚invented‘ traditions is that the continuity with it is largely factitious. In short, they are responses to novel situations which take the form of reference to old situations, or which establish their own past by quasi-obligatory repetition." (Hobsbawm 1983: 2).

Die Eigenart „erfundener Traditionen" besteht darin, dass sie in der Gegenwart konstruiert und auf eine bestimmte Vergangenheit zurück projiziert werden – eine Vergangenheit, zur der es aber eigentlich keine ‚echte‘ Verbindung gibt: „Adaption took place for old uses in new conditions and by using old models for new purposes." (ebd.: 5). Der Sammelband von Hobsbawm und Ranger arbeitet in verschiedenen Beiträgen heraus, dass es der junge Nationalstaat war, der als „produktivster Symbolgenerator und Traditionserfinder des 19. Jahrhunderts" hervortrat (Assmann 1999: 85; vgl. Hobsbawm 1983: 7; 13). So erweisen sich z. B. schottische Trachten, die man bis dahin für uralt gehalten hatte, als eine Erfindung des 19. Jahrhunderts usw. Die neu erfundenen Traditionen erfüllen nach Hobsbawm und Ranger drei unterschiedliche Funktionen: „[S]ie steigern durch eine Kollektivsymbolik den Gruppenzusammenhang, sie legitimieren Institutionen und Autorität, und sie etablieren Wertstrukturen und prägen Verhalten" (Assmann 1999: 85 f.). Die Tatsache, dass es „erfundenen Traditionen" an historischer Beglaubigung fehlt, tut ihrer Wirkmächtigkeit allerdings keinerlei Abbruch. Es handelt sich hier also um ein ähnliches Phänomen wie es Benedict Anderson in seinem Buch „Die Erfindung der Nation" (1988) gezeigt hat: Traditionen wie auch nationale Gemeinschaften mögen imaginiert oder fiktiv sein – und sie sind trotzdem nicht weniger wirkungsvoll.

Mit seiner Konzentration auf Prozesse der Sinnkonstruktion ist der Ansatz von Hobsbawm und Ranger bis heute von hoher Ausstrahlung für die Geschichtswissenschaft wie auch für die Kulturwissenschaften insgesamt. Denn er verweist eindringlich auf den konstruktiven Charakter der Tradition. Seither stehen neue Fragen im Raum: „Unter welchen Bedingungen bedient man sich des Begriffs Tradition? Aus welchen Interessen heraus werden Konstruktionen von Dauer entworfen? Wer sind ihre Träger, welche Identität beanspruchen sie für sich?" (Assmann 1999: 86; vgl. Wiedenhofer 2005: 267 f.). Die Innovativkraft dieses Ansatzes hat sich also längst herausgestellt. Als problematisch erwiesen hat sich jedoch die von Hobsbawm und Ranger vorgenommene Unterscheidung von auf der einen Seite „erfundenen Traditionen" und auf der anderen Seite Gewohnheit und Brauchtum sowie von Konventionen und Routinen. Hier wird also ein prinzipieller Unterschied gemacht zwischen tatsächlichen, authentischen Vergangenheitsbezügen und solchen, die erfunden sind. Zu Recht hält z. B. Anthony Giddens dieser Unterscheidung entgegen, dass alle Traditionen und Bräuche irgendwann einmal aus der Taufe gehoben, gestiftet und damit „erfunden" worden sind. Er bezweifelt, ob eine Verbindung in die Vergangenheit überhaupt jemals „echt" sein könne (vgl. Giddens 1993: 474 f). Und umgekehrt kann man Traditionen auch nicht einfach irgendwie aus dem Nichts heraus erfinden, quasi bei Null irgendwo anfangen. Wir können nicht in den Traditionen „wie in einer Schokoladenschachtel auslesen, nach unserem freien Geschmack", denn unser „Geschmack in dieser Auslese – auch er ist Tradition" (Kolakowski 1969: 1088). Wir stehen und leben stets in Traditionen und somit rekurriert auch die „erfundene Tradition" auf irgendwelche Vorlagen. Wenn dem so ist, dann gilt es auch, eine prinzipielle Unterscheidung zwischen vermeintlich echten und vermeintlich erfundenen Vergangenheitsbezügen und damit die prinzipielle Unterscheidung der Tätigkeiten deuten und erfinden in Frage zu stellen. Denn jede Deutung enthält schöpferische Momente und jede Erfindung greift auch auf Bestehendes zurück.

Vor dem Hintergrund der hier vorgestellten Verwendungsweisen des Traditionsbegriffes lässt sich fragen, ob der Traditionsbegriff als für die empirische Forschung untauglich ad acta gelegt werden sollte. Sollte man gar den Begriff Tradition durch Gedächtnis ersetzen und statt Traditionen respektive Familientraditionen nunmehr Gedächtnisse respektive Familiengedächtnisse erforschen?[6] Oder sollte man sich fortan, wie es Stecher/Zinnecker vorschlagen, mit intergenerativen Transferbeziehungen in Familien befassen und den Transferbegriff stark machen (vgl. Stecher/Zinnecker 2007)?[7]

---

6   Zum Familiengedächtnis programmatisch vgl. Groppe 2007; Forschungsarbeiten zum Familiengedächtnis z. B. Coenen-Huther 2002; Welzer/Moller/Tschuggnall 2008.

7   Das Konzept der „intergenerativen Transferprozesse" wurde in den 1990er Jahren zur Beschreibung von Transferprozessen zwischen der jüngeren und der älteren Familiengeneration entwickelt (vgl. Stecher/Zinnecker 2007: 389). Der Transferbegriff ist weit. Er umfasst den „Austausch materieller Güter und (Dienst-)Leistungen" bis hin zum „Austausch von persönlichen Befindlichkeiten, Wissen oder Informationen" (ebd.). Unter Bezugnahme vor allem auf Bourdieus Kapitalkonzept und Habitustheorie geht es der hier entfalteten Transferforschung um die Frage, wie kulturelles Kapital von einer Generation zur nächsten transferiert wird, wie also Bildungstitel übertragen werden, wie kulturelles Kapital in Bildungserfolg konvertiert wird und wie kulturelle Praxen und Orientierungen (z. B. im Bereich Sport oder Musik, aber auch im Hinblick auf Suchterfahrungen oder Gewaltorientierungen) transferiert werden. Die Transferbeziehung wird dabei als eine wechselseitige konzipiert: Keineswegs ist es so, dass die jüngere Beziehung allein Empfänger ist, sondern dass hier systematisch auch nach dem Einfluss von Kindern auf ihre Eltern gefragt wird (vgl. ebd.: 397 f.). Allerdings muss im Hinblick auf die empirische Erforschung von familialen Transferprozessen ähnliches konstatiert werden wie beim Thema Tradierung: Einen breiten, differenzierten Forschungsstand gibt es bis heute nicht.

Allein schon wegen der hohen Alltagsrelevanz und der tiefen Verankerung von Traditionen in sozialen Praxen, auch von Familien, scheint es wenig sinnvoll, sich ‚leichtfertig' vom Traditionsbegriff zu verabschieden. Stattdessen wird hier für eine Hinwendung zur Erforschung von Tradierungspraxen und zu den in ihnen tätigen Akteuren plädiert. Schließlich sind Traditionen nichts einmal Feststehendes, nichts, was abstrakt existiert. Vielmehr muss ihre Dauerhaftigkeit aktiv und immer wieder neu hergestellt werden, und dies geschieht nicht im luftleeren Raum, sondern in sozialen Praxen. Ebenso wie die „Herstellung von Geschichtsdeutungen" ein „hochgradig kommunikativer und somit sozial verfasster Vorgang" ist (Gudehus 2010: 313), so gilt dies auch für Tradierungsprozesse. Auch hier sind Akteure mit spezifischen Interessen und aktuellen Bedürfnissen am Werk. Sie sind wiederum situiert in sozialen Beziehungen und Lebenslagen, sie rekurrieren in ihren Tradierungspraxen auf kulturelle Vorlagen. Und schließlich ist jede Tradierung, jede Weitergabe bzw. jede Annahme mit Übereignung bzw. Aneignung, das heißt mit Deutungs- und Sinnzuschreibungen verbunden, welche ebenfalls in den Fokus, insbesondere einer erziehungswissenschaftlich akzentuierten Tradierungsforschung zu nehmen sind.

3 Von der Traditionsforschung zur Erforschung von Tradierungspraxen – auch von Familien

Sollen im Rahmen einer erziehungswissenschaftlichen respektive bildungshistorischen Erforschung von Tradierungspraxen[8] die Akteure samt ihrer Deutungsmuster und Sinnsetzungen im Fokus stehen, so macht es zunächst einmal Sinn, sich zu vergegenwärtigen, welche Faktoren und Akteure überhaupt an einem Tradierungsprozess beteiligt sind. Im Anschluss an Karsten Dittmann[9] (2004: 122 ff.)

---

8 Der Praxisbegriff wird hier im Sinne von alltäglich-lebenspraktischem Handeln verwendet, um die Fokussierung sozialer Praktiken, in denen Traditionen hervorgebracht bzw. aktualisiert werden, vornehmen zu können. Eine Anbindung des Tradierungsthemas bzw. der Traditionstheorie an eine Theorie der Praxis, etwa im Sinne Bourdieus, erscheint sinnvoll, kann aber an dieser Stelle natürlich nicht geleistet werden.

9 In seiner Untersuchung entwickelt Karsten Dittmann in Auseinandersetzung mit diversen soziologischen, philosophischen und theologischen Positionen ein Verständnis von Tradition, das er „prozeduale[s] Traditionsverständnis des kommunikativen Traditionsbegriffs" nennt (Dittmann 2004: 356) und das u. a. dadurch gekennzeichnet ist, dass es Tradition nicht über ihre Inhalte, sondern über die Handlung des Tradierens/Akzipierens konturiert. Dittmanns Überlegungen zum Traditionsbegriff stehen im Kontext seiner Absicht, „den Traditionsbegriff als Teil einer Kulturtheorie und im Blick auf seine Bedeutung für eine kommunikative Verfahrensethik zu entfalten" (ebd.: 18). Letzteres ist hier nicht relevant. Erhellend, weil sehr systematisierend, sind aber seine Ausführungen über die Zugänge zum

lassen sich drei Faktoren unterscheiden: erstens der Tradent als derjenige, der etwas an jemanden tradiert und der dementsprechend im Besitz des Traditionsmaterials ist;[10] zweitens das Traditionsmaterial, also der Inhalt oder der Gegenstand der Überlieferung; und drittens der Accipient als derjenige, dem etwas übergeben wird.[11] Der Accipient ist die zentrale Gestalt im Traditionsprozess. Er ist kein passiver Empfänger (wie z. B. bei Josef Pieper), sondern ein aktiv Beteiligter. So betont Karsten Dittmann, dass es nicht der Tradent sei, der Autorität habe; vielmehr sei es der Accipient, der ihm Autorität erst zuspreche (vgl. ebd.: 126). Zudem übernimmt der Accipient nicht einfach das Tradierte, indem er es eins zu eins fortsetzt. Vielmehr ist der Accipient stets ein Interpretierender, ein Prüfender, der das Traditionsmaterial deutet, es mit Sinn versieht und sich aneignet. Und auch für Tradierungsprozesse gilt, dass das Anzueignende stets nach der Art des Aneignenden angeeignet wird. „Das weitere Geschick" einer Tradition hängt dann wesentlich davon ab, „welchen Stellenwert das Weitergegebene in der Existenz des Traditionsempfängers hat" (Reding 1973: 576). Denn es ist davon auszugehen, dass der Accipient letztlich nur das bewahrt und weitergibt, was sich *bewährt*. Was sich in der Praxis nicht bewährt, geht verloren. Tradierung ist also nicht die Weitergabe des (unverändert) Bewahrten, sondern die Weitergabe dessen, was sich aus Sicht des Empfängers bewährt! „In der Lebendigkeit des Prozesses bedeutet Tradition nicht nur Weitergabe, Aneignung, Anpassung, Interpretation, sondern auch Zurücksetzung, Uminterpretation, Akzentverschiebung" (ebd.: 570). In diesem Sinne sind *Traditionsverluste* ein ebenso normales Phänomen wie der stete Wandel von Traditionen. Dementsprechend müssen auch Traditionsverluste ein Thema der Tradierungsforschung werden. Zu fragen ist: Wie kommen Traditionsverluste zustande? Welche Folgen sind damit für die einzelnen Akteure (respektive Familienmitglieder) wie für das Kollektiv (respektive die Familie) verbunden? Und was tritt an die nun freigewordene „Leerstelle", was also ersetzt die Tradition?

Tradierungspraxen und ihre Akteure in den Fokus zu rücken, heißt nun aber nicht, sich von einer Betrachtung der Traditionsmaterialien zu verabschieden. Als

---

Traditionsbegriff und auch seine eigenen Ansätze, den Traditionsbegriff über den Tradierungsprozess zu entfalten.

10 Laut Dittmann muss der Tradent zudem so etwas wie eine Tradierungsabsicht hegen, d. h. er muss den Accipienten als künftigen Tradenten verstehen (vgl. Dittmann 2004: 125).

11 Das Tradierungsverhältnis, also das Verhältnis zwischen Tradent und Accipient, ist bei Dittmann als Generationenverhältnis konzipiert. Denn die Weitergabe findet in Tradierungsprozessen von einer Generation zur nächsten statt. Generation ist aber nun nicht als pädagogische und auch nicht im Sinne von Karl Mannheim zu verstehen, sondern Generation ist in Tradierungsprozessen stark „an die Rolle geknüpft" (Dittmann 2004: 123). Ein Vater tradiert etwas an seinen Sohn, ein Bürgermeister an seinen Nachfolger, eine Generation von Hochschullehrern etwas an die nächste Generation wissenschaftlichen Nachwuchses und so fort.

Traditionsmaterial kommen, wie oben bereits angeführt, kulturelle Symbole in all den vielgestaltigsten Formen in Frage – von der Uhr des Großvaters bis hin zu moralischen Handlungsmaximen, Sitten und Bräuchen. Für eine vertiefte Analyse von (familialen) Tradierungsprozessen macht es allerdings wenig Sinn, einzelne Traditionsmateriale zu betrachten. Vielmehr ist davon auszugehen, dass die in (familialen) Tradierungsprozessen weitergegebenen und angeeigneten Materiale „in einem verzweigten systematischen Zusammenhang [stehen], in dem sich die verschiedenen Materiale gegenseitig stützen und halten" (Dittmann 2004: 130). Es wären also weniger einzelne Materialien zu betrachten als Materialcluster. Zudem ist davon auszugehen, dass soziale Kollektive respektive Familien in ihren Tradierungsprozessen auf kulturelle Vorlagen (in der Erinnerungsforschung würde man eher von kulturellen Skripten sprechen) zurückgreifen. Ähnlich wie in der Forschung zu den kollektiven Erinnerungspraxen die Verwendung gängiger Topoi und Deutungsmuster als Indikatoren, als „kollektive[s] Element" in der Verfertigung von Vergangenheit angesehen wird, müsste man in der Tradierungsforschung nach kulturellen Vorlagen fragen, die im Rahmen von (familialen) Tradierungspraxen aufgegriffen, angepasst und umgeformt werden. Damit würden auch in Bezug auf familiale Traditionen die Schnittstellen bzw. Verweisungszusammenhänge zwischen privaten und öffentlichen Tradierungspraxen ersichtlich.

Und schließlich ist mit Blick auf Tradierungspraxen auf den Zusammenhang zwischen Ritual und Tradierung hinzuweisen. Häufig sind es nämlich Rituale im Sinne einer „sich wiederholende[n] Inszenierung von formalisierten Akten mit hohem symbolischen Gehalt" (Baumann 2010: 140), die Traditionen in Praxis einbinden und die ihren weiteren Erhalt (in stets neu angeeigneter Form) sichern (vgl. Giddens 1993: 451).[12] Traditionen existieren nicht abstrakt, sondern müssen, um wirksam zu werden, in Handlungen (im weitesten Sinne) transportiert werden; sie müssen – unter anderem über Rituale – verlebendigt werden. Eine Analyse ritualisierter Tradierungspraxen würde nicht zuletzt den Blick für die zumeist vernachlässigte Dimension der Materialität und der Körpergebundenheit von Traditionen eröffnen.

Wenn Tradierungsforschung Traditionsprozesse und -praxen und die in ihr tätigen Akteure in den Mittelpunkt stellt, dann rückt damit die spätestens seit Hobsbawm und Ranger im Raume stehende Frage nach den Funktionen von Tradierungsprozessen sowohl für das Individuum als auch für das Kollektiv, auf das sie sich beziehen, in den Fokus. In ihrer Studie „Zeit und Tradition" stellt Aleida Assmann im Anschluss an Gilbert Murray dazu folgende Überlegungen an:

---

12 Für eine theoretische Fundierung vgl. Belliger/Krieger (2008); zu Familienritualen vgl. Morgenthaler/Hauri (2010); Audehm (2008).

„Während der Fundus von Gewohnheiten aus jenen Handlungen und Haltungen besteht, die wir bis zur Selbstverständlichkeit vergessen haben, entstehen Traditionen mit dem Festhalten an Gewohnheiten unter veränderten Bedingungen. Aus Gewohnheiten können Traditionen werden, wenn sie aus einem lebensweltlichen Kontext in einen anderen und von einer historischen Situation in eine andere übernommen, übersetzt werden." (Assmann 1999: 72).

Traditionen seien, so Assmann weiter, „reflexiv gewordene und normativ gesteigerte Gewohnheiten, die nicht mehr geschmeidig an die Außenwelt angepasst sind und ihre primäre Evidenz verloren haben" (ebd.). Im Gegensatz zu Gewohnheiten erfordern Traditionen „eine aktive Einstellung; man muss sie festhalten, weil sie sich gerade nicht von selbst erhalten" (ebd.), denn ihre funktionelle Evidenz haben sie ja verloren. Dafür wachse ihnen aber eine neue Evidenz zu: Traditionen „werden zum distinktiven Zeichen und sichern Identität" (ebd.). Wenn dem so ist, dann wird in Tradierungspraxen Identitätsarbeit (Keupp) geleistet. Auch Familien sind keine statischen, sondern lebendige soziale Gebilde, deren Einheit und Gemeinschaft nicht per se gegeben ist, sondern in Interaktion beständig neu hergestellt werden muss. Ebenso wie die gemeinsamen Erinnerungspraxen oder, wie Welzer es nennt: das gemeinsame Verfertigen der Vergangenheit auf die „Bestätigung der Identität der Wir-Gruppe" gerichtet ist (Welzer 2005: 165), so scheinen Traditionen ein Gefühl der Zugehörigkeit, des Eingebettetseins in ein (familiales) Kollektiv zu vermitteln. Traditionen stärken, Hobsbawm spricht gar von „zementieren", den Gruppenzusammenhalt (Hobsbawm 1998: 113). Dabei erfolgt die Bestätigung der Wir-Gruppe nicht zuletzt über Abgrenzung nach außen: Traditionen, so Giddens, „unterschieden immer zwischen Eingeweihten und ‚Anderen', Außenstehenden" (Giddens 1993: 464).

4   Resümee

Ausgehend von einem konkreten Beispiel sollen abschließend die bisher entfalteten allgemeinen Überlegungen auf familiale Tradierungsprozesse bezogen und diskutiert werden. Als Beispiel soll der folgende kleine Text dienen, in dem ein Student über eine Tradition, die er bzw. seine Familie pflegt, berichtet:[13]

---

13 Der Bericht ist im Rahmen einer Erhebung entstanden, die ich im Sommersemester 2010 unter den Teilnehmerinnen und Teilnehmern meiner Vorlesung zur Sozialisationstheorie durchgeführt habe. Darin wurden die Studierenden aufgefordert, über ihre Familientraditionen zu berichten. Die Berichte wurden in Form kleiner Texte per Email an mich gesandt. Der Text ist die vollständige Wiedergabe des Berichts eines Studenten.

„Eine Gewohnheit in meiner Familie ist, dass es freitags immer Fisch zum Essen gibt, am Samstag zum Frühstück Semmeln und ein gekochtes Ei und an Sonn- und Feiertagen immer Kuchen zum Frühstück und mittags einen Festtagsbraten gibt. Diese Tradition habe ich mir beigehalten, so dass ich, auch wenn ich im Studium bin, Freitags Fisch esse, am Samstag ein gekochtes Ei frühstücke und am Sonntag ein Stück Kuchen und mir Mittags einen Braten mache, ich beabsichtige auch diese Gewohnheit eines Tages an meine Kinder weiterzugeben."

Zunächst einmal beschreibt der Student hier den Prozess der Entstehung einer Tradition bzw. den Übergang von einer Gewohnheit zu einer Tradition. Freitags Fisch zu essen, samstags Semmeln und ein gekochtes Ei zu frühstücken und an Sonn- und Feiertagen einen Braten zuzubereiten – das alles war zu Hause in seiner Familie Usus. Aus dem reichen Fundus familialer Gewohnheiten greift der Student die besagten Elemente der Esskultur heraus und erhebt sie in seiner neuen studentischen Umgebung in den Status einer bewusst gestalteten Tradition. Dabei wählt der Student als Accipient Inhalte und Form seiner Tradierung so aus, dass sie für ihn in seiner neuen Umgebung und für seine dortigen aktuellen Bedürfnisse funktional sind. Eine weitergehende Analyse hätte hier genauer zu ermitteln, welche Bedürfnisse es im Einzelnen sind, auf die mit Traditionspflege bzw. Traditionsstiftung geantwortet wird.[14] – Jedenfalls ist, wie oben dargestellt, auch hier die Traditionspflege an Rituale bzw. ritualisierte Handlungen gebunden: die Zubereitung des Sonntagsbratens ebenso wie das Zelebrieren des Ei-Kochens und

---

14 In seinem Text „Soziologische Überlegungen zum Prozess der Tradierung und zur Funktion von Traditionen" (2005) entfaltet Oevermann die These, dass Traditionen Antworten oder Lösungen für universale Strukturprobleme menschlicher Praxis seien. Traditionen, so Oevermann, setzen „wesentlich dort ein und an, wo universale Strukturprobleme einer je historischen konkreten Deutung und Lösung bedürfen" (Oevermann 2005: 17), sie seien also „Ausdruck eines je kreativen, gestaltenden kulturspezifischen Umgangs" (ebd.: 34) mit eben jenen Herausforderungen, die Oevermann als „universale Strukturprobleme" verstanden wissen will. Zu jenen zählt Oevermann z. B. das Problem der „Aufrechterhaltung des Inzesttabus und der daraus folgenden je historischen Heiratstradition, das der damit verbundenen Deutung der Geschlechterspannung, das der Sozialisation des Nachwuchses (…)" (ebd.: 17). Man mag bezweifeln, dass es *universale*, also in *allen* Gesellschaften auftretende Strukturprobleme gibt; vielversprechend erscheint aber die Überlegung, dass Traditionsbildung eine Antwort auf bestimmte Probleme, oder im weiteren Sinne auf einen spezifischen Bedarf, darstellt. Zu fragen wäre dann: Was ist das Problem, das mittels Tradierung oder Tradition gelöst werden soll? Und gäbe es für ein Kollektiv auch andere Möglichkeiten, das jeweilige Problem zu bearbeiten? Wie auch immer – Oevermann empfiehlt bei der Traditionsanalyse, stets „diesen Bezug zu den deutungsbedürftigen zentralen Strukturproblemen explizit herauszustellen" (Oevermann 2005: 18).

Ei-Essens am Samstag.[15] Und dies wiederum verweist auf die Materialität und die Leiblichkeit von Tradierungspraxen.

Tradiert und im übertragenen wie wörtlichen Sinne inkorporiert wird hier – darauf lassen Freitagstisch und Sonntagsbraten schließen – eine (klein)bürgerlich-christliche familiale Esskultur. Mit ihrer Tradierung wird über die räumliche Distanz hinweg gleichzeitig Zugehörigkeit zum familialen Kollektiv signalisiert, wie auch auf Vorlagen übergeordneter sozialer Kollektive (Bürgertum, Christentum) rekurriert. Weitergehend wäre zu untersuchen, welche Traditionsmateriale diese soziale bzw. kulturelle Verortung stützen, aber auch welche ihr widersprechen. Dass mit jeder Tradierung eine individuelle Aneignung und Umgestaltung einhergeht, zeigt sich nicht zuletzt daran, dass der Student sich nunmehr selbst an den Herd stellt und Hand an die Speisenzubereitung legt. Was früher (vielleicht – wir wissen es natürlich hier nicht genau) seine Mutter tat, tut nun er selbst. In der Aneignung der Traditionsmaterialien bzw. in der Traditionspraxis geschehen also Reproduktion, Umformung und Anpassung an die aktuellen Bedürfnisse und Situationen gleichzeitig.

Die hier entfalteten Überlegungen zur Erforschung von familialen Tradierungsprozessen könnten weiter systematisiert und zudem an programmatische Überlegungen zu Ritualen, zum kollektiven Gedächtnis und nicht zuletzt zu Erinnerungsprozessen in Familien angeschlossen werden. Dabei ließe sich auch auf die von Christian Gudehus (2010) konturierte Tradierungsforschung Bezug nehmen. In seinem Beitrag im „Handbuch Gedächtnis und Erinnerung" skizziert er eine Tradierungsforschung, die konzeptionell vor allem an „die kulturwissenschaftlich inspirierte Gedächtnistheorie und an die vor allem sozialpsychologische Erinnerungsforschung" anschließt (Gudehus 2010: 312). Im Mittelpunkt steht hier die Frage, wie Wissen über die Vergangenheit tradiert wird. In diesem Zusammenhang interessiert sich Tradierungsforschung für „Deutungen, Strukturen und Gebrauchsweisen von Vergangenheitsrepräsentationen" (ebd.). Allerdings ist hier mit Tradierung vor allem Tradierung im Medium der Erzählung gemeint. Zudem geht es inhaltlich zumeist um die Themen Nationalsozialismus, Zweiter Weltkrieg und Holocaust. – Wenn jedoch, was insbesondere im Hinblick auf Tradierungsprozesse in Familien geboten scheint, ein weitgefasster Traditionsbegriff im Sinne von „Weitergabe von Elementen der kulturellen Ausstattung" (Assmann 2002: 288) zugrunde gelegt wird, dann kann sich Tradierungsforschung nicht al-

---

15 Und schließlich wird hier auch deutlich, dass Traditionen Entlastung von Entscheidungsdruck bedeuten, indem sie bestimmte Handlungsalternativen nahelegen. Unser Student braucht weder zu überlegen, was er am Wochenende isst noch was es im Vorfeld einzukaufen gilt. Denn das ist im Vorhinein bereits festgelegt und bedarf keiner weiteren Überlegung mehr.

lein auf zeitgeschichtliche Themen bzw. auf die Tradierung von Wissen über die (nationalsozialistische) Vergangenheit fokussieren, und sie kann sich auch nicht auf Tradierung im Medium der Erzählung beschränken. Tradierung erfolgt auch über außersprachliche Praktiken und sie bezieht sich auf das Gesamt kultureller Symbole. Soll der Vielgestaltigkeit von (familialen) Tradierungsprozessen Rechnung getragen werden, wäre der konzeptionelle Rahmen einer Tradierungsforschung deutlich weiter zu stecken.

Literaturverzeichnis

Adorno, Theodor W. (1998): Über Tradition. In: Ders. (1998): 310–320

Adorno, Theodor W. (1998): Kulturkritik und Gesellschaft I (Gesammelte Schriften 10/1). Frankfurt a.M: Suhrkamp

Anderson, Benedict (1988): Die Erfindung der Nation. Zur Karriere eines folgenreichen Konzepts. Frankfurt a. M.: Campus-Verlag

Assmann, Aleida (2002): Tradition. In: Lexikon Geschichtswissenschaft. Hundert Grundbegriffe (2002): 288–291

Assmann, Aleida (1999): Zeit und Tradition. Kulturelle Strategien der Dauer. Köln/Weimar/Wien: Böhlau

Assmann, Jan (2000): Was ist das „kulturelle Gedächtnis"? In: Ders. (2000): 11–44

Assmann, Jan (2000): Religion und kulturelles Gedächtnis. Zehn Studien. München: Verlag C. H. Beck

Audehm, Kathrin (2008): Die Kaffeekanne und die Autorität des Vaters. Familienmahlzeiten als symbolische Praxen. In: Schmidt/Woltersdorf (2008): 125–144

Auerochs, Bernd (2004): Tradition als Grundlage und kulturelle Präfiguration von Erfahrung. In: Handbuch Kulturwissenschaften, Bd. 1 (2004): 24–37

Baumann, Maurice (2010): Weihnachtsfeier. Kindheitskultur des kreativen Konformismus. In: Morgenthaler/Hauri (2010): 137–160

Belliger, Andréa./Krieger, David J. (Hrsg.) (2008): Ritualtheorien. Ein einführendes Handbuch. 4. Aufl. Wiesbaden: VS Verlag für Sozialwissenschaften

Böhm, Winfried (2005): Tradition. In: Ders. (2005): 635–636

Böhm, Winfried (2005): Wörterbuch der Pädagogik. 16. vollständig überarbeitete Aufl. Stuttgart: Alfred Kröner Verlag

Boudon, Raymond/Bourricaud, François (1992): Tradition. In: Dies. (1992): 594–600

Boudon, Raymond/Bourricaud, François (1992): Soziologische Stichworte. Ein Handbuch. Opladen: Westdeutscher Verlag

Brüggen, Friedhelm (1983): Tradition. In: Enzyklopädie Erziehungswissenschaft (1983), Bd. 1: 568–571

Brüggen, Friedhelm (1989): Tradition. In: Lenzen (1989): 1528–1532

Büchner, Peter/Brake, Anna (Hrsg.) (2006): Bildungsort Familie. Transmission von Bildung und Kultur im Alltag von Mehrgenerationenfamilien. Wiesbaden: VS Verlag für Sozialwissenschaften

Coenen-Huther, Josette (2002): Das Familiengedächtnis. Wie Vergangenheit rekonstruiert wird. Konstanz: UVK-Verlag

Conrad, Christoph/Kessel, Martina (Hrsg.) (1998): Kultur & Geschichte. Neue Einblicke in eine alte Beziehung. Stuttgart: Philipp Reclam jun.

Dittmann, Karsten (2004): Tradition und Verfahren. Philosophische Untersuchungen zum Zusammenhang von kultureller Überlieferung und kommunikativer Moralität. Norderstedt: Books on Demand GmbH

Ecarius, Jutta (Hrsg.) (2007): Handbuch Familie. Wiesbaden: VS Verlag für Sozialwissenschaften

Eisenstadt, Shmuel Noah (1979): Tradition, Wandel und Modernität. Frankfurt a. M.: Suhrkamp

Enzyklopädie Erziehungswissenschaft (1983), Bd. 1: Theorien und Grundbegriffe der Erziehung und Bildung, hrsg. v. Dieter Lenzen und Klaus Mollenhauer. Stuttgart: Klett-Cotta

Enzyklopädie Philosophie (2010), hrsg. v. Hans Jörg Sandkühler. Bd. 3. Hamburg: Felix Meiner Verlag

Erll, Astrid (2005): Kollektives Gedächtnis und Erinnerungskulturen. Stuttgart u. a.: J. B. Metzler

Geschichtliche Grundbegriffe (1990). Historisches Lexikon zur politisch-sozialen Sprache in Deutschland, hrsg. v. Otto Brunner, Werner Conze, Reinhart Koselleck. Bd. 6. Stuttgart: Klett-Cotta

Giddens, Anthony (1993): Tradition in der post-traditionalen Gesellschaft. In: Soziale Welt 44. 1993. 445–485

Groppe, Carola (2007): Familiengedächtnisse und Familienstrategien. In: Ecarius (2007): 406–423.

Grundbegriffe der Soziologie (1998), hrsg. v. Bernhard Schäfers. 5. verbesserte und erweiterte Aufl. Opladen: Leske + Budrich

Gudehus, Christian/Eichenberg, Ariane/Welzer, Harald (Hrsg.) (2010): Gedächtnis und Erinnerung. Ein interdisziplinäres Handbuch. Stuttgart/Weimar: J. B. Metzler

Gudehus, Christian (2010): Tradierungsforschung. In: Ders./Eichenberg/Welzer (2010): 312–318

Gukenbiehl, Hermann L. (1998): Tradition. In: Grundbegriffe der Soziologie (1998): 397–399

Handbuch der Kulturwissenschaften, Bd. 1: Grundlagen und Schlüsselbegriffe (2004), hrsg. v. Friedrich Jaeger und Burkhard Liebsch. Stuttgart u.a: J. B. Metzler

Handbuch der Kulturwissenschaften. Bd. 2 (2004): Paradigmen und Disziplinen (2004), hrsg. v. Friedrich Jaeger und Jürgen Straub. Stuttgart. u. a.: J. B. Metzler

Handbuch der Kulturwissenschaften. Bd. 3: Themen und Tendenzen (2004), hrsg. v. Friedrich Jaeger und Jürgen Straub. Stuttgart u. a. J. B. Metzler

Historisches Wörterbuch der Philosophie (1998), hrsg. v. Joachim Ritter und Karlfried Gründer, Bd. 10. Darmstadt: Wissenschaftliche Buchgesellschaft

Hobsbawm, Eric/Ranger, Terence (1983): The Invention of Tradition. Cambridge: University Press

Hobsbawm, Eric (1998): Das Erfinden von Traditionen. In: Conrad/Kessel (1998): 97–118

Kaltenbrunner, Gerd-Klaus (Hrsg.) (1973): Rekonstruktion des Konservatismus. 2. unveränderte Aufl. Freiburg: Verlag Rombach

Kansteiner, Wulf (2004): Postmoderner Historismus – Das kollektive Gedächtnis als neues Paradigma der Kulturwissenschaften. In: Handbuch der Kulturwissenschaften. Bd. 2 (2004): 119–139

Kasper, Walter/Waldstein, Wolfgang (1989): Tradition. In: Staatslexikon. Recht, Wirtschaft, Gesellschaft in 5 Bänden, Bd. 5. 1989. 494–499

Kolakowski, Leszek (1969): Vom Sinn der Tradition. In: Merkur. Deutsche Zeitschrift für europäisches Denken, hrsg. v. Hans Paeschke, XXIII. Jg. 1969. 1085–1092

Larbig, Torsten/Wiedenhofer, Siegfried (Hrsg.) (2005): Kulturelle und religiöse Traditionen. Beiträge zu einer interdisziplinären Traditionstheorie und Traditionsanalyse. Münster: LIT Verlag

Lenzen, Dieter (Hrsg.) (1989): Pädagogische Grundbegriffe. 2 Bde. Reinbek bei Hamburg: Rowohlt Taschenbuch Verlag

Lexikon Geschichtswissenschaft. Hundert Grundbegriffe (2002), hrsg. v. Stefan Jordan. Stuttgart: Philipp Reclam jun.

Metzlers Lexikon Literatur- und Kulturtheorie (2004), hrsg. v. Ansgar Nünning. 3., aktualisierte und erw. Aufl. Stuttgart: J. B. Metzler

Morgenthaler, Christoph/Hauri, Roland (Hrsg.) (2010): Rituale im Familienleben. Inhalte, Formen und Funktionen im Verhältnis der Generationen. Weinheim/München: Juventa

Müller, Hans-Peter (2007): Max Weber. Eine Einführung in sein Werk. Köln/Weimar/Wien: Böhlau

Müller, Klaus E. (2005): Die feste Burg. Eine ethnologische Traditionstheorie. In: Larbig/Wiedenhofer (2005): 92–121

Nahodil, Otakar (1971): Menschliche Kultur und Tradition. Kulturanthropologische Überlegungen. Aschaffenburg: Pattloch

Oevermann, Ulrich (2005): Soziologische Überlegungen zum Prozeß der Tradierung und zur Funktion von Traditionen. In: Larbig/Wiedenhofer (2005): 11–36

Pethes, Nicolas (2008): Kulturwissenschaftliche Gedächtnistheorien. Zur Einführung. Hamburg: Junius

Reding, Marcel (1973): Zum Begriff Tradition. In: Kaltenbrunner (1973): 561–581

Sandkühler, Thomas (2010): Tradition. In: Enzyklopädie Philosophie, Bd. 3 (2010): 2763–2767

Schmidt, Robert/Woltersdorf, Volker (Hrsg.) (2008): Symbolische Gewalt. Herrschaftsanalyse nach Pierre Bourdieu. Konstanz: UVK Verlag

Simonis, Linda (2004): Tradition. In: Metzlers Lexikon Literatur- und Kulturtheorie (2004): 667–668

Staatslexikon. Recht, Wirtschaft, Gesellschaft in 5 Bänden, hrsg. v. der Görres-Gesellschaft. Bd. 5. (1989). 7. völlig neu bearbeitete Aufl. Freiburg/Basel/Wien: Verlag Herder

Stecher, Ludwig/Zinnecker, Jürgen (2007): Kulturelle Transferbeziehungen. In: Ecarius (2007): 389–405

Steenblock, Volker (1998): Tradition. In: Historisches Wörterbuch der Philosophie,
    Bd. 10 (1998): 1316–1329
Suin de Boutemard, Dorothee (2006): „Wissen, wo's Brot herkommt". Bäuerliche Fami-
    lientraditionen als Hemmschuh oder Sprungbrett? In: Büchner/Brake (2006):
    179–224
Weber, Max ([1921] 1980): Wirtschaft und Gesellschaft. Grundriss der verstehenden
    Soziologie. [1921]. 5. revidierte Aufl. besorgt von Johannes Winkelmann. Stu-
    dienausgabe. Tübingen: J.C.B. Mohr (Paul Siebeck)
Welzer, Harald (2004): Gedächtnis und Erinnerung. In: Handbuch der Kulturwissen-
    schaften. Bd. 3: Themen und Tendenzen (2004): 155–174
Welzer, Harald (2005): Das kommunikative Gedächtnis. Eine Theorie der Erinnerung.
    München: Verlag C.H. Beck
Welzer, Harald/Moller, Sabine/Tschuggnall, Karoline (2008): „Opa war kein Nazi".
    Nationalsozialismus und Holocaust im Familiengedächtnis. 6. Aufl. Frank-
    furt a. M.: Fischer Taschenbuch Verlag
Wiedenhofer, Siegfried (1990): Tradition, Traditionalismus. In: Geschichtliche Grund-
    begriffe. Historisches Lexikon zur politisch-sozialen Sprache in Deutschland.
    Bd. 6 (1990): 607–650
Wiedenhofer, Siegfried (2005): Traditionsbegriffe. In: Larbig/Wiedenhofer (2005):
    253–279

Familienkultur oder Kulturgeschichte des Familialen?

Wolfgang Gippert

1 Einleitung

‚Familie' gehört als primäre Sozialisationsinstanz und zentrale gesellschaftliche Institution zu den Kernbereichen erziehungswissenschaftlicher, soziologischer und (bildungs-)politischer Diskurse. In ihren vielfältigen historischen und gegenwartsbezogenen Formen, Strukturen und Funktionen ist sie in der Forschung weitreichend ausgeleuchtet – als Erziehungs- und Bildungsort, Interaktions- und Beziehungsgeflecht, Geschlechter- und Generationenkonstellation, in ihren demografischen Dimensionen und rechtlichen Verfassungen wie auch in ihren Verflechtungen mit anderen gesellschaftlichen Kontexten – vor allem dem Bildungssystem und wohlfahrtsstaatlichen Einrichtungen.[1] Neuere Forschungsbestrebungen beschäftigen sich insbesondere mit der Frage, wie die verschiedenen Akteure in diesem Lebenszusammenhang miteinander agieren und ‚Familie' als vielfältige Gestaltungsleistung aktiv hervorbringen – über gemeinsame Handlungen, Rituale und emotionsbasierte, persönliche Austauschbeziehungen. Das gemeinsame Miteinander in der familialen Lebensführung wird mitunter als spezifische *Familienkultur* etikettiert (vgl. bspw. Wagner 2003) – ein Kompositum, das bislang allerdings weder in seinem geschichtlichen noch in seinem aktuellen Sinnhorizont systematisch erörtert worden ist.

Begriffe sind Konzentrate von Bedeutungsgehalten: „Ein Begriff bündelt die Vielfalt geschichtlicher Erfahrung und eine Summe von theoretischen und praktischen Sachbezügen in einem Zusammenhang, der als solcher nur durch den Begriff gegeben und wirklich erfahrbar wird" (Koselleck 1979: 29). Deshalb gehört es zu den zentralen Aufgaben der Geistes-, Sozial- und Kulturwissenschaf-

---

1 An dieser Stelle wird lediglich auf zwei Standardwerke und die dort aufgeführte Literatur verwiesen: Ecarius 2007; Gestrich 1999.

ten, das Verhältnis von verwendeten Wörtern und Begriffen zu den jeweils damit
bezeichneten Sachverhalten zu klären (vgl. Rogge 2010: 354). Die verschiedenen
Bedeutungsgehalte von Begriffen entschlüsseln sich über ihre Geschichte. In diesem Beitrag geht es zunächst darum, einige ‚klassische' Verwendungsweisen und
Bedeutungshorizonte des Kulturbegriffs zu skizzieren (2). Für Fragestellungen der
Historischen Familienforschung scheinen insbesondere Begriffsbestimmungen
und Perspektiven der Historischen Kulturwissenschaften, namentlich der Kulturgeschichte ertragreich zu sein (3). Abschließend wird diskutiert, ob und inwiefern
es vor diesem Hintergrund sinnvoll ist, von historischen ‚Familienkulturen' zu
sprechen und was demgegenüber eine ‚Kulturgeschichte des Familialen' zu leisten vermag (4).

2   Kultur – zur Geschichte eines ‚uferlosen' Begriffs

„[Ü]berall Kultur und kein Ende" – dies beklagte der Geschichtsphilosoph und
Pädagoge Robert von Nostitz-Rieneck angesichts der Allgegenwärtigkeit des Kulturbegriffs bereits im Jahre 1880 (zit. n. Hütig 2010: 106). An dieser Bestandsaufnahme hat sich bis heute wenig geändert: Kultur ist gegenwärtig *der* zentrale
Schlüsselbegriff in den Sozial- und Geisteswissenschaften – und sein Gebrauch ist
inflationär. Der Begriff hat eine bewegte Geschichte: Die Debatten um seine inhaltliche Bestimmung dauern seit rund 200 Jahren an. Unzählige Geister haben
sich seither an ihm abgearbeitet. Ein beredtes Zeugnis über die mannigfachen
Konzepte und Definitionen alleine der ersten 100 Jahre legt die Sammlung der
beiden amerikanischen Kulturanthropologen Alfred L. Kroeber und Clyde Kluck-
hohn ab: Sie erfassten rund 300 unterschiedliche Begriffsbestimmungen (vgl.
Kroeber/Kluckhohn 1952). Mit den ‚cultural turns' in den Geistes- und Sozialwissenschaften des vergangenen Jahrhunderts schossen Kulturtheorien gleichsam
wie Pilze aus dem Boden.[2] Die Kulturwissenschaften entwickelten sich als interdisziplinäres und vielfach differenziertes Forschungsprogramm[3], das ‚klassische'
Denktraditionen aufgriff, weiterentwickelte und neue Fachbereiche ausformte:
Kulturanthropologie und Kultursoziologie, Kultursemiotik und kulturwissenschaftliche Literaturwissenschaft, Kulturgeschichte und Historische Kulturwissenschaft, kulturwissenschaftliche Psychologie, Ökologie, Xenologie, Medien-

---

2   Zum ‚cultural turn' in den Sozialwissenschaften siehe grundlegend Reckwitz 2000.
3   Reinhard Sieder bspw. bezeichnet die Kulturwissenschaften als „ein Projekt der Entgren-
     zung der Disziplinen", das zur fachwissenschaftlichen Gliederung der Universitäten „gleich-
     sam quer" liege (zit. n. Eggert 2010: 55).

und Geschlechterforschung – die Liste ließe sich fortsetzen.[4] Damit einher gingen zahlreiche ‚turns' – zu nennen wären etwa die interpretative, die performative, die reflexive, die narrative, die topologische oder die ikonische Wende (auch diese Liste ließe sich fortsetzen).[5]

Begriffliche Vielfalt eröffnet auch der Blick in die einschlägige Publikationslandschaft: Das Metzler-Lexikon „Literatur- und Kulturtheorie" weist über 700 Einträge zu den Ansätzen, Personen und Grundbegriffen auf, die dem Feld als zugehörig erachtet werden (vgl. Nünning 2004). Der ebenfalls von Ansgar Nünning herausgegebene Band „Grundbegriffe der Kulturtheorie und Kulturwissenschaften" kommt mit immerhin 150 Einträgen aus (vgl. Nünning 2005a). Das dreibändige „Handbuch der Kulturwissenschaften", womit das derzeit renommierteste Referenzwerk genannt ist, versucht in insgesamt 104 Fachbeiträgen zu den Grundlagen und Schlüsselbegriffen, Paradigmen und Disziplinen, Themen und Tendenzen seines Gegenstandes Herr zu werden (vgl. Jaeger et. al. 2004). Auch der populärwissenschaftliche, mediale und alltagssprachliche Begriffsgebrauch weist darauf hin, dass ‚Kultur' als allgegenwärtiges und ausuferndes Modewort eine Kategorie zur Erfassung und Charakterisierung unterschiedlicher Lebensbereiche, sozialer Praktiken und Beziehungen darstellt: von Leitkultur und Streitkultur, Industrie- und Organisationskultur, Massen- und Konsumkultur, Inter- und Multikultur, National- und Erinnerungskultur, Alltags- und Körperkultur, oder in pädagogischer Perspektive: Schul-, Lern-, Kinder-, Jugend- sowie *Familienkultur*.

Taucht man in die weitreichende Begriffsgeschichte von ‚Kultur' ein, ist in den etymologischen Anfängen festzustellen, dass sich die grundlegende Bedeutung auf das lateinische Verb *colere* sowie auf die davon abgeleiteten Substantive *cultus* und *cultura* bezieht.[6] Der Begriff verweist ursprünglich auf die Pflege und die sorgfältige und methodisch angeleitete Gestaltung jener Gegenstände und Bereiche, denen der Mensch etwas für seinen Lebensunterhalt abgewinnen kann, vor allem durch die Bebauung des Ackerlandes. *Cultus* und *Cultura* werden von den Römern, namentlich von Cicero, aber nicht nur in Bezug auf die Natur und deren Bearbeitung angewendet, sondern entsprechend der griechischen *paideia* als *cultura animi* auch auf die Pflege und Verfeinerung der pädagogischen, wissenschaftlichen und künstlerischen Bereiche menschlichen Lebens bezogen. Kultiviert wer-

---

4 Einen Überblick bieten Nünning/Nünning 2003.
5 Vgl. Bachmann-Medick 2006; Moebius 2012. Polemische Kritik an den unentwegt neu geschöpften ‚turns' übt Teichert 2010: 15 ff.
6 Die Entwicklung des Kulturbegriffs ist ausführlich und luzide dargelegt von Fisch 1992. Vgl. weiterhin die begriffsgeschichtlichen Skizzen bei Hütig 2010: 109 ff.; Moebius 2009: 14 ff.; Reckwitz 2000: 64–90. Aufgrund der mannigfaltigen Verwendungen des Begriffs in der Geschichte sind Systematisierungen und eindeutige Abgrenzungen des jeweiligen Verständnisses schwierig, da es zahlreiche Schnittmengen gibt.

den soll auch der Mensch selbst, genauer gesagt: seine innere Natur, seine Seele, sein Körper, seine Sprache:

> „‚Cultus‘ und ‚cultura‘ erfassen also den gesamten Bereich dessen, was vom Menschen über das von Natur aus Vorhandene hinaus bewirkt und geschaffen wird und ebenso das, was den Menschen von der Natur progressiv unterscheidet. Sie beziehen sich sowohl auf den Vorgang, auf die Tätigkeit, als auch auf deren Resultat. Damit ist der Bedeutungsumfang des modernen Kulturbegriffs erreicht." (Fisch 1992: 687)

In der mittelalterlichen Begriffsentwicklung, die sich ebenfalls in lateinischer Sprache vollzieht, erfährt ‚Kultur‘ hingegen eine Bedeutungsverengung. Dafür dürfte ein soziales Phänomen verantwortlich sein: Zunehmend lag die Produktion des geschriebenen Wortes in den Händen von Klerikern, die *cultus* nahezu ausschließlich in Bezug auf den religiösen Kult gebrauchen. Andere antike Verwendungsweisen geraten dadurch in Vergessenheit (vgl. ebd.: 690).

Seit der Renaissance bildet sich schließlich die moderne Idee der allseitigen Persönlichkeitsentwicklung heraus. *Cultura* dient dabei als Abgrenzung des Menschen vom Tier, von einem barbarischen Naturzustand, so in der Frühaufklärung etwa bei Samuel von Pufendorf (1632–1694). Für ihn gehört die *cultura animi* zu den Pflichten des Menschen sich selbst gegenüber. In diesem Zusammenhang gewinnt die umfassende Pflege von Anlagen, Fertigkeiten und Tugenden, nicht zuletzt auch von Tugenden des Gemeinschaftslebens, als zentrale Pflicht und Aufgabe des Menschen ihre Bedeutung (vgl. ebd.: 703). Diese Version des Kulturbegriffs ist *normativ*[7] ausgerichtet: Die Umschreibung von Kultur im Sinne einer menschlichen Lebensweise ist untrennbar verbunden mit einer Bewertung dieser Lebensweise: „Kultur bezieht sich dann auf eine ausgezeichnete, letztlich für ‚jedermann‘ erstrebenswerte Lebensform" (Reckwitz 2008: 20). Als Wertbegriff kennzeichnet Kultur so die Anstrengungen des Menschen, sich über den Naturzustand zu erheben (vgl. Hejl 2005: 106).

In der ersten Hälfte des 18. Jahrhunderts verändern sich die traditionellen Begriffsverwendungen nur geringfügig. Seit den 1760er Jahren hingegen erfährt ‚Kultur‘ in Deutschland eine umfassende Ausweitung und Popularisierung. Die Entwicklung des wirkmächtig gewordenen deutschen Kulturbegriffs seit der sog. ‚Sattelzeit‘ ist auch vor dem Hintergrund des aufstrebenden Bürgertums und seines politischen Scheiterns zu sehen. ‚Kultur‘ wird dabei zu einem Kampfbegriff der sozialen Abgrenzung gegenüber der Aristokratie wie auch gegenüber der ‚Un-

---

7   Die im folgenden vorgenommene Typologisierung des Kulturbegriffs (normativ, totalitätsorientiert, differenzierungstheoretisch und bedeutungsorientiert) geht auf Reckwitz 2000: 64–90 zurück.

kultur' der agrarischen, später proletarischen Unterschichten. Im normativ-bürgerlichen Verständnis fungiert Bildung als regulatives Prinzip zur Aneignung von ‚Kultur', für deren Sinnbild das humanistische Gymnasium steht. Neu an dieser Begriffsausrichtung ist, dass nicht nur einzelne Individuen, sondern ganze Kollektive, namentlich das Bürgertum, Kultur erwerben können (vgl. Reckwitz 2008: 20). Als sich das deutsche Bürgertum dann zum ‚Träger' des deutschen Nationalbewusstseins verfestigt und schließlich zur herrschenden Gesellschaftsschicht aufsteigt, erfährt der Kulturbegriff eine folgenreiche Ausweitung:

> „Die erste und wichtigste Ausweitung war die vom Individuum auf Kollektive, Völker und die Menschheit. Danach war der Übergang von einzelnen Fähigkeiten und Bereichen, wie Landwirtschaft, Erziehung oder Wissenschaften, auf alle menschlichen Hervorbringungen erforderlich. Der dritte Schritt, der am zögerlichsten vollzogen wurde, war der Übergang vom Vorgang der Kultivierung des Menschen oder seiner Umwelt zu den Resultaten, zunächst zum kultivierten Menschen und schließlich zu den Kulturprodukten. Bis heute betont jeder Kulturbegriff diese Komponenten unterschiedlich. Schon deswegen lässt sich nicht entscheiden, wer den modernen Begriff geschaffen hat." (Fisch 1992: 707)

Es ist Johann Gottfried Herder, der im Kontext des romantischen Interesses für einzelne ‚Völker' und deren Geschichte den *totalitätsorientierten* Kulturbegriff auf den Weg bringt. Seine Bestimmung von Kultur als ‚Blüte des Daseins eines Volkes' zielt darauf ab, die gesamten Ausprägungen verschiedener ‚Völker', ‚Nationen', ‚Gemeinschaften' oder ‚Kulturkreise' zu erfassen. ‚Kultur' ist demnach primär die Kultur eines Volkes, die spezifische Lebensform eines einzelnen Kollektivs in der Geschichte (vgl. Reckwitz 2000: 73). In Herders Entwurf erscheint eine bestimmte Lebensweise idealerweise nach innen homogen und nach außen geschlossen, gleich einer Kugel gegenüber anderen Kugeln: „[J]ede Nation", schreibt er, „hat ihren *Mittelpunkt* der Glückseligkeit *in sich,* wie jede Kugel ihren Schwerpunkt!" (Herder [1774] 1990: 35 [Hervorh. i. O.]) Der totalitätsorientierte oder auch holistische (ganzheitliche) Kulturbegriff erweist sich gegen Ende des 19. Jahrhunderts besonders in der anglo-amerikanischen Kulturanthropologie als empirisch ertragreich – maßgeblich in den Arbeiten Edward B. Tylors über vermeintlich ‚primitive Kulturen' (vgl. Tylor 1871). In Deutschland geht der Begriff u. a. in die Kulturphilosophie, in die Kulturgeschichtsschreibung sowie in die Künste ein (vgl. Böhme/Matussek/Müller: 34 ff.), aber auch in die sog. ‚Völkerpsychologie' und in Schriften von Volkstumspropagandisten.[8] Die eigene ‚innere Kultur' wird zu dem,

---

8 Siehe etwa die Schriften von Houston Stewart Chamberlain, Paul Anton de Lagarde, August Julius Langbehn sowie die Publizistik, die im Kontext der ‚Heimatliteratur' zwischen 1870

worin man sich von anderen Nationen zu unterscheiden glaubt, besonders von
Frankreich (vgl. Hejl 2005: 107). ,Kultur' mutiert damit gegen Ende des 19. Jahr-
hunderts als ,Nationalkultur' zu einem Abgrenzungskriterium gegenüber anderen
Gesellschaften, Staaten und ,Nationen'.

Während das holistische Kulturverständnis den Weg einer begrifflichen Ausweitung beschreitet, wählt der *differenzierungstheoretische* Kulturbegriff den einer
radikalen Eingrenzung. Er lässt den Bezug auf ganzheitliche Lebenswelten hinter
sich und bezieht sich nunmehr auf das enge Feld der Kunst, der Bildung, der Wissenschaft und sonstiger intellektueller Aktivitäten – etwa bei Friedrich Nietzsche,
der Kultur als die „Einheit des künstlerischen Stiles in allen Lebensäußerungen
eines Volkes" (Nietzsche [1873] 1988: 163) bezeichnet.[9] Kultur wird dabei zunächst
als exklusive Hochkultur ausgelegt, die das bürgerliche Publikum rezipiert und
die von der Massen- bzw. Volkskultur eindeutig abgrenzbar erscheint. In der zweiten Hälfte des 20. Jahrhunderts schließlich werden die normativen Elemente des
Kulturbegriffs getilgt – insbesondere in der empirisch ausgerichteten Soziologie.
Die klassische Formulierung eines solchen differenzierungstheoretischen Kulturkonzepts findet sich in der Soziologie von Talcott Parsons (1976). Kultur bildet innerhalb einer funktional ausdifferenzierten Gesellschaft lediglich ein Subsystem
neben vielen anderen – dem Recht, der Ökonomie, der Politik, der Religion usw.
Kultur taucht in der Soziologie dann entweder als ,Kulturindustrie' (Adorno), als
,kulturelles System' (Parsons) oder als ,künstlerisches Feld' (Bourdieu) auf (vgl.
Moebius 2009: 18 f.; Reckwitz 2000: 79 ff.).

Die theoretische Grundlage der aktuellen kulturwissenschaftlichen Ansätze
in den Geistes- und Sozialwissenschaften bildet seit dem ,cultural turn' jedoch
der *bedeutungsorientierte* Kulturbegriff. Er beruht auf einer Reihe von relativ un-
abhängig voneinander entstandenen Philosophien und Sozialtheorien der ersten
Hälfte des 20. Jahrhunderts: auf Ernst Cassirers Philosophie der symbolischen
Formen, auf der Phänomenologie von Edmund Husserl, der Hermeneutik, dem
Pragmatismus (John Dewey, Margaret Mead), der Sprachphilosophie Ludwig
Wittgensteins, der Semiotik und dem Strukturalismus (vgl. Moebius 2009: 19;
Reckwitz 2000: 84 ff.). In einem bedeutungsorientierten Verständnis werden Kul-
turen „(...) als Zeichen- und Symbolsysteme konzipiert, deren symbolische Ord-
nungen, kulturelle Codes und Wertehierarchien sich in kulturspezifischen Prakti-
ken und Sinnstiftungsprozessen manifestieren" (Sommer 2005: 107).

---

und 1918 erschienen ist (vgl. Dohnke 1996). Zum Spektrum und zu den Ideologien der ,Völ-
kischen Bewegung' im Deutschen Kaiserreich vgl. grundlegend Puschner/Schmitz/Ulbrich
1996; Puschner 2001.

9   Jörg Fisch vermutet, dass Nietzsche in erster Linie an *alle Lebensäußerungen* dachte. Wir-
kungsgeschichtlich relevant wurde indes die Einschränkung auf das Künstlerische (vgl. Fisch
1992: 749).

Für die Herausbildung des bedeutungsorientierten Kulturbegriffs gilt die sog. ‚Kultur als Text'-Debatte als maßgeblich.[10] Sie entstammt der amerikanischen Ethnologie, die sich in den 1970er Jahren zu einer verstehenden, interpretativen Kulturanthropologie entwickelte. Einer der Wegbereiter ist Clifford Geertz. Die Analyse kultureller Praktiken versteht er als hermeneutischen Akt der Interpretation, analog zur kritischen Lektüre eines Textes.[11] Textwissenschaftliche und kultursemiotische Ansätze gelten als besonders perspektivenreich, weil sie ‚Kultur' als einen symbolisch vermittelten Prozess der Selbstauslegung und Bedeutungskonstruktion bestimmen: „Demzufolge wird Kultur als der von Menschen erzeugte Gesamtkomplex von kollektiven Sinnkonstruktionen, Denkformen, Empfindungsweisen, Werten und Bedeutungen definiert, der sich in Symbolsystemen materialisiert" (Nünning 2005b: 128). Zentral ist zudem das Bewusstsein um die *Kontingenz* von Kultur, die prinzipielle Offenheit und Ungewissheit kultureller Codes und sozialer Praktiken.[12]

Die hier angeführte Definition eines bedeutungsorientierten Kulturbegriffs soll indes nicht darüber hinwegtäuschen, dass in den verschiedenen Zweigen der Kulturwissenschaften sehr verschiedene Gegenstandsbereiche, Theorien, Konzepte und Begriffsbestimmungen von ‚Kultur' existieren – in dem obigen Zitat ist allenfalls ein kleinster gemeinsamer Nenner erfasst. Die Kulturtheorien bieten insbesondere unter zwei zentralen Fragestellungen unterschiedliche forschungspraktische Optionen an. In beiden Fällen ist wiederum strittig, was ‚Kultur' ausmacht:

(1) Ist Kultur als eine Konfiguration von übersubjektiven symbolischen Strukturen oder als ein Ergebnis interpretativer Leistungen der Individuen zu verstehen?

(2) Soll Kultur in erster Linie auf der Ebene von Diskursen (oder Texten oder Symbolen) verortet werden oder auf der Ebene (körperlich verankerter) routinisierter sozialer Praktiken? (vgl. Reckwitz 2008: 39)

In diesem Problemfeld lassen sich auch die Begriffsbestimmungen und Perspektiven der Historischen Kulturwissenschaften verorten und erörtern.

---

10 Zum Stand der Diskussion vgl. Bachmann-Medick 2004.
11 Als Schüsseltext und -methode gilt Geertz' ‚Dichte Beschreibung' (vgl. Geertz [1973] 1983).
12 Seit etwa zehn Jahren ist in der wissenschaftlichen Terminologie die Tendenz zu erkennen, statt traditioneller Kohärenzbegriffe wie ‚Einfluss', ‚Tradition' oder ‚Entwicklung' Bezeichnungen für Diskontinuitäten zu verwenden: ‚Differenz', ‚Bruch', ‚Schwelle', ‚Übergang' oder ‚Grenze' (vgl. Reckwitz 2008: 28–38; Rogge 2010: 355).

3   Begriffsbestimmungen in den Historischen Kulturwissenschaften

Historische Kulturwissenschaften sind durch eine transdisziplinäre Auffassung und Ausrichtung gekennzeichnet. In diesem Verständnis haben sich in den letzten Jahrzehnten mehrere Spezialdisziplinen der Geschichtswissenschaft entwickelt: die Mentalitätsgeschichte, die Alltagsgeschichte, die Historische Anthropologie, die Mikrohistorie, die Historische Genderforschung oder die sog. ‚Neuere Kulturgeschichte'. Eine trennscharfe Unterscheidung der Teilbereiche ist allerdings schwierig und wohl auch wenig sinnvoll, zumal die unterschiedlichen Programmskizzen, Forschungsstrategien und Studien in ihren Grundfragen vielfach konvergieren.[13] Im Fokus der praktischen Forschung steht allgemein gesprochen die Erschließung individueller und kollektiver vergangener Lebenswelten. Dieses Vorhaben wirft Fragen nach der Erfahrung und Wahrnehmung der Welt durch Individuen, nach ihren Handlungsmustern und Weltdeutungen auf:

> „Kulturgeschichte fragt demnach danach, wie in verschiedenen Epochen und historischen Kontexten die Kultur als ‚ein Bedeutungs-System, welches die Akteure mit Zeichen, Symbolen, Begriffen und Deutungsmustern ausstattet, die ihr soziales Handeln *motivieren, orientieren* und *reglementieren'*, konkret ausgestaltet worden ist [Hervorh. i. O.]." (Rogge 2010: 362)

In der Geschichtswissenschaft gibt es seit den 1990er Jahren intensive Diskussionen über die Kulturgeschichte bzw. über die Frage, was Geschichtswissenschaft als Historische Kulturwissenschaft auszeichnet (vgl. Mergel 1996; Oexle 1996). Damit einher gehen Debatten über die erkenntnistheoretischen und methodischen Grundoperationen, mit denen sich Geschichte kulturelle Phänomene zu erschließen sucht: „Was als ‚Kultur' heuristisch in den Blick kommt, ist abhängig von den Kategorien, mit denen jeweils operiert wird" (Jaeger 2004: 527).

In den gegenwärtigen Diskussionen zeichnen sich vier alternative Kulturbegriffe ab, denen unterschiedliche Methodenkonzeptionen der historischen Forschung entsprechen: ein erfahrungs- und mentalitätsgeschichtlicher, ein kultursemiotischer, ein kommunikationshistorischer sowie ein praxeologischer Kulturbegriff.[14]

---

13 So die Einschätzung von Hardtwig/Wehler 1996: 7. Rogge plädiert allerdings dafür, im Hinblick auf begriffliche Präzisierungen deutlicher zwischen (historischen) Kulturwissenschaften, Kulturgeschichte und Cultural Studies zu differenzieren (vgl. Rogge 2010: 357).
14 Diese Systematik hat Jaeger 2004: 527–534 vorgenommen.

3.1 Der erfahrungsgeschichtliche Kulturbegriff

Der erfahrungsgeschichtliche Zugriff auf Kultur wendet sich im Zuge der neueren Alltags- und Mentalitätsgeschichte den konkreten sozialgeschichtlichen Erfahrungskontexten, Wahrnehmungsformen und Interpretationen der historischen Akteurinnen und Akteure zu. Es geht darum, wie sie ihre Wirklichkeit erfahren und welche Auswirkungen diese Erfahrungen auf die Gestaltung ihrer Lebensführung haben. Dabei werden auch die kulturellen Wahrnehmungsformen sozialer Gruppen fokussiert, die zuvor nicht im Blickwinkel der historischen Forschung standen: Unterständische Gruppierungen und Randgruppen der Frühen Neuzeit, weiblich geprägte Lebenswelten (was durch den Aufstieg der Frauen- und Geschlechtergeschichte befördert wurde) sowie die Alltagserfahrungen ‚gewöhnlicher' Menschen. Zudem hat die Erfahrungsgeschichte den Horizont von ‚Kultur' erheblich erweitert. Vielfältige Bereiche des menschlichen Daseins finden darin Beachtung: existentielle Phänomene wie Leiblichkeit, Geburt, Tod, Krankheit und Lebensalter, Gefühle und Affekte, Räumlichkeit und Zeitlichkeit, Natur und Umwelt werden beispielsweise als kulturelle Erfahrungsräume der menschlichen Lebensführung erschlossen.[15] Hinzu kommen Erfahrungsbereiche, die in der historischen Forschung bislang eher mit konventionellen Mitteln bearbeitet worden sind – etwa die Geschichte von Krieg und Gewalt oder auch die Religionsgeschichte mit ihrer Öffnung gegenüber der Volksfrömmigkeit, dem Magischen oder dem Wunderglauben (vgl. z.B. Kuhlemann 1996). Mit der thematischen Erweiterung menschlicher Erfahrungsbereiche gehen in der Forschung methodische Innovationen einher: die Oral History in der Alltagsgeschichte, die ‚dichten' Analysen konkreter Lebensgeschichten in der Mikrogeschichte wie auch mentalitätsgeschichtliche Ansätze. Problematisch ist, dass individuelle und kollektive Erfahrungen im Bewusstsein, im Begriffshaushalt oder in der Mentalität von Individuen und sozialen Gruppen gebunden bleiben und häufig nicht überliefert sind – und damit auch vergessen, verdrängt, verschüttet oder ausgeblendet werden (vgl. Jaeger 2004: 528).

3.2 Der semiotische Kulturbegriff

Das kultursemiotische Konzept nimmt in der historischen Interpretation andere Elemente von Kultur in den Blick: „Es wendet sich dem Gewebe sprachlicher Ordnungen und kultureller Zeichen zu, mit denen sich der Mensch (…) in sei-

---

15 Vgl. exemplarisch Ariès 1982; ders. 1994; Elias [1939] 1969; Dinzelbacher 1996; Dülmen 1990–1994.

ner Welt sinnhaft orientiert und sozial vergemeinschaftet" (ebd.: 529). In Anlehnung an Max Weber definiert Clifford Geertz Kultur als ein „selbstgesponnenes Bedeutungsgewebe" (Geertz [1973] 1983: 9), ein Netz von Vorstellungen, Zeichen und Symbolen, innerhalb dessen sich die menschliche Lebensführung kulturell vollzieht. Ausgehend von diesem Kulturverständnis nehmen die Kulturwissenschaften Interpretationen von ritualisierten Handlungen und symbolischen Manifestationen vor. Dabei treten die unbewussten oder auch unverständlichen und fremden Elemente einer Kultur ins Zentrum. Machen in der Erfahrungsgeschichte immer noch die Menschen ihre Erfahrungen selbst, so bestimmen in der Kultursemiotik auch die symbolischen Ordnungen das Handeln der Menschen – ob sie das wollen oder nicht. Methodisch folgt daraus ein stärker tiefenhermeneutisches Verfahren, das die Funktionsweisen von Symbolen in (historischen) Gesellschaften interpretiert: „Denn die spezifische Kraft der Symbole besteht gerade darin, dass sie (…) ein Eigenleben jenseits reflektierter Einstellungen führen können. Ihr kultureller Sinngehalt wird gerade in vor- und unbewussten Sphären der menschlichen Identität wirksam" (Jaeger 2004: 530). Von diesen Zeichensystemen sind manche dauerhaft (Bilder, Denkmäler, Gebäude, Gesetzestexte, Artefakte), andere sind nur in ihrem Vollzug wahrnehmbar (Theaterbesuche, Familienfeiern, Gottesdienste). Die Themenfelder einer semiotisch inspirierten Historischen Kulturwissenschaft sind entsprechend weit gespannt, zumal kulturelle Symbolisierungen jenseits sprachlicher Ausdrucksformen erfasst werden: körperliche Ausdrucksformen und Gebärden, rituelle Praktiken, kollektive Symbolhandlungen (wie das Grüßen) sowie ikonische und bildhafte Repräsentationen (vgl. ‚visual' bzw. ‚iconic turn') (vgl. ebd.; Posner/Schmauks 2005: 120).

3.3   Der kommunikationshistorische Kulturbegriff

Das semiotische Kulturkonzept rückt das Reich der symbolischen Ordnungen und zeichenhaften Bedeutungsträger ins historische Interesse – ein Gebiet, das dem menschlichen Bewusstsein tendenziell verborgen ist. Unter kommunikationstheoretischem Vorzeichen hingegen betritt Kultur gleichsam wieder den „Marktplatz der öffentlichen Meinung" (Jaeger 2004: 531). Der Blick richtet sich auf diejenigen Bereiche, die den öffentlich-diskursiven Raum von Gesellschaften prägen. Dabei handelt es sich um Netzwerke von Medien und zwischenmenschlichen Interaktionen, die für die soziale oder politische Organisation von Gemeinwesen bedeutsam sind. In diesem Zusammenhang sind etwa die Forschungen zur Geschichte der neuzeitlichen Kommunikationsrevolution oder zum Strukturwandel der Öffentlichkeit hervorzuheben (z. B. Anderson [1983] 2005). Zum Kernbestand gehören auch Fragen nach den kulturellen Faktoren politisch-sozialer Zugehörigkeit (z. B. ‚Milieu‘), nach der Kultur des ökonomischen Handelns, der Arbeit, des sozialen Wandels, des Marktes und des Konsums, nach den Strukturen öffentlicher oder medialer Verständigung – überhaupt nach den handlungsleitenden Mentalitäten gesellschaftlicher Gruppen.[16] In ihnen wird eine Struktur moderner Gesellschaften sichtbar, „(…) mit deren Hilfe sich Individuen und soziale Gruppen über die strukturellen Bedingungen ihrer Lebenspraxis verständigen, nach Interpretationen ihrer Lebensführung suchen oder ihre Interessengegensätze austragen" (ebd.: 540).

3.4 Der praxistheoretische oder praxeologische Kulturbegriff

Als letzte Variante einer Historischen Kulturwissenschaft sei hier das praxeologische Kulturkonzept angeführt. Es stellt den Handlungsaspekt und die ‚praktische Vernunft‘ der menschlichen Lebensführung in den Mittelpunkt. Kultur wird dabei vor der Folie konkreter Problemlagen, Herausforderungen und Machtkämpfe verortet und als eine Reaktion darauf konzipiert. Kultur erhält ihre Bedeutung erst im praktischen Handlungsvollzug von Menschen, die sie schaffen, verändern, umstürzen und neu aufbauen: „Kultur wird so zu einem Konflikt um Bedeutungen, Sinnorientierungen, Symbole und Werte umstilisiert" (ebd.: 532).

Innerhalb des praxeologisch ausgerichteten Kulturkonzepts haben zwei Leitperspektiven besondere Aufmerksamkeit gefunden: zum einen die spezifische Performativität menschlichen Handelns, zum anderen die praxistheoretische Vermittlung sozialen Handelns, wie sie das Habituskonzept Bourdieus kennzeichnet.

3.4.1 Performanz

Gegenwärtig ist in den Kulturwissenschaften viel von der performativen Wende die Rede, von einer Verlagerung des Forschungsinteresses auf die Performanz kultureller Sphären sowie auf die Ausdrucksgestalt ihrer jeweiligen Handlungsstruktur. Entlang der beiden Hauptachsen ‚Aufführung‘ und ‚Ausführung‘ ist das Konzept in verschiedenen Forschungszweigen beheimatet. Dabei kommt zunehmend in den Blick, dass in der Außendarstellung und im Ausdruck menschlicher Tätigkeit ein eigenständiger Sinngehalt liegt (vgl. ebd.). Performativ ist in diesem Sinne alles, was durch theatralische Zurschaustellung, durch Inszeniertheit geprägt ist:

---

16   Zum Teil handelt es sich dabei noch um recht junge Forschungsbereiche. Die kulturgeschichtliche Betrachtung der Wirtschaft beispielsweise, so Achim Landwehr, stecke noch in den Kinderschuhen (vgl. Landwehr 2009: 109).

nicht nur Theater oder darstellende Künste, sondern auch Repräsentationen in der Alltagswirklichkeit, Inszenierungen der Politik oder des Lifestyle. Gerade die Ethnologie sieht ihr eigentliches Untersuchungsfeld in der kulturellen Performanz: in Festen, Umzügen, Wettkämpfen, Aufführungen, Konzerten, Initiations-, Hochzeits- oder Begräbnisriten, „(…) in denen eine Kultur ihre Identität dar- und ausstellt, ja sie sich eigentlich erst erspielt" (Pfister 2005: 173). In diesen Kontext gehört beispielsweise auch Judith Butlers Ansatz zur Performativität von Geschlecht und Identität (vgl. Butler 1991). Historisch hat sich das Konzept etwa in der Gewaltforschung als fruchtbar erwiesen. Auch Gewalt ist im Sinne sinnorientierten Handelns kulturell kodiert:

> „Gewalt wird in einem symbolisch vermittelten Gewebe von Zeichen, Bedeutungen, Zeremonien und Inszenierungen real; in ihm gewinnt sie ihren Sinn, wird kommuniziert und medial transportiert, woraus unmittelbar ersichtlich wird, dass auch das praxeologische Kulturkonzept auf der Ebene der Forschungspraxis immer in Kombination mit anderen – etwa semiotischen oder dem kommunikationsgeschichtlichen – auftritt." (Jaeger 2004: 533)

3.4.2 Habitus

Die praxeologischen Strömungen fragen zudem nach den unbewusst bleibenden Dispositionen der Handelnden und versuchen, sie mithilfe neuer Methoden zu erschließen. Dafür steht exemplarisch das Habituskonzept Pierre Bourdieus, das in neueren Untersuchungen zu den Lebensstilen sozialer Klassen und Milieus fruchtbar gemacht worden ist (vgl. Bourdieu 1982). Der Begriff des Habitus verlegt Handeln in einen sozialen Raum, der wesentlich durch die Internalisierung von Routinen, Konventionen, Institutionen und nicht zuletzt durch das habitualisierte Handlungswissen der Menschen vorstrukturiert ist. Der Zielgerichtetheit menschlichen Handelns sind damit Grenzen gezogen. Ein derartiges Handlungskonzept zielt methodisch auf die „(…) Vermittlung von Individuum und Gesellschaft, indem es aufzeigt, wie die Strukturen der sozialen Welt von den Akteuren verinnerlicht werden und sich in ihren Handlungsvollzügen ausprägen" (Jaeger 2004: 533). Der Habitus ist demnach ein soziales Verhaltensmuster, das durch Sozialisation erworben und in den Körper gleichsam ‚eingeschrieben' wird und das den spezifischen Lebensstil von Individuen und sozialen Gruppen strukturiert (vgl. Simonis 2005: 62).

Ähnlich wie das kultursemiotische Konzept zielt der praxistheoretische Begriff auf eine kulturelle Tiefendimension menschlicher Lebensformen. Damit ist er anschlussfähig an Erklärungsmodelle zur Entstehung von Identität, eine menschliche Tiefendimension, die ebenfalls als eine Verschränkung von symbolischen Repräsentationen und Ordnungen einerseits sowie menschlichen Handlungsorientierungen andererseits beschrieben werden kann.

4 Historische Familienkulturen oder Kulturgeschichte des Familialen?

Angesichts der begrifflichen und konzeptuellen Vielfalt von Kultur[en] scheint es wenig aussichtsreich, abschließend an dieser Stelle eine Definition von ‚Familienkultur' vorzunehmen. Dafür wären zunächst weitere begriffsklärende Anstrengungen erforderlich, nämlich eine Verständigung darüber, was denn unter ‚Familie' zu verstehen ist. Als ein Lebenszusammenhang, der in der Regel für jeden Menschen real erfahrbar ist, erfreut sich der Begriff nahezu unumstößlicher gesellschaftlicher Akzeptanz. Seine Bestimmung ist allerdings nicht nur vor dem Hintergrund der anhaltenden Individualisierung und Pluralisierung familialer Lebensformen schwierig (Stichwort: Patchworkfamilien, Stief- und Adoptivfamilien, gleichgeschlechtliche Lebensgemeinschaften, multilokale Familienbeziehungen u. a.; vgl. Peuckert 2007). Auch in historischer Perspektive liegen eine Vielzahl von Ansätzen, Modellen, Definitionen und Theorien zur Geschichte ‚der' Familie vor, die einen „monokausalen Zugang zum Thema" verbieten, so Burkhard Fuhs (2007: 23). Eine inhaltliche Bestimmung von ‚Familienkulturen' läuft Gefahr, gelebte historische Vielfalt und Komplexität unzulässig zu vereinfachen: Schnell könnte die Rede von weiteren kollektiven Bindestrich-Kulturen sein: von einer bürgerlichen Kultur, einer Adelskultur, einer bäuerlichen oder Arbeiterkultur. Damit sollen dann spezifische Lebensstile, gesellschaftliche Milieus, soziale Orientierungen und Praktiken oder auch Artefakte erfasst werden. Die unter der jeweiligen ‚Familienkultur' möglichst als ‚Ganzheit' erfassten Merkmale und Ensembles ließen sich dann klar und deutlich voneinander abgrenzen – wie Kugeln gegenüber anderen Kugeln im Sinne Herders. Gesellschaftliche Übergangsbereiche, Heterogenität und Diversität innerhalb einzelner Familienformen, die auch für historische Gesellschaften charakteristisch sind, gerieten dabei schnell aus dem Blick.

Stattdessen biete ich mit einigen Überlegungen zu einer ‚Kulturgeschichte des Familialen' eine Alternative an. Dabei handelt es sich in gewisser Weise um ein geistiges Plagiat aus einer der jüngsten Forschungsentwicklungen: der ‚Kulturgeschichte des Politischen'.[17] Diese wendet sich gegen einen traditionellen Politikbegriff, der Politik von vornherein mit bestimmten Institutionen und Personengrup-

---

17 Vgl. Frevert/Haupt 2005; Stollberg-Rilinger 2005. In Anlehnung an dieses Konzept kann beispielsweise auch von einer Kulturgeschichte des ‚Nationalen' (statt Nationalgeschichte) oder des ‚Ökonomischen' (statt einer Geschichte der Ökonomie) gesprochen werden.

pen gleich setzt: „Stattdessen zeichnet sich das Politische in kulturhistorischer Perspektive aus durch 1. eine Vielzahl politisch handelnder Akteure, die 2. mit der Hervorbringung symbolischer Ordnungen zur Organisation des Sozialen beschäftigt sind" (Landwehr 2009: 90). Dieser Ansatz erweist sich als kompatibel mit den aktuellen Debatten um Familie als ‚Herstellungsleistung'. Familie wird dabei als ein Lebenszusammenhang verstanden, der um verlässliche Fürsorgebeziehungen zentriert ist – „(…) ein haushaltsübergreifendes Netzwerk emotionsbasierter, persönlicher Austauschbeziehungen, die umso mehr gestaltet werden müssen, je komplexer und dynamischer das Netz ist" (Schier/Jurczyk 2008: 10). Gegenüber dem institutionellen Paradigma bedeutet die Rede von Familie als Herstellungsleistung konzeptuell eine stärkere Fokussierung des Handlungsparadigmas. In den Blick rücken Prozesse, in denen im alltäglichen Handeln der beteiligten Akteure Familie als gemeinschaftliches Ganzes permanent neu hergestellt wird. Die Herstellung von Familie als zusammengehörige Gruppe lässt sich in Analogie zum sozialkonstruktivistischen Ansatz des ‚Doing Gender' als ‚Doing Family' bezeichnen. Im Herstellungsprozess des Familialen treffen mehrere individuelle Lebensführungen mit unterschiedlichen Bedürfnissen und Interessen aufeinander und müssen miteinander ausbalanciert werden:

> „Sie werden in permanenter Auseinandersetzung mit gesellschaftlichen Rahmenbedingungen zu einer – mehr oder weniger – gemeinsamen Lebensführung verschränkt, die Familie alltäglich und biografisch als spezifisches System konstituiert und nicht als eine Addition von Menschen. Dieses System ist fragil und wechselhaft, es basiert auf Interaktionsprozessen zwischen den familialen Akteuren, die sich zu Handlungsmustern verdichten und kommt nicht ohne ein Minimum gemeinsamer Handlungen, Ressourcen, Emotion und Deutungen aus." (ebd.: 10)

‚Doing Family' erfolgt allerdings nicht zwangläufig geplant und zielgerichtet. Familie zielt nicht auf lineare Zweckerfüllung, sondern auf emotionale und körpergebundene Prozesse, „deren besondere Qualität und Sinnsetzung gerade darin besteht, nicht rational kalkuliert zu sein, sondern zu ‚geschehen'" – oftmals beiläufig und als „vermischtes Tun" (ebd.: 11).

Anschließend an diese Überlegungen könnte eine ‚Kulturgeschichte des Familialen' folgenden Vorzug haben: Kulturgeschichte definiert sich nicht über das Objekt ihrer Beschäftigung, oder um es deutlicher zu sagen: Sie hat keinen spezifischen Gegenstand. Es gibt keinen eindeutig abgezirkelten Lebensbereich, der sich mit ‚Kultur' bezeichnen ließe. Deshalb wendet sich Kulturgeschichte prinzipiell allen historischen Gegenständen zu. Das Spezifische ist die Perspektive, mit der sich Kulturgeschichte diesen Gegenständen nähert. Sie versteht ‚Kultur' in einem bedeutungsorientierten Verständnis als Prozesse der Sinnproduktion. Die

Untersuchungsperspektive zielt auf die historischen Formen von Sinn und Bedeutung, mit denen Gesellschaften der Vergangenheit ihre Wirklichkeiten ausgestattet haben. Eine ‚Kulturgeschichte des Familialen' könnte sich jenen Phänomenen in familialen Lebenszusammenhängen zuwenden, die im ‚Doing Family' der Herstellung des Kollektivs ‚Familie' dienen und danach fragen, welche sinnhaften Bedeutungen die historischen Akteure diesen zugeschrieben haben. Über die ‚klassischen', am institutionellen Paradigma ausgerichteten Themenfelder der historischen Familienforschung hinaus – damit meine ich etwa Familienformen und -strukturen, die darin eingelagerten Beziehungsfelder (Eltern-Kind, Geschwister, Verwandtschaft, Generationen), der Fokus auf Erziehung und Sozialisation sowie die Verknüpfung und Wechselwirkung von Familie mit anderen gesellschaftlichen Bereichen (Politik, Recht, Bildungsinstitutionen etc.) – könnten Bedeutungsträger in den Blick rücken, die bislang wenig Beachtung gefunden haben, die in den familialen Sinnhorizonten der Vergangenheit gleichwohl wirkmächtig gewesen sein können: Leiblichkeit und Emotionalität, ‚Eigenes' und ‚Fremdes', Narrativität und Kommunikation, Materialität und Bildhaftigkeit, Rituale und Inszenierungen sowie Traditionen und Erinnerung (vgl. auch Krinninger/Bahr in diesem Band).

Zwei Beispiele aus der gegenwartsbezogenen Familienforschung können das Potential einer Kulturgeschichte des Familialen weiter verdeutlichen:

1. Im Forschungsprojekt „Die Hervorbringung des Sozialen in Ritualen und Ritualisierungen" haben Kathrin Audehm und Jörg Zirfas die Interaktions- und Kommunikationsformen familialer Rituale im Alltag und bei Familienfesten untersucht (gemeinsame Mahlzeiten, Weihnachtsfeiern, Konfirmation). Sie gingen davon aus, dass Familien durch verbale und non-verbale ritualisierte Formen der Kommunikation zu sozialen Gemeinschaften werden:

> „Diese ritualisierten Formen werden ständig auf der ‚Familienbühne' aufgeführt und auf diesem performativen Weg werden Rollen, Zusammenhalt, Intimität, Solidarität und Integration der Familie als Gemeinschaft erst möglich. Erst wenn man deutlich machen kann, *wie* Rituale aufgrund konkreter Handlungen, körperlicher Aktionen, Prozesse und Dynamiken aufgebaut werden und verlaufen, kann auch deutlich werden, *wie* die o. g. Intentionen konkret verwirklicht werden." (Audehm/Zirfas 2001: 107 f.)

Auch aus erziehungshistorischer Perspektive ließe sich danach fragen, welche Bedeutung rituelle Szenen und Passagen in ihrer symbolischen Repräsentation für Vergemeinschaftungsprozesse hatten und welche normativen Ansprüche einer Familie darin zum Ausdruck kamen – als Erwartungshaltungen, Zukunftsperspektiven und als mögliche Sanktionen, mit denen die Mitglieder zu rechnen hatten.

2. Familie und Familialität zeichnet sich nicht alleine durch Care-Funktionen, Solidaritätsbeziehungen und liebevolle Emotionalität aus. Sie war und ist ebenfalls ein Ort von Ambiguitäten und ambivalenten Erfahrungen: von Konkurrenz, Neid, Streit, Ärger, Frustration, Unterdrückung, Aggression, Gewalt u. ä. Lamnek et. al. (2012: 89) gehen davon aus, dass jedes soziale System, demnach auch die Familie, in einem gewissen Maß auf Zwang oder der Androhung von Zwangsmaßnahmen basiert. Je mehr Ressourcen persönlicher, sozialer, materieller oder immaterieller Art einem Akteur zur Verfügung stünden, desto größer sei sein Potential, eigene Interessen gegen die Interessen anderer Familienmitglieder durchzusetzen (vgl. ebd.). Familiengeschichtliche Forschungen, die familiale Hierarchien und Machtbeziehungen aufdecken wollen, könnten aus kulturgeschichtlicher Perspektive beispielsweise danach fragen, unter welchen Bedingungen und Belastungssituationen affektuelles Gewalthandeln in Familien erfolgte und welchen subjektiven Sinn die Akteure ihrem Handeln beimaßen.

Das Programm einer ‚Kulturgeschichte des Familialen' ist bislang noch nicht geschrieben – zweifelsohne wäre dies ein weites Feld.

Literaturverzeichnis

Anderson, Benedict [1983] (2005): Die Erfindung der Nation. Zur Karriere eines folgenreichen Konzepts. 2. erw. Aufl. der Neuausg. 1996. Frankfurt a. M./New York: Campus-Verlag

Ariès, Philippe (1982): Geschichte des Todes [Aus d. Franz. von Hans-Horst Henschen u. Una Pfau]. München: Deutscher Taschenbuch-Verlag

Ariès, Philippe/Duby, Georges (Hrsg.) (1994): Geschichte des privaten Lebens. 5 Bde, Frankfurt a. M.: S. Fischer

Audehm, Kathrin/Zirfas, Jörg (2001): Familie als performative Gemeinschaft. In: Liebau/Schuhmacher-Chilla/Wulf (2001): 107–125

Bachmann-Medick, Doris (Hrsg.) (2004): Kultur als Text. Die anthropologische Wende in der Literaturwissenschaft. 2. aktual. Aufl., Tübingen/Basel: A. Francke Verlag

Bachmann-Medick, Doris (2004): Textualität in den Kultur- und Literaturwissenschaften: Grenzen und Herausforderungen. In: Dies. (2004): 298–338

Bachmann-Medick, Doris (2006): Cultural Turns. Neuorientierungen in den Kulturwissenschaften. 2. Aufl., Reinbek bei Hamburg: Rowohlt

Böhme, Hartmut/Matussek, Peter/Müller, Lothar (2007): Orientierung Kulturwissenschaft. Was sie kann, was sie will. 3. Aufl. Reinbek bei Hamburg: Rowohlt

Bourdieu, Pierre (1982): Die feinen Unterschiede. Kritik der gesellschaftlichen Urteilskraft. Frankfurt a. M.: Suhrkamp

Brunner, Otto/Conze, Werner/Koselleck, Reinhart (Hrsg.) (1992): Geschichtliche Grundbegriffe. Historisches Lexikon zur politisch-sozialen Sprache in Deutschland, Bd. 7. Stuttgart: Klett-Cotta

Butler, Judith (1991): Das Unbehagen der Geschlechter. [Aus dem Amerikanischen von Kathrina Menke]. Frankfurt a. M.: Suhrkamp

Dinzelbacher, Peter (1996): Angst im Mittelalter. Teufels-, Todes- und Gotteserfahrung: Mentalitätsgeschichte und Ikonographie. Paderborn et. al.: Schöningh

Dohnke, Kay (1996): Völkische Literatur und Heimatliteratur 1870–1918. In: Puschner et. al. (1996): 651–684

Dülmen, Richard v. (1990–1994): Kultur und Alltag in der frühen Neuzeit. 3 Bde. München: Beck

Ecarius, Jutta (Hrsg.) (2007): Handbuch Familie. Wiesbaden: VS Verlag für Sozialwissenschaften

Elias, Norbert ([1939] 1969): Über den Prozeß der Zivilisation. 2 Bde. Bern/München: Francke

Eggert, Manfred K. H. (2010): Die Vergangenheit im Spiegel der Gegenwart. Überlegungen zu einer Historischen Kulturwissenschaft. In: Kusber et. al. (2010): 43–66

Fisch, Jörg (1992): Zivilisation, Kultur. In: Brunner/Conze/Koselleck (1992): 679–744

Frevert, Ute/Haupt, Heinz-Gerhard (Hrsg.) (2005): Neue Politikgeschichte. Perspektiven einer historischen Politikforschung. Frankfurt a. M./New York: Campus-Verlag

Fuhs, Bernhard (2007): Zur Geschichte der Familie. In: Ecarius (2007): 17–35

Geertz, Clifford ([1973] 1983): Dichte Beschreibung. Beiträge zum Verstehen kultureller Systeme. Frankfurt a. M.: Suhrkamp

Gestrich, Andreas (1999): Geschichte der Familie im 19. und 20. Jahrhundert. München: R. Oldenbourg Verlag

Hardtwig, Wolfgang/Wehler, Hans-Ulrich (Hrsg.) (1996): Kulturgeschichte heute. Göttingen: Vandenhoeck & Ruprecht

Hardtwig, Wolfgang/Wehler, Hans-Ulrich (1996): Einleitung. In: Dies. (1996): 7–13

Hejl, Peter M. (2005): Kultur. In: Nünning (2005a): 105–108

Herder, Johann Gottfried ([1774] 1990): Auch eine Philosophie der Geschichte zur Bildung der Menschheit. Hrsg. von Hans Dietrich Irmscher. Stuttgart: Reclam

Hütig, Andreas (2010): Dimensionen des Kulturbegriffs. In: Kusber et. al. (2010): 105–124

Jaeger, Friedrich/Liebsch, Burkhard/Rüsen, Jörn/Straub, Jürgen (Hrsg.) (2004): Handbuch der Kulturwissenschaften. 3 Bde. Stuttgart/Weimer: Metzler

Jaeger, Friedrich (2004): Historische Kulturwissenschaft. In: Ders. et. al. (2004) Bd. 2: 518–545

Koselleck, Reinhart (Hrsg.) (1979): Historische Semantik und Begriffsgeschichte. Stuttgart: Klett-Cotta

Koselleck, Reinhart (1979): Begriffsgeschichte und Sozialgeschichte. In: Ders. (1979): 19–36

Kroeber, Alfred L./Kluckhohn, Clyde (1952): Culture: A Critical Review of Concepts and Definitions. Papers of the Peabody Museum of American Archaeology und Ethnology 47: Harvard University Press

Kuhlemann, Frank-Michael (1996): Mentalitätsgeschichte. Theoretische und methodische Überlegungen am Beispiel der Religion im 19. und 20. Jahrhundert. In: Hardtwig/Wehler (1996): 182–211

Kusber, Jan/Dreyer, Mechthild/Rogge, Jörg/Hütig, Andreas (Hrsg.) (2010): Historische Kulturwissenschaften. Positionen, Praktiken und Perspektiven. Bielefeld: transcript

Lamnek, Siegfried/Luedtke, Jens/Ottermann, Ralf/Vogl, Susanne (2012): Tatort Familie. Häusliche Gewalt im gesellschaftlichen Kontext. 3. Aufl. Wiesbaden: VS Verlag für Sozialwissenschaften

Landwehr, Achim (2009): Kulturgeschichte. Stuttgart: Ulmer

Liebau, Eckart/Schuhmacher-Chilla, Doris/Wulf, Christoph (Hrsg.) (2001): Anthropologie pädagogischer Institutionen. Weinheim: Deutscher Studienverlag.

Mergel, Thomas (1996): Kulturgeschichte – die neue „große Erzählung"? Wissenssoziologische Bemerkungen zur Konzeptualisierung sozialer Wirklichkeit in der Geschichtswissenschaft. In: Hardtwig/Wehler (1996): 41–77

Moebius, Stephan (2009): Kultur. Bielefeld: transcript

Moebius, Stephan (2012): Kultur. Von den Cultural Studies bis zu den Visual Studies. Eine Einführung. Bielefeld: transcript

Nietzsche, Friedrich (1988): Sämtliche Werke. Kritische Studienausgabe hrsg. von Giorgio Colli und Mazzino Montinari. München: Dt. Taschenbuch-Verlag

Nietzsche, Friedrich (1873): Unzeitgemäße Betrachtungen 1,1: David Strauß als Bekenner und Schriftsteller. In: Ders. (1988) Bd. 1: 159–242

Nünning, Ansgar (Hrsg.) (2004): Metzler Lexikon Literatur- und Kulturtheorie. Ansätze – Personen – Grundbegriffe. 3. Aufl. Stuttgart/Weimar: Metzler

Nünning, Ansgar (Hrsg.) (2005a): Grundbegriffe der Kulturtheorie und Kulturwissenschaften. Stuttgart/Weimar: Metzler

Nünning, Ansgar (2005b): Kulturwissenschaft. In: Ders. (2005a): 125–130

Nünning, Ansgar/Nünning, Vera (Hrsg.) (2003): Konzepte der Kulturwissenschaften. Theoretische Grundlagen – Ansätze – Perspektiven. Stuttgart/Weimar: Metzler

Oexle, Otto Gerhard (1996): Geschichte als Historische Kulturwissenschaft. In: Hardtwig/Wehler (1996): 14–40

Parsons, Talcott (1976): Zur Theorie sozialer Systeme. Opladen: Westdeutscher Verlag

Peuckert, Rüdiger (2007): Zur aktuellen Lage der Familie. In: Ecarius (2007): 36–56

Pfister, Manfred (2005): Performance/Performativität. In: Nünning (2005a): 172–175

Posner, Roland/Schmauks, Dagmar (2005): Kultursemiotik. In: Nünning (2005a): 119–121

Puschner, Uwe/Schmitz, Walter/Ulbricht, Justus H. (Hrsg.) (1996): Handbuch zur „Völkischen Bewegung" 1871–1918. München et. al.: Sauer

Puschner, Uwe (2001): Die völkische Bewegung im wilhelminischen Kaiserreich. Sprache – Rasse – Religion. Darmstadt: Wissenschaftliche Buchgesellschaft

Reckwitz, Andreas (2000): Die Transformation der Kulturtheorien. Zur Entwicklung eines Theorieprogramms. Weilerswist: Velbrück Wissenschaft

Reckwitz, Andreas (2008): Unscharfe Grenzen. Perspektiven der Kultursoziologie. Bielefeld: transcript

Reckwitz, Andreas (2008): Die Kontingenzperspektive der „Kultur". Kulturbegriffe, Kulturtheorien und das kulturwissenschaftliche Forschungsprogramm. In: Ders. (2008): 15–45

Rogge, Jörg (2010): Historische Kulturwissenschaften. Eine Zusammenfassung der Beiträge und konzeptionelle Überlegungen. In: Kusber et. al. (2010): 351–379

Schier, Michaela/Jurczyk, Karin (2008): „Familie als Herstellungsleistung" in Zeiten der Entgrenzung. In: soFid Familienforschung 1.2008: 9–18

Simonis, Linda (2005): Habitus. In: Nünning (2005a): 61–63

Sommer, Roy (2005): „Kultur als Text". In: Nünning (2005a): 108–110

Stollberg-Rilinger, Barbara (Hrsg.) (2005): Was heißt Kulturgeschichte des Politischen? Berlin: Duncker und Humblot

Teichert, Dieter: Historische Kulturwissenschaften nach dem Methodenpluralismus. In: Kusber et. al. (2010): 13–42

Tylor, Edward B. (1871): Primitive Culture. Researches into the development of mythodologie, philosophy, religion, language, art and custom. London: Murray

Wagner, Wolf (2003): Familienkultur. Hamburg: Europäische Verlagsanstalt

Familie – Identität – Kultur[*]

Jutta Ecarius

1 Einleitung

Familie umfasst in der Regel mindestens zwei, aber häufig auch drei lebende Generationen, die in einem vielfältigen Geflecht Kultur hervorbringen, transformieren und weiter entwickeln. Familie als Institution ist auf der Mesoebene angesiedelt, in ihr wird über Interaktionen der Generationen Kultur hervorgebracht und gleichzeitig durch die Verbindung zu gesellschaftlichen Strukturen soziale Ungleichheit reproduziert. In Familien wird Kultur gelebt und weitergegeben, sie ist ein gesellschaftlicher Ort, ein sozialer Mikrokosmos, in dem durch die genealogische Abfolge von Generationen über Erziehung und Sozialisation Kultur in der alltäglichen Lebensführung transportiert und transformiert wird. Eltern und Verwandte leben der jüngeren Generation bereits bestehende kulturelle Muster vor, in denen sich gesellschaftliche Strukturen, aber auch die Zugehörigkeit zu einem sozialen Milieu sowie die in der alltäglichen Lebensführung sedimentierten Interaktionsmuster widerspiegeln. Gleichzeitig vollzieht sich in der Familie die primäre Identitätsbildung der nachwachsenden Generation über intergenerationelle Interaktionen und Muster der Anerkennung. In diesem Beitrag wird versucht, Familie als interaktives Generationengeflecht und Ort der Identitätsbildung, als Raum der Kulturproduktion und -transition und als Reproduktionsinstanz sozialer Ungleichheit in einen Zusammenhang zu bringen, wobei dies in genau jenem Dreischritt angegangen wird. Gleichzeitig wird versucht, dabei das Verhältnis von Traditionen und Kulturen in Familien in seiner Bedeutung für die Reproduktion sozialer Ungleichheit zu erfassen.

---

[*] Dieser Beitrag ist die leicht veränderte Fassung meines abgedruckten Beitrags in Müller, Hans-Rüdiger/Ecarius, Jutta/Herzberg, Heidrun (Hrsg.) (2012): Familie, Generation und Bildung. Opladen und Farmington Hills: Verlag Barbara Budrich: 17–32.

2 Interaktion und Identitätsbildung in der Familie

Eine der zentralen Aufgaben der Familie, in der eine jüngere Generation heran-wächst, und die damit eine der pluralen Familienformen der Elternschaft favorisiert (vgl. Peuckert 2007), ist Erziehung. In speziell dieser Familienform kann die Erziehung der nachwachsenden Generation als eine der zentralen Tätigkeiten und Aufgaben der erwachsenen Generationen (Eltern, Großeltern) angesehen werden, die sich über konkrete Erziehungsregeln, aber auch die alltägliche Lebensführung und damit sedimentierte Selbstverständlichkeiten konkretisiert, die sich auch als wiederkehrende, nur schwach reflektierte Abfolgen, mithin als Traditionen, bezeichnen lassen (vgl. Götte in diesem Band).

Mit Erziehung, aber auch mit Sozialisation lässt sich der große Bereich der Kultur und Kulturbildung thematisieren. Familie als zentralen Ort der Kultur-bildung zu verstehen, meint in Anlehnung an Geertz (1983: 99), dass sich Kultur aus einem Geflecht von Bedeutungen zusammensetzt, in dessen Kontext die Menschen – und damit Kinder und Eltern – ihre Erfahrungen interpretieren und ihr gemeinsames sowie individuelles Handeln ausrichten. Dynamik, Heterogeni-tät und alle Erzeugnisse von Alltagspraxis finden in der familialen Interaktion im Hier und Jetzt statt. In diesen familialen Interaktionen entstehen Denk- und Handlungsmuster, die darin involvierten Personen gestalten ihre Interaktionen und entwickeln eine Identität, gleichzeitig erwachsen aus diesen Interaktionen Se-dimentierungen. Sedimentierungen führen wiederum zu Institutionalisierungen (vgl. Berger/Luckmann 1977), und so kann auch die Familie als eine kulturelle, sozialgeschichtlich entwickelte Institution verstanden werden, die rechtlich ab-gesichert und durch den Staat in besonderer Weise mit politischen Unterstüt-zungsformen, aber auch Aufträgen an die Familienmitglieder realisiert wird (vgl. Ecarius 2007).

Die Familie unterscheidet sich von anderen Institutionen durch ihre beson-dere Struktur, die sich in dieser Weise in keiner anderen Institution findet. Hierzu gehören die private Erziehung und damit der Modus der liebenden Anerkennung (vgl. Honneth 2003a/b) und die Besonderheit, dass die Ganzheitlichkeit von Per-sonen ohne klare Rollenzuweisung (vgl. Oevermann 2001) charakteristisch für die Gestaltung von intergenerationellen Interaktionen ist. Mit der Annahme eines Kindes durch Geburt, soziale Elternschaft oder Adoption lässt sich die liebende Anerkennung als ein zentrales Merkmal der Institution Familie benennen, in der Erziehung und Sozialisation eingewoben sind.

In familialen Interaktionsbeziehungen steht – im idealen Fall – die Anerken-nung des Subjekts, die Unterstützung und der Aufbau von Vertrauen, die Ach-tung und Schätzung des Anderen sowie die Anerkennung des eigenen Selbst, das ebenfalls zur Selbstachtung und Selbstschätzung sowie zu Selbstvertrauen führt, im Vordergrund. Dies gilt für die älteren Generationen untereinander als auch für die Beziehung zwischen Eltern und Kindern. Die intersubjektive Struktur und damit der Aufbau von Identität für die heranwachsende Generation beruht vor allem auf der Erfahrung von Anerkennung und einem positiven „Zusichselbstverhalten" (Honneth 2003a: 277). Das Kind lernt in der Familie, sich in Interaktionen mit zustimmenden und ermutigenden Anderen selbst als Wesen mit mannigfaltigen Eigenschaften und Fähigkeiten zu erkennen und zu schätzen. Die Anerkennung des Kindes in seiner Ganzheitlichkeit (einschließlich seiner Bedürfnis- und Affektnatur) eröffnet zugleich eine individuelle Identitätsbildung des Kindes und den Aufbau von Handlungs-, Wahrnehmungs- und Motivationsmustern.

Das in der Familie zwischen Eltern und Kindern anfangs bestehende symbiotische Liebesverhältnis, die emotionale Anerkennung des Kindes, birgt in sich zugleich die Dramatik bzw. die konflikthafte Aufgabe, sich in der gegenseitigen Anerkennung jeweils zurückzunehmen und sich dabei dem Anderen zugleich liebevoll zuzuwenden. In dieser Interaktionsbeziehung ist eine grundlegende Ambivalenz (vgl. Ecarius 2007; Lüscher/Pajung-Bilger 1998; Bauman 1995) enthalten, die es zwischen Selbstanerkennung und Anerkennung des Anderen in den jeweiligen Bedürftigkeiten auszubalancieren gilt. Die Ambivalenz der Interaktionsbeziehung zwischen Eltern und Kindern sowie den Partnern in der Familie können als generell konflikthaft angesehen werden. Dies führt zugleich immer auch zu neuen Aushandlungsprozessen und/oder steten Neujustierungen in der Anerkennung des Anderen und der Anerkennung des Selbst. Innerhalb dessen sind in familialen Interaktionsbeziehungen auch Missachtungsformen wie Beleidigung oder Ignoranz, Vernachlässigung oder emotionale Distanz (vgl. Honneth 2003a) möglich.

Wie auch immer die intergenerationelle Interaktionsstruktur zwischen Eltern und Kindern mit Blick auf Erziehung und Sozialisation gestaltet wird und welche kulturellen Sedimentierungen daraus entwachsen, jede Person ist mitsamt ihrer Ganzheitlichkeit involviert. Für die heranwachsende Generation ergibt sich daraus eine Besonderheit, denn sie entwickelt in diesem Kontext eine Identität: Mit Beginn der Entwicklung eines Bewusstseins von Bedeutungen und Sinn ist für das Kind zugleich die Herausbildung eines Bewusstseins von sich selbst als Subjekt verbunden. In dem Moment, in dem das Kind die Fähigkeit entwickelt, Bedeutungen und damit Sinn zu erfassen, mit denen andere – die ältere Generation – seinen Handlungen Sinn verleihen, eröffnet sich für das Kind die Möglichkeit, aus der Perspektive der Anderen ein ‚Me' (vgl. Mead 1991) zu entwerfen, in der Art und Weise, wie die anderen Interaktionspartner es verstehen, ihm Deutungen zuzuschreiben und Anerkennung zukommen zu lassen, was wiederum eine wesentliche Grundlage für das Ausbilden von Selbstvertrauen ist.

Das Subjekt erfährt sich somit nicht allein aus sich heraus, sondern Identitätsbildung vollzieht sich in Interaktion mit Anderen, dem Bewusstwerden über die eigene Objektstellung, damit auch innerhalb des familialen Interaktionsgeflechts (vgl. Mead 1991; Ecarius 2008). Das Erlangen von Bewusstsein über das eigene Selbst gestaltet sich für das Kind als eine primäre Sozialisationserfahrung, die in den ersten Jahren wesentlich in der Familie stattfindet, und sich aus der symbolisch repräsentierten Perspektive der anderen Personen, der Eltern, Geschwister und Großeltern, herleitet. Das ‚I' verweist auf die kreative Beantwortung von Interaktions- und Handlungsthematiken im Kampf um gegenseitige Anerkennung für die Herausbildung von Identität. In diesem Kontext können dann auch Bildungsprozesse stattfinden (vgl. Marotzki 1999; Zima 2007).

Identitätsbildung als Selbstverhältnis umschließt folglich die Hereinnahmen der Anderen in Form von Interaktionen mit Eltern, Geschwistern, Großeltern, Verwandten, Freunden und dem nahen Interaktionsfeld sowie die spontane Instanz des unverwechselbaren Eigenen (‚I'). Das Kind lernt in der Familie über die Reaktion der Eltern und familialen Anderen sein Verhalten als gut oder schlecht zu beurteilen und entwickelt auf diese Weise erste Züge einer Ich-Identität innerhalb von ambivalenten Interaktions- und Beziehungsmustern, die ausgehandelt werden und sich in der Spannbreite von Anerkennung bis Missachtung (vgl. Honneth 2003a/b) bewegen. Gerade die Ganzheitlichkeit der Person (vgl. Oevermann 2001), die typisch für die Familie ist, verweist auf die Besonderheit der Interaktionsbeziehungen für die Identitätsbildung des Kindes.

Als typisch für familiale Interaktionsbeziehungen lässt sich zudem die prekäre Balance zwischen Selbstständigkeit und Bindung benennen, prekär deswegen, da es sich um widerstreitende Bedürfnisse handelt, die durch Erfahrungen des Gewährens sowie von Verlustängsten, aber auch der Entgrenzung und Zerstörung immer wieder aufs Neue auszutarieren sind. Das anfangs symbiotische Liebesverhältnis ist dabei – so der normative Anspruch – in eine unterstützende Interaktionsstruktur für das Kind und im Verlauf des Sozialisationsprozesses in eine gegenseitig anerkennende Interaktionsstruktur der Generationen zu überführen. Die Interaktionsbeziehungen sind dabei in einen zeitlichen Verlauf (vgl. Schütz 1981; Srubar 2005) eingewoben, durch den sich die Interaktionsmuster permanent wandeln bzw. verändern müssen. Da das Kind laufen und sprechen lernt, Bedürfnisse und Interessen entwickelt, zur Schule geht und einen Schulabschluss macht, eigene Freizeitinteressen und einen Freundeskreis aufbaut und schließlich selbst erwachsen wird, transformieren sich zwangsläufig auch die Muster der Interaktionen zwischen den Generationen.

Dabei ist die affektive Zuwendung zwischen Eltern und Kindern immer auch an eine leibliche Existenz (vgl. Husserl 1962) gebunden. Jedes Kind bedarf der Eltern bzw. zentraler Bezugspersonen in leiblicher Form (besonders in den ersten Lebensjahren) sowie umgekehrt. In der tatsächlichen Anwesenheit und Präsenz der Eltern bzw. zentraler Bezugspersonen und dem leiblichen Agieren als Prozesse des Erziehens, der Fürsorge und Sozialisation (in den Armen nehmen und trösten, waschen und ankleiden, lachen und schimpfen etc.) verstetigen sich Formen der liebenden Anerkennung, Prozesse des Aushandelns sowie Erziehungs- und Sozialisationserfahrungen des Kindes. Diese Formen und Prozesse entwickeln sich auch aus Sozialisationserfahrungen und Identitäten der Eltern, die wiederum durch die Sozialisationserfahrungen und Identitäten ihrer Eltern mitbestimmt sind.

Die liebende Anerkennung beruht dabei vor allem auf der Anerkennung der subjektspezifischen Bedürfnisnatur des Anderen in Bezug auf emotionale Zuwendung, Hilfestellung und soziale Unterstützung sowie in der Art der Ausübung praktischer und intellektueller Handlungen und der Eigenart an Gefühlen, des Vernunftgebrauchs und ästhetischer Interessen. Die Anerkennung des Kindes als ein bedürftiges und sich entwickelndes Wesen in all seinen Dimensionen einerseits und die Anerkennung der Eltern durch das Kind ist im besten Fall eine reziproke Erfahrung, die vor allem eine leibliche und weniger eine virtuelle ist.

Diese „menschlichen Bedürftigkeiten" nach liebender und sozialer Anerkennung, Selbstachtung und der Entwicklung von Fähigkeiten und Interessen sind an reale Situationen gebunden, sie werden leiblich von jeder Person in der Familie – Vater, Mutter oder soziale Eltern und Kind – direkt und unmittelbar erfahren. Die leiborientierte Verankerung des Kindes in der Welt umschließt auch die Erfahrung, groß zu werden, eine eigene Gefühlswelt kennen zu lernen, Interessen zu entwickeln, jugendlich zu werden, eine Sexualität zu entwickeln etc. und alt zu werden. Bei den Eltern umfasst die leiborientierte Verankerung in der Welt ein Kind zu gebären und zu erziehen, es zu ernähren und zu schützen, anzuziehen und zu pflegen – neben all den anderen leibgebundenen Erfahrungen.

Handeln und leibliche Erfahrung gestalten sich in Familien als unmittelbare. Das Heranwachsen des Kindes ist somit nicht nur eine leibliche Erfahrung für das Kind selbst, sondern auch eine der Elterngeneration, wenn das Kind auf den Arm genommen und getröstet wird oder im Streit und Wettkampf die Grenzen erfahren werden und in späteren Jahren die Abwesenheit der Kinder leiblich erfahrbar wird. Das erste Laufen, das Erlernen von körperlichen Techniken, die Sportinteressen des Kindes bis hin zum ersten Führerschein sind leibliche Erfahrungen des Kindes, sie sind aber auch durch die Teilnahme der Anderen interaktiv mit dem Familiengeschehen und den leiblichen Erfahrungen der Anderen verwoben.

In der familialen Interaktionsbeziehung wird dem Kind die Möglichkeit gegeben, ein individuelles Selbstvertrauen über die Bewusstwerdung eines ‚Me' und einer Akzeptanz des eigenen Potentials als ‚I' aufzubauen, das im Gesamten eine unverzichtbare Basis bildet, um am öffentlichen Leben teilzuhaben (vgl. Honneth 2003a: 174). Die emotionale Anerkennung präsentiert sich dabei in konkreten Handlungen der familialen Erziehung und damit der Grenzsetzung von Regeln und sozialen Umgangsweisen sowie der alltäglichen familialen Sozialisation, mit der letztendlich die anfänglich symbiotische Einheit der anfänglichen Interaktion beginnend mit der Geburt eines Kindes überführt werden kann in sedimentierte und institutionalisierte Alltagspraxen der Familie, die mit Sinn ausgestaltet und am gesellschaftlichen Leben angekoppelt sind. Auf diese Weise entsteht zugleich familiale Tradition und setzt sich in Transferprozessen über die Generationen fort.

Das Besondere in der Familie ist, dass durch die libidinöse Besetzung von Personen (Mutter, Vater, soziale Elternschaft) dieser Kampf um Liebe und Anerkennung nicht beliebig austauschbar bzw. ersetzbar ist. Insofern unterscheidet sich die Familie wesentlich von solchen Institutionen wie Fürsorgeeinrichtungen oder die Schule. Erziehung gestaltet sich somit in einem spezifischen Generationengefüge, in dessen Rahmen der Kampf um Anerkennung eine ambivalente Beziehungsstruktur von Nähe und Distanz vor dem Hintergrund zivilisationsbedingter Machtstrukturen zwischen Älteren und Jüngeren impliziert (vgl. Ecarius 2007), da Eltern und Kind Vorstellungen und Wünsche von Subjektbildung, Lern- und Bildungsbedürfnisse und familienspezifische Anforderungen sowie die Gestaltungsräume innerhalb der Familie auszuhandeln haben. In diesen Interaktionen erfahren Kinder schon sedimentierte bzw. etablierte Alltagspraxen, Muster der Bindung und Loslösung und vorgegebene Entwicklungsräume von Selbstständigkeit und Selbstvertrauen, mithin familiale Traditionen. Genauso gehören dazu auch Erfahrungshorizonte, die aus sedimentierten ‚geerbten' Familienmustern (vgl. Ecarius 2003) entstehen, zu denen auch vernachlässigende Beziehungsmuster wie auch Missachtung gehören können. In diese Interaktionsbeziehungen sind Erziehungsvorstellungen und Vorstellungen vom Subjekt, Lern- und Bildungsanforderungen sowie die Vorstellung des Kindes über seine Interessen und Fähigkeiten enthalten.

Die Anforderungen, die Eltern an das Kind stellen, transformieren sich dabei im Verlauf der kindlichen Entwicklung, sie verändern sich, und damit wandelt sich auch das ‚Me' von einer kindlichen Konzeption bis hin zu einem jugendlichen Dasein. Hier wird auch sichtbar, dass das ‚I' einen permanenten Andrang von Forderungen verspürt und sich mit diesen auseinandersetzt. Das eigene ‚Me' und damit die familialen Interaktionsmuster zu bezweifeln oder zu bekämpfen, ist dann ein (selbst-)verständlicher Prozess der Identitätsbildung, dem über die kindliche und jugendtypische Impulsivität und Kreativität Ausdruck (vgl. Srubar 2005) verliehen wird. Insofern besteht zwischen dem ‚Me', das sich im Verlauf des Lebens wandelt, und dem ‚I' ein permanentes Spannungsverhältnis, in dessen Aushandlung es immer auch um die Findung neuer Formen von sozialer Anerkennung geht (vgl. auch Zima 2007). Damit ist zugleich darauf hingewiesen, dass familiale Interaktionsbeziehungen äußerst dynamisch und immer auch veränderbar sind. Die physischen und psychischen Entwicklungsprozesse der Kinder, aber auch der Eltern, fließen in alltägliche Interaktionsprozesse permanent ein und gestalten die Anerkennungsbeziehungen. In diesen Auseinandersetzungen der alltäglichen familialen Lebensführung wird somit nicht nur über Alltagsregeln debattiert, sondern es steht auch die Beziehungsebene zur Diskussion. Insofern wird dann auch über die jeweilige Zustimmung jeder Person in der Familie verhandelt.

Die Anerkennung vollzieht sich dabei immer auch über ein ‚Drittes‘, das über konkrete Personen hinausreicht. Dieses ‚Dritte‘, das sich das Kind über den Spracherwerb, die Ausbildung von Fähigkeiten und Interessen aneignet, umfasst Medien und Freizeitangebote, schulische Inhalte sowie Normen und Werte der sozialen Milieus und ist ebenfalls Gegenstand der Identitätsbildung. Bezieht man diese Annahmen auf die Identitätsbildung – das ‚I‘ und ‚Me‘ (vgl. Mead 1991; Srubar 2005) –, lässt sich weiter formulieren, dass sich Identität auch über die Hereinnahme des ‚Dritten‘ konstituiert, nämlich über Freizeitaktivitäten in der sozialen Nahwelt, Mediennutzung und die Aneignung von schulischen Inhalten. Das leibliche Agieren in der Welt ist also eingewoben in Interaktionen mit anderen Generationen und zugleich mit Objekten – als dem ‚Dritten‘ (Fahrradfahren, Schreiben lernen, Freizeitaktivität etc.). So zeigt sich, dass familiale Traditionen nicht nur innerfamilial entstehen, sondern eingebunden sind in gesellschaftliche Prozesse und durch diese – wie auch durch die Entwicklungsphasen der Heranwachsenden – beeinflusst werden.

Diese praktischen und pragmatischen Handlungen konstituieren Bewusstsein in Interaktionen und tragen zugleich durch die Auseinandersetzung mit Anderen zu Identitätsbildungsprozessen bei. Ein gelingendes Interaktionsgeschehen zwischen Eltern und Kindern bedarf der Aufrechterhaltung von Interaktion, die immer auch eine Spannung zwischen symbiotischer Selbstpreisgabe und individueller Selbstbehauptung enthält (vgl. Honneth 2003a: 154). Die komplexe Aufgabe von Erziehung gestaltet sich folglich dahingehend, einen lebenslangen Interaktionsprozess in der Familie herzustellen, in dem sich das Kind von einem undifferenzierten ‚Eins-Sein‘ zu lösen vermag, um im späteren Alter im Familiengeflecht als eine eigenständige Person akzeptiert zu werden.

In der Familie entwickelt das Kind jedoch nicht nur eine Identität über Lern- und Bildungsprozesse, sondern es erlernt auch kulturelle Muster, Normen und Werte, die in Interaktionen mit den Eltern an das Kind herangetragen werden (vgl. Berger/Luckmann 1977). Erziehungsvorstellungen und -regeln sind in jeder Familie eingeflochten in einen sozial-historischen Zivilisationsprozess (vgl. Elias 1976): Das gegenwärtig dominante Erziehungsmuster des Verhandelns (vgl. du Bois-Reymond et. al. 1994) fügt sich dabei in moderne und globale Gesellschaftsstrukturen ein. Durch die alltägliche Erziehungspraxis des Verhandelns in Familien wirkt dieses Muster bis in die Konstitution der Subjekte und ihre Identitätsbildung hinein. Aber auch familiale Interaktionsmuster wie das Freizeitverhalten oder der Mediengebrauch sind durchdrungen von gesellschaftlichen Normen und Werten.

3   Intergenerationelle Interaktion und Kultur

Die Interaktionsbeziehungen in der Familie, in der Kinder vorhanden sind, weisen Formen der Anerkennung auf, die als konflikthafte und ambivalente immer eines Aushandlungsprozesses zwischen Fürsorge, Heteronomie und Autonomie bedürfen. Erziehung und Sozialisation verändern sich dabei über die Zeit, es etablieren sich Muster der alltäglichen Lebensführung, die ebenfalls auf Wechselseitigkeit und Reziprozität (vgl. Schütz/Luckmann 1984) beruhen. Diese Reziprozität ist sowohl sprachlich als auch nicht sprachlich, wobei sich jede Interaktion aus einer inhaltlichen Ebene (z. B. Erziehungsregeln) und einer Beziehungsebene (Zuneigung, Ablehnung, etc.) zusammensetzt (vgl. Bateson 1994).

In diesen Interaktionen der Familie manifestiert sich Kultur (vgl. Geertz 1983): Es entstehen Orientierungs- und Deutungsmatrixen, die von den Subjekten auch in andere Kontexte hineingetragen werden. Die Herausbildung von Orientierungs- und Deutungsmatrixen ist in gewisser Weise offen, gleichzeitig aber aufgrund der Vorerfahrungen der erwachsenen Generation und der Einbettung in Gesellschaft und soziales Milieu begrenzt. Dennoch sind die Interaktionsmuster, die sich sedimentieren und zu Gewohnheiten werden, weder statisch noch homogen oder beschränkt auf ein spezifisches Muster wie z. B. das soziale Milieu, sondern sie sind immer dynamisch, heterogen und änderbar (vgl. Geertz 1983).

In der Familie entsteht Kultur vor allem auch deswegen, weil in der vortheoretischen, ‚natürlichen' Lebenswelt der Menschen (vgl. Husserl 1962) sich selbstverständlich erscheinende und sinnvolle Muster konstituieren. In familialen primären, vortheoretischen Interaktionen entwickelt sich die Grundlage eines sinnvollen menschlichen Weltzugangs für das Kind durch die Eltern und es entstehen Sinnmuster, die in wechselseitiger Reziprozität konstituiert werden. Wirklichkeitskonstitution findet in der unmittelbaren Interaktion zwischen Eltern und Kindern statt, in der Sinnstiftung von familialen Interaktionsmustern. Hier konstituiert sich eine Lebenswelt, das „Reich ursprünglicher Evidenz" (Husserl 1962: 130). Diese Realität erscheint den Familienmitgliedern dann auch – wie auch immer sie sich darstellt – als sinnhaft und zugleich als gegeben.

Dies ist zugleich eine wesentliche Zugangsweise für die qualitative Forschung. In der Familie können über die Analyse von Interaktionen etc. die sinngenerierenden Mechanismen untersucht werden, mit denen die Lebenswelt an Bedeutung gewinnt. Familiales Geschehen lässt sich mit qualitativen Methoden der teilnehmenden Beobachtung, der Bild- oder Videoanalyse (vgl. Pilarczyk/Mietzner 2005; Krinninger/Bahr in diesem Band) sowie der narrativen Verfahren (vgl. Schütze 1984, 1995) erheben und daraufhin analysieren, wie diese sinnhafte Wirklichkeit entsteht. In diesem Sinne könnte dann bspw. der Frage nachgegangen werden, welche Bedeutung Erziehung, Rituale (vgl. Wulf et. al. 2007), Geburt, Tod oder Heirat sowie Schulbeginn (vgl. Wulf et. al. 2004) oder Freizeitgestaltung für die Familienmitglieder haben, wie diese ausgestaltet werden, welche Muster der Anerkennung vorliegen und sich darin Subjektbildung vollzieht.

Da die Lebenswelt der Familie zugleich ein Produkt der konkreten Umsetzung der sinnhaften Muster ist, die sich historisch herausgebildet haben – eben als Lebenswelt –, kann genau diese dann auch als Form konkreter Kulturwelten z. B. auch von sozialen Milieus untersucht werden. Die konkrete sozio-historische Gestalt der Konstitution von Familie durch Generationsbeziehungen stellt eine Lebensweltstruktur dar mit konkreten Deutungsschemata, Semantiken und Diskursen, die sich historisch als Kulturformen generiert haben. Die qualitative Forschung, die sich vor allem für solche sinnkonstituierende Prozesse interessiert und dafür eine entsprechende Methodologie bereit stellt, verfügt über weitreichende geeignete empirische Instrumentarien, solche familiale Kulturwelten und auch die ihnen inhärenten Traditionsbildungen und -verwerfungen zu analysieren. Methodologisch wird dabei an den Phänomenen selbst angesetzt und es wird versucht, deren Charakteristika zu erfassen, die konstitutiv z. B. für Erziehung sind und sich zu einer ‚typischen‘ Gestalt formieren (vgl. Husserl 1973: 44 ff.).

In der Familie entsteht über zentrale Handlungsbereiche wie Erziehung somit nicht nur eine Identität der Subjekte über die Muster der Anerkennung, sondern darüber hinaus auch Kultur. Kultur meint in diesem Sinne Variationen bzw. Selektionen von Denken, Handeln und Fühlen, wobei diese als Wissen präsent sind. Eingelagert sind darin soziale Macht- und Herrschaftsverhältnisse (vgl. Bourdieu 2001), die die Gestaltung von Interaktionen, die Muster der Anerkennung und die Vorstellung von Subjektbildung für das Kind sowie die Formen der Identitätsbildung maßgeblich beeinflussen. Kulturbildung in der Familie ist in soziale Strukturen der Gesellschaft und der sozialen Milieus eingelagert und ohne diese nicht beschreibbar.

Durch die Interaktionsbeziehungen der Generationen entsteht im Kontext von sozialem Milieu und Gesellschaft (vgl. Hradil 2004) und vor dem Hintergrund zivilisationsgeschichtlicher Prozesse ein kollektiver Wissensvorrat. Sowohl Kinder als auch Eltern sowie weitere Verwandte und involvierte weitere Personen im unmittelbaren und mittelbaren Interaktionskontext verfügen über dieses Wissen. Dieses Wissen generiert sich aus Prozessen der Interaktion mit Objekten und den konkreten Mitgliedern (der Familie). So ist die Frage der Erziehung des Kindes in alltägliches Handeln eingebettet, aber es entsteht in jeder Familie auch ein

Diskurs (vgl. Keller 2006; Foucault 1976) darüber, welche Regeln als zentral oder selbstverständlich erachtet werden. Dies führt nicht zuletzt zu Streitereien zwischen Ehepartnern, die darüber auch den kollektiven Wissensbestand ihrer Erfahrungen aus der eigenen Herkunftsfamilie transportieren, d. h. es werden Traditionen verhandelt. Die Eltern rekurrieren auf ihre je eigene kollektive Herkunft und eine intersubjektive Präsenz ihres eigenen Wissensvorrates, den sie sprachlich und interaktiv kommunizieren und der Gegenstand von Erziehungsinhalten ist. So wird bspw. in Gesprächen oder Auseinandersetzungen auf die eigene Herkunftsgeschichte sowie das soziale Milieu hingewiesen, in dem sie aufgewachsen sind – dies dient häufig zugleich als Erfahrungsgrund und als Begründungsfolie für Erziehungsregeln.

Damit ist zugleich angedeutet, dass sich Kulturbildung über subjektive Sinnkonstitutionen und zeitliche, räumliche und soziale Strukturen des Handlungsfeldes Familie in Form mannigfaltiger Sinnschichten herausbildet. Hierbei ist die Erfahrung von Fremdheit für alle Familienmitglieder ein selbstverständliches Element ihrer familialen Lebenswelt. Die Eingebundenheit der einzelnen Familienmitglieder in mehrere Realitätsbereiche der Vergangenheit und Gegenwart, die zudem räumlich und sozial strukturiert sind, führt zum Erleben von Differenz zwischen familialer Interaktion und anderen sozialen Welten, aber auch zu einer Differenz zwischen der eigenen Identität bzw. Biographie und der familialen Welt. Fremdheit ist insofern nicht ein Aspekt des Aufeinanderprallens von unterschiedlichen Kulturen, sondern eingebaut in die alltägliche Lebenswelt eines jeden Subjekts (vgl. Nieke 2008).

Der familiale Interaktionsbereich weist somit unterschiedliche zeitliche, räumliche und soziale Strukturen auf und enthält mannigfaltige Sinn- und Wirklichkeitsschichten. Die zeitlich, räumlich und sozial strukturierten Sinn- und Wirklichkeitsschichten sowie die Erfahrung von subjektiver Sinnkonstitution mit Einbindung in die Leiblichkeit präsentieren sich in familialen Interaktionen und daraus resultierenden Diskursen (vgl. Srubar 2005: 154). Die Handlungen lassen sich versprachlichen und werden als geäußerte Resultate der intergenerationellen Interaktion in Form von Anerkennungsprozessen zur Realität. Diese Realität als versprachlichte ist wiederum Ausgangspunkt für die qualitative Forschung (vgl. Bohnsack 2003). Als sinngenerierte, versprachlichte Akte geben sie Auskunft von familialer Interaktion über Prozesse des Aufwachsens, der Identitätsbildung, der alltäglichen Lebensführung, der Erziehungsregeln und der Freizeit- und Mediengestaltung. Solche Handlungen können mit videogestützten Verfahrenstechniken oder teilnehmenden Beobachtungen empirisch einfangen werden, die dann wiederum versprachlicht und mit entsprechenden interpretativen Analyseansätzen (vgl. Bohnsack 2003, 2009; Schütze 1984, 1995; Oevermann 1983, 2000; Pilarczyk/ Mietzner 2005) rekonstruiert werden. Hierbei ist zu berücksichtigen, dass bei der empirischen Erhebung von praktischem Sinn und versprachlichtem Sinn unterschiedliche Ebenen vorliegen, die über triangulierende Prinzipien vorsichtig aufeinander zu beziehen sind. Empirische Erhebungen von familialen Erzählungen, praktischem Handeln und körperlichem Agieren oder von Bildmaterialien offenbaren die komplexe symbolische Ordnung der zeitlich, räumlich und sozial strukturierten familialen Realität (vgl. Krinninger/Bahr in diesem Band).

Die steten familialen Interaktionen, die sich sedimentieren und Wissen generieren, können auch als familiale Kulturformen verstanden werden. So lässt sich formulieren, dass in Familien kulturelle Muster entstehen, die auf Dauer gestellt werden. Sie dienen der Handlungsorientierung und -sicherung für die alltägliche Lebensführung. Dieses kulturell sedimentierte Wissen strukturiert und normiert auch zugleich die familialen Interaktionen. In familialen Interaktionen entstehen unterschiedliche Relevanzsysteme und damit sowohl legitimes als auch illegitimes Wissen. Die einzelnen Familienmitglieder sind sich im Handeln als auch in ihrem Wissen darüber bewusst, welche Verhaltensmuster als legitim anerkannt sind und welche Verhaltensweisen (vgl. Bourdieu 2001; Ecarius/Wahl 2008) davon ausgegrenzt werden. Jedes Familienmitglied hat ein kollektives Wissen darüber, wie z.B. Weihnachten gefeiert wird, Geburtstage verlaufen oder auch Familienferien organisiert und gelebt werden und welche Verhaltensmuster erwünscht oder nicht erwünscht sind. Das Wissen über die alltägliche Lebensführung fußt in den konstitutiven Anerkennungsprozessen der Interaktion und ist perspektivisch (zeitlich) sowie räumlich angelegt. Darüber werden Regelmäßigkeiten und Selbstverständlichkeiten gewährleistet, aber genauso darin enthalten sind auch Tabuisierungen, Missachtungsformen und Ausblendungen. Es entwickeln sich auch (Macht-)Diskurse (vgl. Keller 2006), die ganz selbstverständlich in die Lebensweltstruktur der Familie eingebettet sind. Sie sind ebenfalls Teil der Wissensproduktion von Kultur. In Diskursen wird über legitime wie illegitime Handlungsmuster verhandelt, die von den Subjekten produziert und zugleich reproduziert (vgl. Bourdieu 1992) werden.

Jede nachkommende Generation erfährt die Familie als eine Institution, sie erlebt tradierte Handlungs- und Verhaltensmuster sowie ein Sanktions- und Belohnungssystem. Die wiederkommenden Handlungen, die sich habitualisieren und die durch die darin involvierten Mitglieder beiderseitig und gleichzeitig hergestellt werden (vgl. Berger/Luckmann 1977), tragen zur Institutionalisierung von Familie bei. Gewohnheiten und Routinen erscheinen so als objektiv Gegebenes und der darin erzeugte Sinn- und Handlungszusammenhang wird über Sedimentierungen und Institutionalisierung zu einem Teil von sozialer Wirklichkeit. Die Familie, die als eine Institution verstanden werden kann, bringt in Interaktionen, Handlungen und Sprache – sozial, räumlich und zeitlich dimensioniert – Kultur hervor und reproduziert zugleich Wissensbestände.

4   Soziale Milieus und soziale Reproduktion

Die familiale Lebenswelt ist eingebettet in einen sozialen Nahraum, der sich für jedes Familienmitglied aufgrund der leiblichen Präsenz als Kind, Erwachsener oder alter Mensch und der Eingebundenheit in soziale und gesellschaftliche Institutionen (z. B. Kindergarten, Arbeitswelt, Rentenzeit) in eine Vielfalt heterogener, sozialer Wirklichkeiten auffächert (vgl. Mollenhauer/Brumlik/Wudtke 1975). Durch die Teilnahme der einzelnen Subjekte an diesen sozialen Welten partizipieren die Familienmitglieder an unterschiedlichen Kulturformen und folglich auch Institutionen. Diese Kulturformen und Institutionen sind in milieuspezifische Lebensformen eingebunden und als solche Teil spezifischer Muster sozialer Reproduktion. Aber auch – oder gerade deswegen – ist die Familie eingerahmt von sozialen Milieus, in denen sie lebt.

Leider gibt es über den Zusammenhang von Familienhabitus und sozialem Milieu nur wenige theoretische Arbeiten (z. B. Büchner/Brake 2006), die dies expliziert ausbuchstabieren. Aber schon in klassischen Studien (vgl. Bourdieu/Passeron 1971; Bourdieu 1992) wird dieser Zusammenhang herausgestellt. Dass sich soziale Milieus nicht nur aus Einzelpersonen, sondern vor allem auch aus Familien mit Generationenzusammenhängen und -beziehungen zusammensetzen, ist dabei selbstverständlich, wenn auch wenig erforscht. Ein soziales Milieu besteht nach Hradil (2004) aus einer Gruppierung von Individuen, die eine ähnliche Mentalität aufweisen und in einem ähnlichen sachlichen Umfeld (Stadtviertel, Beruf, Region, etc.) leben. In einem Milieu liegen Übereinstimmungen in den Prinzipien der Lebensgestaltung und der Gestaltung von Beziehungsformen vor. Diese Annahmen der Milieuforschung lassen sich zur Beschreibung von sozialer Reproduktion in Familien (als Gruppe) heranziehen. Dies lässt sich dann auch für sedimentierte Interaktionsmuster von gleich mehreren Familien annehmen, in denen mehrere Generationen zusammen leben und die in der alltäglichen Lebensführung – einer familialen ‚Mentalität' sowie der habituellen Übereinstimmung in den Prinzipien der Lebensgestaltung und Beziehungsmustern – soziale Ungleichheit produzieren und reproduzieren. Erwachsene als Eltern, die einem sozialen Milieu angehören, erziehen insofern dann ihre Kinder auch in ähnlicher Weise (vgl. Hradil 2004: 278) und etablieren über die Familie hinaus Strukturen sozialer Ungleichheit, die sich über den Geschmackssinn und Distinktionsstrategien (vgl. Bourdieu 1992, 2001) kollektiv verfestigen.

Die alltägliche Lebenswelt und damit die Prinzipien der Lebensgestaltung einer Familie weisen somit Kongruenzen zu einem spezifischen sozialen Milieu auf; in der Familie präsentiert sich im alltäglichen Miteinander ein Habitus sozialer Ungleichheit, der über Generationsbeziehungen generiert und praktiziert wird. Familiale Muster, die sich Kinder aneignen, enthalten milieuspezifische Reproduktionsformen, die über die Interessen der Kinder, ihre schulischen Leistungen und ihre Denk-, Wahrnehmungs- und Handlungsmuster wirksam werden. Familial habitualisierte Muster als Verbindungsmoment zum sozialen Milieu umfasst körperliche (Hexis), moralische (Ethos), kognitive (Eidos) und ästhetische Dimensionen (vgl. Ecarius/Wahl 2008), die sich im Lebensstil präsentieren. Der „praktische Sinn" (Bourdieu) im Familienhandeln – als Muster sozialer Ungleichheit – präsentiert sich in der Struktur der sozialen Beziehungen, im Körperlichen, in den emotionalen Befindlichkeiten der Familienmitglieder, den Kommunikationsstrukturen, mit denen sich nicht nur die Familienmitglieder untereinander erkennen und anerkennen, sondern mit denen sie sich auch in ein soziales Milieu einordnen und über die auch Andere sie erkennen und anerkennen (vgl. Grundmann 2009). Über die bewusste und unbewusste Ausgestaltung eines Lebensstils (vgl. Hradil 2004) entwerfen die Familienmitglieder durch die Teilnahme an diesen Lebensbereichen milieuspezifische Lebensformen (z. B. im Freizeit- und Medienbereich), die wiederum in familiale Interaktionen einfließen. Die Interaktionen der Subjekte bringen einheitliche Sinneinheiten hervor, gleichzeitig resultieren daraus unterschiedliche Erlebnis- und Handlungsarten, sodass Familienkultur innerhalb eines sozialen Milieus immer auch unterschiedlich ausfällt und eigene Muster präsentiert.

Familiale Strukturen enthalten – neben ihrem ‚Eigensinn' – Momente sozialer Reproduktion. Zwar ist die liebende Anerkennung der Familienmitglieder (im positiven Fall) ein unverwechselbares Element von Familie, zugleich aber weisen Interaktionen auch Muster sozialer Wertschätzung (vgl. Honneth 2003a/b) auf, da Familien in einen klassen- und geschlechtsspezifischen Wertepluralismus (vgl. Honneth 2003a: 203) eingebunden sind. Die gesellschaftlichen Muster sozialer Wertschätzung sind Ergebnis historischer Prozesse. Sie beruhen auf einem permanenten Kampf bzw. Dauerkonflikt (als Form der Anerkennung) um die inhaltliche Ausgestaltung des symbolischen Kapitals. In bürgerlich-kapitalistischen Gesellschaften gründet dies im individualistischen Leistungsprinzip, mit dem die Ungleichverteilung von Ressourcen und Gütern moralisch und rechtlich gerechtfertigt werden (vgl. Honneth 2003a: 175).

Das einzelne Subjekt ist als Familienmitglied eingebettet in ein soziales Milieu und als ein solches Mitglied reproduziert es über den Umfang und das Volumen seines zur Verfügung stehenden ökonomischen, kulturellen und sozialen Kapitals soziale Ungleichheit, denn die individuelle Leistung ist in der bürgerlichen Gesellschaft mit einem sozialen Wertesystem bzw. einem evaluativen Bezugssystem verknüpft. Die Eingebundenheit der familialen Subjekte in ein gesellschaftliches Wertesystem der individuellen Leistungsbemessung und das Leben in einem sozialen Milieu wirken in Erziehungsprozesse und in die alltägliche Lebenspraxis hinein. Die Familie ist somit immer auch ein Ort der Reproduktion

von sozialer Ungleichheit, über die sich dann wiederum soziale Milieus etablieren (vgl. Büchner 2005), bestätigen oder transformieren. Bildungsleistungen werden von jedem Subjekt einer Familie erbracht (Kinder, Eltern, Großeltern), wobei
sie außerhalb der Familie Gelegenheitsstrukturen bedürfen, um wirksam werden
zu können. Solche Gelegenheitsstrukturen ergeben sich – negativ wie positiv – für
die jüngere Generation vor allen Dingen über die Bildungsinstitution Schule (vgl.
Ecarius/Wahl 2008).

Die Schule ist ein zentraler Ort der kulturellen Reproduktion, die fern von familialer Kultur und Besitz eine formale Gleichheit über die Etablierung von Bil-
dungsstandards mit ihren Leistungskriterien (vgl. Ditton 2009) beansprucht. Mit
dieser Beanspruchung ist eine Ideologie der Begabung (vgl. Ecarius/Wahl 2008)
verknüpft, mit der – aus reproduktionstheoretischer Sicht – schulischer Erfolg begründet wird. Die Begabung – oder das Talent – eines Kindes wird als etwas Individuelles interpretiert, als natürliche Intelligenz und gegebene Fähigkeiten, die
mit der schulischen Bildung ausdifferenziert und letztendlich auch benotet und
konfiguriert werden. „Die Begabungsideologie, Grundvoraussetzung des Schul-
und Gesellschaftssystems, bietet nicht nur der Elite die Möglichkeit, sich in ihrem Dasein gerechtfertigt zu sehen, sie trägt auch dazu bei, den Angehörigen der
benachteiligten Klassen das Schicksal, das ihnen die Gesellschaft beschieden hat,
als unentrinnbar erscheinen zu lassen" (Bourdieu 2001; 46). Sowohl die Schule als
auch die Eltern orientieren sich mit den Fähigkeiten des Kindes und seinen Interessen an einer ‚natürlichen' Begabung, mit der die schulischen Leistungen als Ta-
lente ihres Kindes betrachtet werden. Darüber wird die individuelle Leistung als
Modus für soziale Wertschätzung (vgl. Honneth 2003a) zu einem Hebel für soziale Ungleichheit, da diese verankert ist in privilegierte Lebens- und Kulturformen von Familien dominanter sozialer Milieus, die letztendlich die Begründungs-
muster für Begabung liefern. Eltern vermitteln ihren Kindern in der alltäglichen
Lebensführung, der Erziehung und Sozialisation kulturelles Kapital und ein System impliziter und tief verinnerlichter Werte, die zu einem spezifischen Passungs-
oder Nicht-Passungsverhältnis mit der Schule führen. Zugleich werden über die
familiale Lebensführung Interessen ausgebildet, die sich im Freizeit- und Peerbe-
reich auswirken und die dazu führen, dass Kinder ihresgleichen als Freunde wählen und sich damit die sozialen Milieus nicht nur über die Interessen der Erwachsenen, sondern auch über die Gleichaltrigen verfestigen.

In der Familie liegen insgesamt Identitätsbildung und die Ausbildung von Kulturformen eng nebeneinander; familiale und milieuspezifische Traditionen spielen dabei eine wichtige Rolle. Einheit und Differenz werden in ihrer Ambivalenz
in alltäglichen Interaktionen ausgehandelt im Kampf um die liebende und soziale
Anerkennung, die sich über ein Drittes, wie z.B. Musikinteressen, Medien, Ausgestaltung von Familienfesten, etc. konkretisieren. Familienkulturen präsentieren

zugleich Lebensstile sozialer Milieus, wobei über die soziale Wertschätzung die Leistungen jedes Familienmitglieds als auch habitualisierte Familienmuster insgesamt eine Bewertung erfahren. Der Zusammenhang von Familie, Identitätsbildung und sozialem Milieu ist m. E. noch stärker in den Fokus der qualitativen Forschung zu nehmen, um Mechanismen sozialer Ungleichheit, also der Transmission von einer Generation zur nächsten, mit Blick auf Verbesserungsmöglichkeiten des Bildungssystems erklären zu können.

Literaturverzeichnis

Bauman, Zygmunt (1995): Moderne und Ambivalenz. Das Ende der Eindeutigkeit. Frankfurt a. M.: Fischer Taschenbuch Verlag

Bateson, Gregory (1994): Ökologie des Geistes. Anthropologische, psychologische, biologische und epistemologische Perspektiven. (5. Aufl.) Frankfurt a. M.: Fischer Taschenbuch Verlag

Becker, Rolf (Hrsg.) (2009): Lehrbuch der Bildungssoziologie. Wiesbaden: VS-Verlag für Sozialwissenschaften

Berger, Peter L./Luckmann, Thomas (1977): Die gesellschaftliche Konstruktion der Wirklichkeit. Eine Theorie der Wissenssoziologie. 5. Aufl. Frankfurt a. M.: Fischer Taschenbuch Verlag

Bohnsack, Ralf (2009): Qualitative Bild- und Videointerpretation. Eine dokumentarische Methode. Opladen & Farmington Hills; Barbara Budrich

Bohnsack, Ralf (2003): Rekonstruktive Sozialforschung. Einführung in qualitative Methoden. 5. Auflage. Weinheim und Basel: Beltz Verlag

Bourdieu, Pierre (1992): Die feinen Unterschiede. Kritik der gesellschaftlichen Urteilskraft. Frankfurt a. M.: Suhrkamp

Bourdieu, Pierre (2001): Wie die Kultur zum Bauern kommt. Über Bildung, Schule und Politik. Hamburg: VSA-Verlag

Bourdieu, Pierre/Passeron, Jean-Claude (1971): Die Illusion der Chancengleichheit. Untersuchungen des Bildungswesens am Beispiel Frankreichs. Stuttgart: Klett

Büchner, Peter/Brake, Anna (2006): Bildungsort Familie. Transmission von Bildung und Kultur im Alltag von Mehrgenerationenfamilien. Wiesbaden: VS Verlag für Sozialwissenschaften

Büchner, Peter (2005): Individuelle Bildung als kollektive Investitionsleistung. Konzeptionelle Überlegungen zum Stellenwert des kulturellen und sozialen Familienerbes und zu den Möglichkeiten, der Bildungsbedeutsamkeit der Familie empirisch auf die Spur zu kommen. In: Ecarius/Friebertshäuser (2005): 176–201

Du Bois-Reymond, Manuela/Büchner, Peter/Krüger, Heinz-Hermann/Ecarius, Jutta/Fuhs, Burkhard (1994): Kinderleben. Modernisierung von Kindheit im interkulturellen Vergleich. Opladen: Leske + Budrich

Ditton, Hartmut (2009): Familie und Schule – eine Bestandsaufnahme der bildungssoziologischen Schuleffektforschung von James S. Coleman bis heute. In: Becker (2009): 239–258

Ecarius, Jutta (2003): Biografie, Lernen und Familienthemen in Generationsbeziehungen. In: Zeitschrift für Pädagogik. 48. Jg., Heft 4. 534–549

Ecarius, Jutta (2008): Familie und Schule. Anerkennungskonflikte um Liebe, Recht und Solidarität. In: Grunert/von Wensierski (2008): 183–196

Ecarius, Jutta/Friebertshäuser, Barbara (Hrsg.) (2005): Liberalität, Bildung und Biographie. Perspektiven erziehungswissenschaftlicher Biographieforschung. Opladen: Budrich

Ecarius, Jutta (Hrsg.) (2007): Handbuch Familie Wiesbaden: VS Verlag für Sozialwissenschaften

Ecarius, Jutta/Groppe, Carola/Malmede Hans (Hrsg.) (2009): Familie und öffentliche Erziehung. Theoretische Konzeptionen, historische und aktuelle Analysen. Wiesbaden: VS Verlag für Sozialwissenschaften

Elias, Norbert (1976): Über den Prozeß der Zivilisation. Soziogenetische und psychogenetische Untersuchungen. Frankfurt a. M.: Suhrkamp

Foucault, Michel (1978): Dispositive der Macht. Über Sexualität, Wissen und Wahrheit. Berlin: Merve Verlag

Fraser, Nancy/Honneth, Axel (2003): Umverteilung oder Anerkennung? Eine politisch-philosophische Kontroverse. Frankfurt a. M.: Suhrkamp

Geertz, Clifford (1983): Dichte Beschreibung. Beiträge zum Verstehen kultureller Systeme. Frankfurt a. M.: Suhrkamp

Grundmann, Matthias (2009): Sozialisation – Erziehung – Bildung. Eine kritische Begriffsbestimmung. In: Becker (2009): 61–84

Grunert, Cathleen/von Wensierski, Hans-Jürgen (Hrsg.) (2008): Jugend und Bildung – Modernisierungsprozesse und Strukturwandel von Erziehung und Bildung am Beginn des 21. Jahrhundert. Opladen: Barbara Budrich

Honneth, Axel (2003a): Kampf um Anerkennung. Zur moralischen Grammatik sozialer Konflikte. Frankfurt a. M.: Suhrkamp

Honneth, Axel (2003b): Umverteilung als Anerkennung. In: Fraser/Honneth (2003): 129–224

Hradil, Stefan (2004): Die Sozialstruktur Deutschlands im internationalen Vergleich. Wiesbaden: VS Verlag für Sozialwissenschaften

Husserl, Edmund (1962): Die Krisis der europäischen Wissenschaften und die transzendentale Phänomenologie. Husserliana, Bd. 4. Den Haag: Nijhoff

Husserl, Edmund (1973): Die Idee der Phänomenologie. Husserliana, Bd. 2. Dordrecht: Nijhoff

Keller, Reiner (2006): Wissenssoziologische Diskurse. In: Keller (2006): 115–145

Keller, Reiner et. al. (Hrsg.) (2006): Handbuch Sozialwissenschaftliche Diskursanalyse. Bd. I. Theorien und Methoden. Wiesbaden: VS Verlag für Sozialwissenschaften

Kohli, Martin/Robert, Günther (Hrsg.) (1984): Biographie und soziale Wirklichkeit. Stuttgart: Metzler

Kraimer, Klaus (Hrsg.) (2000): Die Fallrekonstruktion. Sinnverstehen in der sozialwissenschaftlichen Forschung. Frankfurt a.M,: Suhrkamp

Kramer, Rolf-Torsten/Helsper, Werner/Busse, Susann (Hrsg.) (2001): Pädagogische Generationsbeziehungen. Opladen: Leske + Budrich

Krüger, Heinz-Hermann/Marotzki, Winfried (Hrsg.) (1995): Erziehungswissenschaftliche Biographieforschung. Opladen: Leske + Budrich

Krüger, Heinz-Hermann/Marotzki, Winfried (Hrsg.) (1999): Handbuch Erziehungswissenschaftliche Biographieforschung. Opladen: Leske + Budrich

Lüscher, Kurt/Pajung-Bilger, Brigitte (1998): Forcierte Ambivalenzen. Ehescheidung als Herausforderung an die Generationenbeziehungen unter Erwachsenen. Konstanz: Universitätsverlag Konstanz

Marotzki, Winfried (1999): Bildungstheorie und allgemeine Biographieforschung. In: Krüger/Marotzki (1999): 109–134

Mead, Georg Herbert (1991): Geist, Identität und Gesellschaft. Frankfurt a. M.: Suhrkamp

Mollenhauer, Klaus/Brumlik, Micha/Wudtke, Hubert (1975): Die Familienerziehung. München: Juventa

Nieke, Wolfgang (2008): Interkulturelle Erziehung und Bildung. Wertorientierungen im Alltag. 3. aktualisierte Auflage. Wiesbaden: VS Verlag für Sozialwissenschaften

Oevermann, Ulrich (2001): Die Soziologie der Generationenbeziehungen und der historischen Generationen aus strukturalistischer Sicht und ihre Bedeutung für die Schulpädagogik. In: Kramer et. al. (2001): 78–128

Oevermann, Ulrich (1983): Die Methodologie einer ‚objektiven Hermeneutik‘. In: Zedler/Moser (1983): 95–123

Oevermann, Ulrich (2000): Die Methode der Fallkonstruktion in der Grundlagenforschung sowie der klinischen und pädagogischen Praxis. In: Kraimer (2000): 58–156

Peuckert, Rüdiger (2007): Zur aktuellen Lage der Familie. In: Ecarius (2007): 36–56

Pilarczyk, Ulrike/Mietzner, Ulrike (2005): Das reflektierte Bild. Die seriell-ikonographische Fotoanalyse in den Erziehungs- und Sozialwissenschaften. Bad Heilbrunn: Klinkhardt

Schütz, Alfred/Luckmann, Thomas (1984): Strukturen der Lebenswelt 2. Frankfurt a. M.: Suhrkamp

Schütz, Alfred (1981): Der sinnhafte Aufbau der sozialen Welt. Frankfurt a. M.: Suhrkamp

Schütze, Fritz (1995): Verlaufskurven des Erleidens als Forschungsgegenstand der interpretativen Soziologie. In: Krüger/Marotzki (1995): 116–157

Schütze, Fritz (1984): Kognitive Figuren des autobiographischen Stehgreiferzählens. In: Kohli/Robert (1984): 78–117

Srubar, Ilja (2005): Die pragmatische Lebenswelttheorie als Grundlage interkulturellen Vergleichs. In: Srubar/Renn/Wenzel (2005): 151–171

Srubar, Ilja/Renn, Joachim/Wenzel, Ulrich (Hrsg.) (2005): Kulturen vergleichen. Sozial- und kulturwissenschaftliche Grundlagen und Kontroversen. Wiesbaden: VS Verlag für Sozialwissenschaften

Wulf, Christoph/Althans, Birgit/Blaschke, Gerald (2007): Lernkulturen im Umbruch. Rituelle Praktiken in Schule, Medien, Familie und Jugend. Wiesbaden: VS Verlag für Sozialwissenschaften

Wulf, Christoph/Zirfas, Jörg/Althans, Birgit/Audehm, Kathrin/Bausch, Constanze/
Jörissen, Benjamin/Göhlich, Michael/Tervooren, Anja/Mattig, Ruprecht/Wag-
ner-Willi, Monika (2004): Bildung im Ritual. Schule, Familie, Jugend, Medien.
Wiesbaden: VS Verlag für Sozialwissenschaften

Zedler, Peter/Moser, Heinz (Hrsg.) (1983): Aspekte qualitativer Sozialforschung. Opladen: Leske + Budrich

Zima, Peter, V. (2007): Theorie des Subjekts. Subjektivität und Identität zwischen Moderne und Postmoderne. 2. Auflage. Tübingen/Basel: A. Francke Verlag

Im Kern der Familienkultur: Symbol und Erfahrung[*]

Dominik Krinninger/Simone Bahr

1 Einleitung

Wenn im Titel dieses Beitrags von ‚Familienkultur' die Rede ist, so ist damit nicht eine spezifische Weise des Zusammenlebens von Familien gemeint, die von anderen historischen und gesellschaftlichen Erscheinungsformen des Familienlebens unterscheidbar wäre. Vielmehr soll es im Folgenden darum gehen, wie man Familie grundsätzlich – und insbesondere in pädagogischer Hinsicht – als kulturelle Figuration verstehen kann. Diese Perspektive wird konturiert durch die Aspekte des Symbols und der Erfahrung, entlang derer danach gefragt wird, wie die Familie eine kulturelle Lebensform präsentiert und wie die Familienmitglieder – insbesondere die Kinder – sich diese Lebensform im Modus eines Lernens durch tätige Teilhabe aneignen. Damit ist auch ein erziehungswissenschaftliches Interesse markiert, das dieser Beitrag verfolgt. In der Familie als Erziehungs- und Bildungsmilieu kommen nicht nur die offensichtlichen und absichtsvollen pädagogischen Interaktionen von Eltern und Kindern zum Tragen. Die pädagogische Relevanz der Familie besteht umfassender darin, dass sie als eine kulturelle Gemeinschaft fungiert, die als Ganzes erzieht und ihren Mitgliedern Anregungen und Bildungsmöglichkeiten gibt. So wie Clifford Geertz Kultur als „das Geflecht von Bedeutungen, in denen Menschen ihre Erfahrungen interpretieren und nach denen sie ihr Handeln ausrichten" (Geertz 1983: 99) beschreibt, so lässt sich auch Familie als eine umfassende Lebenswelt verstehen. Die Verhaltensweisen und Handlungen, die sich in ihr zeigen, das System von Beziehungen, auf dem sie aufbaut und das sich in ihr entwickelt, die Gehalte und Gegenstände der familialen Interaktionen sowie die räumlichen und zeitlichen Bedingungen – all diese Aspekte fügen sich

---

[*] Dieser Beitrag geht auf einen Vortrag zurück, an dem auch Dorothee Falkenreck beteiligt war. Wir möchten ihr an dieser Stelle für die Zusammenarbeit danken.

zu einem komplexen Familienalltag, den die Familie als eigene Ordnung in ihrer soziokulturellen und strukturellen Lage mitgestaltet.

Diese Perspektive auf die Familie ist richtungweisend für ein Forschungsprojekt zur Familie, das hier in wichtigen Aspekten seiner theoretischen Rahmung vorgestellt werden soll. Es handelt sich um das DFG-Projekt „Familie als kulturelles Erziehungsmilieu"[1]. Für dieses Projekt wurde ein nach Familienformen und sozialstruktureller Platzierung differenziertes Sample von insgesamt acht Familien mit mindestens einem Kind im Vorschulalter untersucht. Bei fünf bis sechs Forschungsbesuchen wurde mit unterschiedlichen ethnographischen Instrumenten eine Reihe verschiedener Daten erhoben. Im Kern standen Fotografien und Videoaufzeichnungen zu den exemplarischen Bereichen der Mahlzeiten, des Fernsehens und des Spielens in den Familien, die zum Teil auch von ihnen selbst aufgenommen wurden. Ergänzend wurden Gruppengespräche mit den Familien sowie Interviews mit den Vorschulkindern und den Eltern geführt. Die (noch nicht ganz abgeschlossene) Analyse des erhobenen Datenmaterials erfolgt in einer Verbindung von hermeneutischen und sinnrekonstruktiven Zugängen, die zugleich theoretisch sensibilisierte empirische Beschreibungen und die Entwicklung empirisch gestützter erziehungs- und bildungstheoretischer Konzeptualisierungen ermöglichen (vgl. Müller/Krinninger 2012 (i. V.)). Die familialen Bildungsmilieus werden dabei nicht hierarchisch (nach hohem und niedrigem Bildungspotential), sondern horizontal (nach der Art des Bildungspotentials) differenziert. So werden die je spezifischen Anregungspotentiale und Möglichkeitsräume sichtbar, die in der familialen Bildungswelt bestehen. Der Blick dieses Forschungsprojektes auf die Familie als kulturelle Gemeinschaft ist angeregt durch unterschiedliche Ansätze der Familienforschung. Dazu zählt eine sozialkonstruktivistische Sicht, die Familie als beständige Herstellungsleistung begreift (im englischsprachigen Kontext ist hier von ‚doingfamily' die Rede). Diese Perspektive wird etwa von Schier und Jurczyk (2007) sowie von Jurczyk u. a. (2009) aufgegriffen. Wichtige Impulse bieten zudem Untersuchungen der Berliner Ritualforschung, die sich auf die Familie als performative Gemeinschaft beziehen (exemplarisch Audehm 2007). Schließlich greift das Projekt auch Sichtweisen der Familie als habituell strukturiertem Bildungsort (vgl. Büchner/Brake 2006) auf.

In den folgenden Ausführungen werden die eingangs angesprochenen Aspekte auf die Familie als kulturelle Gemeinschaft entfaltet. Zunächst werden dazu einige symboltheoretische Überlegungen Ernst Cassirers eingeholt. Danach werden zunächst mit John Dewey Elemente einer pädagogischen Theorie der Erfahrung skizziert, die mit den symboltheoretischen Aspekten dann in Karl Mann-

---

1   Dieses Projekt wird unter der Leitung von Hans-Rüdiger Müller und Dominik Krinninger an der Universität Osnabrück durchgeführt.

heims Konzept des Erfahrungsraums verknüpft werden. Abschließend wird ein untersuchter Fall mit Bezug auf die theoretischen Perspektiven ausschnitthaft vorgestellt.

2 Theoretische Perspektiven auf die Kulturalität von Familie

Der sozial- und erziehungswissenschaftliche Blick auf die Familie ist derzeit dadurch geprägt, dass sie in ihrem Zusammenhang mit spezifischen gesellschaftlichen Teilbereichen aufgegriffen wird, wie etwa bei den Fragen nach der Vereinbarkeit von Familie und Beruf oder nach familialen Voraussetzungen von Bildungswegen (vgl. exemplarisch: Schneider, Ruppenthal/Lück 2009, Kränzl-Nagl/Beham 2011). Demgegenüber erhält die Familie als originärer Raum einer spezifisch familialen Erziehung und Bildung eher wenig Aufmerksamkeit. In dieser Ausrichtung gilt das Interesse des hier vorgestellten Forschungsprojekts der Familie in ihrer Eigenheit, genauer gesagt ihrem inhärenten Bildungssinn. Darunter sind innerfamiliale Prozesse der Weitergabe einer kulturellen Lebensform zwischen den Generationen zu verstehen, wobei die aktive Ausgestaltung dieser Prozesse nicht nur durch die Erwachsenen, sondern auch durch die sich dabei als Personen entwickelnden Kinder erfolgt. Mit diesem pädagogischen Interesse an der Familie als einer Figuration, in der sich die Weitergabe, Bearbeitung und Aneignung kultureller Gehalte vollzieht, geht eine doppelte Frage einher. Zum einen geht es darum, wie in der Familie kulturelle Gehalte artikuliert werden. Zum andern darum, wie die Teilhabe an den sich in der Familie stets vollziehenden Handlungen, Interaktionen sowie dem Umgang mit Artefakten und Gehalten mit der personalen Entwicklung der Familienmitglieder – vor allem der Kinder – zusammenhängt. Die damit gemachte Differenzierung ist analytischer, nicht phänomenaler Art und hebt Aspekte hervor, die im konkreten familialen Geschehen zusammenfallen. Die eine Perspektive bezieht sich auf symbolische Formen, die kulturelle Bedeutungen in der Familie repräsentieren und sie einer Aneignung durch Familienmitglieder öffnen; hier erscheint Familie als Bedeutungsgeflecht. Die andere Perspektive bezieht sich auf ein Lernen im Modus der Erfahrung, das auf der Beteiligung von Kindern an praktischen Vollzügen in der Familie aufbaut, deren inhärente kulturelle Gehalte den Kindern noch nicht zugänglich sind; in dieser Sichtweise erscheint Familie als Raum für Erfahrungen, die mit Blick auf die sie vollziehenden Subjekte zu rekonstruieren sind. Diese analytische Differenzierung ist in erziehungs- und bildungstheoretischer Hinsicht notwendig, um Familie als Bildungsraum zu erschließen, der Kindern Bildungspotentiale eröffnen und Anregungen geben kann. Zugleich wird es so möglich, Familie als Ak-

teurskonstellation einer Erziehung und Bildung zu erfassen, an der die heranwachsenden Subjekte konstruktiv mitbeteiligt sind.

2.1   Zur Familie als Bedeutungsgeflecht

Ernst Cassirer (1874–1945) bezeichnet den Menschen unter Verweis darauf, dass
„(…) symbolisches Denken und symbolisches Verhalten zu den charakteris-
tischen Merkmalen menschlichen Lebens gehören (…)" (Cassirer 1996: 52) als
„animal symbolicum" (ebd.: 51). Er versteht die menschliche Kultur als Substrat
symbolischer Formen, zu deren wichtigsten Mythos, Sprache, Kunst und Wissenschaft, aber auch Religion und Technik gehören (vgl. Cassirer 1996; Cassirer 2010).
Cassirer unterscheidet weiter zwischen verschiedenen, neben- und miteinander
bestehenden Funktionen symbolischer Formen: Im Modus des *Ausdrucks* werden
sinnliche und mimetische Gehalte gefasst, dieser Modus ist eng an das subjektive
Erleben gebunden, das durch ihn artikuliert werden kann. In der *Darstellung* stehen symbolische Formen in einer anschaulichen und sinnhaft verweisenden Beziehung zu den Dingen der Welt. Dieser Modus verkörpert gewissermaßen die
Gegenrichtung zum Ausdruck und ermöglicht die Benennung und Beschreibung
der Welt. Die dritte Symbolfunktion schließlich besteht in einer von sinnlich-mi-
metisch-anschaulichen Dimensionen abstrahierten *Bedeutung*. In diesem Modus
werden begrifflich exakte Gehalte symbolisch repräsentiert (vgl. Cassirer 2010).
      Der weite und ausdifferenzierte Symbolbegriff Cassirers geht über eine Auf-
fassung von Symbolen als statisch fungierenden Zeichen weit hinaus und ist eng
mit anthropologischen Fragen verwoben. Das macht ihn außerordentlich fruchtbar, wenn es darum geht zu verstehen, wie eine sinnvolle Beziehung zwischen
dem Kind und der kulturellen Welt der Familie entsteht, wie sich also im Erleben
der Welt Sinngehalte ausformen, die auch erlebnisübergreifend wirksam sind. Bil-
dungstheoretisch kann hier zwischen zwei untrennbar miteinander verwobenen
Dimensionen unterschieden werden, in denen sich diese Beziehung entfaltet: der
somatisch basierten Sinnes- und Empfindungstätigkeit einerseits und der kognitiven Verstandestätigkeit andererseits. Cassirer hat in seiner Kulturphilosophie den
engen Zusammenhang dieser beiden Komponenten als „symbolische Prägnanz"
beschrieben. Er führt aus: „Unter ‚symbolischer Prägnanz' soll (…) die Art verstanden werden, in der ein Wahrnehmungserlebnis, als ‚sinnliches' Erlebnis, zugleich einen bestimmten nicht-anschaulichen ‚Sinn' in sich fasst und ihn zur unmittelbaren, konkreten Darstellung bringt" (Cassirer 1982: 235). Damit wendet
sich Cassirer gegen Vorstellungen einer Kluft zwischen der natürlichen und der
kulturellen Seite des Menschen, so als sei die Kultur eine zweite Schicht des Menschen, die über die erste, seine Natur, gelegt wird, um ihn aus einer natürlichen

Rohheit in den höheren Daseinszustand der Kultur zu bringen. Stattdessen verbinden sich im Begriff des ‚Symbolischen' beide Komponenten zu einem Ganzen, das einerseits in der sinnlichen-leiblichen Erfahrung des Subjekts fundiert ist und andererseits immer schon auf einen kulturellen Gehalt verweist.

Aus dieser theoretischen Perspektive befragen wir das Geschehen in den Familien. Uns interessieren die Bandbreite unterschiedlicher symbolischer Formen und die Übergänge zwischen diesen Formen, z. B. der Darstellungs- und Bedeutungsgehalt pädagogischer Gesten oder die sprachliche und auch performativ-szenische Darstellung von kulturellen Gehalten. Durch die Teilhabe am familialen Geschehen und den dazu gehörenden Handlungs- und Verhaltensformen bildet sich im Kind eine symbolische Kristallisation dieser Formen, ohne dass sich die Ebene des Symbolischen erst von der Ebene des konkreten Erlebens, etwa durch Reflexion, abheben müsste. Anschauung und Verstehen greifen im leibnahen Erleben und kognitiven Erfassen bedeutungserfüllter familialer Situationen ineinander. Wichtig für dieses Verständnis ist auch, dass sich ein kultureller Sinn bereits im Akt der Wahrnehmung konstituiert. Noch einmal Cassirer: „Jede Form nimmt vom Sinnlichen nicht nur ihren Ausgang, sondern sie bleibt auch ständig im Kreise des Sinnlichen beschlossen. Sie wendet sich nicht gegen das sinnliche Material, sondern lebt und schafft in ihm selbst" (Cassirer 1956: 177 f.).

In diesem Zusammenhang spielt die zugleich universale und veränderliche Funktion von Symbolen eine wichtige Rolle.

„Die universelle Anwendbarkeit, die sich daraus ergibt, dass jedes Ding einen Namen hat, ist einer der Hauptvorzüge der menschlichen Symbolik. Aber sie ist nicht der einzige. Ein anderes Merkmal tritt ergänzend hinzu und bildet ein notwendiges Korrelat des ersteren. Ein Symbol ist nicht nur universell, es ist auch höchst variabel" (Cassirer 1996: 64).

Diese Dialektik ist zum einen hinsichtlich des Verhältnisses zwischen gesellschaftlicher Umwelt und der Familie von Belang, die von dort symbolisch gefasste kulturelle Gehalte aufnimmt und bearbeitet, was auf Spielräume der familienspezifischen Bearbeitung respektive Transformation sozialer und kultureller Bedingungen verweist. Zum Zweiten betrifft das Verhältnis von Allgemeinheit und Modulation auch die Familie als Bildungswelt für ihre einzelnen Mitglieder, die ihrerseits nicht auf eine bloße Reproduktion der kulturellen Gehalte des familialen Binnenmilieus festgeschrieben sind, sondern – potentiell – über Spielräume der Bedeutungsverschiebung verfügen. Für beide Relationen (die zwischen Familie und gesellschaftlicher Umwelt ebenso wie die zwischen der Familie als Ganzer und ihren Mitgliedern) lässt sich damit aus symboltheoretischer Sicht ein Zusammenhang von Bedingtheit und relativer Autonomie festhalten:

„Der Prozess der Symbolbildung ist sicher nicht ohne Verankerung in den Verhaltens-
gewohnheiten und den von ihnen hervorgebrachten Handlungen als deren *Interpretan-
ten* zu denken. Allerdings ist er auch nicht ohne Instanzen und Institutionen zu denken,
die das Feld *struktureller Relationen* auf der Handlungsebene als *field of positions* und
field of forces regeln" (Turk 1995: 33, Hervorh. i. O.).

Mit einer symboltheoretischen Betrachtungsweise der Familie schließen wir partiell auch an das schon etwas ältere Konzept von Dieter Claessens an, der untersucht, wie in familialen Interaktionen im praktischen Erleben Wahrnehmungs-
und Handlungsweisen als kulturelle Haltungen formiert, repräsentiert und
mimetisch angeeignet werden. Claessens geht ebenfalls von einem weiten Symbolbegriff Cassirerscher Prägung aus:

„‚Symbole' sind (…) nicht irgendwie ‚statisch' aufzufassende ‚Signale', sondern komplexe bedeutungserfüllte Konfigurationen, die, in soziales Verhalten eingebettet, besonders gewichtig, aber auch besonders schwer abhebbar sind. Sie treten im Gewande
von Handlungen, Verhaltensweisen, Benehmensformen auf, sind sozusagen Ausdruck
der kulturellen Intention solcher Verhaltensweisen, – das deutbare Signal des ausrich-
tenden und vorausweisenden Elementes von Handlungsgestalten" (Claessens 1979: 125).

Diese Verknüpfung von Erlebnis und Handlungs- bzw. Verhaltensdispositionen
ist von zentraler Bedeutung für die familiale Enkulturation:

„Im sozialen Bereich und insbesondere für den Grundbereich der Erziehung, jenen
Bereich, in dem dem Kind die ‚basic personality' angebildet wird, kann daher davon
gesprochen werden, dass solche symbolträchtigen Erlebnisgestalten als ‚Erlebnissym-
bole' übernommen, ‚internalisiert', verinnerlicht werden. Ein solches ‚Erlebnissymbol'
zu haben, bedeutet dann, in einer durch das Auftreten der entsprechenden Handlungs-
gestalt sich ankündigenden Situation adäquat handeln zu können" (ebd.: 126).

Auch in jüngeren Ansätzen der Familienforschung spielen symboltheoretische Aspekte eine tragende Rolle. So beschreibt Weinert-Portmann (2009) die Familie als
ein gemeinschaftliches Handlungswesen, das mit einer grundlegenden Pluralität
umgehen (lernen) muss und ökonomische Ansprüche, Haushaltung, sich überla-
gernde Beziehungssysteme etc. miteinander in Einklang bringen oder wenigstens
parallel bewältigen muss. Zur Erfassung der familialen Leistung, sich in einer solchen Pluralität zurechtzufinden, rekurriert Weinert-Portmann auf Cassirers Philosophie der symbolischen Formen und greift insbesondere die Form des Mythos
heraus, die sich dadurch auszeichnet, dass in ihr praktische, intuitive und ratio-
nale Aspekte „gleich"-gültig" (Weinert-Portmann 2009: 108) sind. Auf eine ent-

sprechende Art, so Weinert-Portmann, bearbeiten auch Familien die Komplexität ihres Alltags. Sie bewahren ihre Handlungsfähigkeit auch bei Nicht-Vorhanden-Sein eindeutiger Lösungen widerstreitender Ansprüche durch eine situative Überbrückung, in der intuitive Strategien und reflexive Haltungen nicht gegeneinander abgewogen, sondern je nach pragmatischer Passung angewandt werden.

2.2 Zur Familie als Erfahrungsraum und Handlungsgemeinschaft

Eine zweite Perspektive auf die Familie als kulturelle Gemeinschaft baut auf John Deweys Theorie des *experience* auf. Während die symboltheoretische Sicht danach fragt, wie sich die produktive Wahrnehmung und das Verstehen der Subjekte auf die kulturelle Dimension des familialen Erziehungsmilieus richten, ist diese pragmatistisch begründete Sichtweise etwas anders gelagert. Sie erfasst, wie Erfahrungen, die sich in der aktiven Teilhabe des (kindlichen) Subjekts an der familialen Gemeinschaft vollziehen, zur personalen Entwicklung beitragen – wobei es sich, darauf sei noch einmal hingewiesen, nicht um einen anderen Phänomenbereich, sondern um eine analytische Akzentuierung im Hinblick auf die Familie als kulturelles Erziehungsmilieu handelt.

Für Dewey (1859–1952) vollzieht sich die menschliche Entwicklung durch tätige Teilhabe an der sozialen Umgebung. In der gelingenden Bearbeitung von Problemen bzw. Aufgaben, die sich in Situationen stellen, machen Individuen Erfahrungen, in denen sich kognitive und somatische ebenso wie aktive und passive Elemente verbinden. „Man *macht* Erfahrungen. Die passive Seite ist ein Erleiden, ein Hinnehmen. Wenn wir etwas erfahren, so wirken wir auf dieses Etwas zugleich ein, so tun wir etwas damit, um dann die Folgen unseres Tuns zu erleiden" (Dewey 2000: 186; Hervorh. i. O.). Dabei spielen Denken und Fühlen als zusammengehörige Anteile unseres Bewusstseins, für das Dewey den Ausdruck „bodymind" (Dewey 1984: 27) vorschlägt, eine wichtige Rolle. So ist die Reflexion ein zentrales Moment, wenn wir durch Erfahrung lernen. „When an activity is continued into the undergoing of consequences, when the change made by action is reflected back into a change made in us, the mere flux is loaded with significance. We learn something." (Dewey 1966: 139). Das in Erfahrungen gründende Denken ist jedoch stets von einem Anteil des Fühlens und des Erlebens begleitet: „(...) Dinge sind in viel höherem Maße Objekte, die behandelt, benutzt, auf die eingewirkt, mit denen gewirkt werden soll, die genossen und ertragen werden müssen, als Gegenstände der Erkenntnis. Sie sind Dinge, die man *hat,* bevor sie Dinge sind, die man erkennt." (Dewey 2000: 37). Deweys Konzept des *experience* baut auf einem wichtigen Komplementärbegriff auf: Erfahrungen ergeben sich in einem Wechselspiel mit immer schon vorhandenen *habits* bzw. Gewohnhei-

ten, wie die etwas unscharfe deutsche Übersetzung lautet. Die „besondere Umgebung," so Dewey „in der ein Mensch lebt, führt ihn dazu, ein Ding zu sehen, und
ein anderes nicht; sie veranlasst ihn, sich gewisse Pläne zu machen, damit er mit
den anderen erfolgreich zusammenwirken kann; sie schwächt gewisse Meinungen
und verstärkt andere (…) So erzeugt sie in ihm ein System (…) von Dispositionen
zum Handeln" (ebd.: 27). Durch ihre aktive Teilhabe am Leben in einer bestimmten Umgebung nehmen die Individuen die dort immer schon angelegten *habits*
an. Dewey formuliert das bildhaft so: „Through habits formed in intercourse with
the world, we also in-habit the world. It becomes a home and the home is part of
our every experience." (Dewey 1989: 109). Das ist nun aber nicht als bloße Reproduktion sozialer Dispositionen zu begreifen. Die Aneignung der *habits* im Modus
eines Lernens durch Erfahrung vollzieht sich nach einer Dialektik von Bestätigung und Erneuerung; Dewey umschreibt das auch als „mixture of a museum and
a laboratory" (Dewey 1981: 142).

Deweys Verknüpfung von *habits* und *experience* lässt sich als eine pädagogische Habitus-Theorie lesen, die die Reflexivität des Lernens in Rechnung stellt.
Dadurch werden die aus der sozialen Umgebung angeeigneten Dispositionen als
Handlungsressourcen des Individuums erfasst und erscheinen nicht – wie etwa
bei Bourdieu – als kaum mehr zu überschreitende Wahrnehmens-, Denkens- und
Verhaltenskorridore. Diese Perspektive auf die Genese des handlungsfähigen Individuums in der aktiven Teilhabe an der sozialen und kulturellen Umgebung macht
auch die tätige Auseinandersetzung der Kinder mit den Gegenständen und Gehalten des familialen Milieus aus erziehungs- und bildungstheoretischer Sicht beschreibbar.

2.2.1 Zur Verknüpfung der Perspektiven: Familie als Erfahrungsraum

Die symboltheoretisch und pragmatistisch-pädagogisch orientierten Analyseperspektiven wurden bis hierher je für sich behandelt. Im Blick auf die in ihrem Bin-
nenmilieu symbolisch gefassten kulturellen Gehalte erscheint die Familie als ein,
wenn man so will, kultureller Text, in den das Subjekt sich im Bildungsprozess
einfädelt. In Hinsicht auf das Tätigsein in der familialen Umgebung geht es um
die dabei möglichen Erfahrungen der Familienmitglieder. Diese Sichtweise betont
die Praxisförmigkeit der Familie als kulturellem Erziehungs- und Bildungsmilieu.
Diese analytische Differenzierung bezieht sich, wie bereits gesagt, nicht auf zwei
verschiedene Aggregatszustände der familialen Kultur; die Perspektiven auf Familie als symbolisches Geflecht und als Ort der bedeutungsvollen und -stiftenden
Praxis stellen vielmehr komplementäre Betrachtungsweisen der Prozesse dar, in
denen die Familie als kulturelle Gemeinschaft zu einem Bildungsraum wird. Diese
analytische Entzerrung ist sinnvoll in Bezug auf die mit einem pädagogischen In-

teresse einhergehende doppelte Frage, wie Familien kulturelle Gegenstände und Gehalte als Anregungen bereitstellen und wie die heranwachsenden Subjekte sich in der Aneignung dieser Gegenstände und Gehalte in ihrer personalen Gestalt entwickeln.

Empirisch ist die Familie immer beides zugleich, Ort des gemeinschaftlichen Tätigseins und symbolischer Raum. Insofern erscheint es sinnvoll, neben der analytischen Differenzierung auch eine Integration der beiden analytischen Perspektiven zu entwickeln. Eine solche Integration findet ihr Modell im Begriff des Erfahrungsraums, den Karl Mannheim (1893–1947) wesentlich geprägt hat. Mannheim entwickelt seine wissenssoziologische Unterscheidung zwischen ‚konjunktivem‘ und ‚kommunikativem‘ Denken ausgehend von einem weiten Begriff intersubjektiven Erkennens, der über eine begrifflich-sprachliche Kommunikation hinaus „jegliche existentielle Aufnahme des Gegenüber in das Bewusstsein" (Mannheim 1980: 207) umfasst. Dabei beruht das gegenseitige Verstehen für Mannheim auch auf dem Fundament einer je spezifischen Haltung zueinander und zu den Gehalten der kulturellen Umgebung, die sich durch gemeinsame Erfahrungen im Zusammenleben einer Gemeinschaft ergibt und die von dyadischen Verhältnissen bis hin zu Größenordnungen einer ganzen Kulturgemeinschaft reichen kann (vgl. ebd.: 226). Der so konturierte gemeinsame Erfahrungsraum besteht nun nicht lediglich als ein Container kultureller Praxen und Gehalte, er prägt vielmehr ein spezifisches Verhältnis zur Welt aus: „(…) nicht nur jene Erfahrungen, die (…) in den Bereich des Voneinanderwissens gehören, bekommen den konjunktiven Charakter des ‚nur für uns Geltens‘ (…) und den perspektivistischen Charakter des einseitigen Hingewendetseins auf einen bestimmten ‚Erfahrungsraum‘, der zwischen uns in gemeinsamer ‚Für-einander-Existenz‘ entstanden ist, sondern alle gemeinsamen Erlebnisse, die sich auf außenweltliche Dinge (…) beziehen, werden auf diesen Erfahrungsraum bezogen und bekommen auf ihn hin ihre Orientierung" (ebd.: 214).

Mit der Unterscheidung zwischen kommunikativem, also begrifflich explizitem Wissen einerseits sowie konjunktivem, also praktisch implizitem und auf einer gemeinsamen Erfahrungsgeschichte beruhendem Wissen andererseits entwickelt Mannheim kein Entweder-Oder von rationalistischer Begrifflichkeit und vorsprachlicher Intuition. In Bezug auf die Verschränkungen zwischen Erfahrungsraum und Sprache weist er auf eine relative Bedeutungsoffenheit der Sprache hin. So kann Worten in einer Gruppe oder Gemeinschaft auch eine gruppenspezifische Bedeutung zukommen bzw. können sich Wortbedeutungen in spezifischen sozialen Zusammenhängen auch wandeln (vgl. ebd.: 218 ff.). Zugleich hat die Sprache die – auch in pädagogischer Hinsicht – wichtige Eigenschaft der Abstraktion und ordnenden Artikulation der je konkreten Einzelerfahrungen. Sie ist damit ein wichtiges Element der für Erfahrungsräume typischen

„Wiederholbarkeiten" (ebd.: 223). Der Umgang mit geteilten (impliziten wie ex-
pliziten) Bedeutungen, die aus gemeinsamen Erfahrungen erwachsen, hat für die
jeweilige Gruppe zudem eine gemeinschaftsbildende Kraft und ist eine entschei-
dende Geschehensebene der Sozialisation von Individuen in Gemeinschaften (vgl.
ebd.: 226). In der wechselseitigen Entwicklung von Gemeinschaft und typischen
Erfahrungen entstehen in konjunktiven Erfahrungsgemeinschaften soziale Dispositionen, die das Verhalten der Einzelnen orientieren: „Die Kollektivvorstel-
lungen sind also der Niederschlag der perspektivischen, jedoch stereotypisierten,
d. h. auf einen bestimmten Erfahrungsraum bezogenen konjunktiven Erfahrungen (…) Das vergemeinschaftete Individuum richtet sich (…) nach diesen Vorstellungen (…)" (ebd.: 231). Mannheim nimmt auch den Aspekt der Erweiterung
einer bestehenden Beziehung und ihrer konjunktiven Dimensionen um „Dritte"
(ebd.: 215) auf – was sich nahtlos auf Familienstrukturen übertragen lässt:

> „Der Dritte gerät in eine spezifische existentielle Beziehung zu mir und zum anderen,
> und nimmt im Zusammenleben auch unserer beider Beziehung soweit wie möglich in
> sich auf. Durch ein Zusammenleben mit uns, durch nunmehr zu dritt gemeinsam er-
> lebte Strecken des Lebens, lernt er unser Sehen der Dinge kennen und mitzumachen;
> er nimmt teil an unserem Erfahrungsraume und bildet sich dadurch allmählich einen
> erweiterten, durch uns drei fundierten Erfahrungsraum" (ebd.: 215).

Wenngleich Mannheims Überlegungen allgemein wissenssoziologischen Charakter haben und nicht auf eine spezifisch familiale oder pädagogische Intersubjek-
tivität ausgerichtet sind, dienen sie in der Familienforschung immer wieder als
wichtige Reflexionsfolie. Exemplarisch sei hier mit Bezug auf sein Konzept der
Generation als soziokulturelle historische Lagerung (vgl. Mannheim 1928/1970)
auf den von Lettke und Lange herausgegebenen Band zu „Generationen und Familien" (2007) verwiesen. Ein Verständnis von Familie als Erfahrungsraum im
Mannheimschen Sinne legen beispielsweise Morgenthaler und Hauri (2010) ihrer
Untersuchung von Familienritualen zugrunde: „Während bei anderen Gruppen
die Abgrenzung gegenüber Außenstehenden betont wird, steht bei Familien das
Gemeinsame im Vordergrund. Oder anders ausgedrückt: Familien konstituieren
sich nicht durch Distinktion, sondern durch Konjunktion" (Morgenthaler/Hauri
2010: 45). Mannheims Unterscheidung zwischen theoretischem Wissen und vor-
reflexivem, in die Alltagspraxis eingelassenen Handlungswissen der Akteure greift
auch Ralf Bohnsack auf und stellt ihre Bedeutung für die sozialwissenschaftliche
Rekonstruktion sozialen Handelns heraus: „Erst die genaue Kenntnis dieser praktischen Logik – der Logik des Handelns jenseits der Theorien und der begrifflichen Konstruktionen und Definitionen, welche die Akteure in Wissenschaft und
Alltag über ihre eigene Praxis haben – schafft die Bedingungen der Möglichkeit

für eine umfassende Erkenntnis des alltäglichen Handelns" (Bohnsack 2009: 16). Ein in diesem Sinne atheoretisches Wissen kann in der Praxis nicht ohne weiteres begrifflich-theoretisch expliziert werden, was aber auch nicht notwendig ist. Strukturen und Regeln können in Interaktionen fungieren, auch ohne den Akteuren bewusst zu sein. Der Unterscheidung zwischen atheoretischem und theoretischem Wissen entspricht also eine Differenzierung zwischen einer praktischen und einer theoretischen Beziehung zur Welt. „Ein unmittelbares Verstehen ist unter denjenigen möglich, denen dieselben konjunktiven Erfahrungsräume gemeinsam sind, die also sozialisationsbedingt über gemeinsames atheoretisches Wissen verfügen. Die Mutter/Kind-Beziehung und die Familie stellen konjunktive Erfahrungsräume par excellence dar" (ebd.: 18).

Mit Mannheims Konzept des Erfahrungsraums lässt sich die Familie als handelnde Gemeinschaft beschreiben. Neben der hervorgehobenen Funktion konjunktiven Wissens ist auch der Hinweis auf die Verschränkung von sprachlich explizierbarem und praktisch fungierendem Wissen instruktiv. Diese spielt – analog zu einem weiten Symbolbegriff, wie ihn Cassirer entwickelt – eine wichtige Rolle hinsichtlich einer innerhalb von Erfahrungsgemeinschaften wie der Familie gegebenen Gliederung. Das Vorhandensein verschiedener Generationen, Geschlechterrollen, kultureller Herkünfte und entwicklungsbedingter Unterschiede bedingt trotz der Gemeinschaftlichkeit der Familie auch eine Verschiedenartigkeit der Erfahrungsperspektiven, die einerseits im Familienalltag praktisch-implizit bearbeitet werden, die aber auch Grundlage explizit pädagogischer Handlungen und Interaktionen zwischen den Generationen sind (vgl. Müller 2007). Auch die Entwicklung spezifischer Bedeutungen durch die Teilhabe an den Tätigkeiten der Gemeinschaft fügt sich in ein Bild von Familie als Handlungsgemeinschaft – hier zeigen sich große Nähen zwischen Deweys Komplex von *habits* und *experience* einerseits und Mannheims Begriff des Erfahrungsraums andererseits. Auch Mannheim sieht (wie Dewey) im Übrigen keine Engführung individueller Erfahrung entlang gemeinschaftlicher Erfahrungsmuster; zum einen fungieren konjunktives und kommunikatives Wissen als Grundlage darüber hinaus weisender „rein personaler Erfahrungselemente" (Mannheim 1980: 240), zum andern hebt auch die Dynamik konjunktiver Erfahrungsräume Mechanismen bloßer Reproduktion auf (vgl. ebd.: 244 ff.). Die skizzierten symboltheoretischen und pragmatistischen Aspekte fügen sich zu einer Perspektive auf die Familie, in der sie als handelnde Gemeinschaft beschreibbar wird, die symbolisch gefasste Gehalte hervorbringt (bzw. aus ihrer gesellschaftlichen Umgebung aufnimmt und bearbeitet) und dadurch ihren Mitgliedern – vor allem den Kindern – Handlungsressourcen und Anregungen für Erfahrungen bietet. Diese Perspektive soll im Folgenden mit einem Ausschnitt aus einem untersuchten Fall veranschaulicht werden.

3   Frühstück bei Familie Engler

Bevor im Folgenden die Perspektiven auf Familie als symbolischen Raum und
Handlungsgemeinschaft am Beispiel einer Videoszene von Familie ‚Engler'[2] entfaltet werden, die sie selbst von einem gemeinsamen Frühstück aufgezeichnet hat,
sollen kurz einige strukturelle Momente der Familienmahlzeit benannt werden.
Das Verhältnis von Kultur und Natur, das Cassirer in seinem Begriff des ‚Symbolischen' zusammenfasst, kommt auch im Gegenstand der Familienmahlzeit zum
Tragen. Zum einen ist die Nahrungsaufnahme eine der natürlichen Notwendig-
keiten des menschlichen Daseins, zum anderen sind wir als soziale Wesen stark an
ein kulturelles Miteinander gebunden. Diese natürlichen und kulturellen Bedingungen treffen nach Georg Simmel (1858–1918) in der Mahlzeit auf eine elemen-
tare Problematik. Denn das Essen an sich ist durch Egoismus geprägt: „Was der
einzelne ißt, kann unter keinen Umständen ein anderer essen" (Simmel 2009: 155).
Darin, dass sich die gemeinsame Mahlzeit trotzdem als Institution etabliert hat,
sieht Simmel die Überwindung eines bloßen Naturalismus durch eine kulturelle Formalisierung mittels Regulierungen wie etwa Tischsitten, die den egois-
tischen Akt in eine gemeinschaftliche Tätigkeit wandeln. Cassirer geht dagegen
nicht von der Überformung einer natürlichen Rohheit durch die Kultur aus, sondern verknüpft beide Sphären im Symbolischen als nicht trennbare Komponenten
des Menschen. Zusätzlich zu dem sich in der Familienmahlzeit bildenden symbolischen Raum ist die Familie auch hier immer Handlungsgemeinschaft. „Essen
und Gemeinschaft wurden in so vielen Sprachen zu einem Wort zusammengefasst,
das eine zum Symbol des Anderen, weil das gemeinschaftliche Teilen der Nahrung als die erste soziale Tat gilt." (Barlösius 2011: 174). Historisch betrachtet ist
die Notwendigkeit des gemeinschaftlichen Wirtschaftens, also die Arbeitsteilung
zur Nahrungsbeschaffung, ein ausschlaggebendes Motiv für die Versammlung
in einer Tischgemeinschaft. Damit steht auch das Moment der Regulierung des
individuellen Essverhaltens durch die Gemeinschaft in Zusammenhang. Beides
verweist auf die Aspekte der Gerechtigkeit und Verlässlichkeit in einer solidari-
schen Gruppe, die sich in der Tischgemeinschaft manifestiert (vgl. Barlösius 2011:
176 ff.). Besonders in der Familie kommen diese Aspekte auch noch in der Moderne zum Tragen. Doch nicht nur dieser funktionale Aspekt spielt eine Rolle
bei der Herstellung der Familiengemeinschaft in der gemeinsamen Mahlzeit. „Der
Esstisch ist ein symbolischer Ort des Übergangs, der die vereinzelten Mitglieder
der Familie zum gemeinschaftlichen Handeln und Genießen versammelt" (Wulf
et al. 2011: 269).

---

2   Die Familie ist anonymisiert. Alle Namen wurden geändert und die Gesichter auf dem Vi-
     deo-Still verfremdet.

Abbildung Familie Engler am Frühstückstisch (Standbild aus einem Video)

An einem freien Tag im Jahr 2010 nehmen die Familienmitglieder nacheinander am Esstisch Platz. Mutter Eva (40; hinten links), Vater Egon (45; hinten rechts), Edith (9; vorne rechts) und Elisa (5; vorne links) sind bis zum gemeinsamen Essen mit Vorbereitungen (besonders die Mutter, aber auch Elisa) oder individuellen Beschäftigungen (Edith möchte die Haare geflochten haben, Elisa noch auf der Flöte üben) befasst. Alle tragen bequeme Schlaf- oder Freizeitkleidung. Zum Frühstück gibt es Müsli mit warmer Milch. Auf dem pragmatisch gedeckten Tisch (Schüsseln, Löffel und Becher für alle, eine Plastikdose mit Müsli, ein Tetrapack mit Milch) befinden sich auch Gegenstände, mit denen sich die Familienmitglieder individuell beschäftigen (vor Edith liegt eine Bürste, Elisa hat Kastanien in einem Plastikteller vor sich stehen, bei Egon liegen Papiere). Insgesamt geht die Mahlzeit sehr ruhig vonstatten, auch die Gespräche sind eher leise. Die Vorbereitung und der Essensbeginn gehen fließend ineinander über, es gibt keinen gemeinsamen Beginn der Mahlzeit. Jeder erhält von der Mutter portionsweise in einem Topf aufgewärmte Milch in seine Schüssel und bedient sich selbst am Müsli.

Hier soll vor allem ein Aspekt der gemeinsamen Mahlzeit fokussiert werden. Mit den Worten „Wer möchte, kann noch 'n paar Blaubeeren ins Müsli" stellt die

Mutter ein Sieb mit Blaubeeren auf den Tisch. Während Egon und Elisa noch miteinander sprechen, meldet Edith umgehend Interesse an den Blaubeeren an („Heich!") und greift ins Sieb, noch während es abgestellt wird. Danach wenden sich auch Egon und Elisa ihrem Müsli zu. Elisa sieht ihre Schwester an, die bereits eine Handvoll Beeren genommen hat, und versucht, auf dem Tritt ihres Etagen-stuhls stehend, an das Sieb zu gelangen („Hey, komm ich komm gar nicht …"). Edith nimmt sich zeitgleich bereits die nächste Hand voll Beeren. Als sie diese einzeln aus ihrer Hand in ihre Schüssel fallen lässt, zieht Elisa das Sieb zu sich heran und greift hinein, den Blick dabei wieder unverwandt auf ihre Schwester ge-richtet. Parallel sind die Eltern jeweils noch mit der Zubereitung ihres Müslis be-schäftigt. Nachdem Edith die letzte Beere, die sie zwischen ihren Fingern hatte, in den Mund geschoben hat, nimmt auch Elisa eine Hand voll Beeren aus dem Sieb und lässt sie ebenfalls einzeln in ihre Schüssel fallen. Egon leitet ein Gespräch ein: „Ich konnt heute nich so gut penn (.) wegen Vollmond glaub ich." An der darauf folgenden Unterhaltung der Eltern beteiligen sich die Töchter nur mit beiläufi-gen Kommentaren, sie sind weiterhin mit den Blaubeeren befasst. Elisa greift zum zweiten Mal in das Sieb und lässt die Beeren wie vorhin einzeln in die Schüssel fallen. Noch einmal, jetzt zur gleichen Zeit, greifen beide Mädchen ins Sieb und ziehen daran (vgl. Abb.). Während Elisa noch „Ich kann gar nicht …" murmelt, nimmt sich Edith eine dritte Hand voll Beeren aus dem Sieb. Sie lässt die Beeren in ihre Schüssel fallen, isst eine Beere und sieht dabei zu Eva, die weiter mit Egon spricht. Nun nimmt Elisa eine Hand voll Beeren, sieht zwischen Edith und ihrer Schüssel hin und her und meint leise: „Vollwenich!". Sie greift auch mit der an-deren Hand ins Sieb, sodass sie, wieder auf dem Tritt ihres Kinderstuhls stehend, beide Hände voller Beeren über dem Sieb ausstreckt. Dabei blickt sie wieder zwi-schen ihrer Schüssel und Edith hin und her und füllt anschließend die Beeren in ihre Schüssel. Als Eva ihre Unterhaltung mit Egon beendet hat, sagt sie, während sie zwischen den Töchtern hin und her sieht: „Hallo, ich möchte vielleicht auch noch 'n paar und Papa." Elisa blickt daraufhin zu Eva, legt den Kopf schief und hebt den Arm, den sie gleich wieder fallen lässt. Egon atmet hörbar aus und auch Edith sieht, eine Beere essend, zu ihrer Mutter. „Ihr seid ja seeehr nett!", kom-mentiert Eva weiter und hält zunächst Edith ihre Schüssel hin. Egon beginnt mit einem „Naja, egal …", sieht dann auf Ediths Schüssel und sagt: „Boah, wa oh!". Edith entgegnet: „Was ‚wa‘, das warn die alten und die schmecken nich so guuut." Sie greift dann in ihre Schüssel, nimmt Beeren heraus und wirft sie in Evas Schüs-sel. Elisa beugt sich vor, um diese Verteilung zu begutachten. Eva streckt danach ihre Schüssel in Elisas Richtung, die mit der Aussage „Und ich hab so wenich!" in ihre Schüssel greift und Blaubeeren abgibt. Eva bedankt sich zweimal und streicht dabei Elisa über den Rücken. Mit einem „So!" und dem Zurechtrücken ihres Stuhls schließt Eva diese Episode ab.

3.1 Vom Futterneid zur Rücksichtnahme

Der Umgang der Kinder mit den Blaubeeren erscheint hier wie ein paradigmatisches Beispiel für den Egoismus des Essens. Jede Beere, die sich eine der Schwestern sichert, kann – zunächst – niemand anderer mehr essen. Die prompte Fokussierung beider auf die besondere Speise hat indes nichts mit Hunger zu tun. Die Blaubeeren sind ein ‚Luxusgut‘, das gegenüber dem gewöhnlichen Müsli heraus sticht. Die kleine Schwester befürchtet, übervorteilt zu werden und nicht genügend Blaubeeren zu bekommen; diese Befürchtung und ihr Bestreben, an die Blaubeeren heranzukommen, bringt sie während der gesamten Sequenz zum *Ausdruck* – meist mit Bezug auf ihre Körpergröße. Mehrfach protestiert sie gegen die für sie ungünstige Position des Siebes („Hey, komm ich komm gar nicht …", „Ich kann gar nicht…"). Doch sie versucht auch körperlich, die Situation zu egalisieren, indem sie mehrfach zwischen Sitzen und Stehen auf dem Tritt ihres Stuhls wechselt. In Bezug auf das Geschwisterverhältnis lässt sich ihre geringere Größe als körperlich-symbolische Manifestation des Risikos beschreiben, das sich subjektiv für sie aus der strukturellen Überlagerung von Selbstbezug und Solidarität in der Mahlzeit ergibt. Ihre sprachlichen und körperlichen Reaktionen sind stark mimetisch geprägt (Lautstärke, Sprechgestik, Körperhaltung und -gesten). In der Interaktion der Schwestern stehen die Interferenzen ihrer individuellen Bedürfnisse im Mittelpunkt. Während Edith sich zunächst einfach an ihren Bedürfnissen orientiert, geht es für Elisa nicht nur darum, so viele Blaubeeren zu bekommen, wie sie möchte, sondern auch darum, gegenüber und durch Edith nicht benachteiligt zu werden. In dieser Lage ähnelt sie sich mimetisch dem Verhalten ihrer älteren Schwester an. Das wechselseitige Bedienen an den Beeren wird von Edith initiiert, von Elisa stets sogleich kontrolliert und im gleichen Umfang nachgemacht. So kommt es auch zur ‚Eskalation‘, in der Elisa in ihrem Streben nach Gleichwertigkeit alle restlichen Beeren nehmen muss. Lange bleiben die Verteilungsprozesse der beiden Mädchen ihrer Selbstregulation überlassen; sie stoßen an Grenzen, als die Bedürfnisse der Eltern ins Spiel kommen, auf die die Schwestern keine Rücksicht nehmen. In der Regulierung der Situation durch die Mutter greifen die symbolischen Ebenen des *Ausdrucks* und der *Darstellung* ineinander. Eva bringt die gegenüber ihr und Egon ausgebliebene Rücksichtnahme mit ihrer Aussage „Hallo, ich möchte vielleicht auch noch 'n paar und Papa" in die Aushandlung ein. Sie fordert die Mädchen implizit zur Perspektivenübernahme auf, indem sie ihnen die mangelnde Rücksichtnahme gegenüber ihren und den möglichen Bedürfnissen des Vaters spiegelt und mit ihrem ironischen Ausspruch bestärkt („Ihr seid ja seeehr nett!"). Gleichzeitig bringt sie ihren eigenen Anspruch und auch ihre Zufriedenheit nach seiner Erfüllung auch körperlich zum Ausdruck, indem sie den Kindern ihre Schüssel entgegen hält bzw. sich über eine körperliche Geste bedankt. Obwohl nun insgesamt in der Szene der in der Familie bestehende Anspruch auf gegenseitige Rücksichtnahme nicht explizit reklamiert wird, erscheint sie insgesamt doch als ein eindrückliches *Erlebnissymbol* eben dieses Anspruchs.

Die Szene zeigt auch eine spezifische Eigenverantwortlichkeit der Familienmitglieder bei der Mahlzeit. Die Gemeinschaft am Tisch ist hier eher locker organisiert. Alle sind neben dem Essen auch in eigene Beschäftigungen eingebunden, die nur gelegentlich die Anderen mit einbeziehen oder die Gemeinschaft betreffen (eine Ausnahme bildet hier das Milchaufwärmen der Mutter für alle). Diese Gemeinschaftsstrukturen fördern die Kinder in der selbsttätigen Artikulation und Versorgung ihrer Bedürfnisse, zudem werden ihnen entsprechende Handlungsspielräume gegeben. Die Kinder ihrerseits fordern im Verlauf ihres sich anbahnenden Konflikts keine Klärung der Eltern ein. Insgesamt wird die Familiengemeinschaft als Sphäre des Zusammentreffens und der Koordinierung individueller Aufmerksamkeitsrichtungen und Bedürfnisse sichtbar, in der jeder seinen Interessen nachgehen kann (z. B. sprechen die Eltern bei ihrer Unterhaltung jeweils über eigene Befindlichkeiten). Dieses spezifische Verhältnis individueller Perspektiven und ihrer gemeinschaftlichen Koordinierung gehört zu den *habits* der Familie, die den Verlauf und die Lösung des Konflikts um Blaubeeren möglich machen. Dabei spielen zwei Elemente der Situation eine wichtige Rolle. Zum einen bieten die Blaubeeren eine Reihe sinnlicher Qualitäten, die sie für Edith und Elisa attraktiv machen. Dabei scheint die Anziehungskraft der Beeren auch mit dem konkreten Gefühl von Menge in Verbindung zu stehen: Die runden, weichen Beeren Stück für Stück vorsichtig durch die eigenen Finger rinnen zu lassen, ermöglicht zugleich eine haptische Erfahrung und eine quantitative Einschätzung. In der Schüssel gibt ein farbiger Kontrast zwischen den dunklen Beeren und der weißen Milch mit dem hellen Müsli einen zusätzlichen optischen Reiz. Zu diesem Sinneseindruck durch Sehen und Fühlen kommt auch noch das Schmecken. Einzelne Beeren genießen die Mädchen bereits pur. Zum Zweiten ergeben sich strukturelle Handlungsprobleme, als sich die individuellen Bedürfnisse gegenseitig zu behindern drohen. Hier werden individuelle Handlungsweisen irritiert; diese Irritationen werden dadurch aufgelöst, dass die Familienmitglieder – angestoßen durch die Moderation der Mutter und entlang der familialen *habits* – die entstehende Problematik ansprechen, ihre Bedürfnisse anmelden und Rücksichtnahme einfordern. Die hohe Gewichtung der individuellen Verantwortung steht auch in Zusammenhang mit argumentativen Strategien in der Familie. Beide Mädchen rechtfertigen ihr Vorgehen und die damit durchgesetzten Ansprüche. Elisa orientiert sich an der geringeren Menge Beeren, was auch den Hinweis impliziert, dass die große Schwester mehr abgeben müsse. Edith unterscheidet die Qualitäten der Beeren, um die von ihr beanspruchte Menge zu rechtfertigen. Letzten Endes ergibt sich keine Aufteilung im Sinne formaler Gleichheit; vielmehr wird das Maß im Zusammenspiel der gegenseitigen Bedürfnisse geregelt, die durch die Familienmitglieder individuell artikuliert werden.

4 Schluss

Die Frühstücksszene bei Familie Engler macht deutlich, dass die Familien im Umgang mit kulturellen Gegenständen und Gehalten spezifische Handlungsformen entwickeln. Ohne dass dies hier im Detail zu rekonstruieren ist, spielen bei der gemeinsamen Mahlzeit eine ganze Reihe symbolisch gefasster kultureller Aspekte eine Rolle. So verdichten sich im Essen ebenso geschmackliche und ästhetische Dimensionen (das mit Blaubeeren verfeinerte Müsli spricht z. B. einen ganz anderen Geschmack an bzw. formt den Geschmack anders, als das bspw. Käsebrötchen machen) wie die Ernährung auch eine wesentliche Sphäre des Umgangs mit dem Körper ist (hier spielen Vorstellungen von Eigenschaften, Funktionen und Gebrauchsweisen des Körpers eine wichtige Rolle). Doch die Mahlzeit ist nicht nur eine zentrale Arena des Lebensstils, sie ist auch ein Raum und ein Medium, in dem und durch das sich soziale Umgangsweisen und Gemeinschaftsstrukturen ausprägen. Familie Engler zeigt sich in diesem Sinn als eine Handlungsgemeinschaft, in der u. a. spezifische *habits* fungieren, die sie als eine individualisierte Gemeinschaft strukturieren. Es lassen sich spezifische, argumentgestützte Aushandlungspraxen beobachten und es werden ironisch-implizite Sprechweisen gebraucht. Diese *habits* sind, wie die geschilderte Szene zeigt, als Handlungsressourcen aktivierbar und ermöglichen den Familienmitgliedern die Lösung von auftretenden Handlungsproblemen. Die bei Familie Engler beobachtbaren Sprechweisen und Argumentationsformen ebenso wie die spezifische Weise, sich als Individuum in der Gemeinschaft zu bewegen und dabei die eigenen Bedürfnisse zu artikulieren und sie mit denen der anderen abzustimmen, lassen sich auch als spezifische Bildungspotentiale des Familienmilieus beschreiben. In diesem Fall korrespondieren diese im Alltag wie institutionell Erfolg versprechenden Interaktionsmuster mit der soziokulturellen Lage der Familie, die diese zu stabilisieren und ihre Kontinuität auch intergenerationell zu wahren versucht. In wirtschaftlich abgesicherter Lage arbeiten beide Eltern in Teilzeit, um Zeit für die Familie zu haben; über beide sind ausgeprägte literarische und besonders über die Mutter musikalische Interessen präsent. Auch ihr beruflicher Hintergrund – sie ist Gymnasiallehrerin für Musik und Mathematik – stützt reflexiv-argumentative Sprechweisen in der Familie. In anderen Fällen – die hier nicht dargestellt werden können – zeigen sich auch Anregungsmuster, die auf konstruktive Versuche der Familien zurückgehen, ihre Lage zu verändern.

Die im Abschluss befindliche Auswertung aller Fälle hat zu dem übergreifenden Befund geführt, dass die Familien als Handlungsgemeinschaften reflexive Praxisformen entwickeln, die zur Entfaltung der spezifischen Bildungspotentiale in den Familien beitragen. Die spezifische familiale Ordnung entwickelt sich in je besonderen Praxisformen einer gemeinschaftlichen Bearbeitung der Binnendifferenzen und der sozialen und kulturellen Lage der Familie. Diese Praxisformen erfassen wir mit der Kategorie des *Familienstils*.[3] Zwar bestätigt sich auch im hier vorgestellten Forschungsprojekt, dass familiale Bildungspraxen, wie von Büchner und Brake (2006) beschrieben, sozial mitbedingt sind, insofern signifikante Korrelationen zur jeweiligen gesellschaftlichen Lage der Familien auftreten. Es zeigt sich aber auch, dass die Familien über relative Spielräume der konkreten Bearbeitung ihrer Lage verfügen bzw. sich diese Spielräume schaffen. In dieser konstruktiven und moderierenden Aktivität bilden die Familien einen Stil des Umgangs der Familienmitglieder miteinander und mit den inneren und äußeren Anforderungen ihrer Lage aus. Die Entscheidung, diese Kategorisierung im Begriff des Stils zu bündeln, bezieht sich auf die übergreifende Kohärenz der damit beschriebenen familialen Praxisformen, im Rahmen derer einzelne Handlungen und Interaktionen durchaus eine gewisse Variabilität aufzeigen.

So werden auch Differenzierungen gegenüber einer strikt habitustheoretischen Auffassung markiert. Wenn Bourdieu mit Bezug auf die Persistenz gesellschaftlicher Strukturierungen argumentiert, dass „die Praxis den Rekurs auf sich selbst (d. h. auf die Vergangenheit) aus[schließt]" (Bourdieu 1987: 167), vernachlässigt er hinsichtlich der Ebene individuellen Handelns einige strukturelle Momente, die ein schlichtes Reproduktionsverhältnis zwischen dem Habitus als Dispositionsgefüge und seiner Performanz in Handlungen überschreiten. Soziale Praktiken bringen

> „(…) habituell abgespeicherte, eingekörperte Selbst- und Weltverhältnisse zur Aufführung. Diese tiefenstrukturellen Dispositionen werden jedoch in und durch ihre Aufführung selbst zur Disposition gestellt. In ihrer Performanz und gestützt auf die körperlich-reflexiven Potentiale solcher Aufführungen werden habituelle Prägungen zum Gegenstand praktischer Prüfung; sie werden modelliert und verändert." (Schmidt 2004: 68).

---

3   Mit zwei weiteren Kategorien, dem *Erziehungsgestus* und der *Bildungskonfiguration,* rekonstruieren wir die familiale Ordnung und ihre gemeinschaftliche Gestaltung in Bezug auf die generativen Prinzipien pädagogischer Handlungs- und Interaktionsformen sowie auf die Zusammenhänge des familialen Binnenmilieus mit dem gesellschaftlichen Kontext. Alle drei Kategorien sind auf unterschiedliche Dimensionen der intersubjektiven Entfaltung von Bildungs- und Erziehungsprozessen gerichtet.

Die reflexiven Potentiale von Praktiken beruhen – mit spezifischem Bezug auf die Familie als Akteurskonstellation – auf (mindestens) zwei weiteren Aspekten. Zum einen ist die Familie nicht das „Kollektivsubjekt" (Bourdieu 1998: 132), als das sie bei Bourdieu aufgefasst wird, sondern konstituiert sich und ihr gemeinschaftliches Zusammenleben im Rahmen einer grundlegenden Differenzstruktur und deren Bearbeitung. Hier ist an die differentielle Gliederung der Familie als Erfahrungsraum zu erinnern, auf die im Zusammenhang mit Karl Mannheim schon Bezug genommen wurde. Zum Zweiten spielt die ebenfalls schon angesprochene Reflexivität des Lernens durch Erfahrung (Dewey) eine wichtige Rolle. Auch wenn Praxen stets mehr umfassen als für die in ihrem Vollzug Lernenden thematisch wird, eröffnen sich hier relative Spielräume, die sich nicht nur auf die Realisierung bereits erworbener habitueller Dispositionen beziehen, sondern bereits in deren Aneignung angelegt sind. Die Kategorie des Familienstils nimmt damit insgesamt die soziale und kulturelle Bedingtheit des familialen Alltags auf, zugleich hält sie den Blick dafür offen, dass die spezifische Art, wie Familien als Handlungsgemeinschaften ihren Alltag und ihre Lage bearbeiten, konstruktive Dimensionen aufweist und ermöglicht so eine pädagogische Perspektive auf die reflexive Gestaltung der familialen Ordnung durch die Familien.

Literaturverzeichnis

Audehm, Kathrin (2007): Erziehung bei Tisch. Bielefeld: Transcript

Barlösius, Eva (2011): Soziologie des Essens. Eine sozial- und kulturwissenschaftliche Einführung in die Ernährungsforschung. Weinheim/München: Juventa

Bohnsack, Ralf (2009): Qualitative Bild- und Videointerpretation. Die dokumentarische Methode. Opladen und Farmington Hills: Verlag Barbara Budrich

Bourdieu, Pierre (1987): Sozialer Sinn. Kritik der theoretischen Vernunft. Frankfurt a. M.: Suhrkamp

Bourdieu, Pierre (1998). Praktische Vernunft. Zur Theorie des Handelns. Frankfurt a. M.: Suhrkamp

Büchner, Peter/Brake, Anna (Hrsg.) (2006): Bildungsort Familie. Transmission von Bildung und Kultur im Alltag von Mehrgenerationenfamilien. Wiesbaden: VS Verlag für Sozialwissenschaften

Burkart, Günter (Hrsg.) (2009): Zukunft der Familie. Prognosen und Szenarien. Zeitschrift für Familienforschung, Sonderheft. Opladen und Farmington Hills: Barbara Budrich

Cassirer, Ernst (1956): Der Begriff der symbolischen Form im Aufbau der Geisteswissenschaften [1921/22]. In: Cassirer (1956): 169–200

Cassirer, Ernst (1956): Wesen und Wirkung des Symbolbegriffs. Darmstadt: Wissenschaftliche Buchgesellschaft

Cassirer, Ernst (1982): Phänomenologie der Erkenntnis. (= Philosophie der symboli-
schen Formen, Bd. 3). Darmstadt: Wissenschaftliche Buchgesellschaft
Cassirer, Ernst (1996): Versuch über den Menschen. Einführung in eine Philosophie
der Kultur. Übers. von Reinhard Kaiser. Hamburg: Meiner
Cassirer, Ernst (2010): Philosophie der symbolischen Formen. Bd. 1–3. Hamburg: Mei-
ner
Claessens, Dieter (1979): Familie und Wertsystem. Eine Studie zur ‚zweiten, soziokul-
turellen Geburt' des Menschen und zur Belastbarkeit der Kernfamilie. 4. Aufl.
Berlin: Duncker & Humblot
Dewey, John (1966): Democracy and Education. An Introduction to the Philosophy of
Education. New York: Free Press
Dewey, John (1981): The later works, 1925–1953. Bd. 5: Experience and Nature. Hrsg.
von Jo Ann Boydston. Carbondale und Edwardsville: Southern Illinois Univer-
sity Press
Dewey, John (1984): The later works, 1925–1953. Bd. 3: 1927–1928: Essays, reviews, mis-
cellany and ‚Impressions of Soviet Russia'. Hrsg. von Jo Ann Boydston. Carbon-
dale und Edwardsville: Southern Illinois University Press
Dewey, John (1989): The later works, 1925–1953. Bd. 10: Art as Experience. Hrsg. von
Jo Ann Boydston. Carbondale und Edwardsville: Southern Illinois University Press
Dewey, John (2000): Demokratie und Erziehung. Eine Einleitung in die philosophische Pädagogik. Aus dem Amerikanischen von Erich Hylla. Hrsg. und mit
einem Nachwort versehen von Jürgen Oelkers. Weinheim/Basel: Beltz
Dewey, John (2006): Erfahrung und Natur. Frankfurt a. M.: Suhrkamp
Engler, Steffani/Krais, Beate (Hrsg.) (2004): Das kulturelle Kapital und die Macht der
Klassenstrukturen. Sozialstrukturelle Verschiebungen und Wandlungsprozesse
des Habitus. Weinheim/München: Juventa
Geertz, Clifford (1983): Dichte Beschreibung. Beiträge zum Verstehen kultureller Sys-
teme. Frankfurt a. M.: Suhrkamp
Jurczyk, Karin/Keddi, Barbara/Lange, Andreas/Zerle, Claudia (2009): Zur Herstellung
von Familie: Wie sich die Alltagspraxis von Vätern, Müttern und Kindern erfor-
schen lässt. Ein Werkstattbericht. In: DJI-Bulletin, 88 (4). I–VIII
Kränzl-Nagl, Renate/Beham, Martina (2011): Die Bedeutung der Familie für den
Schulerfolg: Österreichische und internationale Befunde. In: Lange/Xyländer
(2011): 208–235
Lange, Andreas/Xyländer, Margret (Hrsg.) (2011): Bildungswelt Familie. Theoretische
Rahmung, empirische Befunde und disziplinäre Perspektiven. Weinheim/Mün-
chen: Juventa
Lichtblau, Klaus (Hrsg.) (2009): Soziologische Ästhetik. Wiesbaden: VS Verlag für So-
zialwissenschaften
Lettke, Frank/Lange, Andreas (Hrsg.) (2007): Generationen und Familien. Analysen –
Konzepte – gesellschaftliche Spannungsfelder. Frankfurt a. M.: Suhrkamp
Mannheim, Karl (1980): Strukturen des Denkens. Frankfurt a. M.: Suhrkamp
Mannheim, Karl ([1928] 1970): Das Problem der Generationen. In: Mannheim (1970):
509–565

Mannheim, Karl (1970): Wissenssoziologie. Neuwied/Berlin: Luchterhand

Morgenthaler, Christoph/Hauri, Roland (2010): Familienrituale – theoretische Eck-
punkte. In: Morgenthaler/Hauri (2010): 37–48

Morgenthaler, Christoph/Hauri, Roland (Hrsg.) (2010): Rituale im Familienleben. Inhalte, Formen und Funktionen im Verhältnis der Generationen. Weinheim und
München: Juventa

Müller, Hans-Rüdiger (2007): Differenz und Differenzbearbeitung in familialen Erziehungsmilieus. Eine pädagogische Problemskizze. In: Zeitschrift für Soziologie
der Erziehung und Sozialisation. 27 Jg., H. 2. 143–159

Müller, Hans-Rüdiger/Krinninger, Dominik (2012): Theorie Gestalten – Auf dem Weg
zu einer empirisch gestützten Bildungstheorie. In: Engel, Nicolas/Göhlich,
Michael/Miethe, Ingrid/Reh, Sabine/Tervooren, Anja (Hrsg.) (2012): Ethnogra-
phie und Differenz in pädagogischen Feldern. Internationale Entwicklungen
erziehungswissenschaftlicher Forschung (in Vorbereitung)

Rudolph, Enno/Küppers,Bernd-Olaf (Hrsg.) (1995): Kulturkritik nach Ernst Cassirer.
Hamburg: Meiner

Schier, Michaela/Jurczyk, Karin (2007): „Familie als Herstellungsleistung" in Zeiten
der Entgrenzung. In: Aus Politik und Zeitgeschichte 34. 10–17

Schmidt, Robert (2004): Habitus und Performanz. Empirische Fragen an Bourdieus
Konzept der Körperlichkeit des Habitus. In: Engler/Krais (2004): 55–70

Schneider, Norbert F./Ruppenthal, Silvia/Lück, Detlev (2009): Profession, mobility, family. In: Burkart (2009): 111–135

Simmel, Georg (1910): Soziologie der Mahlzeit. In: Lichtblau (2009): 155–162

Turk, Horst (1995): Prise de position oder habit-taking? Zum Kulturbegriff Ernst
Cassirers im Gegenlicht praxeologischer Debatten. In: Rudolph/Küppers (1995):
13–36

Weinert-Portmann, Susanne (2009): Familie – ein Symbol der Kultur. Perspektiven so-
zialpädagogischer Arbeit mit Familien. Wiesbaden: VS Verlag für Sozialwissenschaften

Wulf, Christoph/Suzuki, Shoko/Zirfas, Jörg/Kellermann, Ingrid/Inoue, Yoshitaka/Ono,
Fumio/Takenka, Nanae (2011): Das Glück der Familie. Ethnographische Studien in Deutschland und Japan. Wiesbaden: VS Verlag für Sozialwissenschaften

Familientraditionen:
Historische und aktuelle Fallstudien

Autobiographie als Familientradition: Die Augsburger Familie von Stetten

Barbara Rajkay

1 Einleitung

Mikrohistorisch geht es bei Familientraditionen um die Entstehung, Ausgestaltung und Weitergabe von Ritualen, Themen, Aufträgen und Werten. Dies soll im Folgenden beispielhaft an der autobiographischen Tradition der Augsburger Patrizierfamilie von Stetten anschaulich gemacht werden. Im Mittelpunkt stehen dabei drei Männer: Paul von Stetten der Ältere (1705–1786), zuletzt Geheimer Rat und Historiker, Paul von Stetten der Jüngere (1731–1808), am Ende seiner Ämterlaufbahn evangelischer Stadtpfleger und Historiker sowie Christoph David von Stetten (1774–1845), Privatier und Rittergutsbesitzer. Alle drei, Großvater, Vater und Enkel haben jeweils sehr ausführliche Beschreibungen ihres Lebens hinterlassen.[1]

Autobiographien zählen zu den Selbstzeugnissen und ihr großer Wert als Individualquelle rückte in der historischen Wissenschaft in den letzten Jahren wieder verstärkt in den Blickpunkt (Schulze 1996; Schmid 2006). Für die Lebensbeschreibungen der Stetten interessierte sich bisher vor allem die stadtgeschichtliche Forschung. Die größte Aufmerksamkeit erfuhr dabei die ausführliche Selbstbio-

---

1 Die Originale befinden sich im Hausarchiv der Familie in Aystetten bei Augsburg. Es existiert ein gedrucktes Archivverzeichnis von Albert Haemmerle, 1937 ediert. Die Selbstbiographie Pauls von Stetten des Älteren findet sich unter der Signatur Nr. 150: Lebensbeschreibung Herrn Paulus von Stetten von ihm selbst beschrieben, mit Zusätzen vermehrt von Paul von Stetten dem Jüngeren 1786, als Abschrift in der Staats- und Stadtbibliothek Augsburg unter der Signatur 2° Cod. Aug. 480. Die Autobiographie seines Sohnes Paul von Stetten der Jüngere findet sich unter den Signaturen 114 und 115. Die Aufzeichnungen der Jahre 1793–1803 sind leider verloren gegangen. Die Aufzeichnungen des Enkels Christoph David mit dem Titel: Aus dem Leben Christoph David von Stettens – Selbstbiographische Skizze tragen die Signatur 42.

graphie des Stadtpflegers (vergleichbar mit der heutigen Position eines Ober-
bürgermeisters), der vor allem den politischen Alltag am Ende der reichsstädtischen Zeit detailliert schilderte. Sie lieferte die Basis für zwei Biographien (Krauss
1809; Merath 1961) und wurde jüngst auch teilweise ediert (Gier 2009). Trotz seines grundlegenden stadtgeschichtlichen Werks und seiner bedeutenden Rolle als
Augsburger Politiker fand die Biographie von Paul von Stetten dem Älteren sehr
viel weniger Beachtung (Herre 1954). Dies gilt auch für die Aufzeichnungen seines
Enkels Christoph David, die nur von Wolfgang Zorn und Peter Fassl für ihre regionalgeschichtlichen Studien verwendet wurden (Fassl 1988; Zorn 1995).

Als Ganzes betrachtet haben die drei Autobiographien deutlich mehr zu bieten
als eine Vielzahl relevanter Details für die lokale historische Forschung. Sie bilden die Bausteine einer kontinuierlichen Familiengeschichtsschreibung, die einen
Zeitraum von über hundert Jahren abdeckt. Die Autoren geben vielfältige Einblicke in ihre Kindheit und Jugend sowie ihre beruflichen und sozialen Aufgaben
und Kontakte. Ideale Voraussetzungen also für eine Fallstudie der bildungshistorischen Familienbiographie. Hier werden fast alle Kriterien erfüllt, die Carola
Groppe in Anlehnung an den Mediävisten Percy Ernst Schramm als Bedingungen
anführt: Kontinuität bei Wohnort und Schichtzugehörigkeit sowie eine gleichblei-
bend gute Quellenlage über den gesamten Untersuchungszeitraum, ferner eine
überschaubare Anzahl an Akteuren und die Verknüpfung mit historischen Prozessen und Ereignissen (vgl. Groppe 2009: 100 f.). Zwei der drei Vertreter, die
beiden gleichnamigen Paul von Stetten, können als „überdurchschnittliche Persönlichkeiten" (Schramm 1963: 5) eingestuft werden. Sie waren weit über die Region hinaus bekannte Schriftsteller und Politiker und durch viele persönliche und
schriftliche Kontakte in das Gelehrtennetzwerk ihrer Zeit eingebunden (vgl. Gier
2009: 33 f.).

Im Rahmen des von Carola Groppe ausgearbeiteten Modells einer „bildungshistorischen Familienbiographie" geht es zum einen um die sogenannte „Bin-
nenperspektive" – gemeint sind damit u. a. Aspekte wie der Lebenslauf und die
Identitätsentwicklung der Protagonisten. Zum anderen sind die „Kontexte" in
die Analyse einzubeziehen. Hier hat Groppe vier Kategorien herausgearbeitet
(Groppe 2009: 103): Die „Lebenswelt" als Makroebene, im vorliegenden Fall die
ständisch strukturierte Gesellschaft im politisch kleinstteilig parzellierten Süden
des Alten Reichs. Die „Lebensform" als Mesoebene (Groppe 2009: 103 f.), konkret
das Patriziat in der Reichsstadt Augsburg mit seiner verfassungsrechtlichen Vor-
rangstellung und seinem exklusiven gesellschaftlichen Versammlungsraum, der
Herrenstube. Bleiben noch die „Lebensmuster" (Groppe 2009: 104 f.), worunter
Groppe vor allem Formen der Sinnsetzung versteht. Sie können dank der drei
Autobiographien für alle drei Protagonisten herausgearbeitet werden. Bleibt noch
als letzte Kategorie die „Generation" (Groppe 2009: 105 f.) im Sinne Karl Mann-

heims ganz allgemein jene Alterskohorten, deren Vertreter einen gemeinsamen Erfahrungsschatz teilen. Aus der Mikroperspektive der Familie beschreibt der Generationenbegriff die Ebenen der Großeltern, Eltern und Kinder. Beide Varianten, die „horizontal-synchrone" Mannheims wie die „vertikal-diachrone" der Familie (Häberlein/Kuhn 2011: 17) sollten in der bildungshistorischen Familienforschung berücksichtigt werden. Im Gegensatz zur Literaturwissenschaft hat die historische Forschung für das 18. Jahrhundert bisher keine Generationen definiert, sieht man von Wolfgang Burgdorf und seiner weit gefassten „Generation 1806" ab, zu der er alle Geburtsjahrgänge zwischen 1731 und 1776 rechnet (vgl. Burgdorf 2006: 12). Die untersuchten Vertreter der Stettenfamilie hatten das Glück, ihren Vater jeweils erst im Erwachsenenalter zu verlieren, Christoph David, der Vertreter der Enkelgeneration erlebte auch seinen Großvater die ersten 12 Jahre. Im Rahmen dieses Aufsatzes mit der gezielten Frage nach den Familientraditionen lässt sich allerdings nur ein kleiner Teil der skizzierten Zusammenhänge aufzeigen.

2   Die Geschichte der Familie

Die Familie von Stetten kam ursprünglich aus Frankfurt und lässt sich seit 1445 in Augsburg nachweisen. Sie betätigte sich in Geld- und Handelsgeschäften und erwarb innerhalb weniger Generationen in der wirtschaftlichen Boomzeit des späten 15. und frühen 16. Jahrhunderts einen Spitzenplatz in der städtischen Gesellschaft. Zeitgleich mit den Fuggern wurde sie 1538 in die so genannte Herrenstube aufgenommen. Dieser exklusive Zusammenschluss des Stadtadels unterhielt ein repräsentatives Haus direkt gegenüber vom Rathaus. Dort pflegten die Mitglieder, abgeschottet von den übrigen Ständen, ihre sozialen Beziehungen. Die Stetten wandten sich schon sehr früh der Reformation zu und im Gegensatz zu einigen anderen Familien des Augsburger Patriziats blieben sie während der gesamten Frühen Neuzeit der evangelischen Konfession treu. Trotz der enormen militärischen und wirtschaftlichen Belastungen, die der Dreißigjährige Krieg für die Stadt mit sich brachte, konnten die Stetten ihr Vermögen bewahren und in der Folgezeit noch vermehren (vgl. Mayr 1931: 94 ff.). Zwischen 1633 und 1806 stellte die Familie in der Reichsstadt Augsburg insgesamt fünfmal den evangelischen Stadtpfleger. Obwohl sich die einzelnen Familienzweige in den ersten Dekaden des 18. Jahrhunderts nach und nach aus dem aktiven Handel zurückzogen und sich ihre Nachkommen ganz der reichsstädtischen Politik widmeten, schmälerte dies die solide wirtschaftliche Lage der Stetten kaum. Denn bei der Auswahl der Ehepartner achtete man in jeder Generation auf eine ausgewogene Mischung von Vertretern der alteingesessenen Patriziatsfamilien und den Söhnen und Töchtern der aufstrebenden Kaufmannsfamilien. In Augsburg bestand auch für Patrizier

die Möglichkeit, als Kaufmann im Groß- und Fernhandel den Lebensunterhalt zu
verdienen, die Ordnung der Herrenstube bestätigte ausdrücklich dieses Recht (vgl.
Kießling 2011: 27). Nach der Eingliederung in das Königreich Bayern 1806 behielt
die Familie von Stetten zwar ihren umfangreichen Immobilienbesitz in der Stadt,
nahm aber am politischen Leben kaum noch aktiv teil (vgl. von Trauchburg 2001:
77 ff., 156 ff., 165 ff.). Stattdessen betätigten sie sich in der Herrschaftsverwaltung
als Inhaber von Patrimonialgerichten, so besaß z. B. Christoph David von Stetten
die schwäbischen Dörfer Hammel und Wollmetshofen mit Schloss Elmischwang
(vgl. Zorn 1994: 173; Metzger 2005: 94 ff., 118 ff.).

3   Die Entstehung der autobiographischen Tradition

Die mittelalterliche Stadtgemeinschaft verstand sich nicht nur als Bürgerverband,
sondern auch als Erinnerungsgemeinschaft (vgl. Studt 2007: IV). Heute gehen die
Historiker davon aus, dass die städtische Identität nicht allein durch die Stadtchro-
niken gestiftet wurde. Vielmehr kam den privaten Aufzeichnungen der lokalen
Oberschichten ebenfalls eine wichtige Rolle zu. Vor allem im süddeutschen Raum
legten einflussreiche Geschlechter Haus- und Familienbücher an, die, versehen
mit Wappen und Stammbäumen, ihren alten oder neu erworbenen Platz in der
städtischen Gesellschaft beschrieben und visualisierten. Die Bücher waren immer
auf Fortsetzung hin konzipiert wie die leeren Wappenkartuschen und freien Seiten belegen (vgl. Häberlein 2011). Zu den bedeutendsten Exemplaren zählt das Ehrenbuch der Fugger, das zwischen 1545 und 1549 entstand. Der Augsburger Rats-
schreiber Clemens Jäger hatte den Auftrag von Johann Jakob Fugger erhalten, von
ihm stammen Konzeption und Niederschrift, während die überaus prächtigen Il-
lustrationen vom Augsburger Maler Jörg Breu dem Jüngeren und seiner Werk-
statt ausgeführt wurden (vgl. Rohmann 2004). Clemens Jäger schuf noch für eine
ganze Reihe anderer Augsburger Familien Ehrenbücher, darunter für die Herwart.
Sie wiederum waren geschäftlich und verwandtschaftlich eng mit den Stetten verbunden. Christoph von Stetten (1506–1556), der Urenkel des von Frankfurt nach
Augsburg zugewanderten Hans von Stetten, begann im Alter von 42 Jahren selbst
mit der Anlage eines Ehrenbuchs (vgl. Rohmann 2001: 238 ff.). Unmittelbarer Anlass dürfte die Nobilitierung im Januar 1548 durch Kaiser Karl V. gewesen sein.
Der „Fundator", wie er sich selbst im Ehrenbuch bezeichnet, übernahm vom Ehrenbuch der Herwart das von Clemens Jäger konzipierte Schema und die Einleitung in leicht veränderter und verkürzter Form.[2] Über die Motivation seines Pro-

---

2   Auf Grund des hohen Informationsgehalts des Ehrenbuchs plante der Münchner Wirt-
     schaftshistoriker Jakob Strieder (1877–1936) bereits eine Edition, aber erst Albert Haem-

jekts heißt es: „Daß meine Erben und Nachkommen die Liebe, so ich zu dem von Stettenischen Namen getragen, erkennen" (zit. n. Haemmerle 1955: 24).

Der Bearbeitungszeitraum dieses Buches gliedert sich in zwei Abschnitte: Die Jahre 1548 bis 1555 (geschrieben vom Gründer selbst) und ein kurzer Eintrag um 1557 von dessen gleichnamigem Sohn. In dieser Generation erfolgte auch im Jahr 1583 die kostbare Bindung des Buches. Der zweite Abschnitt wurde erst hundert Jahre später durch den Enkel des Gründers, den Stadtpfleger David von Stetten, in den Jahren 1655/56 ergänzt.

Die aufwendige Gestaltung des älteren Teils, die regelmäßige Schrift und die kunstvoll gemalten Wappen, die dem Umfeld des jüngeren Jörg Breu zugewiesen werden, findet im zweiten Teil keine adäquate Fortsetzung (vgl. Haemmerle 1955: 5 ff.).

Den interessantesten Abschnitt dieses Familienbuchs bildet die Selbstbiographie des „Fundators", der sehr detailreich und ausführlich seine Ausbildungsjahre zum Kaufmann in Venedig und Antwerpen schildert. Mit der Rückkehr von einer Geschäftsreise nach Lissabon um 1530/31 und dem Beginn seiner Karriere als selbständigem Kaufmann endet seine Aufzeichnung leider abrupt. Hinweise in anderen Abschnitten des Ehrenbuches belegen, dass eine Fortsetzung geplant war (vgl. Rajkay 2011b: 202 f.).

4   Ausgestaltung und Weitergabe

Die mehrere Generationen überspannende Beschäftigung mit dem Familienbuch und die daraus erwachsene Tradition autobiographischer Aufzeichnungen hatte im Falle der Stetten sicher ein ganzes Bündel von Gründen. Wie viele andere Autoren im 16. Jahrhundert beschwor auch Christoph von Stetten die Nachkommen, sein begonnenes Ehrenbuch als „lanckwirigen Schatz" zu verstehen und als „ain Spiegel vnd Exempel aller guten Tugendten" zu nutzen (zit. n. Haemmerle 1955: 24). Damit offenbart der Gründer des Ehrenbuchs bereits im langen Vorwort seine didaktischen Absichten. Er teilte dieses pädagogische Anliegen mit vielen Autobiographen seiner Epoche. Zu den guten Tugenden zählten die Verfasser neben Gottvertrauen in der Regel Werte wie „Fleiß, Geduld, Selbstvertrauen, Bescheidenheit, Redlich- und Sittlichkeit" (Völker-Rasor 2002: 110).

Nach Mark Häberlein liegt eine weitere wichtige Funktion der Familienbücher darin, „das kollektive Gedächtnis räumlich verstreut lebender Familienverbände zu bewahren" (Häberlein 2011: 51). Die große geographische Mobilität der Kauf-

---

merle fertigte eine kommentierte Transkription an, die 1955 als Privatdruck in der Reihe der Stettenjahrbücher erschien (vgl. Rajkay 2011b: 202 f.).

leute endete ja nicht mit der Ausbildungsphase. Der gleichnamige Enkel Christophs von Stetten (1560–1628) zog 1596 nach Frankfurt, wo er als Mitglied der Gesellschaft Alten-Limpurg ebenfalls dem Patriziat angehörte. Er begründete die Frankfurter Stetten-Linie, die erst 1734 erlosch. Sein Onkel Paulus verstarb 1579 ledig in Venedig, ein weiterer Onkel namens Lukas erkrankte und starb schon während der Ausbildungszeit in Lyon.[3] Die entsprechenden Einträge im Familienbuch halfen sowohl die in der Fremde Bestatteten auf Dauer in Erinnerung zu bewahren als auch den Frankfurter Zweig in den Gesamtverband zu integrieren.

Unter den Besitzern der Augsburger Ehrenbücher finden sich auffallend viele evangelische Familien. Die Gründe dafür sind in der lokalen Religionsgeschichte zu suchen. Zum einen bot sich die Stadt, die zwischen 1537 und 1547 rein protestantisch und anschließend bikonfessionll ausgerichtet war, zahlreichen Glaubensflüchtlingen aus den Habsburgischen Gebieten als neue Heimat an. Gerade die finanziell und sozial erfolgreichen Migranten investierten sehr viel Zeit und Geld, um die jeweilige Geschichte ihrer Familie penibel zu dokumentieren (vgl. Haeberlein 2011: 55). Zum anderen sahen sich alteingesessene Familien wie die Stetten, die als entschiedene Vertreter des evangelischen Glaubens agierten, nach der radikalen Änderung der städtischen Verfassung durch Kaiser Karl V. 1548 in der Defensive.[4] Denn fortan standen an der Spitze des reichsstädtischen Regiments zwei Katholiken, erst 1584 erlaubte ein Zusatz im Stadtrecht die Möglichkeit einen protestantischen Stadtpfleger zu wählen (vgl. Sieh-Burens 1986: 36). Die konfessionelle Identität war schon in der Gründergeneration des Ehrenbuchs Teil der Familienidentität und blieb es mindestens bis weit ins 19. Jahrhundert. Bei den Protestanten der Augsburger Oberschicht hatte sich bereits um die Wende zum 17. Jahrhundert die Leichenpredigt als Standard bei den Begräbnissen etabliert. Wer die Darstellung seiner Vita nicht anderen überlassen wollte, hinterließ ein eigenhändiges Verzeichnis seines Lebens (vgl. von Krusenstjern 1999: 141). Auch viele männliche Vertreter der Stetten fertigten entsprechende Zusammenstellungen an. Von den weiblichen Familienangehörigen ist dies nur in einem Fall überliefert.[5]

Auf der graphischen Übersicht wurden, gekürzt auf die für dieses Thema relevanten Vertreter, alle Nachfahren doppelt umrahmt, die sich aktiv mit dem Ehrenbuch befasst haben. In der Generation der Urenkel und Ururenkel scheint das

---

3   Staats- und Stadtbibliothek Augsburg, Neues Ehrenbuch oder Geschichte des adel. Geschlechtes Der Von Stetten in des hl. Röm. Reichs Städten Augsburg und Frankfurth am Mayn (2°Cod S 103), Fol. 42–48.

4   Bereits der Vater Christoph von Stettens, Michael (1449–1525), wurde 1525 nach evangelischem Brauch ohne Messe bestattet.

5   Hausarchiv Aystetten, Nr. 71: Selbstbiographie der Anna Katharina von Stetten, geborene Adam (1648–1722).

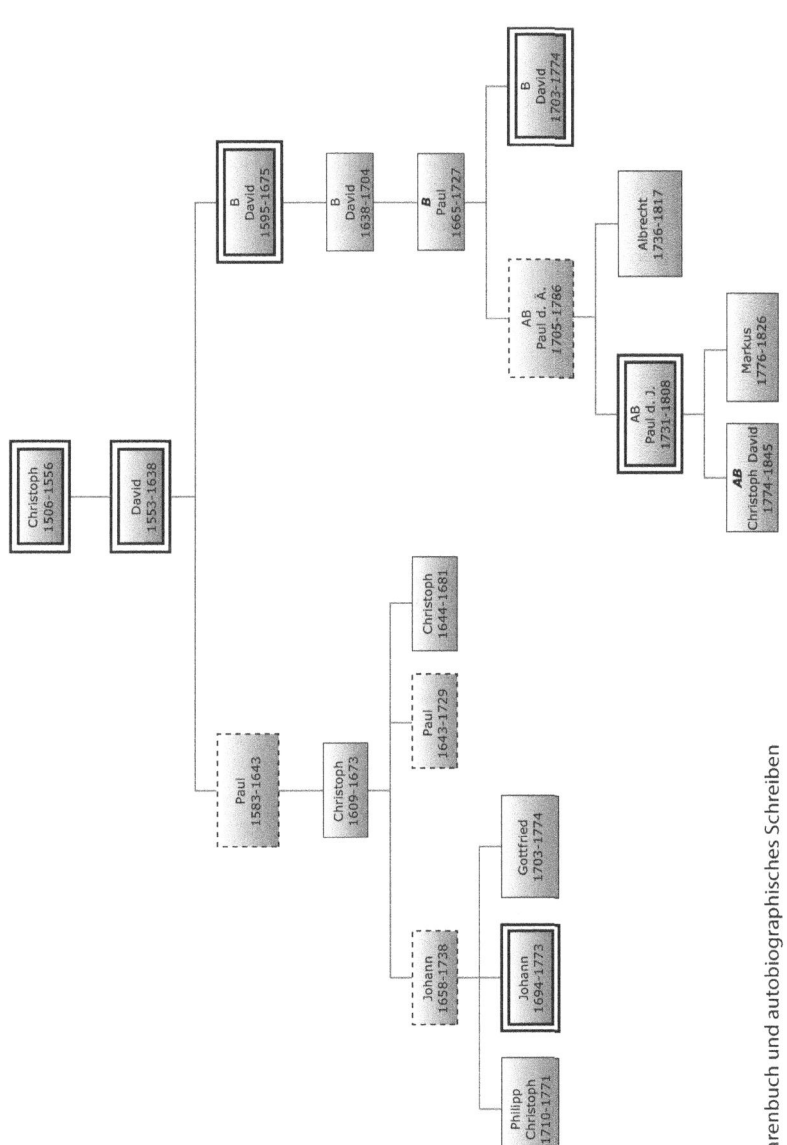

Ehrenbuch und autobiographisches Schreiben
(= Autoren des Ehrenbuches, - - - Bearbeiter des Ehrenbuches)

Interesse erloschen zu sein. Sämtliche mit B gekennzeichneten Nachfahren hinterließen aber kleine Biographien im Umfang weniger Seiten. Erst im 18. Jahrhundert lässt sich wieder eine intensivere Beschäftigung mit den alten Aufzeichnungen belegen. Johannes von Stetten (1694–1773) kopierte den älteren Teil des Ehrenbuchs, der spätere Stadtpfleger David von Stetten (1703–1774) fertigte daraus eine Zusammenfassung mit den wichtigsten biographischen Daten an (vgl. Haemmerle 1955: 9). In diese Generation fällt auch die Gründung eines gemeinsamen Familienarchivs im Jahre 1740. Darin verpflichteten sich die fünf männlichen Vertreter des Geschlechts wie auch ihre Nachkommen darauf, sämtliche das Geschlecht der Stetten betreffende Dokumente gemeinsam in einem „Kasten" aufzubewahren. Kasten ist im Süddeutschen der Ausdruck für Schrank und aus den Quellenverweisen ergibt sich im Rückschluss, dass es sich dabei um einen Schrank mit sehr vielen Schubladen gehandelt haben muss. In der Gründungsurkunde des Hausarchivs wurde festgelegt, dass besagter Schrank jeweils beim Senior der Familie zu stehen habe und die eingelieferten Dokumente laufend in einem Register verzeichnet werden sollten. Außerdem wurde das neu geschaffene Archiv an den Standort Augsburg gebunden (vgl. Rajkay 2011a: 67).

Vielleicht animierte der Gründer des Ehrenbuchs mit seiner sehr ausführlichen Beschreibung der ausbildungsbedingten Auslandsaufenthalte viele seiner Nachfahren dazu, ebenfalls Reiseberichte und Reisetagebücher zu verfassen. So dokumentierte z. B. sein Urenkel David (1638–1704) 1659 eine Reise in die Niederlande und der Ururenkel Paul (1643–1729) eine Italienreise, die er 1666 angetreten hatte.[6] Alle drei Verfasser der Autobiographien des 18. bzw. 19. Jahrhunderts erstellten ebenfalls eigenständige Reiseberichte. Überliefert ist von Paul von Stetten dem Älteren ein Reisediarium: „Meinen Aufenthalt in Wien vom 16. Aug 1762 biß 11. Juni 1763 betreffend". Über diese lange Dienstreise im Auftrag der Stadt Augsburg an den Wiener Hof führte er ausführlich Buch, wobei sich Berichte über Treffen mit den für die Reichsstadt zuständigen Beamten und Auflistungen seiner privaten Unternehmungen durchgehend mischen.[7] Nach den Aussagen seines Sohnes, Paul von Stetten des Jüngeren, soll er zudem ein großer Liebhaber und Sammler von Reisebeschreibungen gewesen sein.[8] Letzterer wiederum dokumentierte eine zweimonatige Reise nach Sachsen im Frühjahr 1784, um den alten Onkel seiner Frau, den Geheimen Sächsischen Kammerrat Markus von Schnurbein (1701–1791) zu besuchen. Leider sind diese Aufzeichnungen nicht erhalten geblie-

---

6   Hausarchiv Aystetten, Nr. 73 und Nr. 13.
7   Das Diarium befindet sich in der Staats- und Stadtbibliothek Augsburg in einer Sammlung von Dokumenten mit dem Titel „Differenzen der Stadt Augsburg mit Bayern und dem St. Ulrichskloster" (2° S 195).
8   Im Neuen Ehrenbuch machte Paul von Stetten der Jüngere bei den Ergänzungen zur Autobiographie des Vaters diesen Hinweis (S. 15).

ben, in seiner Selbstbiographie kommt Paul von Stetten der Jüngere aber darauf zu sprechen: „Uber diese Reiße und alles was wir gesehen, kennen gelernet und erfahren, habe ich ein eigenes Tagebuch gehalten, worauf ich mich will bezogen haben" (zit. n. Gier 2009: 149). Bei privaten Reisen wollte Paul von Stetten der Jüngere auf die Gesellschaft seiner Frau und der Kinder offenbar nicht verzichten. Sowohl beim Aufenthalt in Sachsen als auch ein Jahr zuvor auf einer mehrtägigen Tour durch München vom 16. bis 20. September 1783 war die ganze Familie, einschließlich Bedienstete und Hauslehrer, mit dabei (vgl. Gier 2009: 140). Sein damals neunjähriger Sohn Christoph David beschrieb in einem Heft im Quartformat auf 22 Seiten ausführlich die mit Programmpunkten dicht gedrängten vier Tage.[9] Das Interesse am Reisen und die Erziehung zum Schreiben gehörte also in der Familie schon früh zum Bildungsprogramm und setzte nicht erst mit dem Studium und der anschließenden obligaten Kavalierstour ein. In Anlehnung an Carola Groppe könnte man auch sagen, die Kinder wurden als Patrizier geboren und zu Stetten erzogen (vgl. Groppe 2004: 1 u. 97). In der Aufzeichnung des Sohnes finden sich einerseits typisch kindliche Eindrücke. So macht er sich Gedanken über den großen finsteren Wald, den sie auf dem Hinweg passierten. Andererseits bleibt er bei den einzelnen Unternehmungen in München meist nur sehr allgemein und verzichtet auf die Wiedergabe persönlicher Eindrücke. Nur beim Abschnitt über die Theatinerkirche dürfte er die elterliche Kritik übernommen haben, denn darüber notiert er: „diese ist aber mit Stuccaturen zuviel überhäuft". Bei Christoph David von Stetten erreichten die pädagogischen Absichten des Vaters ganz und gar ihr Ziel. Schon als Student nutzte er jede mögliche Zeitspanne, um Reisen zu unternehmen. Und immer versorgte er Eltern und Geschwister mit ausführlichen Reisebeschreibungen. „Schon wieder eine Reisebeschreibung? wirst du sagen wann du diesen Brief durchliesest". So beginnt ein langer undatierter Brief an den Bruder, um dann sofort eine Schilderung seiner Reise vom Studienort in Göttingen in den Harz anzuschließen, die er mit einigen Freunden während der Osterferien 1793 machte.[10] Das Fernweh wie das Abfassen von Reiseberichten begleitete Christoph David während seines ganzen Lebens. Im Hauarchiv lagern noch heute insgesamt 14 Reisedokumentationen aus seiner Feder.[11]

---

9 Hausarchiv Aystetten, Nr. 30, Kurze Beschreibung einer Reise nach München, welche ich mit meinem Papa und Mama, H. Bachmayer u. meinem Bruder gemacht habe.
10 Die Briefe zwischen Christoph David, seinen Eltern und dem Bruder Markus finden sich im Hausarchiv in Aystetten, Nr. 45.
11 Hausarchiv Aystetten, Nr. 19–35.

5 Die Renaissance der Familienbuchschreibung

Paul von Stetten der Jüngere wollte zunächst eigentlich nur im alten Ehrenbuch alle fehlenden Mitglieder ergänzen. Schließlich entschloss er sich doch zu einer kompletten Neufassung. Zum einen, weil der Stifter nicht zwischen mündlicher Überlieferung und nachweisbaren Fakten unterschieden habe und zum anderen, weil die genealogische Ordnung nicht eingehalten worden sei. Immerhin ehrte er den Stifter Christoph durch eine Radierung von dessen Portrait aus dem Alten Ehrenbuch (vgl. Rajkay 2011c: 274 ff.).

Das Neue Ehrenbuch, das er 1766 fertig stellte, existiert heute in zwei Versionen: Als Manuskript und als Abschrift, die mit kolorierten und lavierten Federzeichnungen reich bebildert und mit vielen kalligraphischen Verzierungen von seinem Bediensteten Philip Adam Westermayer ausgeschmückt wurde (vgl. Gier 2009: 34).[12]

Im Hauptteil listet der Autor streng chronologisch geordnet die Stammreihen seiner Vorfahren (von ihm als Glieder nicht als Generationen bezeichnet) auf. Um zu beweisen, mit welch angesehenen Familien die Stetten verschwägert waren, setzte er vor jede Generation eine Ahnentafel. Stetten recherchierte nicht nur sorgfältig die Biographien aller Vorfahren, die das Erwachsenenalter erreicht hatten, sondern auch die Lebensläufe sämtlicher Ehepartner der Söhne wie der Töchter. Das Buch endet mit den Stammtafeln seiner eigenen Kinder. Ebenso wie der Vorgängerband sah auch das Neue Ehrenbuch prinzipiell die Möglichkeit der Fortsetzung vor. Vater und Sohn Paul von Stetten wollten ihre jeweiligen Autobiographien ausdrücklich als Teil des Ehrenbuchs der Familie behandelt wissen: „nach meinem Gott gebe seeligen Ende können diese Nachrichten von meinem Leben hinzugesezet und in unserm Famil.Archive mit verwahret werden." (zit. n. Gier 2009: 34).

Als Paul von Stetten im Februar 1808 verstarb, war die Reichsstadt Augsburg Geschichte und das Patriziat Teil des bayerischen Adels. Die Herrenstube ging in den Besitz der Kaufleute über, die auf dem Grundstück eine Börse errichteten. Der Rittergutsbesitzer Christoph David von Stetten kümmerte sich nur noch um die Güter der Familie und nutzte seine entspannte ökonomische Situation zu vielen Reisen. Im Vorwort seiner Biographie regelte er auch deren zukünftigen Standort: „Zur Aufbewahrung im Familienarchiv sind diese Aufzeichnungen durchaus nicht geeignet; wohl eher schon mögen sie in meiner Bibliothek dereinst einen Platz finden, von welcher ich hoffe, daß sie meiner direkten Nachkommen-

---

12 Das Manuskript befindet sich heute in der Staats- und Stadtbibliothek (2° Cod S 103), die Abschrift im Hausarchiv in Aystetten, Nr. 405.

schaft erhalten bleibe, solange noch ein Sprosse derselben vorhanden ist."[13] Tatsächlich hielten sich seine Nachkommen nicht an diese Verfügung. Die große und wertvolle Familienbibliothek (ca. 8000 Bände) wurde im Jahre 1875 an die Stadtbibliothek übergeben und die Autobiographie des Christoph David findet sich heute im Familienarchiv im Schloss in Aystetten (vgl. Gier 1997: 66).

6 Die Autobiographien

Paul von Stetten der Ältere (1705–1786) schrieb seine Biographie erst nach dem Ausscheiden aus den öffentlichen Ämtern in seinem letzten Lebensjahr nieder. Eine Altersbiographie im klassischen Sinn liegt hier vor (Tersch: 2009). In der Abschrift im Neuen Ehrenbuch ergibt das 45 Seiten im Folioformat. Ohne Vorwort und Begründung seines Vorhabens beginnt er mit den Worten: „Ich Paulus von Stetten bin geboren den 8. November 1705 allhier zu Augburg."[14] Nach der Nennung der Eltern folgt die Aufzählung seiner Hauslehrer, darunter der berühmte Philosophiehistoriker Jakob Brucker, mit dem ihn zeitlebens eine enge Freundschaft verband (vgl. Rajkay 2011a: 69). Die Tatsache, nie eine öffentliche Schule besucht zu haben, bedauert er ausdrücklich und kommentiert auch die kurz- und langfristigen Folgen dieses Defizits für seine Persönlichkeitsentwicklung. Mangelnde Menschenkenntnis in jungen Jahren und eine gewisse Verlegenheit im Erwachsenenalter führt er darauf zurück. Der überwiegende Teil seiner Ausführungen betrifft die Aufgaben und Ämter, die er im Laufe seines Lebens übernommen hatte. Dabei bleibt er streng chronologisch. Die vielen exakten Zeitangaben sowie Zahlen (etwa beim Einkauf von Getreide für die Stadt) lassen darauf schließen, dass er auf Notizen zurückgreifen konnte. Erst auf den allerletzten Seiten geht Paul von Stetten der Ältere auf seine „häuslichen Angelegenheiten" ein, seine Heirat und die Entwicklung der Kinder. Von den fünf Söh-

Abbildung 1 Paul von Stetten der Ältere

nen starben die mittleren drei im frühen Kindesalter, mit nur einem einzigen Satz wird dieser Verlust erwähnt (vgl. Arnold 2000: 26; Gestrich 2003: 567 ff.; Jarzebowski 2010: 198 ff.). Dagegen berichtet er mit viel Stolz über seine nunmehr beiden erwachsenen Söhne: „Ihr mir in ihrer Kindheit bezeigter Gehorsam, ihre zu mir getragene Liebe, Ehrfurcht und Vertrauen in ihren erwachsenen Jahren, hat

---

13 Hausarchiv Aystetten, Nr. 42, Heft 1.
14 Hausarchiv Aystetten, Neues Ehrenbuch Nr. 405: 1.

sie zu meinen besten Freunden in der Welt gemacht."[15] Er schließt seine Ausführungen mit dem Satz: „Da ich dieses schreibe, sehe ich mich dem Schluß des
80ten Jahres meines Alters, ich sehe also meinem Tod nach der Ordnung der Natur entgegen".[16] Zuletzt fügt er noch ein sehr persönliches Dankgebet an und zitiert aus dem 27. Psalm den Vers 13. Erst nach seinem Tod am 9. Februar 1786 fand
man die Lebensbeschreibung und übergab sie dem Pfarrer für die Abfassung der
Leichenpredigt (vgl. Gier 2009: 218).

Paul von Stetten der Jüngere begriff wie viele seiner Zeitgenossen die Biographie als Lehrstück (vgl. Maurer 2002: 42). Lebensbeschreibungen sollten der Gesellschaft „Musterbilder" (Niggl 1977: 43) des menschlichen Charakters liefern.

1778 erschien der erste Band seiner „Lebensbeschreibungen zur Erweckung und Unterhaltung
bürgerlicher Tugend" und in seinem Vorwort legt
Stetten dar, dass er Vertreter aller Stände und sowohl Vorbilder bürgerlicher Tugenden als auch
Laster berücksichtigt habe (vgl. Gier 2009: 83).
Alles in allem konnten bisher 44 Lebensbeschreibungen aus seiner Feder ermittelt werden (vgl.
Gier 2009: XII).

Mit den Aufzeichnungen seiner Autobiographie begann er im Alter von 46 Jahren im Herbst

Abbildung 2   Paul von Stetten
der Jüngere

1774. Auslöser war wohl der Tod der Mutter am
21.10.1774 (Gier 2009: 7, 66). Nur wenige Wochen
später, am 17.11.1774, verstarb auch sein Schwie-
gervater, der von ihm hoch verehrte Stadtpfleger David von Stetten (1703–1774).
Aus Dankbarkeit und um ihm „ein Gedächtnis zu stiften", würdigte er 1775 dessen Leben mit einer sehr ausführlichen Beschreibung.[17] Bereits in dieser Biographie des Schwiegervaters nehmen Themen aus der städtischen Geschichte einen
breiten Raum ein. Zwischen 1774 und 1808 beschrieb Paul von Stetten insgesamt
64 Lagen halbbrüchig im Quartformat. Zur Gliederung des Textes wählte er Jah-
reszahlen und kurze Überschriften wie „Scholarchats-Sachen" oder „Reiße nach
Frankfurth". Aus einigen Kapiteleinleitungen lässt sich schließen, dass er häufig
den Jahreswechsel nutzte, um die Biographie fortzusetzen. Für seine eigene Lebensbeschreibung wählte Stetten den Titel „Selbst Biographie Pauls von Stetten,

15 Hausarchiv Aystetten, Neues Ehrenbuch Nr. 405: 58.
16 Hausarchiv Aystetten, Neues Ehrenbuch Nr. 405: 60.
17 Hausarchiv Aystetten, Nr. 58: Lebensbeschreibung Herrn David von Stettens, Kays. May.
    Josephs des II. wirkl. Rathes, der Reichs Stadt Augsburg Pflegers und designierten Reichs-
    Land-Vogtes, verfasst und dem Ehrenbuche des Geschlechtes der von Stetten gewidmet von
    dessen Schwieger-Sohne Paulus von Stetten dem jüng. 1775.

Stadt-Pflegers, zugleich Augsburg(ische) Geschichte der Zeit seiner Verwaltungen". Die Kombination von privaten Erlebnissen mit denjenigen aus dem Bereich der Amtsgeschäfte ergibt sich zwangsläufig bei Politikerbiographien. Außergewöhnlich ist im vorliegenden Fall jedoch die Auswahl der Themen. Stetten liefert nicht nur wie der Vater einen Rechenschaftsbericht seiner Amtsjahre. Er schildert zudem ausführlich Vorfälle und Ereignisse, bei denen er, in der Sprache der Soziologie ausgedrückt, ein nicht teilnehmender Beobachter war. Familienereignisse nehmen in der eigenen Biographie nur einen kleinen Raum ein.

Abbildung 3 Christoph David von Stetten

Die Beschreibung seiner Hochzeitsfeierlichkeiten 1755 findet sich beispielsweise wesentlich ausführlicher in der Biographie des Schwiegervaters. Von seinen elf Kindern erreichten nur drei das Erwachsenenalter. Als im Sommer 1776 innerhalb weniger Wochen die achtjährige Tochter Jakobina Barbara und der sechsjährige Sohn Paulus verstarben, beklagt er besonders den Verlust dieser Tochter so ausführlich wie keinen anderen seiner verstorbenen Kinder: „Es war ein vortreffliches Mädchen, voll Geist und Lebhaftigkeit, gesellig, leutseelig, immer frölich und in ihrem Krankenlager ein Muster der Gedult und Standhaftigkeit. Wir Eltern werden nie ohne Wehmuth uns an sie wie an den see(ligen) Marx. David erinnern" (zit. n. Gier 2009: 73). Marx David war 1769 im Alter von sechs Jahren verstorben. Insgesamt bezeichnet Stetten dieses Jahr als „eins der schmerzhaftesten meines Lebens" (zit. n. Gier 2009: 73). Anders als beim Vater steht das Dankesgebet bei ihm zu Beginn, während die Aufzeichnungen mit Berichten zum Januar 1808 wenige Wochen vor seinem Tod enden.

Christoph David nennt keinen konkreten Anlass für die Entscheidung, ebenfalls eine Autobiographie zu schreiben. Stattdessen verweist er im Vorwort ganz allgemein auf „das nahende Greisenalter" und sein Gedächtnis, das ihn mit „tief bekümmernder Schnelligkeit" zu verlassen beginne. Für die Nachkommen hält er seine Erinnerungen vor allem deshalb für wichtig, weil seine „Laufbahn (…) in einen der merkwürdigsten Zeitläufe, welche die Geschichte kennt", gefallen sei.[18] Bei der Niederschrift stützte er sich nach eigenen Aussagen auf Papiere, Korrespondenzen, Akten und Rechnungen. Insgesamt beschrieb er in chronologischer Ordnung vier Hefte halbbrüchig im Quartformat. Die Aufzeichnungen dürften etwa um 1835 begonnen worden sein, also mit 61 Jahren und enden 1843, zwei Jahre vor seinem Tod (Zorn 1994: 238). Christoph David begann zwar nach dem Studium in Göttingen und Leipzig wie sein Vater und Großvater die vorgezeich-

---

18   Hausarchiv Aystetten, Nr. 42, Heft 1.

nete Ämterlaufbahn als Assessor am Stadtgericht und Mitglied des Einquartie-
rungsamtes. Stellenangebote im bayerischen Staatsdienst schlug er jedoch aus und
stellte sein Leben ab 1807 ganz in den Dienst der Familie und der Verwaltung der
Güter. Die emotionale Ebene, die in den beiden älteren Autobiographien allenfalls angedeutet wurde, liegt hier offen vor. Als sein ältester Sohn Karl mit 14 Jahren nach vielen Wochen im Krankenstand am 24. Januar 1817 stirbt, schreibt er:
„Ach! Welch ein Augenblick war es, gefolgt von so unzähligen schweren Tagen, so
vielen durchgeweinten Nächten! Schwer lag die Hand Gottes auf uns. Ein schwa-
cher Trost ward uns geboten durch die allgemeine Teilnahme (…) Ich wohnte
der Beerdingung nicht bey sondern sah auf der entgegengesetzten Seite der Stadt
die Sonne hinab sinken in Begleitung meines treuen Schwagers Hößlin und unter Gefühlen welche mir den Busen zerfleischten. Als ich nach Hause kam, fand
ich meine teure Frau von heftigsten Kopfschmerzen ergriffen."[19] Christoph David
gibt sich seinen Erinnerungen hin, die Leser können nachfühlen, nacheifern wird
vom Autor nicht erwartet. Seine Erben finden hier keine Handlungsmuster, die ihnen zukünftig bei Fragen der Gutsverwaltung des Familienbesitzes helfen könnten. Das neue Fundament der Familie, die Mitgliedschaft im bayerischen Adel mit
allen sozialen und rechtlichen Konsequenzen veranlassten Christoph David nicht
zu einer Autobiographie mit einer prospektiven Grundrichtung.

7   Die Weitergabe von Werten

7.1   Bruderliebe

In der Einleitung zur Biographie seines Onkels und Schwiegervaters David von
Stetten findet sich im Manuskript folgender Abschnitt:

> „Merkwürdig ist es, daß unter solchen fünf Stadtpflegern, zweimal zwei Brüder gewe-
> sen, und daß bey dem dritten Falle, nur die Bescheidenheit des jüngeren Bruders ge-
> hindert, daß nicht abermalen dem Geschlechte gleiche Ehre zugefallen und zu Theil
> worden ist."[20]

Stetten spielt dabei auf den Verzicht seines gleichnamigen Vaters an, der 1774
nach dem Tod des Bruders aus Altersgründen nicht für das Stadtpflegeramt kan-
didiert hatte. Die auffallende Ämterhäufung bei Brüderpaaren ist für Paul von
Stetten keine Variante der Vetternwirtschaft und kein Indiz für Nepotismus. Viel-

---

19   Hausarchiv Aystetten, Nr. 42, Heft 2.
20   Staats- und Stadtbibliothek, 2° Cod S 103, Fol. 118.

mehr liefert sie den eindeutigen Beweis für die überragende Qualität des eigenen Geschlechts. In der illustrierten Version des Ehrenbuchs findet sich im Bereich der letzten Eintragungen eine außergewöhnliche Seite mit dem einzigen Satz: „FRATRUM CONCORDIA STIRPIS STETTENIANAE GLORIA"[21] (Die Eintracht der Brüder ist der Ruhm des Stettenschen Stammes). Auf diesem kalligraphisch kunstvoll gestalteten Blatt verbirgt sich außerdem ein Chronogramm, das auf die Jahreszahl 1760 verweist (vgl. Rajkay 2011a: 72). Vielleicht sollte die bewährte Erfolgsformel der Familie in Form eines Stammbuchblattes besonders herausgestellt werden. Zu Recht, wenn man sich die Familiengeschichte im 18. Jahrhundert ansieht. Über drei Generationen setzten sich die jeweiligen Brüderpaare mit sehr viel Engagement für Augsburg und ihre Familie ein. Besonders wichtig für Paul von Stetten waren natürlich Vater und Onkel, die direkten Nachfahren von Paulus III. (1667–1727), Innerem Rat und Baumeister, und dessen Frau, der in Venedig geborenen Kaufmannstochter Anna Maria Barbara Egger. Deren beide Söhne, David IV. und Paul IV., pflegten eine beeindruckende Arbeitsteilung: David, der ältere der beiden, machte Geschichte, zuletzt 1767–74 als Stadtpfleger, während sein jüngerer Bruder Paul, nicht weniger erfolgreich, Geschichte schrieb.[22] Gemeinsam bewohnten sie mit ihren Familien das Anwesen am Obstmarkt. Als einziges der elf Kinder des David von Stetten erreichte Euphrosyna Elisabeth Magdalena das Erwachsenenalter und heiratete den Sohn ihres Onkels Paul, Paul von Stetten den Jüngeren. Ihm zur Seite stand wiederum der jüngere Bruder Albrecht. Beide Brüder engagierten sich in der Stadtpolitik, Paul als Schöngeist und unermüdlicher Reformer, Albrecht, eher der Praktiker, zunächst als Bürgermeister, dann als Baumeister und beim Übergang an Bayern als direkter Amtsnachfolger des Bruders. Paul blieb mit seiner Frau im alten Familiensitz am Obstmarkt, Albrecht zog nur wenige Häuser weiter in das Elternhaus seiner Gattin Anna Barbara von Münch (vgl. Trauchburg 2001: 97 f. und 165 ff.). Den väterlichen Garten beim Roten Tor sollte der jüngere Bruder Albrecht erben und deshalb erwarb Paul von Stetten 1778 ein großes Gartengelände ganz in der Nähe (vgl. Gier 2009: 89).

Christoph David wiederum setzte die Tradition der Biographieschreibung in dritter Generation fort, der jüngerer Sohn Markus versuchte die Tradition der Geschichtsschreibung weiterzuführen und in seiner Funktion als Polizeidirektor

---

21 Hausarchiv Aystetten, Neues Ehrenbuch Nr. 405: 327a.
22 Aus seiner Feder stammt die noch heute vielzitierte zweibändige Stadtgeschichte: Geschichte Der Heil. Röm. Reichs Freyen Stadt Augspurg. Aus bewährten Jahr-Büchern und Tüchtigen Urkunden gezogen, Und an das Licht gegeben, Frankfurt u. a. 1743 und 1758.

in München seine Beziehungen weiterhin zu Gunsten Augsburgs einzusetzen.[23] Die beiden Brüder verbrachten einige Zeit gemeinsam beim Studium in Leipzig. Als der Vater die Ankunft des jüngeren Bruders brieflich ankündigte, mahnte er Christoph David: „Lebt einträchtig miteinander, wie es Brüdern gebührt, und trage ein jeder des anderen Fehler mit Liebe."[24]

Die brüderliche Verbundenheit ging über den Tod hinaus. Das zweite Stadtpflegerbruderpaar fand im Kreuzgang der evangelischen Hauptkirche St. Anna in einem gemeinsamen Grab die letzte Ruhe (vgl. Kasch 2005: 13 ff.). Paul der Ältere und der Stadtpfleger David teilten sich eine Gruft im Eingangsbereich dieser Kirche, wo auch schon ihr Vater beigesetzt worden war. Die Ehefrauen des letztgenannten Brüderpaares bestattete man dagegen im Kreuzgang in einer Gruft, die Paul von Stetten der Ältere von seiner Mutter geerbt hatte.[25]

Mit dem Übergang an Bayern endete jedoch die jahrhunderte alte Tradition des evangelischen Augsburger Patriziats, seine Verstorbenen in den Kirchen zu bestatten. Paul der Jüngere wurde auf dem protestantischen Friedhof vor dem Roten Tor beigesetzt, weit entfernt von seinen 119 Vorfahren (darunter auch seine 9 verstorbenen Kinder, die Eltern und Schwiegereltern), die sämtlich in der St. Anna Kirche bestattet worden waren. Archiv, Grabstätten und Ehrenbuch bildeten zusammen die Erinnerungskultur der Familie, entsprechend wurden auch die Inschriften auf den Epitaphien im Ehrenbuch vermerkt. Der Bruch in der Memoriakultur der Familie machte sich also nicht nur beim Ehrenbuch bemerkbar.

7.2 Patriotismus

Beide im 18. Jahrhundert entstandenen Autobiographien wie auch die Biographie des Stadtpflegers David, die Paul der Jüngere unmittelbar nach dessen Tod verfasst hat, behandeln als großen Hauptteil das Thema Amtsführung. Die Ausbildung und alle familiären Ereignisse liefern dagegen nur den schmalen Rahmen. Diese Gewichtung wird verständlich, wenn man sich die politische Verfassung der Reichsstadt ansieht. Im Jahr 1548 erhob Kaiser Karl V. nicht nur Christoph von Stetten in den Reichsadelsstand, sondern entmachtete auch die Zünfte. Er legte die Regierungsgewalt ganz in die Hände der Mitglieder der Herrenstube (auch Geschlechterstube genannt). Bis 1806 besetzten die Patrizier alle wichtigen Stellen

---

23 Markus von Stetten veröffentlichte 1804 im neuen Teutschen Merkur eine Fortsetzung der Kunst- und Handwerksgeschichte seines Vaters unter dem Titel: Über den gegenwärtigen Zustand der Künste in Augsburg.

24 Hausarchiv Aystetten, Nr. 45, Korrespondenz Christoph David, Brief vom 1.12.1793.

25 Stadtarchiv Augsburg, EWA 698, Verzeichnis der Gräber von St. Anna, 9.12.1765, 24.10.1774, 21.11.1774, 12.2.1786.

der Politik und Verwaltung. Prinzipiell endete die Amtszeit erst mit dem Tode seines Inhabers, nur bei schwerer Krankheit, Altersbeschwerden oder Bankrott war ein vorzeitiges Ausscheiden möglich bzw. vorgeschrieben. Bei den jährlich stattfindenden Ratswahlen wurden im Kooptationsverfahren nur die frei gewordenen Ämter neu besetzt, ein Aufstieg innerhalb der Ämterhierarchie fand überhaupt nur dann statt, wenn im siebenköpfigen Geheimen Rat ein Platz neu zu besetzen war. Langfristig führte diese Verfassungsänderung dazu, dass sich die meisten alten Familien der Herrenstube aus dem aktiven Handelsgeschäft zurückzogen und bei der Ausbildung der Söhne im Studium der Schwerpunkt bei den Rechtswissenschaften lag. Paul von Stetten der Jüngere empfand seinen von der Verfassung definierten Platz an der Spitze der reichsstädtischen Gesellschaft als „Bestimmung" und erzog seine Söhne ganz in diesem Sinn (Gier 2009: 10). Auch in den Briefen an Christoph David während dessen Studienzeit fällt dieser Begriff immer wieder. So fordert er in einem Schreiben vom 15. Juni 1793 den Sohn auf, die Auswahl der Kollegien zweckmäßig für die zukünftige Bestimmung zu treffen. Zudem habe Christoph David Gaben, die wichtig für das Staatswesen seien. Die vielen Reisen des Sohnes dienen in den Augen des Vaters ebenfalls direkt der Vorbereitung auf die Ämterlaufbahn, denn die Welt- und Menschenkenntnis seien wichtig für einen Jüngling von seiner Bestimmung.[26]

Für Paul von Stetten den Jüngeren war die enge Verknüpfung von Staatswesen und eigener Familie der normale Alltag. Da die Stetten keine Nachwuchsprobleme hatten, bedeuteten die vielen Sitzungen im Rathaus für ihn auch immer Familientreffen: Als er mit 39 Jahren 1770 in den Kleinen bzw. Inneren Rat gewählt wurde, saßen dort bereits der Schwiegervater und Onkel David (1703–1774), der seit 1768 evangelischer Stadtpfleger war, sein Vater Paul der Ältere und ab 1774 der jüngere Bruder Albrecht (1736–1817).

Die im Zeitalter der Aufklärung intensiv geführten Debatten über den Sinn und Zweck des niederen Adels zwangen die Autoren der Biographien zu einer bipolaren Ausrichtung: die Darlegung der genealogischen Legitimation wurde kontinuierlich weitergeführt. Gleichzeitig aber bemühte man sich um den Nachweis, als Teil der politischen Funktionselite erfolgreich gewirkt zu haben. Daher entwickelte sich die Identifikation mit der Stadt und der persönliche Einsatz zum Wohle der Stadt im 18. Jahrhundert zum Nukleus der Stettenschen Identifikation. Amt und Ehre verschmolzen, und je höher das Amt war, in das man gewählt wurde, desto größere Ehre konnte man daraus ableiten, nicht nur für den Amtsinhaber, sondern für das ganze Geschlecht (vgl. Rajkay 2009a: 73).

---

26 Hausarchiv Aystetten, Nr. 45, Korrespondenz Christoph David, Brief vom 3.12.1792.

„Dergleichen Ehrenstellen, nicht durch Ränke oder Gewalt, sondern auf Wegen der Rechtschaffenheit, ohne Neid, und mit dem Beyyfalle, auch mit Beywirkung anderer Patrioten erlangt, sind Titul für eine Familie, davon sie wahre Ehre hat, und welche allen, durch Eitelkeit gesuchten, mit Geld erkauften, als unwürdige ertheilte Tituln und freyheiten, weit vorzuziehen sind."[27]

Beseelt von den Gedanken der Aufklärung wollten die Stetten nicht nur gute Verwalter, sondern vor allem engagierte Reformer sein und daher nehmen in den Biographien des 18. Jahrhunderts ihre jeweiligen Reformvorhaben nebst der Umsetzung einen breiten Raum ein. Die Ausführungen sollten aus der Perspektive der Autoren jedoch nicht nur detailgenaue Rechenschaftsberichte darstellen. In der Einleitung zur Biographie des Schwiegervaters legt Paul der Jüngere seine pädagogischen Absichten offen dar:

„Meine Absicht ist, nicht eine Lobrede zu schreiben, sondern durch Erzählung schöner und wichtiger Thaten lehrreich zu werden. Ich würde kein Bedenken tragen, auch Fehler, misslungene Anschläge u.(nd) d.(er) gl.(eichen) zu erzählen, dann wo ist der Mensch, der niemals fehlt, oder dem es zu jeder Zeit nach Wunsch und Wille geht, (…)."[28]

Zusätzlich zu ihrem engagierten politischen Wirken bewiesen Vater und Sohn als Autoren wichtiger stadtgeschichtlicher Werke ihren reichsstädtischen Patriotismus (vgl. Waibel 2008: 325 ff.; Pahnke 2011).

8   Undurchführbare Aufträge

Im Neuen Ehrenbuch richtet Paul der Jüngere im Vorwort folgenden Appell an die Nachfahren:

„Ich bitte die Nachkommenschaft, sich an den Beyspiehlen dieser letzern zu spiegeln und ihnen an patriotischem Eyffer für die Ehre ihres Vaterlandes und Glaubens nach-

---

27   Dieses Zitat wie auch das folgende findet sich im Manuskript des Neuen Ehrenbuchs (Staats- und Stadtbibliothek 2° Cod S 103), Fol. 118.

28   Hausarchiv Aystetten, Nr. 58: Lebensbeschreibung Herrn David von Stettens, Kays. May. Josephs des II. wirkl. Rathes, der Reichs Stadt Augsburg Pflegers und designierten Reichs- Land-Vogtes, verfasst und dem Ehrenbuche des Geschlechtes der von Stetten gewidmet von dessen Schwieger-Sohne Paulus von Stetten dem jüng. 1775.

zufolgen, diese Arbeit aber die ich angefangen, gütig und in Absichten wie sie geschrieben worden aufzunehmen und auf solche Weiße fortzusetzen."

Mit den Beispielen der letzteren meint er vor allem seinen Vater und Schwiegervater.

Wer alle verstorbenen Mitglieder eines Geschlechts in einem Buch dokumentieren will, muss sich zwangsläufig bei den einzelnen Biographien auf das Wesentliche konzentrieren. Die ausführlichen Tätigkeitsberichte des 18. Jahrhunderts entstanden zwar ganz im Geist des Ehrenbuchs, sprengten aber dessen Format. Sie bezogen sich auf das Ehrenbuch, ließen sich aber im wahrsten Sinn des Wortes nicht mehr einfügen und wurden daher getrennt aufbewahrt.

Durch den Verlust der Eigenstaatlichkeit der Reichsstädte endete auch das Kapitel Patriziatsgeschichte als politische Geschichte. Paul von Stetten der Jüngere gehörte laut Wolfgang Burgdorf zu jener Generation, die den massivsten Bruch in der deutschen Geschichte vor 1945 erlebte (vgl. Burgdorf 2006: 2).

Er wollte sich bereits vor dem Pressburger Frieden aus seinen Ämtern zurückziehen. Der erneute Kriegsausbruch hinderte ihn jedoch daran. Im Februar 1806 verfasste er schließlich mit Hilfe seines jüngeren Sohnes, der bereits einige Jahre in bayerischen Diensten stand, das Rücktrittsschreiben an den König. Die innere Resignation war zu diesem Zeitpunkt schon ein langer, vertrauter Begleiter. Sie ging mit einem zunehmenden körperlichen Verfall einher und dies machte ihm mehr und mehr zu schaffen. Das 57. Faszikel (das erste nach der Lücke) setzt ein mit dem Jahr 1804 und der Überschrift „Traurige Aussichten auf die Zukunft." Stetten gehörte nicht zu den Totengräbern des Alten Reichs, sondern zu dessen treuen Sterbebegleitern. Aus der Distanz der Hilflosigkeit beklagt er die friedlose Zukunftsperspektive und protokolliert die zahllosen Umwälzungsprozesse. Die „Kumulation von Brüchen", wie Burgdorf es genannt hat, sei es die Veränderung der Straßennamen, die Entfernung der kostbaren Schriften aus der Bibliothek oder der Wegfall des Wetterläutens, alles wird kommentarlos zu Papier gebracht (Burgdorf 2005: 5). Auf einen Abschnitt über den endgültigen Verlust der Reichsfreiheit wartet der Leser vergebens. Seine eigene Sprachlosigkeit ersetzt Paul von Stetten durch juristische Textstücke, indem er den die Stadt Augsburg betreffenden Absatz des Preßburger Friedens auf deutsch und französisch kommentarlos zitiert. Auch zum Untergang des Reichs findet sich nicht eine Zeile. Nur indirekt scheint dieses Ereignis durch, wenn Stetten über die Verhaftung des Buchhändlers Jenisch berichtet. Dieser hatte die von dem Nürnberger Johann Philipp Palm herausgegebene anonyme antinapoleonische Schrift „Deutschland in seiner tiefen Erniedrigung" in Augsburg verbreitet.

Mit der endgültigen Besitzergreifung der Stadt durch die Bayern am 1. Januar 1808 enden die Aufzeichnungen des letzten Stadtpflegers. Die Feiern zum Anbruch der neuen Zeit erlebte er mit, wollte sie aber nicht als Teil seiner Biographie verstanden wissen. Die Zeitungen, formulierte er zuletzt sehr umständlich, hätten „auf das weiteste angegeben, wie es geschehen ist (…).“[29] Der letzte Stadtpfleger Augsburgs starb als Patriot ohne Vaterland. Allein in der mit Enkelkindern reichlich gesegneten Familie fand er in den letzten Jahren noch Trost und die, wie er schrieb, „Glückseligkeit häußlicher Freuden“.[30]

Auch Christoph David erlebte den Bruch, schildert ihn aber ganz aus der Perspektive des Sohnes. Im Mittelpunkt seiner Ausführungen über jene Jahre steht die Sorge um die körperliche und seelische Verfassung des Vaters, nicht das Schicksal der Stadt.

> „Aber in dem nemlichen Augenblicke, in welchem dieses alles vorging, welkte plötzlich und sichtbar mein trefflicher alter Vater dahin, weniger körperlich als geistig. Die Anstrengung seines Dienstes, die schwere Kriegsnot, welche sein geliebtes Augsburg in ihren finanziellen und übrigen Verhaltensweisen völlig erdrückt hatte, sein hohes Alter, alles würkte zusammen und bald war er so weit herab gestimmt, dass er nicht mehr drey Zeilen zusammenhängend zu Papier bringen konnte.“[31]

Und auch im weiteren Verlauf der Biographie bleiben Familienangelegenheiten und private Unternehmungen seine zentralen Themen. Die Stadt bildet nur noch den Hintergrund, den Schauplatz, nicht mehr den zentralen Bezugspunkt und schon gar nicht einen emotionalen Anker. Dem radikalen Bruch im politischen Bereich folgte die Rückbesinnung auf die Familie, beim Vater als Trost, beim Sohn als neue Lebensaufgabe. Nicht dem Geschlecht, also allen Namensträgern, sondern nur noch den eigenen Nachkommen wollte Christoph David von der Erfüllung dieser Aufgabe berichten.

Der Zusammenbruch von Lebenswelt und Lebensform durch den Untergang des Alten Reiches zwang auf der individuellen Ebene zu einer radikalen Neuorientierung der Lebensmuster. Davon betroffen waren nicht nur die Familie von Stetten, sondern alle Untertanen der geistlichen und weltlichen Herrschaften, die als Folge der Revolutionskriege säkularisiert bzw. mediatisiert wurden, ebenso die vielen Beamten, die direkt oder indirekt bei der Verwaltung des Alten Reichs tätig gewesen waren. Der „Rückzug in die Privatheit“ (Burgdorf 2006: 200) war dabei eine häufig beobachtete Reaktion. Ebenso der Sprachverlust, der sich bei Paul von Stetten dem Jüngeren in der Autobiographie so beeindruckend zeigt (vgl. Burgdorf 2006: 336). Während der reichsstädtischen Zeit hatten die Stetten über viele

---

29 Hausarchiv Aystetten, Nr. 115, Faszikel 64.
30 Hausarchiv Aystetten, Nr. 115, Faszikel 58.
31 Hausarchiv Aystetten, Nr. 42, Heft 2, erste Seite.

Generationen mit ihren autobiographischen Schriften einen gemeinsamen „Erinnerungsraum" ausgestaltet (Assmann 2010: 408), der ihrem Leben Identität, Orientierungshilfe und Handlungsmuster bot. Er war deckungsgleich mit ihrem politischen und geographischen Bezugsrahmen. Das machte ihn robust und zukunftsfähig. Nach der Zerstörung des Bezugrahmens folgte Christoph David zwar noch der Familientradition und schrieb seine Memoiren nieder. Den alten Erinnerungsraum konnte er jedoch nicht weiter nutzen.

Literaturverzeichnis

Arnold, Klaus/Schmolinsky, Sabine/Zahnd, Urs Martin (Hrsg.) (1999): Das dargestellte Ich. Studien zu Selbstzeugnissen des späten Mittelalters und der frühen Neuzeit (Selbstzeugnisse des Mittelalters und der beginnenden Neuzeit Bd. 1). Bochum: Verlag Dr. Dieter Winkler

Arnold, Klaus (2000): Familie, Kindheit und Jugend in Pommerischen Selbstzeugnissen der Frühen Neuzeit. In: Buchholz (2000): 17–32

Assmann, Aleida (2010): Erinnerungsräume. Formen und Wandlungen des kulturellen Gedächtnisses. Fünfte, durchgesehene Auflage. München: C. H. Beck

Buchholz, Werner (Hrsg.) (2000): Kindheit und Jugend in der Neuzeit 1500–1900. Stuttgart: Fritz Steiner

Burgdorf, Wolfgang (2006): Ein Weltbild verliert seine Welt. Der Untergang des Alten Reiches und die Generation 1806 (Bibliothek Altes Reich, Bd. 2). München: Oldenbourg

Ecarius, Jutta/Groppe, Carola/Malmede, Hans (Hrsg.) (2009): Familie und öffentliche Erziehung. Theoretische Konzeptionen, historische und aktuelle Analysen. Wiesbaden: VS Verlag für Sozialwissenschaften

Emmendörffer, Christoph/Zäh, Helmut (Hrsg.) (2011): Bürgermacht und Bücherpracht. Augsburger Ehren- und Familienbücher der Renaissance (Katalogband zur Ausstellung im Maximilianmuseum Augsburg vom 18. März bis 19. Juni 2011). Luzern: Quaternio

Fabian, Bernhard (Hrsg.) (1997): Handbuch der historischen Buchbestände in Deutschland Bd. 11. Hildesheim: Olms

Fassl, Peter (1988): Konfession, Wirtschaft und Politik. Von der Reichsstadt zur Industriestadt, Augsburg 1750–1850 (Abh. z. Geschichte der Stadt Augsburg 32). Sigmaringen: Jan Thorbecke

Gestrich, Andreas/Krause, Jens-Uwe/Mitterauer, Michael (2003): Geschichte der Familie. Stuttgart: Kröner

Gier, Helmut (Hrsg.) (2009): Paul von Stetten der Jüngere: Selbstbiographie – Die Lebensbeschreibung des Patriziers und Stadtpflegers der Reichsstadt Augsburg (1731–1808), bearbeitet von Barbara Rajkay und Ruth von Stetten (Veröffentlichungen der Schwäbischen Forschungsgemeinschaft bei der Kommission für Bayerische Landesgeschichte Reihe 6, Reiseberichte und Selbstzeugnisse aus Bayerisch-Schwaben Bd. 5.1). Augsburg: Wißner.

Gier, Helmut (1997): Augsburg 1 Staats- und Stadtbibliothek. In: Fabian (1997): 63–92

Groppe, Carola (2004): Der Geist des Unternehmertums. Eine Bildungs- und Sozialgeschichte. Die Seidenfabrikantenfamilie Colsman (1649–1840). Köln/Weimar/Wien: Böhlau

Groppe, Carola (2009): Theoretische und methodologische Voraussetzungen und Probleme einer bildungshistorischen Familienbiographie – Versuch einer Modellbildung. In: Ecarius et. al. (2009): 93–116

Häberlein, Mark (2011): Augsburger Familienbücher des späten 16. und des 17. Jahrhunderts. In: Emmendörffer et. al. (2011): 43–55

Häberlein, Mark/Kuhn, Christian (2011): Einleitung. In: Häberlein et. al. (2011): 9–24

Häberlein, Mark/Kuhn, Christian/Hörl, Lina (Hrsg.) (2011): Generationen in spätmittelalterlichen und frühneuzeitlichen Städten (ca.1250–1750) (Konflikte und Kultur – Historische Perspektiven, Bd. 20). Konstanz: UVK

Haemmerle, Albert (1937): Das Hausarchiv derer von Stetten (Stetten-Jahrbuch 1). München: Privatdruck.

Haemmerle, Albert (1955): Derer von Stetten Geschlechterbuch (Stetten-Jahrbuch 2). München: Privatdruck

Herre, Franz (1954): Paul von Stetten der Ältere und der Jüngere. In: Pölnitz (1954): 314–345

Herrmann, Ulrich (1991): Historische Sozialisationsforschung. In: Hurrelmann/Ulich (1991): 231–250

Hurrelmann, Klaus/Uich, Dieter (Hrsg.) (1991): Neues Handbuch der Sozialisationsforschung. 4. völlig neu bearbeitete Auflage. Weinheim/Basel: Beltz

Jarzebowski, Claudia (2010): Loss and emotion in funeral works on children in seventeenth-century Germany. In: Tatlock (2010): 187–213

Kasch, Susanne (2005): St. Anna. Eine Kirche, viele Geschichten. Augsburg: Wißner

Kießling, Rolf (2011a): Das Patriziat in Augsburg vom 15. bis ins 17. Jahrhundert in: Emmendörffer et. al. (2011): 19–36

Kießling, Rolf (2011b) (Hrsg.): Neue Forschungen zur Geschichte der Stadt Augsburg (Augsburger Beiträge zur Landesgeschichte Bayerisch-Schwabens 12). Augsburg: Wißner

Klingenböck, Ursula/Niederkorn-Bruck, Meta/Scheutz, Martin (Hrsg.) (2009): Alter(n) hat Zukunft. Alterskonzepte (Querschnitte Bd. 26). Innsbruck/Wien/Bozen: StudienVerlag

Krauss, Ludwig Friedrich (1809): Paul von Stettens Königl. Baier. Geheimen Raths und vormaligen Stadtpflegers in Augsburg Leben und Charakter. Augsburg: Bürglen

Kremer, Joachim (Hrsg.) (2004): Biographie und Kunst als historiographisches Problem: Bericht über die Internationale Wissenschaftliche Konferenz anlässlich der 16. Magdeburger Telemann-Festtage. Hildesheim: Olms

Krusenstjern, Benigna von (1999): Buchhalter ihres Lebens. Über Selbstzeugnisse aus dem 17. Jahrhundert. In: Arnold et. al. (1999): 139–146

Mayr, Anton (1931): Die großen Augsburger Vermögen in der Zeit von 1618 bis 1717 (Abhandlungen zur Geschichte der Stadt Augsburg Heft 4). Augsburg: Selbstverlag der Stadt

Maurer, Michael (2004): Zur Theorie der Biographie im 18. Jahrhundert. In: Kremer (2004): 40–45

Merath, Siegfried (1961): Paul von Stetten der Jüngere. Ein Patrizier am Ende der reichsstädtischen Zeit (Abhandlungen zur Geschichte der Stadt Augsburg 10). Augsburg: Hans Rösler Verlag.

Metzger, Christof (2005): Landsitze Augsburger Patrizier. München/Berlin: Deutscher Kunstverlag

Niggl, Günter (1977): Geschichte der deutschen Autobiographie im 17. Jahrhundert. Theoretische Grundlegung und literarische Entfaltung. Stuttgart: J. B. Metzler

Pahnke, Gabi (2011): Patriotismus ohne Nation. Die patriotische Ideenwelt des Augsburger Patriziers Paul von Stetten d. J. (1731–1808). In: Kießling (2011b): 165–230

Pölnitz, Götz von (Hrsg.) (1954): Lebensbilder aus dem Bayerischen Schwaben Bd. 3. München: Max Hueber Verlag

Rajkay, Barbara (2011a): Lückenlose Aufklärung. Stadt- und Familiengeschichtsschreibung derer von Stetten im 18. Jahrhundert in Augsburg. In: Emmendörffer et al. (2011): 67–73

Rajkay, Barbara (2011b): (Altes) Ehrenbuch der von Stetten. In: Emmendörffer et al. (2011): 202 f.

Rajkay, Barbara (2011c): Neues Ehrenbuch oder Geschichte des adel. Geschlechts der von Stetten in des H. Röm. Reichs Städten Augsburg und Frankfurth am Mayn. In: Emmendörffer et. al. (2011): 274–276

Rohmann, Gregor (2001): „Eines Erbaren Raths gehorsamer apmtman". Clemens Jäger und die Geschichtsschreibung des 16. Jahrhunderts (Studien zur Geschichte des Bayerischen Schwaben Reihe 1, Band 28). Augsburg: Wißner

Rohmann, Gregor (2004): Das Ehrenbuch der Fugger. Darstellung – Transkription – Kommentar (Studien zur Fuggergeschichte 39/1). Augsburg: Wißner

Schmid, Barbara (2006): Schreiben für Status und Herrschaft. Deutsche Autobiographik in Spätmittelalter und früher Neuzeit. Zürich: Chronos

Schramm, Percy Ernst (1963): Neun Generationen. Dreihundert Jahre deutscher „Kulturgeschichte" im Lichte der Schicksale einer Hamburger Bürgerfamilie (1648–1948). Bd.1. Göttingen: Vandenhoeck & Ruprecht

Schulze, Winfried (Hrsg.) (1996): Ego-Dokumente. Annäherung an den Menschen in der Geschichte (Selbstzeugnisse der Neuzeit, Bd. 2). Berlin: Akademie-Verlag

Sieh-Burens, Katarina (1986): Oligarchie, Konfession und Politik im 16. Jahrhundert. Zur sozialen Verflechtung der Augsburger Bürgermeister und Stadtpfleger 1518–1618 (Schriften der philosophischen Fakultäten der Universität Augsburg, Nr. 29). München: Ernst Vögel

Studt, Birgit (Hrsg.) (2007): Haus- und Familienbücher in der städtischen Gesellschaft des Spätmittelalters und der Frühen Neuzeit. Köln/Weimar/Wien: Böhlau

Tatlock, Lynne (Hrsg.) (2010): Enduring Loss in Early Modern Germany. Cross Disciplinary Perspectives. Leiden/Boston: Brill

Tersch, Harald: Schreiben „in gewissen Jahren". Alter(n) und Autobiographie in der Neuzeit. In: Klingenböck et. al. (2009): 184–232

Trauchburg, Gabriele von (2001): Häuser und Gärten Augsburger Patrizier. München/Berlin: Deutscher Kunstverlag

Völker-Rasor, Anette (1996): „Arbeitsam, obgleich etwas verschlafen…" – Die Autobiographie des 16. Jahrhunderts als Ego-Dokument. In: Schulze (1996): 107–120

Waibel, Nicole (2008): Nationale und patriotische Publizistik in der Freien Reichsstadt Augsburg. Studien zur periodischen Presse im Zeitalter der Aufklärung. Bremen: edition lumière

Zorn, Wolfgang (1994): Das Augsburger Patriziat im Königreich Bayern. In: Zeitschrift des Historischen Vereins für Schwaben 87. 167–188

Zorn, Wolfgang (1995): Die Eingliederung Augsburgs in das Königreich Bayern unter König Max I. Joseph in der Sicht des Patriziats. In: Zorn (1997): 233–248

Zorn, Wolfgang (1997): Studia Sueviae Historica. Beiträge zur Geschichte Bayerisch-Schwabens (Studien zur Geschichte des Bayerischen Schwaben, Reihe 1, Bd. 24). Augsburg: Verlag der Schwäbischen Forschungsgemeinschaft

Zorn, Wolfgang (2004): Adel und Patriziat in Bayerisch-Schwaben 1500–1918: Wirklichkeit und Wunschbild. In: Zeitschrift des Historischen Vereins für Schwaben 96. 49–67

Lebensstile, Familientraditionen und bildungsbürgerliche Elitekonzepte einer liberalen Gelehrtenfamilie. Das Beispiel der Schückings

Ulf Morgenstern

1 Einleitung

Die Schückings sind im doppelten Sinne eine besondere Familie. Zu dieser Einsicht kam der Autor bald nach Aufnahme der Recherchen zu seiner familienbiographischen Dissertation.[1] Schon zu Beginn, bei den Vorüberlegungen, führte die auffällige Häufung selbstbewusster Persönlichkeiten, die an kulturell, wissenschaftlich oder politisch exponierter Stelle seit der Mitte des 18. Jahrhunderts in Westfalen und bald auch in ganz Deutschland gewirkt hatten, zu Erstaunen. Und auch während der eigentlichen Bearbeitungszeit standen immer wieder Familieangehörige im Licht der Öffentlichkeit. So brachte Anfang 2010 der „Spiegel" ein längeres Interview mit der bald 90jährigen ehemaligen Richterin Annette Schücking-Homeyer. Diese hatte sich empört zu Wort gemeldet, als einige Monate zuvor ein Artikel mit der Tendenz erschien, dass der durchschnittliche deutsche Soldat nichts von den Massenmorden im Osten gewusst habe; nun schilderte sie ihre gegenteiligen Erlebnisse als Rot-Kreuz-Schwester in der Ukraine.[2] Und noch im selben Jahr zog ihre Großnichte Beate Schücking die Aufmerksamkeit der aka-

---

1   2010 als historische Dissertation angenommen von der Fakultät für Geschichte, Kunst- und Orientwissenschaften der Universität Leipzig, erschienen unter dem Titel Morgenstern, Ulf (2012): Bürgergeist und Familientradition. Die liberale Gelehrtenfamilie Schücking im 19. und 20. Jahrhundert. Paderborn: Schöningh.

2   Wie wenig sich der Massenmord an den sog. rassischen und politischen „Gegnern" des Nationalsozialismus bei Hunderttausenden deutschen Augenzeugen verheimlichen ließ, hat die Forschung der letzten 25 Jahre immer wieder herausgestellt. Dennoch erscheinen immer noch unsägliche Relativierungen (zuletzt etwa de Zayas, Alfred (2011): Völkermord als Staatsgeheimnis. Vom Wissen über die „Endlösung" der Judenfrage im Dritten Reich. München: Olzog), denen mit der Edition der Briefe Annette Schückings eindrucksvoll entgegengetreten werden kann.

demischen Öffentlichkeit auf sich, als sie zur Rektorin der Universität Leipzig gewählt wurde.[3]

Im Zuge der tatsächlichen Archivarbeit zeichnete sich mit der selbst für eine literarisch und (geistes-) wissenschaftlich tätige Familie außerordentlich umfangreichen Überlieferung im Privatbesitz eine zweite Besonderheit ab.[4] Berge von Briefen, Manuskripten und autobiographischen Fragmenten in verstreuten Privatnachlässen machten nicht selten den Eindruck, als sei man nicht einer bürgerlichen Familie auf der Spur, sondern tauche versehentlich in die Stammbäume und Pergamente einer adligen Familie mit Vorfahren im Hochmittelalter ein. Die Notwendigkeit der Beschränkung war daher früh gegeben, weshalb der Schwerpunkt auf einen Kreis von wissenschaftlich und künstlerisch tätigen Familienmitgliedern im 19. und 20. Jahrhundert gelegt wurde.[5] Viele von ihnen gehörten zum politischen und kulturellen Establishment zunächst des Münsterlandes und später auch ganz Deutschlands. Als vor allem juristisch ausgebildete Vertreter des gelehrten Bürgertums wechselten sie seit der Bismarckzeit vom gouvernementalen zum linksdemokratischen und pazifistischen Flügel des deutschen Liberalismus. Aber standen sie mit diesem speziellen politischen Weg durch den Liberalismus allein da? Wie tradierten die Schückings ihre „liberalen" und „gelehrten" Familienwerte? Und welche tradierten sie konkret? Welche Ereignisse der Familiengeschichte wurden als zentrale Einschnitte von Generation zu Generation weitergegeben? Welche habituellen Muster wurden nachgeahmt, an welchen materiellen Fixpunkten wurde über Jahrzehnte festgehalten, welche Gegenstände und Immobilien bündeln (noch heute) das Familienerbe? Und wie lassen sich die Ant-

---

3   Zum Sommersemester 2011 trat sie ihr Amt an, das die bis dahin an der Universität Osnabrück lehrende Professorin für Gesundheits- und Krankheitslehre seitdem mit Engagement bekleidet. Vgl. zuletzt Schücking, Beate (2012): Kürzen ohne Geist. Wenn Sachsen seine Hochschulen nicht ruinieren will, muss das Spardiktat beendet werden. In: Die Zeit für Sachsen (16. 02. 2012): 14. Hamburg: Zeit-Verlag.

4   An Familienbiographien, die zum Vergleich herangezogen werden können, herrscht kein Mangel. Populär gehaltene Arbeiten sind auch auf dem Buchmarkt sehr erfolgreich. Stellvertretend für Familiengeschichten mit höheren Auflagen seien hier genannt: de Bruyn 1999, Nadolny 2003 oder Thies 2004. Selten werden dabei aber mehr als drei Generationen verfolgt, was noch eher für wirtschaftsbürgerliche Dynastien möglich ist, als für die Talent schwerer als Besitz vererbenden Bildungsbürger. Vgl. zu Letzteren in Auswahl: Heidenreich 2000; Heidenreich 2003; Lütkehaus 1991; Pufendorf 2006; Roth 2001; Schoeps 2009; Straub 2007; Waugh 2009; Weissweiler 2006; Zimmermann 2005.

5   Zur Besonderheit von Gelehrtenbiographien vgl. den instruktiven Aufsatz von Grafton (2001), der die Bedeutung und Komplexität dieses Genres hervorhebt. Jüngere Beispiele für Gelehrtenbiographien mit wissenschaftlichen Ansprüchen sind die auch die familiären Umstände angemessen behandelnden Arbeiten von Ulrich Raulff (1995), Constantin Goschler (2002), Friedrich Lenger (1994), Margit Szöllösi-Janze (1998), Folker Reichert (2009), Jan Eckel (2005) und Eduard Mühle (2005).

worten und Ergebnisse dieser auf materialreichem Grund stehenden Fallstudie in die bürgertumsgeschichtliche Forschungslandschaft integrieren? Inwieweit liefern sie Neues oder bestätigen doch nur aus anderen Studien Bekanntes an einem weiteren Beispiel?

2   Zur Einführung in die Familiengeschichte Schücking

Da ein Dreh- und Angelpunkt des Schückingschen Familienbewusstseins das außergewöhnlich starke Berufen auf familiäre Traditionen ist, sei ein kurzer Abriss auch der älteren Familiengeschichte einführend vorangestellt. Ursprünglich stammt die Familie aus dem niederdeutschen, wahrscheinlich niederländischen Raum. Sie werden 1362 unter den Ritterbürtigen der Stadt Coesfeld bei Münster erwähnt und waren seit dem 17. Jahrhundert vornehmlich in Münster tätig, zunächst als Kaufleute, später vor allem als Juristen und seit dem 18. Jahrhundert auch als Gelehrte und Schriftsteller.[6]

Der aus Coesfeld stammende Kaufmann Adrian Schücking stieg in der Mitte des 17. Jahrhunderts seiner Erfahrung und seines Erfolgs wegen zum langjährigen Finanz- und Militärberater des Münsteraner Fürstbischofs auf. Adrians Nachkommenschaft teilte sich in zwei Hauptlinien. Unter den Kindern seines ältesten Sohnes, des münsterischen Oberkriegskommissars Engelbert (1649-92), findet sich mit dem Enkel Christoph Bernhard Engelbert (1704-74) ein Diplomat, der 1757 als Kanzler des Münsteraner Fürstbischofs von Kaiser Franz I. Stephan (1745-65) als „von Schücking" in den Reichsadelsstand erhoben wurde und auch den Familienbesitz in Sassenberg bauen ließ. Seine Neffen Christoph Bernhard Joseph II. (1753-78) und Clemens August (1759-90), zwei Privatgelehrte, waren die ersten auch überregional bedeutenden Schriftsteller des Geschlechts. Bedeutender als dieser Zweig wurde in der Folge jedoch die auf Adrians zweiten Sohn zurückgehende Linie, aus der zunächst der Enkel Christoph Bernhard Joseph I (1774-80), ein juristisch promovierter Philosoph reichsweiten Ranges, hervortrat. Insgesamt lässt sich sagen, dass es die Schückings am Ausgang des 18. Jahrhunderts zu einer fest zum Patriziat des Münsterlandes gehörenden Familie gebracht hatten, die sich durch entsprechende Ausbildung und ein selbstverständlich nicht dem Zufall der Gefühle überlassenes Heiratsverhalten auch in dieser gesellschaftlichen Schicht zu halten vermochten.

---

6   Zur Frühgeschichte der Familie vgl. den Eintrag „Schücking" in: Deutsches Geschlechterbuch (1970), Bd. 152 (= 2. Westfälisches Geschlechterbuch), bearb. v. Clemens Steinbicker. Limburg: Lahn: 185-263; bzw. Morgenstern 2012: 34 ff.

Ein Enkel dieses Christoph Bernhard Joseph Schücking, Paulus Modestus (1787–1867), wirkte unter napoleonischer Besatzung als Friedensrichter und nach 1815 als Bezirksrichter und Amtmann in Meppen. Wegen eigenmächtiger Verwaltungsmaßnahmen wurde er 1836 von Herzog Prosper-Ludwig von Arenberg (1785–1861) entlassen und sah sich, nachdem er außerdem 1837 im Kölner Kirchenstreit eine antikuriale Stellung eingenommen hatte, wohl zur Auswanderung in die USA genötigt. Bereits 1840 kehrte er nach Deutschland zurück und ließ sich in Bremen als Schriftsteller nieder. Mit ihm hatten seine Söhne Alfred (1818–98) und Prosper (1829–87) die Heimat verlassen, zwei weitere Kinder aus einer zweiten Ehe folgten. Eine in Europa gebliebene Tochter von Paulus Modestus Schücking wanderte nach Rumänien aus und gründete einen österreichischen Familienzweig.

Von den neun Kindern des Paulus Modestus erlangte der älteste Sohn, Levin Schücking (1814–83), den höchsten Bekanntheitsgrad. In der zweiten Hälfte des 19. Jahrhunderts war er einer der meistgelesenen deutschen Prosa-Autoren. Sein breitgefächertes Werk umfasst unter anderem 40 Romane, 90 Erzählungen, Reisewerke sowie eine kaum überschaubare Zahl weiterer publizistischer Arbeiten. Die Zeitgenossen lobten den gut vernetzten Romancier[7] für sein spannungsreiches, humorvolles Erzählen, einigen galt er sogar als der „Walter Scott Westfalens".[8] Nicht nur wegen des eigenen umfangreichen, heute jedoch nahezu vergessenen, schriftstellerischen Werkes ist Levin Schücking bekannt. Sein Name fiel und fällt viel häufiger im Zusammenhang mit seiner Freundschaft und platonischen Liebe zu Annette von Droste-Hülshoff (1797–1848), als deren Förderer er sich Verdienste erwarb.[9]

Levin Schückings ältester Sohn Lothar Levin (1844–1901), verheiratet mit Luise Beitzke (1849–1920), Tochter eines liberalen Mitglieds des preußischen Abgeordnetenhauses, wurde entsprechend der Familientradition Jurist. Als katholischer Landgerichtsrat in Münster positionierte er sich im Kulturkampf der Bismarckzeit auf der Seite der preußischen Regierung und ließ seine drei zwischen 1873 und 1878 geborenen Söhne nach der Reihenfolge ihrer Geburt in provokativer

---

7   Vgl. für sein breites Korrespondenznetz stellvertretend Rasch 1998.
8   Eine umfassende Literatursammlung zu Leben und Werk von Levin Schücking findet sich in Gödden/Nölle-Hornkamp 1994, aktualisiert unter http://www.autorenlexikon-westfalen.de.
9   Die literarisch fruchtbare Beziehung zwischen Annette von Droste-Hülshoff und Levin Schücking, in die 1843 auch dessen frisch angetraute Ehefrau Louise von Gall eintrat, ist gerade unter Germanisten ein hinlänglich bekanntes Thema, das oft im Fokus der Forschung stand und bei dem für das Auffinden unbekannter Details nahezu jeder Stein zwischen Rüschhaus und der Meersburg umgedreht wurde (vgl. dazu Woesler 1980; Gödden 1988/1990). Die Flut höchst unterschiedlicher, zum Teil auch unkritisch-naiver Artikel und Aufsätze zu Annette von Drostes und Levin Schückings sagenumwobenem gemeinsamen Winter 1841/42 auf der Meersburg ist nachgewiesen bei Morgenstern 2012: 141.

Absicht katholisch, altkatholisch und evangelisch taufen. Auch Lothars Schwestern, die Tanten der drei, waren literarisch tätig, lediglich der jüngere Bruder wurde Arzt und gründete mit der Mitgift seiner Frau in Pyrmont eine Kuranstalt.[10]

Die qualitativ und quantitativ aussagekräftigsten Quellen sind nicht für die Privatiers unter den Schückings (für einen Gesamtüberblick vgl. Morgenstern 2007), sondern für die auffallend vielen Hochschullehrer, Schriftsteller, Juristen, Ärzte und linksliberalen Politiker erhalten, die im 19. und vor allem zu Beginn des 20. Jahrhunderts symptomatisch für politische Ausdifferenzierungs- und Veränderungsprozesse innerhalb des deutschen Bürgertums standen und längst den engeren geographischen Rahmen des Münsterlandes verlassen hatten. Sie stehen sowohl im Mittelpunkt der familienbiographischen Dissertation als auch dieses Aufsatzes. Den Familienverband wiederum eingrenzend, liegt das biographische Hauptgewicht auf den Lebenswegen Levin Schückings und seiner drei Enkel: des Anwalts und Bürgermeisters Lothar (1873–1943) (vgl. Schuchardt 1971; Lütgemeier-Davin 1998; ders. 2000; Jakob 1993), des Völkerrechtlers, Reichstagsabgeordneten und Richters Walther (1875–1935) (vgl. Acker 1970; Bodendiek 2001; ders. 1999) und des Anglistikprofessors Levin Ludwig Schücking (1878–1964) (vgl. Morgenstern 2006; ders. 2008).

Wären die Akteure herausragende Politiker und Schriftsteller geworden und spielte die Handlung im englischsprachigen Raum, hieße die adäquate Biographieform „Life and Letters", denn die Darstellung ihrer Lebenswege ist durch die Massen von Briefen in verschiedenen Privatnachlässen für manche Abschnitte fast minutiös rekonstruierbar. Die nicht selten in unverkennbarer Tradierungsabsicht geschriebenen postalischen Selbstzeugnisse liefern also die Hauptquelle für die Familienbiographie der Schückings, die nicht nur vor der Hintergrundfolie der mentalitäts- und kulturgeschichtlichen Veränderungen seit der Gründung des Deutschen Bundes, sondern auch der der politisch-gesellschaftlichen Umbrüche handelt. Dies bietet sich an, da alle politisch ausgesprochen aktiv waren und sich in der Politikgeschichte sattsam bekannte Ereignisse oder Prozesse aus der Perspektive einer teilhabenden Familie aus einem bisher unbekannten Blickwinkel beleuchten lassen und selbst allgemeinen Wegmarken deutscher Geschichte neue Facetten hinzugefügt werden können. Dies gilt sowohl für die Auflösung des Alten Reiches, die Befreiungskriege, die 1848er Revolution, die Kulturkampfzeit, die Verhandlungen in Versailles 1919, von wo Walther Schückings lange Briefe an seine Frau selbst der (fälschlich) als erschöpft geltenden Diplomatiegeschichte

---

10 Über den ältesten Sohn, Lothar, und die Schwester Gerhardine liegen hingegen keinerlei Arbeiten vor, obwohl auch sie keineswegs nur durchschnittliche oder gar langweilige Lebenswege hatten (vgl. zu ihnen die betreffenden Abschnitte bei Morgenstern 2012). Zu Adrian vgl. Dietrichkeit (1995). Theo(phanie)s Lebensweg ist beschrieben bei Pohlheim (2001).

neue sozial- und mentalitätsgeschichtliche Aspekte hinzufügen könnten[11], und es gilt auch für die Jahre bis 1945 und die frühe Bundesrepublik.

Das allein macht aber nicht den Wert dieser besonderen Familienüberlieferung aus und schlägt auch noch nicht den Bogen zum Aufsatztitel: Außergewöhnlich sind die Schückings wegen ihrer durchweg zu konstatierenden liberalen politischen Grundhaltung, ihrem geistigen und gelehrten Streben, das sie in Literatur, Wissenschaft und Verwaltung, fast nie jedoch in die Wirtschaft trieb, und letztlich unterscheiden sich die Schückings von vielen bildungsbürgerlichen Familien zudem wegen ihres außerordentlichen Familienstolzes. So legte der bürgerliche Clan im 19. Jahrhundert fast adelsgleiche Allüren an den Tag, inklusive Wappen, Stammsitz und Richtlinien in der Namensgebung bis zurück ins 15. Jahrhundert – fast jeder Sohn hieß in irgendeiner Kombination Adrian Christoph oder Bernhard, fast jede Tochter Annette.

Wie sehr der Adel auch im bürgerlichen 19. Jahrhundert noch immer stilbildend in Lebensart, Lebenshaltung, Habitus usw. war, wird hier nicht übersehen.[12] Allerdings scheint mit dem zwischen 1850 und 1950 zum familiären Leitbild erklärten Geistesadel – die Schückings waren schließlich keine vermögenden Wirtschaftsbürger, die den Adel auf seinen Gütern auskaufen konnten –, also mit dem zum handlungsleitenden Motiv gemachten gelehrten Habitus der Schückings doch eine Besonderheit vorzuliegen. Das gilt primär nicht in quantitativer Hinsicht, denn auf Traditionen pochende bürgerliche Familien gab es in großer Zahl, und Familientraditionen gehörten zum genuinen „bürgerlichen Wertehimmel"[13]

---

11 Die ausdrücklich zum Aufbewahren bestimmten Briefe sind überliefert in einem Teilnachlass: Universitäts- und Landesbibliothek Münster, Nachlass Walther Schücking, IV. Briefe, privat (orange Mappe). Schücking war der juristische Kopf der sechs Delegierten und seine Briefe wechseln allen Stolz darüber, nach Jahren auf dem politischen gesellschaftlichen Abstellgleis als Pazifist und Völkerrechtler von der neuen Regierung endlich Anerkennung zu erfahren und Zukunftsängsten. So dankte er etwa seiner Frau in einem Brief vom 7. Juni 1919 auf dem Papier der Deutschen Friedensdelegation „für die schönen Bonbons und die Zigarren" und riet ihr: „Scheue keine Ausgabe für eure Ernährung, aber sei in allem anderen möglichst sparsam, denn in Bezug auf das Geld werden die Verhältnisse täglich schlechter. Es kommt unzweifelhaft zu einem Staatsbankrott. Die Kriegsanleihen werden dann zur Hälfte entwertet und überhaupt ist mit dem Vaterlande jeder einzelne bankrott, weil die Steuerlasten unerschwinglich. Millionen von Menschen werden auswandern müssen und die Zustände werden noch nicht wesentlich besser sein, wenn unsere Kinder gross sind. Du musst sie also möglichst bedürfnislos erziehen. (…) es ist natürlich schlimm, dass der Vater nicht da ist und ich höre oft, dass die Kinder von Politikern missraten, weil sie sich nicht um ihre Familien kümmern können."

12 Gerade in Bezug auf die residual zu nennenden Wohn-Vorlieben der Brüder stehen die Schückings stellvertretend für eine gewisse Großmannssucht, die bei ihnen durchaus mit linksliberalem Gelehrtentum vereinbar war. Zu diesem nicht seltenen Phänomen vgl. Richter/Zänker 1988; Flügel 2000 sowie Reulecke 1997.

13 Vgl. den begriffsbildenden Aufsatz von Hettling/Hoffmann 1997.

nicht nur des 19. Jahrhunderts, sondern, wie Michael Maurer herausgearbeitet hat, auch schon des 18. Jahrhunderts (vgl. Maurer 1996). Die Schückings unterschieden sich von ähnlichen Familien vor allem qualitativ: Schließlich waren und sind sie tatsächlich die Nachkommen einer spätmittelalterlichen Patrizierfamilie, die im 17. und 18. Jahrhundert gelehrt geworden war. Und dessen waren sie sich oft im Übermaß bewusst. Die zeitgenössische politische und gesellschaftspolitische Avantgarde etwa bei den am intensivsten erforschten drei Brüdern verband sich daher ohne Schwierigkeiten mit ihrem individuell und kollektiv verinnerlichten Familienstolz. Dass diese publizistisch nach außen getragene und durch Erziehung nach innen an die jeweilige Kindergeneration weitergegebene ‚Tradierung familiärer Traditionen' auch bei Freunden und Bekannten Eindruck machte, bezeugt die durch ihre leise Ironie bestechende Äußerung Anna von Münchhausens gegenüber dem heiratswilligen Levin Ludwig Schücking. Die aus der bis ins 12. Jahrhundert zurückgehenden thüringischen Adelsfamilie von Breitenbuch stammende Ehefrau seines Freundes Börries von Münchhausen riet dem 1910 zum Extraordinarius berufenen westfälischen Bürgersohn, daran zu denken, „(…) dass Du viel Kultur und Menschen brauchst und nun als Professor und als Schücking auch eine Frau allererster Klasse und Rasse."[14]

3   Familientraditionen

Das wichtigste Bindeglied zwischen den Brüdern und ihren Familien und eine maßgebliche Triebfeder ihres Handelns war ein innerfamiliär geradezu kultivierter Stolz auf die eigene Herkunft. Besonders Levin Schücking hatte mit seinen bis ins 12. Jahrhundert reichenden Ahnenforschungen und dem Erwerb eines bis heute im Familienbesitz befindlichen „Stammsitzes" die Normen- und Wertegrundlage für eine den linksliberalen Idealen seiner Kinder, Enkel und Urenkel erstaunlicherweise nicht widersprechenden Pflege eines „geistesadligen" Familiensinns geschaffen. Gelehrt, schriftstellernd und ohne Provinzialismus heimatverbunden eiferten seine Nachkommen ihm bis mindestens zur Mitte des 20. Jahrhunderts nach und entwickelten einen auch unterschiedliche finanzielle Möglichkeiten verdeckenden eigenen Schückingschen familialen Lebensstil.

Dessen Kern war die Konservierung der Achtung des Namens Schücking, den Levin Schücking im 19. Jahrhundert berühmt gemacht hatte. Als Sohn des hochintelligenten Paulus Modestus Schücking, der jedoch wegen finanzieller Schummeleien als Amtmann entlassen wurde und dessen notorisches Fremdgehen noch

---

14 Anna von Münchhausen in einem Brief an Levin Ludwig Schücking vom 18. Februar 1910. In: Schücking, Beate 2001: 97.

Jahre danach im Umlauf war, hatte der Schriftsteller schon früh versucht, die Ehre der Familie wieder herzustellen. Sein Enkel Lothar Engelbert Schücking verhinderte noch 1933 die Publikation eines biedermeierlichen Ausnahmebriefwechsels, dem schriftlichen Austausch der betrogenen Ehefrau von Paulus Modestus, Katharina Schücking, mit ihrem um Jahrzehnte älteren väterlichen Freund, dem Sturm-und-Drang-Schriftsteller Anton Matthias Sprickmann:

> „Unser Grossvater (Levin Schücking – U. M.) hat nur das einzige Bestreben gehabt, die Familie geehrt und angesehen zu machen, nachdem sein Vater dies Ansehen so abgebaut hatte. Es wäre geradezu wahnsinnig, in Münster den Leuten ein Buch in die Hand zu geben, (wo) in jedem Briefe (…) von der Untreue unseres Urgrossvaters die Rede ist (und) in welchem geschildert wird, wie unser Urgroßvater ( ) sich so benimmt, wie das in den Zeiten der französischen Revolution von niemanden übel genommen wurde und völlig selbstverständlich war ( ). Ich werde alles tun, um eine solche Publikation zu verhindern. (…) Was für Publikationen über unseren Urgrossvater könnten sich da anschliessen, man prostituiert sich doch nicht und alles das ganz unnötig."[15]

2005 ist der Briefwechsel dann schließlich doch ediert worden, vor allem weil die eingangs erwähnte Annette Schücking-Homeyer ihn, anders als ihr Vater, ganz offen in die Hände von Germanisten gab (vgl. Desel/Gödden 2005). Mit aller Macht verhindert hätte dies auch Levin Schücking, dem das Beschweigen der negativen Aspekte der Ehe seiner Eltern natürlich nachzusehen ist, der jedoch in einer überspitzten Korrektur nur noch die positiven Seiten der Familiengeschichte hervor strich.[16] Als ältester Sohn sah er sich in der Rolle des Haupterben und als solcher stellte er sich durch seine aktiv betriebene innerfamiliäre Geschichtspolitik eine ihm angenehme Schückingsche Familiengeschichte zusammen. Als Besitzer der Familienpapiere standen ihm die Daten für eine Familienchronik zur Verfügung, die er zweimal als Privatdruck herausbrachte (vgl. Schücking, Levin 1880). Darin wurde die Vita des Vaters geglättet und eine unliebsame jüngere Schwester mit der damnatio memoriae belegt.[17] Ihm aber Geschichtsklitterung vorzuwerfen geht fehl, denn bei der Überprüfung seiner spätmittelalterlichen und frühneuzeit-

---

15 Vgl. einen Brief Lothar Schückings an seinen Bruder Walther Schücking vom 24. April 1933 aus Sassenberg. (Bundesarchiv Koblenz, Nachlass Walther Schücking, Nr. 121).

16 Das betont auch Walter Gödden in seinem Nachwort zur seiner Neuherausgabe (da facto ein Nachdruck) von Levin Schücking (2009): Lebenserinnerungen. Herausgegeben von Walter Gödden und Jochen Grywatsch. (= Veröffentlichungen der Literaturkommission für Westfalen 38). Bielefeld: Aisthesis: 229.

17 Pauline Schücking war nach Österreich-Ungarn ausgewandert, hatte einen unehelichen Sohn bekommen, der ihren Namen trug und somit dort einen Familienzweig begründete (vgl. hierzu Morgenstern 2012: 209 ff.).

lichen Angaben in den betreffenden Archivalien sind nur wenige Fehler nachzuweisen. Sehr genau trug er die Genealogie der Schückings zusammen und schuf so erst den Grundstock für den Familienstolz (vgl. dazu auch Steinbicker 1964a; ders. 1964b; ders 1971).

Überraschend ist in diesem Kontext der merkwürdige Adelstick, den er Zeit seines Lebens hatte. Ob nun die Freundschaft zur Freiin von Droste oder die als Konkurrenz empfundene innerfamiläre Beziehung zur adligen Linie der Schückings, was seine Adelsaffinität beflügelte ist schwer auszumachen. Zu seiner Verzweiflung wurden seine Anträge beim preußischen Heroldsamt, auch seinen Zweig zu adeln, wiederholt abgewiesen, obwohl er meinte, die mittelalterliche Ritterbürtigkeit nachweisen zu können. Ihm blieb daher neben der Heirat der adligen Louise von Gall nur die Benutzung der Mitgift für den Kauf des Rokoko-Landhauses der adligen Schücking-Linie, um zumindest äußerlich über den reinen Geistesadel hinauszukommen. Mit dem Anbau eines Turmes ergänzte er noch das letzte einem Schloss fehlende Attribut. Er verwirklichte damit und durch den stetig betriebenen Zukauf von Grundstücken geradezu exemplarisch die eingangs erwähnte, besonders in der Gründerzeit anzutreffende, bürgerliche Imitation adeliger Lebensstile. Den beiden uradeligen lokalen Herrschaftssitzen stellte er selbstbewusst eine kleinere Immobilie mit kleinstem grundherrschaftlichem Anspruch an die Seite.[18]

Während sein Sohn für das Thema weitgehend ausfällt, sind besonders seine Enkel wichtige Agenten der Schückingschen Familienerinnerung. Lothar Engelbert, ältester Enkel und somit Erbe des Besitzes in Sassenberg brachte es auf den Punkt:

„Familienstolz ist eine Energiequelle so unerschöpflich wie Radium. Man kann daraus in Not und Trübsal und Bedrängnis geradezu leben. Es gibt Leute, deren Widerstände gegen die Nackenschläge des Lebens auf nichts anderem beruhen. Sie brauchen kein Rittergut, einige Stücke altes Familiensilber tun es auch schon. (…) Familienstolz ist ein Darlehen, das man in seiner Jugend von seinen Vorfahren aufnimmt, um es später mit Zinsen durch eigene Leistungen zurückzuzahlen.“ (Schücking, Levin Ludwig 1948: 50 f.)

---

18   Dabei handelt es sich um ein 1805 erbautes klassizistisches Herrenhaus im Besitz der Freiherren von Korff. Als Teil der Doppelschlossanlage Harkotten liegt es in direkter Nachbarschaft zum bereits im 18. Jahrhundert erbauten Herrenhaus der Familie von Ketteler. Aus ihrer Linie stammte u. a. der berühmte Bischof von Mainz, Wilhelm Emmanuel Freiherr von Ketteler (1811–1877) (vgl. Tönspeterotto/Cremers-Schiemann 1994: 104 ff.).

Gemeinsam mit seinen Brüdern Walther und Levin Ludwig war er in der ersten Hälfte des 20. Jahrhunderts in jeder erdenklichen Art um die Mehrung des Familienruhms bemüht. Sie beförderten eine gründliche Neuausgabe der unzulänglichen Edition des Briefwechsels seines Großvaters mit Annette von Droste, die seine Tante in den 1890er Jahren besorgt hatte (Schücking 1898 wurde ersetzt durch Muschler 1928a), ebenso wie den Druck des bis dahin unveröffentlichten Briefwechsels des Großvaters mit seiner Braut Louise von Gall (Muschler 1928b). Zwölf Germanisten durften zwischen 1910 und 1945 den im Haus Sassenberg liegenden Nachlass Schückings benutzen, um ihre wohlwollenden Arbeiten über den Schriftsteller, seine Mutter usw. zu schreiben.[19] Neuauflagen der Bücher des Großvaters wurden befördert, Vorworte geschrieben und ähnliches mehr. Ausstellungen über Schücking und die Droste, Zeitungsartikel und Vorträge gehörten fast schon zum Standardprogramm der drei Brüder.[20]

Diese Neigung wurde ausnahmslos auch von den Frauen der Brüder geteilt. Nach allen erreichbaren Quellen handelte es sich wie schon bei Levin Schücking und Louise von Gall und auch deren Kindern in jedem Fall um Liebesheiraten. Freilich wurde jeweils darauf geachtet, dass sich kein junger Schücking im Überschwang der Gefühle mesalliierte, sondern um die Hand von vorgebildeten Damen aus dem gehobenen Bürgertum angehalten wurde, gern auch mit dem nötigen finanziellen Hintergrund. Aber die Verbindungen waren nie arrangiert, sondern ergaben sich auf zufälligem Wege. Die Begegnungsräume waren dabei natürlich milieuabhängig.[21]

4   Lebensstile

Untrennbar mit dem Oberbergriff ‚Familientraditionen' ist bei den Schückings die Eigenart des Lebensstils verbunden. Levin Schücking hatte sich zu Beginn der 1850er Jahre als Kölner Journalist das westfälische Gut seiner geadelten Verwandten gekauft, es aber schon bald nicht mehr in der münsterländischen Provinz ausgehalten und war mindestens in den Wintern seinem „Tusculanum" nach Berlin, Wien oder Rom entflohen. Auch sein erbender ältester Sohn Lothar lebte mit seiner Familie nur in den Sommern und auch da nur an den Wochenenden in

---

19 Zu ihren Ergebnissen vgl. jeweils als germanistische Diss. phil. Pinthus 1911; Fritze 1911; Hagemann 1911; Schöningh, Lothar 1916; Weber 1919; Heising 1920; Wand 1935; Raßmann 1937; Simmermacher 1945.

20 Vgl. pars pro toto Schücking, Levin 1941; ders. 1942; Schücking, Lothar Engelbert 1921; ders. 1931a; ders. 1931b; Schücking, Walther 1928.

21 Als etwa der Anglist Levin Ludwig Schücking 1910 32jährig ein erstes Extraordinariat übernahm, heiratete er bald darauf eine seiner Studentinnen.

Sassenberg und bewohnte sonst eine geräumige Stadtwohnung in Münster, wo er Richter am Landgericht war. Seine beruflich und damit vor allem finanziell erfolgreicheren Söhne (ein Bürgermeister von Husum und Rechtsanwalt, ein Juraprofessor, Reichstagsabgeordneter und Ständiger Richter am Weltgericht in Den Haag sowie ein Anglistikordinarius) taten es den Altvorderen gleich. Da nur der Älteste Sassenberg erben konnte, wohin alle zu gemeinsamen Wochen im Frühjahr und Herbst regelmäßig kamen, mussten die jüngeren selbst für einen Landsitz sorgen. Mit den nötigen Geldmitteln ausgestattet, verwirklichte sich Walther 1931 mit dem Kauf eines hessischen Herrenhauses den umfangreichsten Traum vom eigenen Stammsitz. Seinem Bruder schrieb er: „Du weisst wie ich an der münsterländischen Heimat hänge und welche Verbundenheit eine Familiengeschichte von 500 Jahren für uns mit dieser Landschaft heraufgeführt hat." Aber wenn es im Münsterland keine akzeptablen Immobilienangebote gäbe, müsse er eben in Hessen ein Gut kaufen, wo durch seine sechs Kinder dann „eine hessische Linie der Schückings" entstehen könne.[22] Ein österreichischer Vetter zeigte sich davon beeindruckt: „Damit wird unser altes Wappen auf dem 2.ten ritterbürtigen Besitze hochgezogen und Ihr habt die stolze Genugtuung, dem alten Namen neuen Glanz zu geben."[23] Zwischen Haushaltungen in Kiel, wo Walther Schücking seine Professur innehatte, und Den Haag, wohin er als Richter fast dauerhaft beurlaubt war, sollten die Aufenthalte im kleinen nordhessischen Oberurff den entspannenden Mittelpunkt des Familienlebens bringen. Er selbst starb bereits vier Jahre nach dem Kauf 1935 im niederländischen Exil, von wo er nach der Machtübernahme der Nationalsozialisten nicht mehr zurückgekehrt war, seinen Kindern wurde die ehemalige Wasserburg aber tatsächlich zu Heimat, das Anwesen ist noch heute in Familienbesitz.

Der jüngere Bruder Levin Ludwig zögerte ebenfalls lange, kaufte sich aber auch 1932 ein großes Ferienhaus in einem Dorf bei Garmisch. Dort sollte seine sechsköpfige Familie die Ferien verbringen, nach 1933 zog er sich als politisch Angefeindeter aber in jeder vorlesungsfreien Zeit aus Leipzig nach Oberbayern zurück. An der sächsischen Landesuniversität war er zuvor mit offenen Armen empfangen worden: 1925 hatte er die Annahme des Rufes an die Zusage des Ankaufs einer Fabrikantenvilla durch den Freistaat geknüpft, worauf man in Dresden einging. Fortan bewohnten die Schückings eine 250 qm-Etagenwohnung, in der nicht anders als bei Eltern, Großeltern und Brüdern auch ein Kindermädchen,

---

22 Walther Schücking in einem Brief an Lothar Engelbert Schücking vom 12. Januar 1924. In: Nachlass Lothar Engelbert Schücking, Annette Schücking-Homeyer (Detmold).

23 Vgl. einen Brief dieses österreichischen Alfred Schückings an Levin Ludwig Schücking vom 30. März 1932. In: Westfälisches Archivamt Münster, Nachlass Schücking, Best. 1010, Pauline Schücking 18: 1.

ein Dienstmädchen und saisonales Personal lebten. Selbstverständlich begleiteten diese ‚dienstbaren Geister' die Familien auch auf Kur- und Urlaubsreisen, die vornehmlich in die gehobenen Kurorte in der Schweiz, Italien und Belgien führten. Und noch ganz im arriviert-professoralen Habitus der finanziell gesicherten Vorkriegszeit ließ Levin Ludwig Schücking 1945 die Sassenberger Verwandtschaft in einem Weihnachtsbrief wissen: „In ganz Garmisch u. selbst Farchant wimmelt es von beschäftigungsloser jüngerer Weiblichkeit aber als Hausangestellte, auch nur zur Aufwartung, will niemand gehen! Und meine weibl. Angehörigen müssen sich geradezu tot arbeiten."[24] Übrigens leben auch jeweils die beiden nachfolgenden Generationen in der Bundesrepublik noch bis heute ein Pendelleben zwischen großstädtischen Berufsumfeldern und den ländlichen Familiensitzen.

5 Bildungsbürgerliche Elitekonzepte

Die professoralen Haushaltungen verweisen auf die verinnerlichten Elitekonzepte der Bildungsbürger par excellence. Dass Bildung das eigentliche Kapital der Schückings des 19. und 20. Jahrhunderts war, ist erwähnt worden. Anders als bei ihren ebenfalls schon schöngeistigen und intellektuellen Vorfahren des 17. und 18. Jahrhunderts sicherten aber keine einträglichen Pfründen mehr den Lebensunterhalt, sondern die geistige Arbeit musste den standesgemäßen Lebensunterhalt erwirtschaften. Levin Schücking hatte es als Schriftsteller vorgemacht. Früh verwitwet mussten seine Romane die beiden Töchter bis zur Eheschließung und die beiden Söhne bis zum Studienende ernähren. Den gleichen Anspruch hatten diese Kinder dann auch selbst: Der Richter Lothar Schücking, der älteste Sohn Levins, schrieb seinem pubertierenden Sohn Levin Ludwig den Grundsatz, den der alte König Peleus seinem Sohn Achill in Homers Ilias als Lebensmotto mitgab, ins Stammbuch: „Immer der Erste sein und vorzustreben vor anderen" (Schücking, Levin Ludwig 2008: 204).

Alle drei versuchten den elterlichen Erwartungen von schulischem und universitärem Erfolg zu entsprechen, was mit den 1897, 1899 und 1901 in nahezu exaktem Geburtsabstand (1873, 1875 und 1878) erworbenen Doktortiteln einen formellen Abschluss fand.[25] Der älteste wollte den geistigen Traditionen der Familie

---

24 Levin Ludwig Schücking in einem Brief an Louise Schücking vom 17. Dezember 1945 aus Farchant. In: Nachlass Lothar Engelbert Schücking, Annette Schücking-Homeyer (Detmold).

25 Vgl. Schücking, Lothar Engelbert (1897): Das Gericht des westfälischen Kirchenvogts (900–1200). Ein Beitrag zur deutschen Gerichtsverfassung und dem Gerichtsverfahren im Mittelalter. In: Zeitschrift für vaterländische Geschichte und Altertumskunde (Westfalen). Bd. 55, 1: 1–44 (= Diss. jur. Jena) („Meinen Eltern in Dankbarkeit und Liebe gewidmet"); Schücking, Walther (1897): Das Küstenmeer im internationalen Rechte – im Völkerrechte

folgend dann auch zu keiner Zeit nur Bürgermeister oder nur Anwalt sein. Als Mitglied in mehr als 30 Vereinen, nicht selten als Gründer oder Vorsitzender, verschliss er sich in seinem gesellschaftlichen, vor allem kulturellen Engagement: Zwischen 1894 und 1943 schrieb er neben seinem juristischen Beruf 177 Bücher, Aufsätze und Zeitungsartikel. Sein Werk behandelt dabei Themen aus Geschichte und Tagespolitik sowie juristische Fachprobleme und literarische Prosa. Die Weltbühne nahm seine Werke ebenso an wie die führenden Fachzeitschriften oder Tageszeitungen. Zählt man seine Veröffentlichungen mit denen seiner Professorenbrüder zusammen, kommt man auf schwindelerregende rund 1200 Publikationen (nachgewiesen bei Morgenstern 2012: 500 ff.). Walther Schücking blickte bedingt durch die politische Isolierung als Linksliberaler rasch und weit über den universitären Tellerrand. 1924 schrieb er seinem Bruder lakonisch:

> „Daß ich jetzt Mitglied des ständigen Schiedsgerichtshofs im Haag bin, wirst Du in der Zeitung gelesen haben. Wenn sich eine Familie in 7 Generationen um die Rechtswissenschaft bemüht hat, paßt das gut in die Chronik des Hauses. Die anderen Schückings waren alle zu begabt, um in juribus hervorragendes zu leisten, so paradox das klingt, bleibt es doch richtig. Mich hat Papa immer für den geborenen Juristen erklärt, weil mein Denken so nüchtern ist, wie das unserer lieben Mutter aus Hinterpommern (…).“[26]

1930 wurde er als erster Deutscher Richter am Weltgericht in Den Haag, worauf zumindest die brüderliche Zurückhaltung nachließ. Denn die Geschwister des Ernannten waren sich einig, daß „seit Clemens August von Bayern unseren Urgrossonkel zum Kanzler machte, (…) eine ähnliche Ehrung der Familie nicht wieder vorgekommen"[27] sei.

Nur zwei von vielen Zitaten, die um die Sorge um die Ausbildung der Kinder kreisen, von denen im Mindesten das Abitur erwartet wurde, sollen hier illustrierend angeführt werden. Der Professor schrieb etwa über die schulischen Fortschritte seines ältesten Sohnes, eines ausgesprochenen Spätentwicklers: „Er sitzt

---

wie im internationalen Privat- und Strafrechte. Eine von der juristischen Facultät der Universität Göttingen gekrönte Preisschrift (= Diss. jur.). Göttingen: Univ. Diss. („Meinem Vater in kindlicher Liebe gewidmet"); Schücking, Levin Ludwig (1901): Studien über die Stofflichen Beziehungen der englischen Komödie zur italienischen bis Lilly (= Studien zur englischen Philologie 9). Halle a. S.: Niemeyer (= Univ. Diss. Göttingen, Halle a. S.: Karras) („Dem Andenken meines Vaters").

26 Brief Walther Schückings an Lothar Engelbert Schücking vom 23. Dezember 1921. In: Nl. L. E. Schücking, A. Schücking-Homeyer (Detmold).

27 Lothar Engelbert Schücking in einem Brief an Levin Ludwig Schücking vom 30. September 1930. In: „Sammelakte" In: Stadtarchiv Dortmund, Bestand 608, Nachlass L. E. Schücking, Nr. 167.

jetzt der 14. von 23. Für einen jungen Schücking sind das ja keine Erfolge, aber wenn man an seine Vergangenheit denkt, ist es erstaunlich viel."[28] Auch der Zweitälteste solle bei seinem Onkel einige Wochen sozialisiert werden: „Ich möchte so schrecklich gern, dass Du Einfluss auf ihn, sein Denken und Wollen gewinnen könntest und er die Geistigkeit und den Idealismus unseres Hauses schätzen lernte."[29] Als dieser zweite Sohn 1934 bei dem zwischenzeitlich in Den Haag exilierten Vater dessen privaten Bücherschatz und die riesige Dienstbibliothek benutzte, um die juristische Referendarsarbeit zu schreiben, berichtete Walther Schücking seinem Genfer Kollegen Hans Wehberg, einem ebenfalls exilierten pazifistischen Völkerrechtler:

> „Er arbeitet sehr fitt, hat offenbar eine sehr schnelle Auffassungsgabe und durchdringenden Verstand, schreibt auch eine guten und klaren Stil, aber meine Hoffnung, die Freude an solcher schöpferischen Arbeit auf wissenschaftlichem Gebiete, könnte die Ambition bei ihm wecken, Gelehrter von Beruf zu werden, ist weit entfernt. Es zieht ihn nun einmal zum tätigen Leben."[30]

Auch der jüngste der drei Brüder, der noch heute als bedeutendster Shakespeare-Forscher seiner Zeit geltende Levin Ludwig Schücking, legte großen Wert auf die standesgemäße Bildung seiner vier zwischen 1913 und 1919 geborenen Kinder. Hier spielte auch der Bildungseifer der Mutter eine große Rolle bei der Sozialisation in einem Gelehrtenhaushalt, denn auch Elisabeth Schücking war eine studierte Philologin, die zeitlebens mit ihrem Mann wissenschaftlich arbeitete (vgl. Morgenstern 2007: 270 f.). Die Töchter gehörten zur ersten Generation von Frauen, für die ein Studium schon fast selbstverständlich war. Auch die beruflichen Einschränkungen durch die Nationalsozialisten brachten die beiden Ältesten nicht davon ab, einen juristischen und einen medizinischen Doktortitel zu erwerben. Die dritte

---

28 Brief Walther Schückings an Lothar Engelbert Schücking vom 23. Dezember 1921. In: Nachlass Lothar Engelbert Schücking, Annette Schücking-Homeyer (Detmold).

29 Brief Walther Schückings an Lothar Engelbert Schücking vom 15. Juli 1923. In: Nachlass Lothar Engelbert Schücking, Annette Schücking-Homeyer (Detmold).

30 Walther Schücking in einem Brief an Hans Wehberg vom 18. Dezember 1934 aus Den Haag. In: Bundesarchiv Koblenz, Nachlass 199, Nachlass Hans Wehberg, Nr. 80. Schon während der Gymnasialzeit des Jungen war dem professoralen Vater der Hang zur Praxis aufgefallen. Als der Sohn während der Berliner Jahre einmal Nachhilfe brauchte, stöhnte der Vater: „(A)uch er nicht berufen ist, die Gelehrtentradition in der Familie fortzusetzen. Ich habe deshalb meine besonderen Hoffnungen in dieser Richtung einstweilen auf den lieben Klaus gesetzt." Walther Schücking in einem Brief an Levin Ludwig Schücking vom 21. Dezember 1923. In: Nachlass Schücking, Oberurff. Klaus Schücking (1916–1994) wurde Lehrer an verschiedenen Landschulen Hessens.

Tochter erlernte den Beruf der Bibliothekarin, der jüngste Sohn wurde ebenfalls mit einer medizinischen Arbeit promoviert.

6   Zusammenfassung

Die westfälische Familie Schücking war im 19. und frühen 20. Jahrhundert ein mustergültiges Beispiel traditionsbewussten deutschen Bildungsbürgertums. Beide Begriffe, Traditionsbewusstsein und Bildungsbürgertum, sind dabei keineswegs statisch. Neben der eigentlichen Schwerpunktsetzung auf *einen* Entwicklungsgang liberaler Bürgerlichkeit zwischen Deutschem Bund und früher Bundesrepublik verschob sich nach dem Studium der Quellen das Hauptgewicht der Familienbiographie immer auf die Dimension der Konstruktion von Familientraditionen. Vor allem bei den Lebenswegen der Haupthelden Lothar Engelbert, Walther und Levin Ludwig boten sich Unterabschnitte über ihren brüderlichen Zusammenhalt und die diesen speisende familiäre, ganz stark auf die Bildungserfolge und die geistige Höhe abhebende Traditionskonstruktion an. Die Recherchen in den Nachlässen bei ihren Kindern und Enkeln gaben aber auch spannende Entwicklungen aus deren Lebenswegen preis. Fast zwangsläufig stellte sich dabei – wenn auch auf weniger zugängliche Quellen gegründet als für die Jahrhunderte zuvor – die abschließende Frage nach der Nachhaltigkeit der bildungsbürgerlichen Familienideale. Hielt und hält das Streben nach geistigem Wirken also an?

Unter den Kindeskindern in der heutigen Bundesrepublik findet sich zwar ein Autohändler, alle anderen sind jedoch ausschließlich in akademischen Berufen tätig. Von Lothar Engelbert Schückings fünf Kindern studierten alle, drei schlossen mit Doktortiteln ab, einer von ihnen wurde Professor für Astrophysik in New York. Eine nicht promovierte Tochter wurde die erste deutsche Sozialrichterin, eben jene Annette Schücking-Homeyer, ihre Schwester wurde als eine der wenigen Veterinärmedizinerinnen ihrer Generation die bisher wohl weltweit einzige Schlachthofdirektorin. Von Walther Schückings sechs Kindern studierten ebenfalls alle und schlugen danach auch akademische Berufskarrieren ein, allerdings erlangte nur einer einen Doktortitel. Erst in der Enkelgeneration sind hier wieder Doktoren und auch wieder eine Professorin und seit 2011 Rektorin einer Universität zu finden. Von Levin Ludwigs vier Kindern studierten drei, von denen die Älteste sich als 25. Dr. iur. der Familie zählte. Und auch ihre Kindergeneration schrieb sich nach dem Abitur fast ausnahmslos an einer Universität ein.

Die im Westen Deutschlands, und dort vor allem im ländlichen Raum, den Zweiten Weltkrieg überlebenden Schückings besitzen noch heute die allermeisten Familienunterlagen, Erbstücke und Immobilien ihrer Vorfahren aus dem 18. und

19. Jahrhundert. Die Bibliotheken ihrer Vorfahren sind Teil ihrer eigenen Büchersammlungen geworden oder an Museen und öffentliche Büchereien als abgeschlossene Corpora abgegeben worden. Ähnliches gilt für Briefnachlässe. Der
Stammsitz der Familie befindet sich noch immer auf Haus Schücking in Sassenberg und wird von geistig und politisch umtriebigen Schückings bewohnt. Man tut
ihnen und den allermeisten ihrer Verwandten sicherlich nicht Unrecht, wenn man
ihre wesentlichen weltanschaulichen Verortungen im linken Liberalismus sucht –
geistigen Elitarismus würden die Bildungsbürger weit von sich weisen. Das liegt
auch daran, dass die Generationen seit dem Zweiten Weltkrieg sich von der schon
ihre Eltern drückenden Last der verpflichtenden Familientraditionen freimachten – um dann aber unbewusst und unwillkürlich doch wieder zu ihnen zurück
zukommen. Dass also die von einigen Familienangehörigen betriebene Überhöhung der Geistesleistungen der Schückingschen Vorfahren nicht eine bloße Marotte war, deren Suggestivkraft dem eigenen Leben Richtung und Antrieb geben
sollte, ist gezeigt worden. Die Fülle des geistigen Schaffens der Schückings bei
gleichzeitiger familiärer bzw. familiengeschichtlicher Rückkoppelung des Einzelnen stellt demnach tatsächlich eine der wenigen Ausnahmen[31] in der bisher biographisch erforschten Geschichte des deutschen Bürgertums dar.

Literaturverzeichnis

Acker, Detlef (1970): Walther Schücking (1875–1935). Münster: Aschendorff
Bodendiek, Frank (1999): Walther Schücking und Hans Wehberg: Pazifistische Völkerrechtslehre in der ersten Hälfte des 20. Jahrhunderts. In: Friedens-Warte 74.
    1999 (1/2). 79–97
Bodendiek, Frank (2001): Walther Schückings Konzeption der internationalen Ordnung. Dogmatische Strukturen und ideengeschichtliche Bedeutung. Berlin:
    Duncker & Humblot
de Bruyn, Günter (1999): Die Finckensteins. Eine Familie im Dienste Preußens. Berlin: Siedler
de Zayas, Alfred (2011): Völkermord als Staatsgeheimnis. Vom Wissen über die „Endlösung" der Judenfrage im Dritten Reich. München: Olzog
Desel, Jutta/Gödden, Walter (Hrsg.) (2005): Katharina Busch-Schücking 1791–1831.
    Werke und Briefe. Bielefeld: Aisthesis
Deutsches Geschlechterbuch (1970), Bd. 152 (= 2. Westfälisches Geschlechterbuch).
    Limburg: Lahn

---

31 Andere Beispiele sind die deutlich prominenteren Familien Weizsäcker (vgl. zuletzt Lau
    2005) oder Mommsen (vgl. Rebenich 2005).

Dietrichkeit, Walter (1995): Prof. Dr. Adrian Schücking. Königlich Preußischer Sanitätsrat, Badearzt, Forscher, Politiker, Schriftsteller und Philosoph. Eine Biographie. Bad Pyrmont: Freimaurerloge zu den drei Quellen

Eckel, Jan (2005): Hans Rothfels. Eine intellektuelle Biographie im 20. Jahrhundert. Göttingen: Wallstein

Flügel, Axel (2000): Bürgerliche Rittergüter: Sozialer Wandel und politische Reform in Kursachsen (1680 bis 1844). Göttingen: Vandenhoeck & Ruprecht

Fritze, Richard (1911): Der Anteil Annettes von Droste-Hülshoff an Levin Schückings Werken. Greifswald: Adler

Gödden, Walter (1988/1990): Stationen der Droste-Biografik. In: Droste-Jahrbuch 2. 1988/1990. 118–152

Gödden, Walter/Nölle-Hornkamp, Iris (Hrsg.) (1994): Westfälisches Autorenlexikon. Bd. 2: 1800–1850. Paderborn: Schöningh

Goschler, Constanin (2002): Rudolf Virchow. Mediziner, Anthropologe, Politiker. Köln/Weimar/Wien: Böhlau

Grafton, Anthony (2001): Der Gelehrte als Held. Mit manchem Makel mochten sie sich gar nicht erst abgeben: Biographen als Wegbereiter der Wissenschaftsberichterstattung. In: Bilder und Zeiten. Beilage zur Frankfurter Allgemeinen Zeitung vom 29. September 2001. I

Hagemann, Johannes (1911): Levin Schückings literarische Frühzeit. Münster: Univ. Diss.

Heidenreich, Bernd (Hrsg.) (2000): Geist und Macht. Die Brentanos. Wiesbaden: Westdeutscher Verlag

Heidenreich, Bernd (Hrsg.) (2003): Kultur und Politik. Die Grimms. Frankfurt a. M.: Societäts-Verlag

Heising, Wilhelm (1920): Westfalen im Roman Levin Schückings. Münster: Univ. Diss.

Hettling, Manfred/Hoffmann, Stefan-Ludwig (1997): Der bürgerliche Wertehimmel. Zum Problem individueller Lebensführung im 19. Jahrhundert. In: Geschichte und Gesellschaft 23 H. 3. 1997. 333–359

Jakob, Volker (1993): Von der Schwierigkeit des aufrechten Ganges. Lothar Engelbert Schücking. Westfälischer Patrizier mit Widerspruchsgeist. In: Westfalenspiegel 2. 1993. 32–35

Lau, Thomas (2005): Die Weizsäckers. In: Reinhardt (2005): 307–332

Lenger, Friedrich (1994): Werner Sombart 1863–1941. Eine Biographie. München: Beck: [5]

Lütgemeier-Davin, Reinhold (1998): Lothar Engelbert Schücking. Eine Biographie. Bremen: Donat

Lütgemeier-Davin, Reinhold (2000): Demokrat, Pazifist, Jurist, Verwaltungsreformer. Lothar Schücking (1873–1943). In: Beiträge zur Geschichte Dortmunds und der Grafschaft Mark 91. 2000. 87–140

Lütkehaus, Lutger (Hrsg.) (1991): Die Schopenhauers. Der Familien-Briefwechsel von Adele, Arthur, Heinrich Floris und Johanna Schopenhauer. Zürich: Haffman

Maurer, Michael (1996): Die Biographie des Bürgers. Lebensformen und Denkweisen in der formativen Phase des deutschen Bürgertums (1680–1815). Göttingen: Vandenhoeck & Ruprecht

Morgenstern, Ulf (2006): Anglistik in Leipzig. Das Englische Seminar in Kaiserreich, Weimarer Republik und Drittem Reich 1891–1945. Leipzig: EVA

Morgenstern, Ulf (2007): Art. „Schücking" in: Neue Deutsche Biographie Bd. 23. 2007. 629 f.

Morgenstern, Ulf (2008): Levin Ludwig Schücking über die ‚Lautschieber-atmosphäre' von Göttingen und Frauen als geborene Interpretinnen. Memoiren als Quelle für die Fachgeschichte der Anglistik. In: Archiv für das Studium der neueren Sprachen und Literaturen 245. Halbband 2. 258–271

Morgenstern, Ulf (2012): Bürgergeist und Familientradition. Die liberale Gelehrtenfamilie Schücking im 19. und 20. Jahrhundert. Paderborn: Schöningh

Mühle, Eduard (2005): Für Volk und deutschen Osten: Der Historiker Hermann Aubin und die deutsche Ostforschung. Düsseldorf: Droste

Muschler, Reinhold (Hrsg.) (1928a): Briefe von Annette von Droste-Hülshoff und Levin Schücking. Leipzig: Grunow

Muschler, Reinhold (Hrsg.) (1928b): Briefe von Levin Schücking und Louise von Gall. Mit einer biographischen Einleitung von Levin Ludwig Schücking. Leipzig: Grunow

Nadolny, Sten (2003): Ullsteinroman. München: Ullstein

Pinthus, Kurt (1911): Die Romane Levin Schückings. Ein Beitrag zur Geschichte und Technik des Romans. Leipzig: Voigtländer (zugl. Diss. Univ. Leipzig)

Pohlheim, Edda (Hrsg.) (2001): Marie von Ebner-Eschenbach: Briefwechsel mit Theo Schücking. Frauenleben im 19. Jahrhundert. Tübingen: Niemeyer

Pufendorf, Astrid (2006): Die Plancks. Eine Familie zwischen Patriotismus und Widerstand. Berlin: Propyläen

Rasch, Wolfgang (Hrsg.) (1998): Der Briefwechsel zwischen Karl Gutzkow und Levin Schücking 1838–1876. Bielefeld: Aisthesis

Raßmann, Joseph (1937): Das dramatische Schaffen Levin Schückings. Ohlau i. S.: Eschenhagen (zugl. Univ. Diss. Breslau 1936)

Raulff, Ulrich (1995): Ein Historiker im 20. Jahrhundert: Marc Bloch. Frankfurt a. M.: Fischer

Rebenich, Stefan (2005): Die Mommsens. In: Reinhardt (2005): 147–179

Reichert, Folker (2009): Gelehrtes Leben: Karl Hampe, das Mittelalter und die Geschichte der Deutschen. Göttingen: Vandenhoeck & Ruprecht

Reinhardt, Volker (Hrsg.) (2005): Deutsche Familien. München: Beck

Reulecke, Jürgen (Hrsg.) (1997): 1800–1918: Das bürgerliche Zeitalter (= Geschichte des Wohnens, Bd. 3). Stuttgart: DVA

Richter, Wolfgang/Zänker, Jürgen (1988): Der Bürgertraum vom Adelsschloß. Aristokratische Bauformen im 19. und 20. Jahrhundert. Reinbek bei Hamburg: Rowohlt

Roth, Guenther (2001): Max Webers deutsch-englische Familiengeschichte 1800–1950. Tübingen: Mohr Siebeck

Schoeps, Julius H. (2009): Das Erbe der Mendelssohns. Biographie einer Familie. Frankfurt a. M.: Fischer

Schöningh, Lothar (1916): Levin Schücking und Wilhelm Junkmann als Lyriker. Münster: Univ. Diss.

Schuchardt, Ingrid (1971): Der „Fall Schücking". Zum Kampf Lothar Schückings gegen die zunehmend antidemokratische Entwicklung im imperialistischen Deutschland (1908/09). Jena: Diplomarbeit (masch.)

Schücking, Beate (Hrsg.) (2001): „Deine Augen über jedem Verse, den ich schrieb". Börries von Münchhausen – Levin Ludwig Schücking: Briefwechsel 1897–1945. Oldenburg: Igel

Schücking, Beate (2012): Kürzen ohne Geist. Wenn Sachsen seine Hochschulen nicht ruinieren will, muss das Spardiktat beendet werden. In: Die Zeit für Sachsen (16.02.2012). 14

Schücking, Levin (1880): Hauschronik der Familie Schücking 1154–1362–1862. 2. Auflage (urspr. Hamm 1862). Leipzig: Brockhaus

Schücking, Levin (2009): Lebenserinnerungen. Hrsg. von Walter Gödden und Jochen Grywatsch. (= Veröffentlichungen der Literaturkommission für Westfalen 38. Bielefeld: Aisthesis

Schücking, Levin Ludwig (1901): Studien über die Stofflichen Beziehungen der englischen Komödie zur italienischen bis Lilly (= Studien zur englischen Philologie 9). Halle a. S.: Niemeyer (= Univ. Diss. Göttingen, Halle a. S.: Karras)

Schücking, Levin Ludwig (Hrsg.) (1941): Annette von Droste in ihren Briefen. Leipzig: Insel

Schücking, Levin Ludwig (Hrsg.) (1942): Levin Schücking, Annette von Droste. Ein Lebensbild, Stuttgart: Koehler & Amelang

Schücking, Levin Ludwig (1948): Plaudereien mit Lothar Engelbert. Darmstadt: Baessler

Schücking, Levin Ludwig (2008): Selbstbildnis und dichterisches Schaffen. Hrsg. und kommentiert von Ulf Morgenstern. Bielefeld: Aisthesis

Schücking, Lothar Engelbert (1897): Das Gericht des westfälischen Kirchenvogts (900–1200). Ein Beitrag zu der deutschen Gerichtsverfassung und dem Gerichtsverfahren im Mittelalter. In: Zeitschrift für vaterländische Geschichte und Altertumskunde (Westfalen). Bd. 55, 1. 1–44 (= Diss. jur. Jena)

Schücking, Lothar Engelbert (1921): Die Vorfahren Levin Schückings. In: Schulz, Erich/ Uhlmann, Wilhelm (Hrsg.) (1921): Karl Prümer zum 75. Geburtstag, 23. Mai 1921. Dortmund: Lensing

Schücking, Lothar Engelbert (1931a): Katharina Busch. Zu ihrem 100. Todestag. In: Die westfälische Heimat 13. 1931. 297

Schücking, Lothar Engelbert (1931b): Aus dem Leben der Katharina Busch. Ein Beitrag zur münsterischen Kulturgeschichte des 19. Jahrhunderts. In: Die Glocke, Nov. 1931

Schücking, Theo (Hrsg.) (1898): Briefe von Annette von Droste-Hülshoff und Levin Schücking. Leipzig: Grunow

Schücking, Walther (1897): Das Küstenmeer im internationalen Rechte – im Völkerrechte wie im internationalen Privat- und Strafrechte. Eine von der juristischen Fakultät der Universität Göttingen gekrönte Preisschrift (= Diss. jur.). Göttingen: Univ. Diss.

Schücking, Walther (1928): Ein Lebensroman in Briefen – Annette von Droste, Levin Schücking und Louise von Gall. In: Kieler Literaturzeitung, Beilage zur Kieler Zeitung vom 21. Dezember 1928

Simmermacher, Ilse (1945): Levin Schückings journalistische Leistung. Heidelberg: Univ. Diss.

Steinbicker, Clemens (1964a): Die Ahnenbildersammlung Levin Schückings in Sassenberg. In: Westfalen. Hefte für Geschichte, Kunst und Volkskunde 42. Heft 4. 401–414

Steinbicker, Clemens (1964b): Der Schriftsteller Levin Schücking (= Ahnentafeln berühmter Deutscher 126). In: Genealogisches Jahrbuch. Bd. 4. 73–108

Steinbicker, Clemens (1971): Schücking, ein westfälisches Geschlecht in seiner sozialen Entwicklung. In: Archiv für Sippenforschung und alle verwandten Gebiete 42. 88–99

Straub, Eberhard (2007): Die Furtwänglers. Geschichte einer deutschen Familie. München: Siedler

Szöllösi-Janze, Margit (1998): Fritz Haber. Eine Biographie. München: Beck

Thies, Jochen (2004): Die Dohnanyis. München: Propyläen

Tönspeterotto, Erich/Cremers-Schiemann, Birgit (1994): Schlösser im Münsterland. Hamm: Artcolor

Wand, Elisabeth (1935): Louise von Gall. Ein Bild ihres Lebens und literarischen Schaffens. Emsdetten: Lechte (zugl. Univ. Diss. Münster, 1928)

Waugh, Alexander (2009): Das Haus Wittgenstein. Geschichte einer ungewöhnlichen Familie. Frankfurt a. M.: Fischer

Weber, Clara (1919): Katharina Schücking. Ein Erziehungs- und Lebensbild aus dem Anfang des 19. Jahrhunderts. Münster: Univ.Diss.

Weissweiler, Eva (2006): Die Freuds. Biographie einer Familie. Köln: Kiepenheuer & Witsch

Woesler, Winfried (Hrsg.) (1980): Modellfall der Rezeptionsforschung. Droste-Rezeption im 19. Jahrhundert. 3 Bde. Frankfurt a. M. u. a.: Lang

Zimmermann, Hans Dieter (2005): Martin und Fritz Heidegger. Philosophie und Fastnacht. München: Beck

„Es war vorherbestimmt, was aus mir werden sollte"
Nachfolge in Familienunternehmen zwischen Tradition und Veränderung

Christina Rahn

1 Einleitung

„Wir sind, meine liebe Tochter, nicht dafür geboren, was wir mit kurzsichtigen Augen für unser eigenes, kleines, persönliches Glück halten, denn wir sind nicht lose, unabhängige und für sich bestehende Einzelwesen, sondern wie Glieder einer Kette, und wir wären, so wie wir sind, nicht denkbar ohne die Reihe derjenigen, die uns vorangingen und uns die Wege wiesen, indem sie ihrerseits mit Strenge und ohne nach Rechts und Links zu blicken, einer erprobten und ehrwürdigen Überlieferung folgten. Dein Weg, wie mich dünkt, liegt seit längeren Wochen klar und scharf abgegrenzt vor Dir, und Du müßtest nicht meine Tochter sein, nicht die Enkelin Deines in Gott ruhenden Großvaters und überhaupt nicht ein würdig Glied unserer Familie, wenn du ernstlich im Sinn hättest, du allein, mit Trotz und Flattersinn Deine eignen, unordentlichen Pfade zu gehen. Dies, meine liebe Antonie, bitte ich dich, in Deinem Herzen zu bewegen." (Mann, Thomas 1999 zitiert nach Breuer 2009: 277)

Folgende Aspekte des Zitates aus Thomas Manns „Buddenbrooks" sind für diesen Beitrag von zentraler Bedeutung: Zunächst ist die Familie kein ausschließlich gegenwärtiges Phänomen, sondern wird als intergenerativer Zusammenhang aus mehreren Generationen gedacht. Weiterhin wird das hierarchische Verhältnis zwischen individuellen und familiären Bedürfnissen deutlich. Der/die Einzelne bezieht seine/ihre Existenzberechtigung daraus, Teil eines größeren Ganzen zu sein, dem er/sie sich vollständig unterordnet. Drittens geht mit diesem Familienkonzept eine Aufhebung der Trennung zwischen dem privaten und unternehmerischen Lebensbereich einher. Selbst die Wahl des Ehepartners ist primär eine unternehmerische und weniger eine private Entscheidung. Zum Schluss kann man sich vorstellen, dass die Aufforderung, diesem Arbeits- und Lebenskonzept auch weiterhin zu folgen, zentrales Ziel der Erziehungs- und Sozialisationspraxis der Elterngeneration gewesen ist.

Damit sind bereits zentrale Aspekte und damit verbundene Konflikte von Familienunternehmen angesprochen. Thema dieses Aufsatzes ist das Phänomen der Nachfolge. Das soziologisch Interessante an einem Familienunternehmen ist u. a. die enge Verbindung der beiden Lebensbereiche Arbeit und Familie, die sich auch in dem Versuch niederschlägt, den Betrieb in der Familie weiterzugeben. Es findet somit nicht nur ein Prozess des Vererbens statt, sondern mit dieser Übergabe ist der weitere berufliche Werdegang der kommenden Generation vorbestimmt. Familienunternehmen hatten ihre Blütezeit in den Anfängen kapitalistischer Produktionsweise. Dennoch sind sie auch heute noch von zentraler wirtschaftlicher und gesellschaftlicher Bedeutung. Angesichts der Langlebigkeit dieses Phänomens werde ich im Folgenden zwei Fragen nachgehen. Zum einen geht es mir um die Frage, wie Familienunternehmen mit gesellschaftlichen Modernisierungs- und Individualisierungsprozessen umgehen. Welche Strategien wenden sie an, um ihre Existenz zu sichern? Hier wird sich zeigen, dass sie spezifische Anpassungsleistungen erbringen, die gekennzeichnet sind durch die Gleichzeitigkeit des Neuen und der Reproduktion des Bestehenden. Zudem geht es mir um die Frage, wie Nachfolgeprozesse sich heute beschreiben lassen, und was die zentralen Unterschiede gegenüber früheren Formen der Nachfolge sind. Hierbei wird deutlich werden, dass Familienunternehmen unterschiedliche Erziehungspraxen anwenden, um den Kindern den Betrieb näherzubringen und sie auf eine mögliche Nachfolge vorzubereiten. Es handelt sich somit um Weitergabe- bzw. Tradierungspraxen, die hier näher beleuchtet werden müssen.

Der Beitrag beginnt mit einem kurzen historischen Abriss. Durch ihn lässt sich das Phänomen Familienunternehmen historisch einordnen und mit ihm die zentrale Bedeutung von Sozialisations- und Erziehungspraxen, die von Beginn an Familienunternehmen charakterisieren. Daran anschließen wird sich ein theoretisches Kapitel, in dem das soziologische Phänomen der Weitergabe bzw. der Transferprozesse dargestellt werden soll. Zunächst werden die grundlegenden Transferprozesse in Familien allgemein beschrieben, um die Erkenntnisse anschließend auf Familienunternehmen zu übertragen. Dieser historische und theoretische Abriss bildet die Grundlage meiner Fallbeschreibung.[1] Hier wurde ein Nachfolger interviewt, der über seine Kindheitserfahrungen mit dem elterlichen Unternehmen,

---

[1] Diese ist entstanden im Rahmen meiner Dissertation. Thema der Dissertation ist die Tradierung von Beziehungs- und Arbeitspraxen in Familienunternehmen. In diesem Kontext wurden über 20 leitfadengestützte Interviews mit Nachfolgerinnen und Nachfolgern in kleinen bis mittelständischen Familienunternehmen bundesweit geführt. Die Interviews wurden inhaltsanalytisch ausgewertet und codiert (vgl. Mayring 2007). Für die Fragestellung zentrale Interviewpassagen wurden zudem mit der Dokumentarischen Methode ausgewertet, um

seine Einstiegserfahrungen in den Betrieb und die eigenen Erziehungspraktiken und Vorstellungen bei seinen Kindern berichtet. An diesem Interview werde ich zeigen, wie Erziehungs- und Sozialisationspraxen sich intergenerativ transformieren. Anschließend werde ich unter Hinzuziehung weiterer Interviews verschiedene Formen der Nachfolge herausarbeiten.

2   Familienunternehmen – Geschichte einer Wirtschafts- und Lebensform

Betrachtet man die gegenwärtige Lage der Familienunternehmen in Deutschland, stellt man fest, dass keine andere Unternehmensform so verbreitet ist, wie das Familienunternehmen. Rund 90 % der Betriebe in Deutschland werden als Familienbetriebe geführt. Sie sind zentrale Arbeitgeber und leisten einen hohen Beitrag zum Wohlstand der Gesellschaft.[2] Sie stellen zwischen 50 % und 60 % aller Beschäftigten in der deutschen Volkswirtschaft.[3] Die meisten Betriebe werden innerhalb der Familie weitergegeben.

Dennoch wurde lange bzw. wird immer noch das Familienunternehmen als historische Erscheinung beschrieben, die an spezifische ökonomische und gesellschaftliche Bedingungen gebunden war. Wie lässt sich diese Diskrepanz zwischen ökonomischer und gesellschaftlicher Bedeutung erklären?

Im Rahmen von gesellschaftlichen Modernisierungsprozessen trennen sich im Verlauf des 18. Jahrhunderts die beiden Lebensbereiche Arbeit und Familie. Im Kontext dieser Veränderungsprozesse entsteht die moderne bürgerliche Familie, die sich durch Liebe und Wärme, Konzentration auf die Kinder, Individualismus, einer hohen Bedeutungszuschreibung zu Bildung und einer Abschottung der Fa-

---

zugrundeliegende Handlungsorientierungen aufzudecken (vgl. Nohl 2006 und Bohnsack 2003).

2   Die Zahlen sind unterschiedlich je nach Definition, was unter einem Familienunternehmen verstanden wird: „Der Anteil von nominellen Familienunternehmen, d. h. von Unternehmen, die einen Familiennamen im Firmennamen tragen, an allen deutschen Unternehmen (ohne öffentliche Unternehmen) beträgt 78 %. Familienkontrollierte Unternehmen, bei denen maximal drei natürliche Personen mindestens 50 % der Unternehmensanteile besitzen, haben einen Anteil von 92 %. Der Anteil von eigentümergeführten Familienunternehmen, die familienkontrolliert sind und zusätzlich vom Eigentümer geleitet werden, beträgt 90 %." Vgl. http://www.familienunternehmen.de/media/public/pdf/studien/volkswirtschafl_bed_Jan_2012_gekuerzte_fassung.pdf. Das Institut für Mittelstandsforschung kommt zu ähnlichen Ergebnissen. Nach seinen Berechnungen sind für das Jahr 2006 95,3 % aller deutschen Unternehmen Familienunternehmen. Auf sie entfallen 41,1 % aller Umsätze und 61,2 % aller sozialversicherungspflichtig Beschäftigten. vgl. http://www.ifm-bonn.org/index.php?id=905.

3   Vgl. http://www.familienunternehmen.de/media/public/pdf/studien/volkswirtschaftl_bed_Jan_2012_gekuerzte_fassung.pdf.

milie als privatem Ort gegenüber anderen Lebensbereichen definierte (vgl. Rosenbaum 1996: 251 ff.).

Seit dieser Zeit verfolgen die beiden Lebensbereiche Arbeit und Familie unterschiedliche Beziehungsformen und Handlungsmuster: Stehen auf der einen Seite im familiären Kontext unter anderem Emotionalität, Nichtkündbarkeit der Beziehungen und Nichtaustauschbarkeit der Personen im Vordergrund, so stehen auf der anderen Seite im Unternehmen Kündbarkeit der Beziehungen, effektives Denken und Handeln sowie schriftliche Kommunikationsformen im Zentrum.

Das Besondere eines Familienunternehmens ist dagegen, dass Familie und Unternehmen miteinander gekoppelt sind. Diese enge Verknüpfung aus Familie und Erwerbsleben wird bereits mit der Entstehung von Familienunternehmen deutlich. Die Blütezeit ist die Zeit der Industrialisierung und Hochindustrialisierung Mitte des 19. Jahrhunderts. Das Vorhandensein ökonomischer Chancen und Möglichkeiten, Arbeit und Erfolg als Kriterien für gesellschaftlichen Aufstieg, eine protestantische Lebensführung, eine damit verbundene Arbeitsmoral, die Gewinn als Maxime legitimiert, sind laut Jürgen Kocka zentrale Begründungen für den Erfolg junger deutscher Unternehmer in dieser Zeit. Ebenso zentral für die Entstehung des Unternehmergeistes ist die Familie. Familiäre Verarmung und Abstieg zu verhindern, war, so Kocka, ein weiterer auffindbarer Motivationsstrang. Arbeit bekam einen weiteren Sinn und Familie wurde nicht als gegenwärtiges, sondern als mehrgenerationales Phänomen aus Kindern, Enkeln und Urenkeln vorgestellt (vgl. Kocka 1982: 165 ff.).

> „Nicht primär für die eigene Person, sondern für die ganze Familie wollen sie das Unternehmen langfristig erhalten und also ausbauen. So erhielt die Arbeit einen zusätzlichen Sinn. Sie geschah zum Nutzen der Kinder und Enkel oder sie stand – grundsätzlicher und abstrakter – im Dienste des Ruhmes der Familie, die als eine mehrgenerationelle in die Zukunft ragende Kollektividentität vorgestellt wurde." (Kocka 1982: 166)

Es war herrschende Praxis in Familienunternehmen, Stellen durch Familienmitglieder zu besetzen. Für die Unternehmensführung war dieses Familienmitglied in der Regel der erstgeborene Sohn, Töchter waren von dieser Praxis meist ausgeschlossen (vgl. Boch 1999: 164). Aufgrund der hohen Kinderzahl in Unternehmerfamilien dieser Zeit wich die Familie jedoch im Falle von Konflikten vom ältesten auf den am besten geeigneten Sohn aus (vgl. Boch 1999: 165 ff.).[4] Um diese Praxis erfolgreich zu ermöglichen, war eine spezifische Erziehung notwendig.

---

4   Es waren jedoch nicht nur die eigenen Kinder, auch andere Verwandte wurden in die Familienunternehmen integriert, weshalb von Saldern von Familien- und Verwandten-Netzwerken spricht (vgl. Adelheid von Saldern 2008: 151–174).

Die Vermittlung von fachlichen, intellektuellen und persönlichen Fähigkeiten sowie der elterliche Einfluss auf das Heiratsverhalten machen deutlich, dass die Familie in dieser Zeit einen funktionellen Stellenwert hatte.

> „Doch durchweg stellte die Familie im Kindheits- und frühen Jugendalter den massivsten Erziehungseinfluss dar; hier entschied sich die Orientierung der Nachkommen stärker als später. Durchweg war da eine enge Verbindung von Erziehung und Arbeit; in sehr un-feudaler Weise wurden den Kindern dieser Familien früh eine oft religiös überhöhte Hochschätzung vor selbständiger Arbeit eingeprägt, sei es im Kontext ehrbaren Nahrungserwerbs, sei es als in sich befriedigendes Mittel individueller Leistung in Konkurrenz mit anderen und gegen den Widerstand der Verhältnisse. Die Betonung von Pflichterfüllung, Ordnung und Pünktlichkeit war jenen Familien gemeinsam; die väterliche Befehlsgewalt wurde kaum in Frage gestellt, der Gehorsam der Kinder, wenn nötig, mit Strenge erzwungen." (Kocka 1982: 169)

Die Familie war somit eine Motivation für unternehmerisches Denken, die Entstehung einer unternehmerischen Persönlichkeit sowie die Etablierung und Festigung vorkapitalistischer Gesellschaftsstrukturen.

Diese Praxis der Nachfolge und die damit einhergehende enge Verbindung zwischen Familie und Arbeit zeigte seit dem späten 19. Jahrhundert besonders bei den größeren Unternehmen dysfunktionale Elemente, die sich in einer geringer werdenden Bedeutung der Familie für den beruflichen Werdegang der nächsten Generation zusammen fassen lassen (vgl. Boch 1999: 168 ff.). Die Herausbildung funktionierender Kapitalmärkte, ein modernes Bankensystem, die Institutionalisierung der technischen und kaufmännischen Ausbildung, gut qualifizierte und vertrauenswürdige leitende Angestellte sowie die Ausbreitung der Kommunikations- und Infrastruktur sind für Kocka Gründe für den Bedeutungsverlust der Unternehmerfamilie (vgl. Schäfer 2007: 10 ff.). Dennoch wird heute noch immer ein großer Teil der kleinen und mittleren Familienunternehmen in der Familie weitergegeben. Die Vermittlung und Weitergabe von spezifischen Arbeits- und Lebenspraxen ist nach wie vor von zentraler Bedeutung, um die Existenz von Familienunternehmen zu gewährleisten. Im Folgenden soll daher zunächst das soziologische Phänomen der Transferleistungen in Familien dargestellt werden, um sie anschließend auf die Besonderheit von Familienunternehmen übertragen zu können.

3 Transferprozesse in Familien

3.1 Theoretischer Abriss

Jürgen Zinnecker und Ludwig Stecher beschreiben die Weitergabe im intergenerativen Kontext als Transferbeziehungen (vgl. Stecher/Zinnecker 2007: 389 ff.). Der Begriff ist dabei breit gefasst. Transferinhalte können materieller Art sein und sind im Verständnis von Bourdieu als ökonomisches Kapital zu verstehen. Desweiteren können handwerkliche oder persönliche Dienstleistungen transferiert werden. Außerdem kann kulturelles Orientierungswissen oder Bildung transferiert werden, was mit Bourdieu als kulturelles Kapital definiert wird (vgl. Stecher/Zinnecker 2007: 391). Mit seiner Theorie der verschiedenen Kapitalformen (ökonomisches, kulturelles und soziales Kapitel) hat Bourdieu einen Ansatz entwickelt, um die immanente Struktur gesellschaftlicher Macht und ihrer Verstetigung zu erklären. Die Relevanz des kulturellen Kapitals hat in dem Maße zugenommen, in dem Bildung für die Sicherung der individuellen und familiären Existenz von Bedeutung wurde. Doch trotz Bildungsexpansion in den letzten Jahrzehnten lässt sich die Frage nach der Persistenz sozialer (Bildungs-)Ungleichheiten nicht mit Begriffen wie Macht oder ökonomisches Kapital erklären, sondern die Antwort ist mit Bourdieu in den „sozialen und kulturellen Reproduktionsstrategien der Familie" zu suchen (vgl. Stecher/Zinnecker 2007: 392).

> „Die Familie spielt nämlich für den Erhalt der sozialen Ordnung, für die nicht nur biologische, sondern auch soziale Reproduktion, das heißt für die Reproduktion der Struktur des sozialen Raumes und der gesellschaftlichen Verhältnisse, eine entscheidende Rolle. Sie ist einer der bevorzugten Orte der Akkumulation von Kapital aller Sorten und seiner Weitergabe von Generation zu Generation: Sie wahrt ihre Einheit für die Weitergabe und durch die Weitergabe, um weitergeben zu können und weil sie weitergeben kann. Sie ist das wichtigste Subjekt der Reproduktionsstrategien." (Bourdieu 1998: 132)

In Anschluss an Bourdieu verstehen Anna Brake und Peter Büchner die Familie als einen Bildungsort (vgl. Büchner/Brake 2006), an dem sich in relativ dauerhaften Handlungs-, Orientierungs- und Beziehungsmustern zwischen den Generationen ein spezifischer, familiärer Habitus bildet. Der Habitus im Sinne Bourdieus ist nicht angeboren, sondern ein Erzeugungsprinzip von Gedanken, Wahrnehmungen und Handlungen. Die Familie ist für den Habitus der zentrale Referenzpunkt. Sie ist ein „Möglichkeitsraum" (Büchner 2006: 28), der spezifische Formen des Denkens, Fühlens und Handelns hervorbringt, die sich wiederum in ökonomischer und gesellschaftlicher Relation, Differenz und Hierarchie zu anderen Familien befinden (vgl. Büchner 2006: 28). Durch die vorhandenen materiellen, sozialen und kulturellen Kapitalien, die von der Familie für die nachfolgende Generation bereitgestellt werden, wird die Familie zum zentralen Ort kultureller Reproduktion, der die kulturelle und gesellschaftliche Teilhabe entweder ermöglicht oder verhindert. Bourdieu sieht daher in der Familie auch den entscheidenden Ort, an dem im alltäglichen Miteinander eine soziale und kulturelle Praxis kollektiv erzeugt, aufrechterhalten und weitergegeben wird. Diese Praxis wird von den Subjekten nicht autonom hervorgebracht, sondern sie ist geprägt durch die vorhandenen Klassen und gesellschaftlichen Ungleichheiten.

> „Die Konditionierungen, die mit einer bestimmten Klasse von Existenzbedingungen verknüpft sind, erzeugen die Habitusformen als Systeme dauerhafter und übertragbarer Dispositionen, als strukturierte Strukturen, die wie geschaffen sind, als strukturierende Strukturen zu fungieren, d.h. als Erzeugungs- und Ordnungsgrundlage für Praktiken und Vorstellungen, die objektiv an ihr Ziel angepasst sein können, ohne jedoch bewusstes Anstreben von Zwecken und ausdrückliche Beherrschung der zu deren Erreichung erforderlichen Operationen vorauszusetzen, die objektiv ‚geregelt‘ und ‚regelmäßig‘ sind, ohne irgendwie das Ergebnis der Einhaltung von Regeln zu sein, und genau deswegen kollektiv aufeinander abgestimmt sind, ohne aus dem ordnenden Handeln eines Dirigenten hervorgegangen zu sein." (Bourdieu 1993: 98 f.)

Neben der Aufgabe, die Familientradition und -kultur zu erhalten, stellt sich für ihre Mitglieder gleichermaßen die Aufgabe, in ihrer historischen Entwicklung kulturell teilhabefähig und sozial anschlussfähig zu bleiben. Generationskonflikte sind somit nicht bedingt durch die „natürlichen Eigenschaften unterschiedlicher Altersgruppen", sondern weil die Habitusformationen der verschiedenen Generationen unter unterschiedlichen Existenzbedingungen erzeugt wurden. Dies führt zu Veränderungen in der Genese des familiären Habitus.

Trotz seiner Trägheit unterliegt der Habitus gesellschaftlichen Veränderungs- und Wandlungsprozessen. Am Beispiel von zwei vorgestellten Familien zeigen Anna Brake und Johanna Kunze zwei Formen von Transmission auf. Geht man von der Unterscheidung zwischen der vererbenden älteren Generation und der sich das Erbe aneignenden Generation aus, so stehen im ersten Fall die Erblasser im Vordergrund. Hier sprechen die beiden Autorinnen von der „Transmission zum Identischen" (Brake/Kunze 2004: 79). In diesem Fall erhebt die ältere Generation den Anspruch darüber, zu wissen, was als wünschenswert und nützlich an die nächste Generation weitergegeben wird. Es wird somit versucht, ein großes Maß an Kontinuität zwischen den Generationen herzustellen, das Familienerbe soll weitgehend identisch reproduziert werden. Die Richtung der Transmission geht ausschließlich von den Eltern zu den Kindern (vgl. Brake/Kunze 2002: 79 ff.).

Im Fall der „Transmission zum Äquivalenten" steht die Diskontinuität stärker im Vordergrund. Zunehmende Individualisierungsprozesse verhindern, dass Identisches weitergegeben wird, vielmehr werden Grundprinzipien weitergegeben (z. B. Sport treiben, wobei die konkrete Sportart der Entscheidung der Kinder überlassen wird). Das bedeutet aber nicht, dass hier alles offen ist, vielmehr hat die Familie die Funktion eines

> „biographischen Planungszentrums, das den einzelnen Mitgliedern zwar Selbständigkeit zugesteht und diese auch einfordert, aber gleichzeitig auch ein Korrektiv ist, wenn der Einzelne einen vom Familienhabitus zu stark abweichenden Weg einschlägt." (Brake/Kunze 2002: 86)

Die jüngere Generation muss sich jedoch das familiale Erbe im Rahmen einer aktiven Eigenleistung aneignen, damit es das Eigene wird. Transmissionen in Familien, die stärker diesem Schema folgen, sind damit immer von einer Gleichzeitigkeit der Reproduktion von Bestehendem und der Emergenz von Neuem gekennzeichnet. Gleichzeitig wird Transmission nicht als one-way-process vorgestellt, sondern die Transmission findet zwischen den Generationen statt.

3.2   Transferprozesse in Familienunternehmen

Überträgt man die vorgestellten Überlegungen zur Tradierung auf das Phänomen der Familienunternehmen, so wird deutlich, dass hier ökonomisches und soziales bzw. kulturelles Kapital gleichermaßen vererbt wird. Neben dem ökonomischen Kapital, das in Form des Unternehmens übergeben wird, wird auch ein familiärer Habitus weitergegeben, der einerseits über besondere fachliche und intellektuelle Fähigkeiten, andererseits über Softskills sowie eine familienspezifische Arbeits- und Lebenspraxis verfügt. Nur das Zusammenspiel beider Sorten des Transfers ermöglicht die Mehrgenerationalität von Familienunternehmen.

Dennoch ist das ökonomische Kapital gleichermaßen emotional durchdrungen. Materielle Dinge haben laut Hans Medick und David Sabean bezugnehmend auf E.Goody die Funktion eines „sozialen Beziehungsidioms" (vgl. Medick/ Sabean 1984: 34 f.). Martine Segalen macht in ihrem Aufsatz „Tradierung des Familiengedächtnisses in den heutigen französischen Mittelschichten" deutlich, dass vererbte Dinge eine identitätsstiftende Bedeutung haben. Am Beispiel von Möbeln zeigt sie, dass vererbte Gegenstände Kontinuität ermöglichen und bewahren (vgl. Segalen 1993: 162). In der gegenwärtigen Forschung untersucht Ulrike Langbein in ihrer Dissertation „Geerbte Dinge" die Bedeutung und den Umgang mit alltäglichen Dingen, die zu Erbstücken werden. Sie macht deutlich, dass in den geerbten Dingen die Biographie und das Lebenskonzept des Vorbesitzers enthalten sind.

> „Zunächst symbolisieren die Dinge für alle meine Interviewpartner ihre vormaligen Besitzer, die Dinge werden als deren Markenzeichen, als typischer und sinnfälliger Ausdruck der anderen Persönlichkeit interpretiert." (Langbein 2002: 218)

Sie rufen die nachfolgende Generation zu einer Tradierung des spezifischen Habitus des Verstorbenen auf. Damit Dinge zu Erbstücken werden, müssen sie jedoch vom/von der Erbenden inkorporiert und angeeignet werden, sie müssen die eigenen werden. Dem geht ein Prozess voraus, der vom Erben/von der Erbin eine innere Auseinandersetzung verlangt, eine Auseinandersetzung mit den familienspezifischen Werten, Normen und Grundüberzeugungen, eine Auseinandersetzung, die immer auch das eigene Selbstverständnis in Frage stellt. Geprägt ist dieser Auseinandersetzungsprozess durch gesellschaftliche Veränderungsprozesse, die sich im Generationenverhältnis niederschlagen. Aneignung bedeutet daher für die Erben gleichermaßen Transformation. Denn selten vollzieht sich eine Reproduktion des Identischen, vielmehr geht die Aneignung mit Aspekten der Zurückweisung, der Veränderung oder des Widerstandes einher (vgl. Langbein 2002: 217 ff.).

> „Der Prozess der Aneignung umfasst jedoch nicht nur die Selektion der Dinge und ihre Deklaration als Erbe, sondern auch ihre Inkorporation. So bezeichne ich den Vorgang, durch den die Dinge aus einer anderen Welt einverleibt werden. Die Dinge des Anderen werden zu den eigenen, zu Eigentum im unmittelbaren Sinne. In jedem Falle stellt der Vorgang der Inkorporation eine Individualisierung dar, weil die Dinge, die aus der Lebenswelt einer anderen Person stammen, zum Element des eigenen Alltags und zum persönlichen Ausdruck des neuen Besitzers werden." (Langbein 2002: 221)

Damit werden einige zentrale Aspekte der Tradierung im Familienunternehmen deutlich. Zunächst ist das Objekt der Transferleistung, das Unternehmen selbst, nicht immer das gleiche, sondern gerade langjährige Unternehmen verändern sich von Generation zu Generation. Das Unternehmen erweitert oder spezialisiert seine Produktionspalette, es expandiert in andere Länder oder verändert seine Führungs- und Unternehmenskultur und vieles mehr. Damit ist dieser Tradierungsprozess in Familienunternehmen jedoch immer auch ein intergenerativer Prozess, ein Aushandlungsprozess zwischen dem/der ÜbergeberIn und dem/der NachfolgerIn, der phasenweise oft konflikthaft verläuft.

Für die NachfolgerInnen aus Familienunternehmen bedeutet dies, dass das Erben fast immer auch ein ambivalenter Aneignungsprozess aus der Reproduktion

des Bestehenden und der Entwicklung von Neuem ist. Im Rahmen dieses intergenerativen Tradierungsprozesses muss der/die NachfolgerIn das Unternehmen
annehmen, es sich zu eigen machen. Dieser Aneignungsprozess bedeutet für den/
die NachfolgerIn immer die innere Auseinandersetzung mit den Arbeits- und Le-
bensprinzipien des Vorgängers/der Vorgängerin – eine Auseinandersetzung, die
immer auch die eigenen Prinzipien, Normen und Bedürfnisse in Frage stellt. Nach
dem Modell von Ulrike Langbein ermöglicht erst die Individualisierung des Erbes
die Inkorporierung und die erfolgreiche Weiterführung.

Nach diesem theoretischen Exkurs wird im Folgenden ein Fallbeispiel dargestellt. Zentrale Perspektive ist hierbei die Transformation im Kontext der Weiter-
gabe- und Tradierungspraxen in einem mehrgenerationalen Familienunternehmen. Differenziert wird hierbei zwischen der Weitergabe und Aneignungspraxis
der kommenden Generation.

4   Darstellung eines Fallbeispiels

4.1   Das Familienunternehmen Schneider

Es handelt sich hierbei um ein Familienunternehmen in der fünften Generation.
Gegründet wurde es 1862 als Schmiede und Schlosserei, heute ist es in der Fördertechnik tätig. Maßgeblich der Großvater war verantwortlich für die Entwicklung in diese Richtung. Herr Schneider und sein Bruder, beide Maschinenbauer,
sind heute im Unternehmen tätig. Herr Schneider, der von mir Interviewte, ist der
Zweitgeborene. Er ist seit 14 Jahren im Unternehmen und seit 9 Jahren in der Geschäftsführung tätig. Er lebt derzeit in Trennung und hat zwei Kinder. Schneider
Senior ist zwar noch im Unternehmen präsent, jedoch primär beratend. Das Unternehmen ist recht erfolgreich und beliefert teilweise große Firmen mit entsprechenden Sonderanfertigungen in der Fördertechnik.

4.2   Wie wird das familiale Erbe weitergegeben?

Hinsichtlich der Weitergabe des familialen Erbes geht es im Falle der Familie
Schneider einerseits um die Frage, wie, und andererseits um die Frage, an wen es
weitergegeben wird. Hinsichtlich der Frage nach dem Wie gibt es eine Veränderung der Weitergabe von der Großvatergeneration zur Elterngeneration. Großvater Schneider, so beschreibt es der Enkel im Interview, verlangte von seinem Sohn,
Schneider Senior, als Kind bereits Mithilfe im Unternehmen. Das hieß am Wochenende die Hallen kehren, während die anderen Kinder auf der Straße spielten.

Schneider Senior hatte diese Erfahrung offenbar nicht in guter Erinnerung und verlangte von seinen Kindern keine Mithilfe im Familienunternehmen. Andererseits kam es jedoch auch nicht zu anderen kindlichen Kontakten zum Unternehmen. Bis zur Jugendzeit hatten beide Brüder kaum Berührung mit dem Unternehmen, so Herr Schneider.

Trotzdem hatte das Unternehmen einen prägenden Einfluss auf die Entwicklung der beiden Kinder. Herr Schneider erzählt, dass er groß geworden ist mit der Erfahrung, dass es für den Vater eigentlich nur die Arbeit gab. Neben einem hohen zeitlichen Arbeitseinsatz sind Effizienz, Kundenorientierung und hohe Qualitätsstandards zentrale Bestandteile seines Arbeitsethos. Damit verbunden ist ein Verständnis von alleiniger Verantwortung. Das Delegieren von Tätigkeiten und Verantwortlichkeiten ist für Schneider Senior nicht denkbar. Verbunden mit diesem unternehmerischen Selbstbild ist eine spezifische Lebensführung, die auch öffentlich gelebt und präsentiert wird. So ist Schneider Senior Mitglied in gemeinnützigen Stiftungen; großzügige Spenden, die in den regionalen Medien thematisiert werden, und eine private Lebensweise, die durch Golf gekennzeichnet ist, sind für ihn selbstverständlich. Sein Selbstverständnis ist es, primär Unternehmer zu sein.

Familie bedeutet für Schneider Senior in erster Linie Regeneration und Erholung. In Herrn Schneiders eigenen Worten beschreibt er seinen Vater folgendermaßen:

„(…) der Vater ist eigentlich kein extrovertierter Typ, mehr introvertiert, und hat sich eigentlich voll auf die Arbeit konzentriert, das macht er auch weiterhin, das ist für mich augenscheinlich. Heißt, dass er abends k. o. war, er ist morgens um halb sieben in der Firma gewesen und um 18 Uhr gab es Abendessen, und zwischendrin hat er vielleicht noch Frühstück, kein Mittagessen gemacht, spätes Frühstück, also er hat einen guten 12-Stundentag gehabt plus Samstag, plus Sonntag. Er kann immer noch nicht abschalten, dass er sonntags zu Hause bleibt, weil er weiß nicht, was er zu Hause machen soll, also er arbeitet weiterhin sonntags, also voll im Job." (Helmut Schneider)

Väterliche Erziehung verlief aus der Erinnerung von Herrn Schneider damit weniger über Austausch und Kommunikationsprozesse als über das Vorleben, das eine klare Differenzierung und Hierarchisierung der beiden Lebensbereiche Arbeit und Familie beinhaltet. Auch heute im höheren Alter ist Schneider Senior nicht in der Lage, seine restliche Lebenszeit anders als arbeitend zu verbringen. Ausnahmen waren in der Kindheit die Skiurlaube im Winter.

Herr Schneider kritisiert die berufliche Lebenspraxis des Vaters. Bereits als Kind hat er unter der mangelnden Zeit des Vaters gelitten und ihn versucht für sich zu gewinnen.

„Warum was unternehmen, warum muss man denn samstags auf den Fußballplatz gehen, im Unternehmen kann man ja ein bisschen was arbeiten. Der Vater ist schon auf
den Fußballplatz gegangen, der hat schon andere Ansätze gemacht. Aber, ja, es war also
auch Familienzeit, ja, im Urlaub, und selbst im Urlaub hat er sich eigentlich sehr stark
entspannt und aktiv wenig unternommen mit uns. Das bedauere ich eigentlich, was ich
halt versuche, jetzt bei meinen Kindern intensiver zu machen und zu sagen, komm, am
Sonntag musst du nicht nur rumliegen oder irgendwas, deinen eigenen Kram machen,
da sind Kinder, die spielen zwar mit Lego, aber setz dich dazu und spiele halt mit denen
Lego oder mache irgendwas. Das verstehe ich unter Familienzeit. Und das war bei meinem Vater gar nicht, da bin ich eher auf ihn, wenn er auf der Couch gelegen war und
habe mit ihm halt versucht, Blödsinn zu machen, weil ich halt ein bisschen was haben
wollte davon." (Helmut Schneider)

Herr Schneider macht im Interview deutlich, dass der berufliche Werdegang seiner Kinder für den Vater vorbestimmt war. Entsprechend einem traditionell konservativen Selbstverständnis ist es klar, dass der Erstgeborene, der Bruder von
Herrn Schneider, in das Unternehmen einsteigt und es übernehmen wird.

„Und mein Bruder ist der Erstgeborene, also ich bin der Zweitgeborene, der hat sich
eigentlich sehr stark darauf ausgerichtet auf die Firma dann irgendwie in die Richtung.
Und ich habe mir erst überlegt, was ich mache, weil das ist schon bei uns ein bisschen
so eine Polarisierung, ein Erstgeborener, ich sage das jetzt extra so, dass der, ja, ein
Junge und Firma übernehmen und so weiter, und bei mir, das war dann irgendwie für
die Eltern kein Thema, deswegen war ich ein bisschen so frei in meinen Entscheidungen, was ich machen wollte." (Helmut Schneider)

Damit trennen sich ab dem Jugendalter die Berufs- und Lebenswege der beiden
Brüder. Die Vermittlung scheint jedoch kein kommunikativer Auseinanderset-
zungsprozess gewesen zu sein, sondern dies war durch den Vater bzw. durch die
Tradition des Unternehmens einfach vorgegeben.

Mit dem Einstieg der nächsten Generation in das Unternehmen tritt der Einfluss des Vaters jedoch nicht in den Hintergrund. Er erhebt Anspruch darauf,
auch weiterhin das Unternehmen zu lenken bzw. mitzulenken. Veränderungen
durchzuführen ist, wenn sie dem Vater nicht gefallen, schwierig. Die Übergabe
des familialen Erbes bezieht sich auch auf einen gewissen unternehmerischen
Lebensstil. Verbal fordert der Vater kein „Arbeiten ohne Ende", vielmehr fordert er seine Söhne auf, ihre Freizeit standesgemäß zu verbringen, z. B. Golfen zu
gehen.

Zusammenfassend kann festgehalten werden, dass für Herrn Schneider die
Übergabe des familiären Erbes maßgeblich über Autorität und Charisma des Va-

ters funktioniert. In seiner Kindheit war der Betrieb kein Bestandteil seiner kind-lichen Lebenswelt. Es gab damals für ihn keine Möglichkeit, den Betrieb, die Arbeit und die spezifische Atmosphäre im Betrieb kennenzulernen. Seinen Va-ter erlebte er nicht bei der Arbeit, sondern in seiner Erinnerung war er einfach nicht da. Die Tradierung der spezifischen Arbeits- und Lebenspraxis erfolgt da-mit nicht über den direkten leiblichen Kontakt, sondern sie funktioniert über eine Anrufung[5], die besonders dem Erstgeborenen seinen Arbeits- und Lebensweg qua Familientradition vorgibt.

4.3 Wie wird das familiale Erbe durch Herrn Schneider angeeignet?

Die Aneignung des familialen Erbes ist für Herrn Schneider bis heute durch ver-schiedene Ambivalenzen gekennzeichnet. Einerseits ist er geprägt durch die Ar-beits- und Lebenspraxis des Vaters, die er in negativer Erinnerung hat und eigent-lich nicht wiederholen möchte. Andererseits ist sein Status als Zweitgeborener für ihn schwierig und führt mit seinem Eintritt in den familiären Betrieb zumindest anfänglich zu einer Übererfüllung der zu verrichtenden Aufgaben und Tätigkei-ten im Betrieb.

Das Selbstverständnis von Herrn Schneider besteht somit in der Ambivalenz, einerseits Teil einer Generationenfolge zu sein, andererseits der Zweitgeborene zu sein, was einer unmarkierten, nicht definierten Position entspricht.

Die Vorgabe des beruflichen und persönlichen Werdegangs seines Bruders hatte auch für Herrn Schneider Konsequenzen hinsichtlich der Aneignung des familialen Erbes. Einerseits sind damit größere biographische und berufliche Entscheidungsmöglichkeiten gegeben, denn die Position Nachfolger ist ohnehin schon besetzt. Andererseits scheint ein Lebensentwurf außerhalb des Unterneh-mens nicht denkbar oder anerkennungswürdig zu sein. So macht er eine kauf-männische Ausbildung bei einer Bank, um dieser ein Studium der Wirtschafts-ingenieurwissenschaften anzuschließen. Dennoch scheint in seinen Augen die Ausbildung und der Eintritt in das Unternehmen nicht mit mehr Anerkennung verbunden zu sein, vielmehr ist er mit einem Ziel konfrontiert, das eigentlich für

---

5   Ich verstehe den Begriff der Anrufung, wie ihn Althusser in seinem Buch „Ideologie und ideologische Staatsapparate" definiert hat. In diesem Verfahren ruft der ideologische Staats-apparat durch seine entsprechenden Repräsentanten (z. B. Pfarrer, Lehrer, Polizisten) ein Individuum an, wodurch das Individuum in ein Subjekt mit einer entsprechenden Subjekt-position transformiert wird (vgl. Althusser 1977: 144).

ihn unerreichbar ist, während sein Bruder die begehrte Position qua Geburt erworben hat.

> „Aber das sind so kleine Beispiele, wenn wir Werbegeschenke machen, machen wir
> oben eine schöne Edelstahldeckplatte mit unserem Logo drauf, ein schönes dezentes
> Geschenk, (…). Und dann sagt mein Vater und mein Bruder, da muss unser Logo in
> hell-dunkelblau ganz fett drauf, und ich, es geht doch darum, dass die Kunden wissen,
> dass es von uns kommt, wir machen ein ganz dezentes Logo drauf, die wollen bestimmt
> nicht ihren Salzstreuer dahin stellen, dass da ein Schneider-Logo (…). Es ist für mich
> ein Beispiel, die wollen, hier sind wir, und ich sage, ich möchte dem Kunden zeigen,
> dass ich da bin und dass er was Gutes bekommt und ein kleines, dezentes (.). Aber so
> ist die Identifikation bei meinem Bruder und bei meinem Vater halt anders, noch tie-
> fer." (Helmut Schneider)

Der geringere Grad an Identifizierung erklärt sich somit für Herrn Schneider
aus seiner Position innerhalb der Generationenfolge. Identifizierung, so das Bild,
scheint nicht an jeden weiterzugeben zu werden, und man hat das Maß der Identifizierung auch nicht selbst in der Hand. Gleichermaßen scheint sich Identifikation
in fast mathematischer Weise niederzuschlagen. Je mehr Identifikation, desto größer das Logo, oder umgekehrt: favorisiert man ein kleines Logo, so verweist dies
auf eine geringere Identifikation.

Die Aneignung der väterlichen Arbeits- und Lebenspraxis lässt sich für Herrn
Schneider als Weg beschreiben. Die erste Zeit ist geprägt von der Suche nach
einem eigenen Verständnis von Arbeit und ihrer alltagspraktischen Umsetzung.
Arbeit hat zunächst im Leben von Herrn Schneider erste Priorität. Neben dem
Erwerb von Kenntnissen im neuen Arbeitsfeld ist diese Zeit primär gekennzeichnet durch Druck, durch eine Übererfüllung der väterlichen Anforderungen an die
Arbeit. Während Schneider Senior oder auch der Bruder ab und zu die Mittags-
pause nutzen, um privaten oder familiären Bedürfnissen nachzukommen, ist dies
für Herrn Schneider zunächst nicht denkbar. Mit der wachsenden Sicherheit gewinnt die Arbeit zunehmend eine stärker selbstbestimmte und persönlichkeits-
stiftende Bedeutung.

Dennoch verläuft diese Aneignung von Anfang an nicht konfliktlos. Zwei
Konflikte stehen im Vordergrund: Zum einen geht es um eine subjektive Aufwertung des Lebensbereichs Familie. Seine kindliche Erfahrung mit der Abwesenheit
des Vaters möchte er mit den eigenen Kindern nicht wiederholen:

> „.. aber früher gab es-, war es mir sehr bewusst, (…) Vater, (…) ich ihn vermisst habe,
> aber da habe ich immer geschaut, dass ich irgendwie mich auch dazu bewege, mit den
> Kindern mehr zu machen. Also, klar, (..) samstags oder meine Frau, die hat sehr Wert

drauf gelegt, dass wir geregelt zu Abend essen und natürlich nicht vorm Fernseher und uns da auch unterhalten, wir sind eigentlich auch sehr kommunikativ gewesen. Dann am Wochenende immer einen Ausflug gemacht, das war mir schon wichtig." (Helmut Schneider)

Damit verbunden ist ein neues Verhältnis zwischen Arbeit und Familie. Familie wird von ihm aufgewertet, wobei ein hierarchisches Verhältnis bestehen bleibt. Vatersein ist Bestandteil seiner eigenen Subjektivität, was ihn von seinem Vater unterscheidet.

Dieser Konflikt zieht sich durch das ganze Interview. Es geht um die Frage, wie viel Arbeitseinsatz kann ein Unternehmen verlangen? Wo sind meine Grenzen, und sind diese Grenzen vertretbar? Mittlerweile ist seine Ehe geschieden, und er selbst sieht einen zentralen Grund hierfür in der Vernachlässigung seiner familiären Pflichten. Obwohl er für dieses Thema mittlerweile sensibilisiert ist, ist die Suche nach einem eigenen Arbeitsmaß noch nicht abgeschlossen.

„Aber ich versuche, da eine Balance zu finden, die Firma ist extrem wichtig, weil man da viel Verantwortung hat und natürlich auch viel-, ja, gibt auch viel zurück, Sicherheit und Möglichkeiten, sich zu entwickeln oder sich zu präsentieren, ja, sich zu verwirklichen auch, das Unternehmen zu führen, aber irgendwo muss man auch die Freizeit dann noch-, für sich selbst auch noch eine Ruhephase haben. Das ist immer zu überlegen und da habe ich eigentlich noch keine Einstellung gefunden oder-, ja." (Helmut Schneider)

Der zweite Vater-Sohn-Konflikt, der im Interview auftaucht, ist seine Kritik an den vorhandenen Organisations- und Führungsstrategien. Er plädiert für eine stärkere Verteilung von Verantwortlichkeiten. Ein Arbeitsethos, das die alleinige Verantwortung in einer Person sieht, wird abgelehnt, und an dessen Stelle werden neue Zuständigkeiten gefordert, was eine Veränderung im Hierarchiegefälle bedeutet.

Die Aneignung und Individualisierung der eigenen Arbeits- und Lebenspraxis ist ein Prozess, der für Herrn Schneider noch nicht abgeschlossen ist. Deutlich ist die Stärke und Macht der väterlichen Praxis, die nach Reproduktion verlangt. Dennoch reproduziert Herr Schneider diese nicht, sondern er versucht, Veränderungen für das Unternehmen und für sich zu erreichen, was die Voraussetzung für eine erfolgreiche Aneignung ist.

4.4   Wie gibt Herr Schneider das familiale Erbe weiter?

Interessanterweise gibt es einen klaren Bruch, wenn man sich anschaut, wie Herr Schneider versucht, das familiale Erbe an seine Kinder weiterzugeben. Im Gegensatz zu seinem Vater versucht er, seinen Kindern das Familienunternehmen bereits näher zubringen. Das heißt, er nimmt sie, wenn zeitliche Möglichkeiten bestehen, mit in die Firma oder auf Baustellen.

> „Ja, also das mit den Kindern, die kriegen jetzt schon mit, was ich mache, oder wenn ich als mal unterwegs bin, sage ich, oh ja, da könnte ich noch kurz mal hinfahren, den Aufzug oder die Baustelle angucken, wie weit das ist, das ist grade auf dem Weg, und da fragt der Sohnemann, warum, und ich erkläre es ihm eigentlich dann. Das Mädchen, also die Tochter, ja, die interessiert sich mit den Leuten, wer arbeitet denn da, und da sind Bekannte, wo sie kennt, sagt sie, wie lange arbeitet die und wo sitzt sie und so. Also die interessieren sich oder begeistern sich schon dafür, ich tue es auch ein bisschen anpreisen und sage, ja, wir haben halt die Möglichkeit, das und das zu machen (…). Ich hoffe, sie haben da eine neutrale Einstellung dafür und nicht dass sie dann zuviel Geschmack bekommen oder auch nicht zuviel Abstand bekommen und sagen, hm, komischer Laden, also ich muss das versuchen, neutral zu behandeln." (Helmut Schneider)

Damit wird das Unternehmen bereits ein Bestandteil der kindlichen Welt. Im Gegensatz zu ihm und seinem Bruder lernen seine Kinder ihren Vater auch bei der Arbeit kennen und bekommen somit eine Vorstellung von der konkreten Arbeit im elterlichen Unternehmen von Anfang an vermittelt. Im Gegensatz zu seiner eigenen biographischen Erfahrung findet hier die Erziehung zur Nachfolge wesentlich früher statt und wird damit unbewusst inkorporiert und zu einer Grundlage des eigenen Selbstverständnisses. Gleichermaßen versucht er seine Familienpraxis in der Form zu verändern, dass hierfür auch Zeit und Raum vorhanden ist, wodurch gleichermaßen den Kindern ein höherer Familienwert vermittelt wird. Nachfolger zu sein bedeutet nicht mehr „Unternehmer sein rund um die Uhr", sondern ermöglicht auch Zeit und Raum für Familie sowie private Wünsche und Bedürfnisse. Dazu sind jedoch auch andere Führungsstrategien notwendig, die sich in einem veränderten Verständnis von Führung niederschlagen. Führung ist damit nicht mehr in ausschließlich familiärer Verantwortung, sondern sie integriert auch „außerfamiliäre Personen" in diese Aufgabe. Führung wird damit auf zweierlei Weisen erweitert. Führung ist nicht mehr eine individuelle, sondern eine soziale Praxis, die nach Herrn Schneiders Vorstellungen eben auch über die familiären Grenzen hinausgeht. Auch die automatische Nachfolge des Erstgeborenen wird durch Herrn Schneider auf zweierlei Weisen unterbrochen. Einerseits wird die subjektive Einschätzung und Entscheidung der Kinder gefördert. Die familiäre Nachfolge wird zwar gefördert, ist aber eben nicht mehr qua Tradition vorgegeben. Vielmehr sollen die Kinder entscheiden, ob sie diesen Weg gehen wollen oder andere berufliche Vorstellungen favorisieren. Andererseits wird das Unternehmen beiden Kindern näher gebracht, was die Integration von Frauen in die Geschäftsführung ermöglicht und die bisher ausschließlich patriarchale Nachfolge beenden könnte.

4.5   Schlussfolgerungen

Betrachtet man diesen Fall vor dem Hintergrund der theoretischen Ansätze, die zu Beginn dargestellt wurden, so werden verschiedene Aspekte deutlich: Mit der Übergabe des Unternehmens wird sowohl das Unternehmen selbst als auch die Arbeits- und Lebenspraxis der älteren Generation weitergegeben. Für den Erben ist dies ein ambivalenter Prozess, der vom Nachfolger eine Auseinandersetzung mit den Praxen, Werten und Normen der vorherigen Generation verlangt. Dieser Aspekt wurde in der Darstellung des Interviews deutlich. Einerseits kämpft Herr Schneider für die Umsetzung seiner eigenen Arbeits- und Lebenspraxis, andererseits stellt er seine eigenen Bedürfnisse und Wünsche selbst immer wieder in Frage und fragt nach ihrer Berechtigung. Diese Auseinandersetzung ist ein schwieriger und schmerzhafter Prozess, der auch zum Zeitpunkt des Interviews nicht vollständig abgeschlossen ist.

Mit der Aneignung und Individualisierung des Erbes sind Veränderungen des Erbes selbst verbunden. Ein verändertes Verhältnis der beiden Lebensbereiche Arbeit und Familie sowie eine veränderte Führungspraxis charakterisieren das „neue" Unternehmen Schneider, das zumindest Schneider Junior verwirklichen möchte. Unternehmer sein und Vater sein sollen für ihn keine Gegensätze mehr darstellen. Aneignung ist damit, wie Ulrike Langbein es beschreibt, ein identitätsstiftender Prozess.

Betrachtet man die Transformationen der Übergaben, die sich hier niederschlagen, so gestalten sich diese von einer traditionellen Form im Sinne des Erstgeborenen hin zu einer Nachfolge, die die Entscheidung der nachfolgenden Generation fördern möchte. Da die traditionelle Form schon von vornherein feststeht, muss ein bereits kindlicher Kontakt zum Unternehmen nicht gefördert werden. Im Gegensatz dazu muss Herr Schneider Junior, wenn er auf die Entscheidung seiner Kinder setzt, den Kontakt zum Unternehmen von Anfang an fördern. Auch ein verändertes Geschlechterverständnis wird durch die Förderung der Tochter sichtbar. Dennoch macht Herr Schneider Junior nicht alles anders. Bestehen bleibt ein hoher Arbeitsethos und ein zwar aufgeweichtes, aber immer noch hierarchisches Verhältnis zwischen Arbeit und Familie. In diesem Sinne wird hier eine Gleichzeitigkeit aus Altem und Neuem sichtbar.

5 Gegenwärtige Formen der Nachfolge in Familienunternehmen

Die Veränderungen der Nachfolge, die im Fall Schneider deutlich wurden, zeigen eine generelle Veränderung der Nachfolgepraxen in Familienunternehmen auf. Nachfolge in Familienunternehmen kann derzeit beschrieben werden durch das Phänomen der Gleichzeitigkeit. Traditionelle bzw. autoritäre Formen der Nachfolge finden gegenwärtig selten, aber sie finden noch statt. Vermehrt setzen jedoch Praxen der Nachfolge auf Verhandlung und Entscheidungsfreiheit der nachfolgenden Generation. Dies entspricht einer hegemonialen Form von Erziehung, die ihren Schwerpunkt auf die Förderung der kindlichen Individualisierung und Subjektivierung setzt. Damit verbunden ist ein Wandel von einem autoritären zum Verhandlungshaushalt (vgl. Du Bois-Reymond 1994: 154 ff.), in dem die Generationen ihre Themen kommunikativ und egalitär aushandeln. Die Generation der Kinder wird nicht zur Nachfolge gezwungen, sondern vielmehr sollen die Kinder selbst über ihren beruflichen Werdegang entscheiden. Um sie dennoch zur Nachfolge zu motivieren, werden Erziehungs- und Sozialisationspraktiken verfolgt, durch die die nachfolgende Generation von Anfang an kulturelles Kapital bezüglich der familiären und normativen Bedeutung von Arbeit erwirbt und inkorporiert.

Hintergrund dieser Praktiken ist eine gewisse räumliche, zeitliche und intergenerative Entgrenzung, womit in diesem Zusammenhang gemeint ist, dass sie gegenüber denen der herkömmlichen bürgerlichen Familie oftmals weichere und fluidere Grenzen ziehen zwischen Öffentlichkeit und Privatheit, Familie und Arbeit bzw. Unternehmen sowie zwischen den Generationen. Damit ist keine Strukturlosigkeit oder ein Verlust an Grenzen gemeint, vielmehr sind die Grenzen so gezogen, dass die nachfolgende Generation Möglichkeiten und Freiräume besitzt, sich das spezifische Arbeits- und Lebensarrangement anzueignen. Kinder werden mit höherem Alter in Arbeitsabläufe zwanglos integriert oder können sich ein Taschengeld dazuverdienen. Dadurch erwerben sie nicht nur ein praktisches Wissen, sondern auch den familienspezifischen Arbeitsethos. Dabei ist diese Entgrenzung nicht starr, sondern dynamisch zu verstehen. So ist gerade bei der gegenwärtigen Nachfolgegeneration zu beobachten, dass Familienzeit, wie bereits bei Herrn Schneider sichtbar, eine Aufwertung erfährt. Die in ihrer eigenen Kindheit oftmals gemachte Erfahrung der ständigen elterlichen Arbeit wird oftmals nicht wiederholt.[6] So erzählt Frau Meyblum, die das Antiquitätengeschäft der Großeltern übernimmt:

> „Als Kind war es so gewesen, wir kamen von der Schule nach Hause, meine Mutter hat-
> te gekocht in dem Geschäft, und dann ging es an die Hausaufgaben, und dann mussten
> wir eigentlich warten, bis das Geschäft geschlossen hat um sechs. So war das gewesen.
> Obwohl meine Kinder gerne hierher kommen, mache ich das eigentlich nicht, son-
> dern ich sehe zu, dass ich mittags zu Hause bin, wenn die Kinder von der Schule kom-
> men, und dann bin ich nachmittags mit denen zusammen. Und sie haben dann auch
> ihre Möglichkeiten, ihre sozialen Kontakte auszuleben, die Möglichkeit hatte ich nicht."
> (Vera Meyblum)

Es deutet sich somit eine Gleichzeitigkeit an, die einerseits die Integration in die Arbeit und das Unternehmen fördert, jedoch andererseits die Individualität der nachfolgenden Generation ernst nimmt. Dies schlägt sich auch in zwei Formen der Nachfolge nieder, die ich in meinem Material finden konnte. Die erste Form möchte ich Nachfolge als Folge von Sozialisation und Erziehung nennen: Für diese Gruppe ist die Frage, das Unternehmen der Eltern einmal zu übernehmen, relativ früh (spätestens in der Jugend) klar. Als Begründung wird in dieser Gruppe entweder auf die Erziehung rekurriert. So sagt Frau Langer, die später mit ihrem Bruder das Spulengeschäft ihrer Mutter übernehmen wird: „also von Grund auf im Grunde mit dem Unternehmen gewachsen, kann man sagen, so richtig reinge-wachsen. Das ist irgendwie alles selbstverständlich, dass man da auch selber dann Unternehmer wird, das gehört irgendwie dazu" (Heide Langer). Oder die Begrün-dung ist eine quasi biologistische, die davon ausgeht, dass die benötigten Kompe-tenzen und Fähigkeiten einfach vorhanden sind bzw. vererbt wurden. Hier wird somit ein Habitus hervorgebracht, der über die familienspezifische Arbeits- und Lebenspraxis verfügt. Familiäre Lebensmaximen konnten so vermittelt werden, dass für die Betroffenen der Eindruck entsteht, dass nur in dem Lebenskonzept der Übernahme und Weiterführung des familialen Erbes die subjektiv vorhan-denen Bedürfnisse und Wünsche ausgelebt und befriedigt werden können. Die Nachfolge anzutreten ist in diesem Fall eine zwangsläufige Folge der eigenen Ent-wicklung, wobei sie dennoch als individuelle Entscheidung definiert wird. Ob-wohl diese Form der Nachfolge meistens eher konfliktlos verläuft, erzwingt sie

---

6   Obwohl die Aufwertung von Familie sich geschlechtsspezifisch unterschiedlich darstellt, ist
    dennoch in der Tendenz diese Veränderung sowohl bei Männern als auch bei Frauen festzu-
    stellen.

nicht eine Reproduktion des Bestehenden, vielmehr sind durchaus Veränderungen möglich.

Die andere Form möchte ich Nachfolge auf Umwegen nennen. Hier gab es von den zukünftigen NachfolgerInnen ursprünglich einmal andere berufliche Ziele oder Vorstellungen. Diese wurden entweder umgesetzt, dann folgte ein späterer Eintritt in das familiäre Unternehmen, oder vorgesehene Nachfolgeregelungen erwiesen sich als nicht umsetzbar, weshalb andere Geschwister die Nachfolge antraten. Besonders in dieser Gruppe wird die individuelle Entscheidung, die Nachfolge anzutreten, sehr deutlich formuliert. So sagt Frau Schönefeld, die später in die väterliche Speditionsfirma einsteigen wird:

> „Das war eigentlich nie so geplant, auch nicht von meiner Seite her (…) Ja, und dann habe ich den Weg beschritten, nach dem Studium habe ich dann in Oberursel eine Stelle angetreten bei Douglas und war da im Controlling gewesen. Und nachdem dann meine Schwester sich da eher wieder zurückgezogen hat, (…) und ich dann meistens samstags ja, so ein bisschen auch versucht habe, ein bisschen auch so finanzbuchhaltungsmäßig zu ordnen. Das war alles, aber es haben auch so ein bisschen die Strukturen hier innerbetrieblich gefehlt. (..) Und dann habe ich mir irgend-wann gesagt, (…) Unternehmen, (…), mit dem du überhaupt keine Verbindung hast, nur dass du da jetzt halt irgendwie in der großen, weiten Welt in einem Global Player arbeitest, und dann habe ich gesagt, ich möchte eigentlich schon jetzt hier-, ich sehe da Bedarf und dass ich da gebraucht werde und ich würde das doch schon gerne machen." (Lara Schönefeld)

Besonders durch die Erfahrung anderer Arbeitsformen wird den zukünftigen NachfolgerInnen ihr differenter biographisch erworbener Arbeitsethos bewusst und sie werden konfrontiert mit ihrem eigenen unternehmerischen Familienhabitus. Es findet somit eine retrospektive Tradierung statt. Biographische Erfahrungen und die Inkorporierung von spezifischen familialen Grundüberzeugungen und Werten werden später aktiviert, was den nachträglichen Einstieg in das Familienunternehmen erklärt.

In Bezug auf die hier untersuchten Familienunternehmen kann zusammengefasst werden: Familienunternehmen sind aktuell dadurch geprägt, keine klaren Nachfolgeregelungen mehr zu besitzen, was sie mit einer gewissen Instabilität konfrontiert. Individualisierungsprozesse und die Förderung der Entscheidungsfreiheit hinsichtlich des beruflichen Werdegangs der nachfolgenden Generation führen dazu, dass sie diese Pläne und Ziele auch verfolgen. Dennoch wird gerade in der zweiten Gruppe sichtbar, dass die eigenen biographischen Erfahrungen und Erinnerungen verpflichtenden Charakter besitzen, der einen möglichen Untergang des Familienunternehmens verhindert bzw. positiv ausgedrückt einen späteren Einstieg erklärt. Diese Entscheidung wird in der gegenwärtigen Generation primär als selbst getroffene und individuell gewählte beschrieben. In Bezug auf das Unternehmen Schneider zeigt sich, dass bereits in der Tradierung über zwei Generationen grundlegende Veränderungen in den Erziehungs- und Sozialisationspraktiken sichtbar werden, die sich in unterschiedlichen Formen der Nachfolge manifestieren. Damit wird noch einmal deutlich, dass Familienunternehmen keine historische Erscheinung sind, sondern sie leben ihre Beziehungsformen so, dass sie kompatibel sind mit den herrschenden gesellschaftlichen Beziehungs- und Handlungslogiken außerhalb der Familie.

Literaturverzeichnis

Althusser, Louis (1977): Ideologie und ideologische Staatsapparate. Hamburg/Berlin: VSA, Verlag für d. Studium d. Arbeiterbewegung

Boch, Rudolf (1999): Unternehmensnachfolge in Deutschland – ein historischer Rückblick. In: Zeitschrift für Unternehmensgeschichte 44. Heft 2. 164–171

Bohnsack, Ralf (2003): Rekonstruktive Sozialforschung. Einführung in qualitative Methoden. Opladen: Leske + Budrich

Bourdieu, Pierre (1993): Sozialer Sinn. Kritik der theoretischen Vernunft. Frankfurt a. M.: Suhrkamp Verlag

Bourdieu, Pierre (1998): Praktische Vernunft. Zur Theorie des Handelns. Frankfurt a. M.: Suhrkamp Verlag

Brake, Anna/Kunze, Johanna (2004): Der Transfer kulturellen Kapitals in der Mehrgenerationenfolge. Kontinuität und Wandel zwischen den Generationen. In: Engler et. al. (2004): 71–95

Breuer, Franz (2009): Vorgänger und Nachfolger: Weitergabe in institutionellen und persönlichen Bezügen. Göttingen: Vandenhoeck & Ruprecht

Büchner, Peter (2006): Der Bildungsort Familie. In: Büchner et. al. (2006): 21–49

Büchner, Peter/Brake, Anna (Hrsg.) (2006): Bildungsort Familie. Transmission von Bildung und Kultur im Alltag von Mehrgenerationenfamilien. Wiesbaden: VS Verlag für Sozialwissenschaften

Du Bois-Reymond, Manuela (1994): Die moderne Familie als Verhandlungshaushalt. Eltern-Kind-Beziehungen in West- und Ostdeutschland und in den Niederlanden. In: Du Bois-Reymond et. al. (1994): 137–219

Du Bois-Reymond, Manuela/Büchner, Peter/Krüger, Heinz-Hermann (Hrsg.) (1994): Kinderleben. Modernisierung von Kindheit im interkulturellen Vergleich. Opladen: Leske + Budrich

Ecarius, Jutta (Hrsg.) (2007): Handbuch Familie. Wiesbaden: VS Verlag für Sozialwissenschaften

Engler, Steffani/Krais, Beate (Hrsg.) (2004): Das kulturelle Kapital und die Macht der Klassenstrukturen. Sozialstrukturelle Verschiebungen und Wandlungsprozesse des Habitus. Weinheim/München: Juventa Verlag

Flick, Uwe et. al. (2007): Qualitative Forschung. Ein Handbuch. Hamburg: Rowohlt
     Verlag
Kocka, Jürgen (1969): Industrielles Management: Konzeptionen und Modelle in
     Deutschland vor 1914. In: Vierteljahrschrift für Sozial- und Wirtschaftsge-
     schichte. Volume 56. 332–372
Kocka, Jürgen (1982): Familie, Unternehmer und Kapitalismus. In: Reif (1982): 163–186
Kocka, Jürgen (1975): Der Unternehmer in der deutschen Industrialisierung. Göttin-
     gen: Vandenhoeck & Ruprecht
Langbein, Ulrike (2002): Geerbte Dinge. Soziale Praxis und symbolische Bedeutung
     des Erbens. Köln/Weimar/Wien: Böhlau Verlag
Lüscher, Kurt/Schultheis, Franz (Hrsg.) (1993): Generationenbeziehungen in postmo-
     dernen Gesellschaften. Konstanz: Universitätsverlag Konstanz
Mayring, Phillip (2007): Qualitative Inhaltsanalyse. In: Flick et. al. (2007): 468–475
Medick, Hans/Sabean, David (1984): Emotionen und materielle Interessen in Fami-
     lie und Verwandtschaft: Überlegungen zu neuen Wegen und Bereichen einer
     historischen und sozialanthropologischen Familienforschung. Göttingen: Van-
     denhoeck & Ruprecht
Nohl, Arnd-Michael (2006): Interview und dokumentarische Methode. Anleitungen
     für die Forschungspraxis. Wiesbaden: VS Verlag für Sozialwissenschaften
Reif, Hans (Hrsg.) (1982): Die Familie in der Geschichte. Göttingen: Vandenhoeck &
     Ruprecht
Rosenbaum, Heidi (1996): Formen der Familie. Untersuchungen zum Zusammenhang
     von Familienverhältnissen, Sozialstruktur und sozialem Wandel in der deut-
     schen Gesellschaft des 19. Jahrhunderts. 7. Aufl. Frankfurt a. M.: Suhrkamp
     Verlag
Schäfer, Michael (2007): Familienunternehmen und Unternehmerfamilien. Zur Sozial-
     und Wirtschaftsgeschichte der sächsischen Unternehmer 1850–1940. München:
     C. H. Beck Verlag
Segalen, Martine (1993): Die Tradierung des Familiengedächtnisses in den heutigen
     französischen Mittelschichten. In: Lüscher et. al. (1993): 157–169
Stecher, Ludwig/Zinnecker, Jürgen (2007): Kulturelle Transferbeziehungen. In: Eca-
     rius (2007): 389–405
Von Saldern, Adelheid (2008): Netzwerke und Unternehmensentwicklung im frühen
     19. Jahrhundert. In: Zeitschrift für Unternehmensgeschichte 53. Nr. 2. 147–176

Internetseiten

http://www.familienunternehmen.de/media/public/pdf/studien/volkswirtschaftl_bed_
     Jan_2012_gekuerzte_fassung.pdf
http://www.ifm-bonn.org/index.php?id=905

Familienkulturen:
Politische und gesellschaftliche Rahmungen

Pietismus und Aufklärung in Familienkonstellationen

Ole Fischer

1   Einleitung

Die innerfamiliären Beziehungen in pietistischen Familien wurden bislang vornehmlich unter dem Aspekt einer gelingenden Tradierung pietistischer Ideale untersucht.[1] Die spannende Frage, warum und woran eine generationelle Weitergabe dieser Ideale scheitern konnte und welchen Einfluss dabei Ideen aus dem Kontext der Aufklärung ausgeübt haben, wurde bisher nur marginal betrachtet.[2] Dabei wurde aus den Reihen der Historischen Sozialisationsforschung bereits eindringlich darauf hingewiesen, dass die Schärfe und die Folgen der Auseinandersetzungen in pietistischen Familien bis ins ausgehende 19. Jahrhundert nur wenig Parallelen haben: Der „Anspruch auf die totale Übergabe an den Herrn, die Angst der Eltern, ihr Kind nicht unter den Geretteten zu sehen", habe „den Rebellen in der Regel nur den Ausweg des totalen Bruchs" gelassen (Gestrich 2004: 517). Gestützt werden solche Thesen durch die Aussagen in Selbstzeugnissen, in denen Männer und Frauen meist in der Retrospektive ihre eigene Kindheit reflektieren.[3] Inwieweit können aber aufgrund dieser Aussagen Rückschlüsse auf die jeweilige Kindheit vorgenommen werden und wie sehr ist der Blick auf die eigene Kindheit selbst von Stereotypen beeinflusst?

---

1   So ausdrücklich bei Hebeisen 2005, aber auch bei Gleixner 2005.
2   Paola Cimino und Claudia Opitz-Belakhal thematisieren zwar Vater-Sohn-Konflikte um 1800 und betonen, dass „religiöse und weltanschaulich-politische Fragen" bedeutende „intergenerationelle Konfliktfelder" gewesen sind (Cimino/Opitz-Belakhal 2007: 171). Das vorgestellte Fallbeispiel in dem betreffenden Aufsatz verweist jedoch erneut auf eine gelungene Tradierung religiöser Ideale (vgl. ebd.: 180)
3   Vgl. Hardach-Pinke 1981. Für das Beispiel Heinrich Jung-Stillings vgl. Dülmen 2005a: 104 f. Zu einer großen Vorsicht im Umgang mit Autobiographien mahnt beispielsweise Günther 2001. Vgl. dagegen Lejeune 1994.

Wie sich das Verhältnis von Pietismus und Aufklärung auf lebensweltlicher Ebene[4] bricht und sich in einer Familie in verschiedenen Facetten spiegelt, möchte ich am Beispiel der Familie Struensee zeigen, in der einzelne Familienmitglieder geradezu prototypisch für verschiedene Richtungen von Pietismus und Aufklärung stehen. Dabei soll dieser Aufsatz auch auf die angebrachte Vorsicht bei der Verwendung strukturbildender Kategorien auf der Mikroebene individueller Lebenswirklichkeiten verweisen. Im Zentrum der Darstellung stehen der pietistische Theologe Adam Struensee (1708–1791) und dessen Söhne Carl August (1735–1804) und Johann Friedrich Struensee (1737–1772). Von den Söhnen wird Carl August gewöhnlich als Vertreter des aufstrebenden aufklärerischen Bürgertums bezeichnet, während Johann Friedrich als Prototyp des radikalen Reformers gilt.[5] Besonders das Verhältnis zwischen Adam und Johann Friedrich Struensee gilt als das Paradebeispiel einer im Spannungsfeld von Pietismus und Aufklärung gescheiterten Vater und Sohn-Beziehung.[6]

Auf folgende Fragen soll dieser Aufsatz eine Antwort geben:

1) In welchem Maße beeinflussten Pietismus und Aufklärung als gesellschaftliche Faktoren die innerfamiliären Beziehungen?

---

4   Lebensweltliche Wirklichkeiten sind nach Vierhaus „die von den Menschen erfahrenen ( ) Wirklichkeiten des gesellschaftlichen Prozesses mit ihren inneren Widersprüchen, ihren sektoralen Ungleichzeitigkeiten und Destruktionen" (Vierhaus 1995: 8). Die Lebenswelt eines Menschen umfasst sowohl „die Objektivationen des Geistes in Sprache und Symbolen, in Werken und Institutionen, aber auch die Weisen und Formen des Schaffens, die Verhaltensweisen und Lebensstile, die Weltdeutungen und Leitvorstellungen. Anders formuliert: Lebenswelt ist raum- und zeitbedingte soziale Wirklichkeit, in der tradierte und sich weiter entwickelnde Normen gelten und Institutionen bestehen und neue geschaffen werden" (ebd.: 13 f.).
5   Johann Friedrich Struensee setzte auf die radikale, fast revolutionäre Durchsetzung von Reformen von oben und nahm kaum zur Kenntnis, dass viele der von ihm vorgenommenen bzw. initiierten Gesetzesänderungen von traditionsverhafteten Gesellschaftsgruppen abgelehnt wurden (vgl. Grashoff 2008: 50). Demgegenüber setzte Carl August Struensee mehr auf die langfristige Durchdringung der Gesellschaft mit aufklärerischen Werten und die Herausbildung eines gebildeten Bürgertums (vgl. die weitgehend noch immer aktuelle Darstellung der Forschungsmeinungen zu C. A. Struensee bei Hendel 1920: 1–11).
6   Dass an dieser Stelle lediglich männliche Personen im Zentrum der Untersuchung stehen, ist dem Umstand geschuldet, dass es kaum Quellen von den weiblichen Familienmitgliedern gibt. Einschlägige Forschungen der letzten Jahre haben die Bedeutung von Frauen bei der Verbreitung pietistischer und auch aufklärerischer Ideen hervorgehoben (vgl. Witt 1996; Albrecht 2004) und es gibt zumindest Indizien, dass auch im Umfeld der Struensees Frauen eine wichtige Rolle gespielt haben. Es soll also an dieser Stelle keinesfalls das längst revidierte Bild einer rein männlichen Genealogie pietistischer und aufklärerischer Ideen gestärkt werden.

2) Inwieweit wirkte die spezifische Familienkultur verstärkend auf die Rezeption aufklärerischer und pietistischer Ideen?

3) Welche Erkenntnisse lässt die Untersuchung der Personenkonstellationen in einer Familie im 18. Jahrhundert im Hinblick auf die Frage nach dem Verhältnis von Pietismus und Aufklärung insgesamt erwarten?

Bei dem Versuch, diese Fragen zu beantworten, fühle ich mich der mikrohistorischen Methodologie verpflichtet.[7] Insofern geht es an dieser Stelle nicht darum, ausgehend von der Familie Struensee weitreichende Verallgemeinerungen zu abstrahieren. Es geht vielmehr darum, die Komplexität des Spannungsfeldes von Pietismus und Aufklärung auf der Mikroebene einer Familie deutlich zu machen und *mögliche* Auswirkungen von Familienbeziehungen auf eine Positionierung einzelner Personen in diesem Spannungsfeld zu skizzieren.

2 Lebenswege im 18. Jahrhundert

Zum besseren Verständnis der nachfolgenden Ausführungen sollen die Lebenswege der drei genannten Personen, der Chronologie der Geburtsjahre folgend, zunächst kurz skizziert werden.

2.1 Adam Struensee

Adam Struensee[8] wurde am 8. September 1708 im brandenburgischen Neuruppin geboren. Er studierte Theologie in Halle und Jena und wurde dabei besonders durch August Hermann Francke (1663–1727) und Johann Franz Buddeus (1667–1727) geprägt. In seinem theologischen Standpunkt zeichnet sich Adam durch eine große Nähe zur Bußkampfs- und Bekehrungstheologie August Her-

---

7 In der Mikrogeschichte werden vorwiegend kleine Einheiten wie Ereignisse, Orte oder eben Personen untersucht. Durch eine Kombination von Quellen sollen diese Einheiten möglichst in ihrer Totalität erfasst werden. Ziel ist es, ein besonderes Gespür für die Komplexität historischer Lebenswirklichkeiten zu entwickeln (vgl. Ulbricht 2009: 13). Zur Mikrogeschichte vgl. grundlegend auch Ginzburg/Poni 1985; Levi 1991; Ginzburg 1993; Medick 1994.

8 Adam Struensee steht im Hinblick auf die Erforschung seiner Person im Schatten seiner Söhne. Wichtige Beiträge zur Erforschung der Biographie Adam Struensees entstanden vor allem im Kontext von regionalgeschichtlichen Studien. Besonders zu nennen sind an dieser Stelle Arbeiten zur Schleswig-Holsteinischen Kirchengeschichte in der zweiten Hälfte des 18. Jahrhunderts (zu Adam Struensee vgl. Carstens 1881; Cedergreen Bech 1979; Opitz 2003; Jakubowski-Tiessen 2004; Fischer 2010).

mann Franckes aus. Nach dem Studium ging Adam zunächst nach Berleburg, wo er Hofprediger des reformierten Grafenhofes war. Hier lernte er den Mediziner Johann Samuel Carl kennen, den die Medizinhistorikerin Christa Habrich als „Prototyp des radikalpietistischen Arztes" bezeichnet (Habich 2002: 273). 1732 heiratete Adam dessen Tochter Maria Dorothea. Aus dieser Ehe gingen insgesamt sieben Kinder hervor. Im selben Jahr ging er mit seiner Frau und den Schwiegereltern nach Halle, wo er an verschiedenen Kirchen als Pastor und ab 1751 zusätzlich als Professor an der Theologischen Fakultät tätig war. 1757 ging Adam Struensee, der dem zunehmenden Einfluss der Aufklärung in Halle kritisch gegenüber stand, als Propst in das holsteinische Altona und bekleidete ab 1759 das Amt des königlichen Generalsuperintendenten der Herzogtümer Schleswig und Holstein,[9] in dem er sich intensiv gegen die Aufklärungstheologie einsetzte (vgl. Fischer 2010).

Adam Struensee publizierte zahlreiche Schriften, vor allem Predigen und Erbauungsliteratur, aber auch wissenschaftlich-exegetische Werke. Obwohl besonders die Erbauungsschriften zahlreiche Abnehmer fanden, stand der öffentliche und zunehmend von der Aufklärung bestimmte Diskurs den Schriften kritisch gegenüber. Der Eintrag zu Adam Struensee in Karl Friedrich Bahrdts *Kirchen- und Ketzerhistorie* endet mit den Worten: „Er hat nichts geschrieben, was wir lesen möchten" (Bahrdt 1781: 175).

Insgesamt ist Adam Struensees Lebensweg in enger Weise verbunden mit dem Wandel von Religion und Theologie im 18. Jahrhundert. Zunächst gelang ihm als entschiedenem Vertreter einer pietistischen Frömmigkeit ein schneller gesellschaftlicher Aufstieg. In späteren Lebensjahren sah er sich jedoch zunehmend der Kritik von Aufklärern ausgesetzt. Adam Struensee starb 1791 im Alter von 83 Jahren in Rendsburg.

---

9   Infolge der wechselhaften territorialen Verhältnisse in Schleswig und Holstein gab es seit 1636 in den Herzogtümern zwei Generalsuperintendenten, einen für den herzoglichen Teil und einen für den königlichen Teil. Die zu keiner Propstei gehörenden Kirchengemeinden auf dem Grundbesitz der adligen Klöster, der Prälaten und der Ritterschaft sowie die Kirchengemeinden der im Landtag vertretenen Städte wurden im jährlichen Wechsel gemeinsam visitiert. Nach dem Vertrag von Zarskoje Zelo 1773, in dem alle herzoglichen Anteile dem dänischen König zugeschrieben wurden, und dem Aussterben des Grafenhauses Sonderburg-Glücksburg 1779 wurde das gesamte Territorium der Herzogtümer Schleswig und Holstein in den Dänischen Gesamtstaat eingegliedert. Der ehemals herzogliche Generalsuperintendent Friedrich Hasselmann führte das Amt noch bis zu seinem Tod (1783) weiter. Anschließend übernahm Adam Struensee die kirchliche Verwaltung der gesamten Herzogtümer. Nach Struensees Tod wurde das Amt wieder geteilt, und zwar in einen Generalsuperintendenten für Schleswig und einen für Holstein (vgl. dazu Feddersen 1938).

2.2 Carl August Struensee

Carl August Struensee[10] wurde als erster Sohn von Adam und Maria Dorothea Struensee am 18. August 1735 in Halle geboren. 1751 begann er ebenda ein Theologiestudium, das er 1754 mit einer unter dem Vorsitz seines Vaters verteidigten Dissertation als Magister abschoss.[11] Schon während seines Theologiestudiums hatte Carl August eher eine Neigung zur Auseinandersetzung mit mathematischen und philosophischen Fragen als mit theologischen gehabt. Nach dem Abschluss des Theologiestudiums schloss Carl August daher ein zweites Studium der Fächer Mathematik und Philosophie an, das er zwischen 1755 und 1757 in Göttingen absolvierte. In seiner streng logisch verfahrenden philosophischen Methodik und der Verbindung von Philosophie und Mathematik zeigt sich bei Carl August eine große Nähe zur Philosophie Christian Wolffs (1679–1754), die seine wissenschaftlichen Wurzeln ausweist und für sein weiteres Denken konstitutiv bleiben sollte.

Kurz nach dem Abschluss seines zweiten Studiums erhielt Carl August einen Ruf als Professor für Mathematik und Philosophie an der Ritterakademie in Liegnitz. Hier verfasste er sein erstes breitenwirksames Werk mit dem Titel *Anfangsgründe der Artillerie,* das zwar in erster Linie zur Unterweisung der adeligen Studenten verfasst wurde, in den folgenden Jahrzehnten aber in drei Auflagen erschien und zu einem Standardwerk der strategischen Kriegsführung bis weit ins 19. Jahrhundert werden sollte, ohne dass Carl August jemals selbst militärische Erfahrungen gesammelt hatte.

Das Amt eines Professors an der Ritterakademie in Liegnitz übte Carl August bis 1770 aus, bevor er 1771 als dänischer Justizrat von seinem Bruder Johann Friedrich nach Kopenhagen geholt wurde und hier maßgeblich an zahlreichen Reformprojekten beteiligt war. Im Zuge der Amtsenthebung und des Prozesses ge-

---

10 Die wichtigste Quelle zur Kindheit, Jugend und den Studienjahren Carl August Struensee ist der Nachruf von Johann August Nösselt (vgl. Niemeyer 1809). Dabei gilt es zu beachten, dass dieser Text in seiner Eigenschaft als Nachruf eines engen Freundes die Person Carl August Struensee kaum kritisch betrachtet. Darüber hinaus ist der Text auch als Datengerüst nur unter Vorbehalt zu gebrauchen, so werden beispielsweise Carl August Struensees Studienjahre in Göttingen nicht erwähnt und das Studium in Halle hat Carl August laut Nösselt erst 1756 beendet statt 1754. Die hier präsentierte Perspektive ist also sehr einseitig und bedarf eigentlich der Korrektur durch eine andere Quelle, die jedoch nicht zur Verfügung steht. In der Forschungsliteratur sind die ersten Lebensjahrzehnte Carl August Struensees bisher vollkommen unbeachtet geblieben. Die beiden bisher erschienenen wissenschaftlichen Biographien Carl August Struensees beschäftigen sich ausschließlich mit seiner Leistung als preußischer Finanzbeamter sowie mit seinen Schriften zu staatsphilosophischen, militär- und finanzpolitischen Themen (vgl. Hendel 1920; Straubel 1999).

11 Dissertation theologica secunda de obsignatione Christi et credentium, quam sub praesidio Adam Struensee subiiciet Carol. Augustus Struensee, Halle 1754. Vgl. zu diesen Angaben auch Niemeyer 1809: 234.

gen Johann Friedrich Struensee wurde auch Carl August angeklagt und verurteilt, kam aber nach wenigen Monaten wieder frei. Er kehrte zunächst an die Ritter-akademie in Liegnitz zurück, übernahm dann aber ab 1777 das Amt eines Bank-direktors in Elbing, bevor er 1782 als Direktor der preußischen Seehandlung nach Berlin ging. Wohl als Entschädigung für die zu Unrecht erfolgte Verurteilung im Jahr 1772 und in Anerkennung seiner eigentlichen Verdienste, wurde Carl August Struensee 1789 in den dänischen Adelsstand erhoben und trug seitdem die Na-mensmehrung „von Carlsbach". Der Höhepunkt seiner Karriere war die Ernen-nung zum preußischen Finanzminister im Jahr 1791. Dieses Amt bekleidete er bis zu seinem Tod 1804.

2.3 Johann Friedrich Struensee

Johann Friedrich Struensee[12] wurde 5. August 1737 in Halle geboren, studierte ab 1752 ebenda Medizin und trat 1757 eine Stelle als Arzt in Altona an. Erste größere Aufmerksamkeit erweckte er als Publizist. Während der zehn Jahre, die Johann Friedrich in Altona verbrachte, veröffentlichte er zunächst in Hamburg das *Ge-meinnützige Magazin,* das aber bereits 1762 auf Initiative des Hamburger Haupt-pastors Johann Melchior Goeze (1717–1786)[13] verboten wurde, weil verschiedene Personen der Hamburger Öffentlichkeit in der Zeitschrift kritisiert worden waren. Schon im darauffolgenden Jahr gab Johann Friedrich mit der *Monatsschrift zum Nutzen und Vergnügen* eine weitere Zeitschrift heraus, diesmal in Altona.

Johann Friedrichs Tätigkeit als Arzt war geprägt von seinem offensiven Vorge-hen gegen veraltete medizinische Methoden seiner Kollegen und abergläubische Vorstellungen und falsche Verwendung von Hausmitteln auf Seiten der Patienten. Johann Friedrich zeigte auch auf diesem Gebiet eine Abneigung gegen ‚dogmati-sche' Vorstellungen und setzte früh auf alternative Heilungsmethoden, die sich in der Praxis als wirksam erwiesen hatten. Er engagierte sich darüber hinaus für

---

12 Wissenschaftlich biographische Arbeiten zu Johann Friedrich Struensee liegen bisher vor al-lem in dänischer Sprache vor: Bech, Struensee og hans tid; Amdisen, Til nytte og fornøjelse. Mit jeweils thematischer Fokussierung sind hervorzuheben die religionshistorische Ar-beit von Glebe-Møller (2007) sowie die medienhistorische Arbeit von Keitsch (2000). Die ausführliche Biographie des Medizinhistorikers Stefan Winkle (1983) hebt Struensees Be-deutung für die Entwicklung der Sozialhygiene im 18. Jahrhundert hervor, ist aber aus bio-graphischer Perspektive höchst ungenau und genügt auch im Hinblick auf die Quellenkritik geschichtswissenschaftlichen Ansprüchen nicht. Einen knappen aber guten Einblick in die Biographie J. F. Struensees bietet Grashoff (2008).

13 Goeze erlangte größere Bekanntheit durch den mit Lessing geführten so genannten „Frag-mentenstreit", der sich am schriftstellerischen Nachlass von Herman Samuel Reimarus ent-zündet hat (vgl. dazu grundlegend Boehart 1988).

umfangreiche sozialhygienische Reformen und machte sich auch auf dem Gebiet der Veterinärmedizin verdient, so vor allem durch die erste wissenschaftliche Beschreibung von Viehseuchen. Eng mit den therapeutischen und seuchenprophylaktischen Maßnahmen verbunden waren Johann Friedrichs Überlegungen zur staatlichen Wohlfahrt, die er vor allem in seiner 1763 erschienen Abhandlung *Gedanken eines Arztes von der Entvölkerung des Landes* präsentierte.

1768 wurde Johann Friedrich Struensee auf Empfehlung einiger Adeliger, die er gegen Pocken behandelt hatte, als Leibarzt des psychisch kranken dänischen Königs Christian VII. angestellt. Schnell stieg er zum führenden Mann neben dem König auf. Er sorgte für die Auflösung des Regierungskollegiums, an dem er vor allem Korruption und Vetternwirtschaft bemängelte, und setzte sich selbst als Geheimer Kabinettsminister an dessen Stelle. In den etwa 16 Monaten bis zu seiner Hinrichtung setzte er mit über 1800 Erlassen ein umfangreiches Reformwerk auf allen Gebieten des gesellschaftlichen Lebens in Gang, das die Länder des dänischen Königs an die Spitze der aufgeklärten Territorien in Europa katapultierte. In der adeligen und bürgerlichen Gesellschaft riefen viele dieser Maßnahmen – etwa die Auflösung des dänischen Staatsrates, die Beschneidung politischer Privilegien des Adels oder auch die Einschränkung der unbezahlten Frondienste leibeigener Bauern – vor allem Unverständnis hervor, wobei eine Affäre zwischen Johann Friedrich und der Königin Caroline Mathilde für zusätzliche Empörung sorgte. Um die nötige Autorität zum Durchführen der Reformen zu wahren, ließ sich Johann Friedrich selbst in den Grafenstand erheben, was zusätzliche Kritik herausforderte. Letztlich wurde er Opfer einer Intrige am Hof. Es kam zu einem Prozess, Johann Friedrich wurde verurteilt und am 28. April 1772 hingerichtet.

3 Konstellationen und Konflikte

Die Gefangennahme und Hinrichtung Johann Friedrich Struensees erregten großes öffentliches Interesse und wurden von zahlreichen Publikationen begleitet. Johann Wolfgang von Goethe beendete seine Rezension einer dieser Schriften mit folgendem Satz:

> „Das ist unser Urtheil über diese Bogen, die wir (…) allen Eltern, Lehrern, Predigern und übertriebenen Devoten angelegentlichst empfehlen, weil sie aus ihnen die große Wahrheit lernen werden, daß allzu strenge und über die Gränzen gedehnte Religionsmoral den armen Struensee zum Feind der Religion gemacht haben" (Goethe 1850: 59).

Goethe sah in der Enge der pietistischen Erziehung Johann Friedrich Struensees die Voraussetzung für dessen spätere Abkehr von religiösen Traditionen und so-

mit die Grundlegung einer Entwicklung, die letztlich mit der Hinrichtung Johann
Friedrich Struensees endete. Er bediente damit ein stereotypes Bild pietistischer
Pädagogik, das sich im wesentlichen auf die normativen Äußerungen bekannter
Pietisten, allen voran August Hermann Francke, bezieht und das ich kurz vorstellen möchte, um anschließend zeigen zu können, wo eine auf die Lebenswirklich-
keit fokussierte Untersuchung als Korrektiv einer rein ideengeschichtlich orientierten Erforschung von Familienverhältnissen im 18. Jahrhundert dienen kann.

Auf einer normativen Ebene gab es ein klares Ziel pietistischer Erziehung: die
Bekehrung des Kindes.[14] Zwar vermeinte man, gut lutherisch, auf den eigentlichen
Bekehrungsvorgang keinen direkten Einfluss nehmen zu können, denn die Bekehrung galt als alleiniges Ergebnis der göttlichen Gnade. Zumindest aber sollten im Kind die Grundlagen dafür gelegt werden, dass es sich empfänglich für
den göttlichen Heilsprozess erweist.[15] Zu den praktischen erzieherischen Maßnahmen, die das Kind auf die Bekehrung vorbereiten sollten, gehörte in erster Linie das „Brechen des Eigenwillens", wie es bei Francke heißt, das als Voraussetzung einer Selbstunterwerfung unter den Willen Gottes galt (vgl. Loch 2004: 275).
Das bedeutete in der Regel zunächst einmal eine Unterwerfung unter den Willen
der Eltern bzw. der Lehrer. Das Kind befände sich zwar nach der Taufe zunächst
im Gnadenstand, sei aber in gleicher Weise von der Erbsünde belastet, ohne sich
seiner Sündhaftigkeit bewusst zu sein.[16] Aber, so Francke, die „Unschuld des Kindes" sei nur „im allerzartesten Alter" wahrzunehmen (zit. nach Loch 2004: 272).
Mit zunehmendem Alter neige es mehr und mehr zur Sünde und bedürfe deshalb
einer Bekehrung und geistigen Wiedergeburt. Hierzu müsse das Kind zunächst
lernen, sich der elterlichen Führung zu übergeben, bevor es sich selbst der göttlichen Führung übergeben könne. Dabei körperlichen Zwang auszuüben, hat zumindest A. H. Francke grundsätzlich abgelehnt (vgl. Faix 1997: 35). Vielmehr sollte
durch gezielte Demütigung der Weg zur heilsnotwendigen Demut gewiesen wer-

---

14 Vgl. Scharfe 1980: 57. Scharfe verweist auf einen engen Zusammenhang zwischen der Erzie-
    hung und dem Bekehrungserlebnis, das er als „Abschluß des (pietistischen) Sozialisations-
    prozesses" betrachtet.

15 Das „bereitwillige Einlassen" auf Gott wurde von den Pietisten als eine notwendige Voraus-
    setzung für die Bekehrung angesehen. Siehe dazu auch das Kapitel zum Vorsehungsglauben
    bei Adam Struensee sowie speziell für die Bedeutung dieses Grundsatzes im Hinblick auf
    die pietistische Erziehung bei Gestrich 2004: 512. Der theologische Ansatzpunkt der pietis-
    tischen Erziehung war, so Gestrich, die Überzeugung, „dass Gott uns nicht gegen unseren
    Willen errettet" (ebd.).

16 In dieser pessimistischen anthropologischen Grundlage besteht eine wesentliche Differenz
    zur aufklärerischen Pädagogik. Im Pietismus haben die „Erziehungsaufgaben (…) ihren
    Grund in den Verfehlungen der Menschen." Werner Loch unterscheidet daher auch zu recht
    zwischen einer „Pädagogik des Glaubens" und einer „Pädagogik der Vernunft" (Loch 2004:
    266–268). Zur Kindheit im 18. Jahrhundert vgl. grundsätzlich auch Neumann/Sträter 2000.

den und der Zustand der Demut war erreicht, wenn die Züchtigung der Erzieher durch eine Selbstzüchtigung ersetzt werden konnte. Auf Selbstentfaltung und Autonomie nach Maßgabe der Vernunft legten die pietistischen Erziehungsschriften im Gegensatz zur aufklärerischen Pädagogik daher auch keinesfalls Wert, was die aufklärerische Publizistik in durchaus polemischer Weise auch kritisierte. So heißt es in der zweiten Ausgabe der aufklärerischen Zeitschrift *Bibliothek für Denker und Männer von Geschmack* von 1784 über die pietistische Erziehung:

> „Das Kind wird strenge erzogen, früh und mit vielem Fleiße zur Schule gehalten, und man sieht mit Sorgfalt darauf, daß es dasjenige gründlich lerne, was es zur bürgerlichen Lebensart dereinst braucht. Man hat auch nie gehört, daß je ein Pietist seinen Sohn studieren ließ, denn alles Wissen ist Tand, und die Weißheit der Menschen, ist Thorheit bei Gott; was hilft also alles studiren? Jedes Kind lernt also gut rechnen, lesen und schreiben, und weiter nichts und in der Bibel sind sie ausnehmend bewandert." (zit. nach Lehmann 1983: 273).

Auch im aufklärerischen Diskurs wurde dem Vater vor allem Strenge und Autorität zugeschrieben, während die Mutter prinzipiell als der nachgiebigere und gefühlvollere Elternteil galt (vgl. Trepp 1996a: 32).[17] Aus aufklärerischer Perspektive war jedoch die väterliche Strenge nicht nur Teil einer Disziplinierung des Kindes, sondern auch ein Instrument, um den Kindern die Ideale der Aufklärung näher zu bringen:

> „Das prinzipielle Erziehungsziel war der normengeleitete, vernünftig und sittlich handelnde Mensch. Erziehung hieß die Verinnerlichung der bürgerlichen Werte, zu deren Zweck Tugenden wie Ordnung, Arbeitsamkeit, Fleiß, Pünktlichkeit und Standhaftigkeit wie auch die Kontrolle von Begierden und Leidenschaften in den Mittelpunkt der Erziehung gestellt wurden" (Trepp 1996b: 53).

Dabei rückten aber zunehmend die individuellen Entfaltungsmöglichkeiten des Kindes in den Fokus des Interesses. Wichtig erschien weniger die Vorbereitung des Kindes auf den Empfang der göttlichen Gnade, sondern primär die Erziehung zum guten Bürger, verbunden mit der Entwicklung einer eigenständigen Persönlichkeit (vgl. Dülmen 2005b: 131). Gerade im Hinblick auf die religiöse Erziehung wurde eindringlich vor Strenge und Zwang gewarnt. Der von der Aufklärung beeinflusste Pädagoge Peter Villaume forderte:

---

17 Zur Vaterrolle im 18. Jahrhundert insgesamt vgl. auch Lenzen 1991: 172–194.

„Vermeide alles, was gegen die Religion einen widrigen Eindruk machen könnte. Von
der Art ist Zwang und Strafe bei dem Unterricht in der Religion; mürrisches Wesen des
Lehrers (…); wenn man Gott als einen zornigen, rachbegierigen Despoten schildert."
(zit. nach Austermann 2010: 145).

Der Härte der religiösen Erziehung im Pietismus stand eine zwanglose Heran-
führung an Religion unter aufklärerischen Theoretikern scheinbar diametral gegenüber.

In das mehr stereotype als realistische Bild pietistischer Erziehung fügen sich
auch einige Kindheitserinnerungen ein, die Johann Friedrich Struensee zugeschrieben werden.[18] Als sich dieser kurz vor seiner Hinrichtung an seine Kindheit
erinnerte, soll es vor allem eines gewesen sein, was ihm bemerkenswert erschien:

„Alles ohne Unterschied, wozu ich Lust hatte, ward mir zur Sünde gemacht. Manschet-
ten tragen, Puder in die Haare werfen, das ward mir mit eben solcher Ernstlichkeit
für gottlos erklärt, als offenbahre sündliche Ausschweifungen" (Bekehrungsgeschichte 1772: 138).

Das pietistische Milieu im Halle der 1740er Jahre wird als heuchlerisch beschrieben:

„Von Jugend auf habe ich wenig Christen gekannt, die mich nicht durch ihre Schwär-
merey, und oft durch ihre unter dem Schein der Heiligkeit versteckte Gottlosigkeit ge-
ärgert hätten" (ebd.: 239).

Und der Vater erscheint als strenge, moralische Autorität:

„Mein Vater ist ein rechtschaffener Mann, er ist gewohnt nach seiner Überzeugung zu
handeln, aber ich glaube, er ist zu hart gegen mich gewesen" (ebd.: 28).

Ausgehend von dem stereotypen Bild pietistischer Erziehung und den sich gut
darin einfügenden Äußerungen, die Johann Friedrich Struensee zugeschrieben
werden, wird in der Forschungsliteratur bis heute die Auffassung tradiert, Adam
Struensee hätte den von seinen Kindern gewählten Lebenswegen grundsätzlich

---

18 Vgl. Bekehrungsgeschichte, hg. von Münter 1772. Die Glaubwürdigkeit der Bekehrungsgeschichte in dem Sinne, dass die hier festgehaltenen Aussagen Johann Friedrich Struensees
weitgehend authentisch sind, ist umstritten. Während Amdisen den Text lediglich als Quelle
für das religiöse Klima in Kopenhagen um 1770 gelten lassen will (siehe Amdisen 2002: 154),
hält Glebe-Møller (2007: 54) den Text auch darüber hinaus für aufschlussreich.

und insgesamt ablehnend gegenüber gestanden.[19] Dabei wurde und wird bisher nicht zur Kenntnis genommen, dass die angeblich authentischen Äußerungen Johann Friedrichs über seine Kindheit im Rahmen einer publizistischen Vermarktung und Instrumentalisierung seiner Hinrichtung 1772 überliefert wurden (vgl. Keitsch 2000). Dabei bedienten sich die Autoren in augenscheinlicher Weise der dargestellten Stereotype, um die Vater-Sohn-Beziehung zu skizzieren. Es bleibt jedoch unklar, inwiefern es sich bei den in diesem Zusammenhang veröffentlichten Texten tatsächlich um Aussagen Johann Friedrichs und seine Sicht auf die eigene Kindheit handelt. Angesichts dessen scheint eine Neubewertung des Verhältnisses von Adam Struensee zu seinen Söhnen auf der Grundlage angemessener Quellen notwendig zu sein. Diese lässt auch die gängige Gegenüberstellung von Pietismus und Aufklärung fragwürdig erscheinen.

Die beruflichen Wege, wie auch spezifische Handlungen seiner Söhne, boten Adam Struensee nur wenig Anlass zu Klagen, vielmehr zeigte er sich durchaus stolz, dass seine bürgerlichen Söhne es in den zu dieser Zeit eigentlich noch dem Adel vorbehaltenen Regierungskreisen so weit gebracht hatten. An Carl August schrieb er: „Alle vernünftige Leuthe geben dir in Hinsicht deiner Arbeiten das beste Zeugniß."[20] Maria Dorothea Struensee berichtete ihrem Sohn: „Der Papa hat mir geschrieben, das er unterwegs viel guthes von dir höre."[21]

Auch protegierte er seine Söhne und versuchte, sie in ihren beruflichen Laufbahnen sogar zu unterstützen. Sowohl Johann Friedrich als auch Carl August Struensee verdanken ihre Karriere im dänischen Staatsdienst zu einem nicht unwesentlichen Teil dem Einfluss ihres Vaters. An Johann Hartwig Ernst Bernstorff, seinen Vorgesetzten bei der Deutschen Kanzlei in Kopenhagen, schrieb Adam Struensee:

> „Mir, als Vater, würde es eine unbeschreibliche große Wohlthat seyn, wenn meine Kinder in dem dänischen Lande gebraucht werden könten. Und Euer Excellenz sind der Eintzige, der dieses mein Anliegen ehrerbietigst entdecken kan."[22]

Relativiert wird das Bild eines starren Gegensatzes zwischen pietistischen Eltern und ihren aufgeklärten Kindern aber nicht nur durch Aussagen von Mitgliedern der Familie Struensee, sondern auch durch Aussagen von externen Beobachtern. So berichtete der Hallenser Theologe Johann August Nösselt (1734–1807), der ein Jugendfreund Carl August Struensees gewesen ist, dass Adam und Maria Doro-

---

19 Vgl. etwa Winkle 1983: 9–14. Ebenso beispielsweise Grashoff 2008: 11–15.
20 Adam an Carl August Struensee, Rendsburg, den 28. Nov. 1771, RAK, 205, 11, 13.
21 Maria Dorothea an Carl August Struensee, Rendsburg, den 3. Jul. 1771, RAK, 205, 12.
22 Struensee an J. H. E. Bernstorff, Rendsburg, den 27. Okt 1761, RAK, 05129, 51.

thea Struensee ihren Kindern eine für die damalige Zeit „sehr liberale Erziehung" (zit. nach Niemeyer 1809: 234) geboten hätten.

Gleichwohl gab es auch Auseinandersetzungen zwischen Adam Struensee und seinen Söhnen, in denen auch die verschiedenen religiösen Standpunkte deutlich werden. So kam es zwischen Adam und Carl August zu einem Streit über die von Carl August initiierte Ansiedlung der Herrnhuter Brüdergemeine im Herzogtum Schleswig. Carl August stellte gegenüber seinem Vater klar, dass er die staatliche Wohlfahrt für bedeutender halte als eine Einheit der kirchlichen Strukturen im Königreich Dänemark (vgl. Hansen 1930: 77).

Auch verschwieg Adam Struensee nicht immer seine Irritation über die von seinen Söhnen gewählten Lebenswege. In einem Brief schrieb er:

> „Die Wege meiner Söhne sind mir vom Anfang dunkel gewesen: ich habe sie wieder-rathen; aber nicht verhindern können. Die schleunige Erhöhungen des Medici [Johann Friedrich, OF] setzen mich in ein Zittern, so erst ich davon in den Zeitungen las. Er selbst hat sie mir nie gemeldet, denn er wusste meine Unzufriedenheit darüber."[23]

Diese Äußerung geschah allerdings unter dem direkten Eindruck der Hinrichtung Johann Friedrichs und darf keinesfalls als repräsentativ für die grundsätzliche Einstellung des Vaters zu seinen Söhnen verstanden werden, denn gleichzeitig liest man aus seinen Briefen ein gewisses Maß an Verständnis für seinen Sohn Johann Friedrich heraus:

> „Er war auch dem ihm unvertrauten Posten gar nicht gewachsen, und hätte nach meinem Urtheil bey der Medicin bleiben sollen, zumal da er in seinen Curen glücklich war."[24]

Und letztlich betont Adam auch den Schmerz, den die Verhaftung und Verurteilung seines Sohnes bei ihm hervorgerufen hat:

> „Mein Schmerz ist heftig. Meine gläubige Frau und ich jamern Tag und Nacht. Wäre der Herr nicht unseres Angesichts Hülfe und unser Gott, so müsten wir in unserm Elende vergehen."[25]

---

23 Struensee an Peter von Hohenthal, Rendsburg, den 21. März 1772, AFSt/M 3 M 8, Nr. 2.
24 Ebd.
25 Ebd.

Auch die Söhne hatten nicht nur Kritik für ihren Vater übrig. Gemeinsam[26] verfassten sie 1780 ein Gedicht, das mit folgenden vier Zeilen beginnt:

„Schweigt schwülstige, nur oft erzwungne Musen,
Woran man Dichterschweiß erkennt;
Hier unser Lied zollt fühlbar einem Busen,
Der für den besten Vater brennt."[27]

Ohne Frage kam es zu Spannungen zwischen Adam Struensee und seinen Söhnen,
in denen die jeweiligen durch Pietismus und Aufklärung beeinflussten Standpunkte von Bedeutung gewesen sind. Diese bewegten sich aber meines Erachtens im Rahmens von keineswegs außergewöhnlichen Vater-Sohn-Konflikten im
Zuge des Emanzipationsprozesses. Pietismus und Aufklärung lieferten dabei Argumente, verhärteten aber nicht die Fronten und führten nicht zwangsweise zu
einem Bruch zwischen den Generationen.

Dass Adam Struensee seine eigene Erziehung als gescheitert angesehen hat, ist
angesichts seiner Äußerungen, in denen er sich durchaus stolz gibt, eher unwahr-
scheinlich. Und auch die Gründe für die so stark von der Aufklärung beeinflussten Lebenswege von Carl August und Johann Friedrich Struensees sind meines
Erachtens nur bedingt in der elterlichen Erziehung zu suchen. Fragt man nach den
Gründen für das Scheitern einer generationellen Weitergabe pietistischer Ideale
in der Familie Struensee, so wird man sich zunächst einmal eingestehen müssen,
dass diese Weitergabe gar nicht in jeder Hinsicht gescheitert ist: Praxisorientierter
Lebenswandel, asketische Selbstaufopferung und Fleiß waren Charakteristika, die
sowohl das Leben des Vaters als auch das der Söhne geprägt hat.

Als gescheitert wird man jedoch die Weitergabe einer frommen Selbstsicht an-
sehen müssen. Während Adam Struensee sein Handeln im Rahmen einer göttlichen Vorsehung betrachtete und bewertete, sahen Carl August und Johann
Friedrich ihre Handlungen als Ergebnisse autonomer Entscheidungs- und Hand-
lungskompetenz. So kommentierte Adam Struensee etwa seinen beruflichen Aufstieg mit folgenden Worten:

„Gott beuget und beschämet mich sehr durch den Reichthum seiner Barmhertzigkeit.
Er wird die nöthige Treue schenken, daß den Rest meiner Tage ihm gantz widmen
könne."[28]

---

26 Allerdings ohne Johann Friedrich, der zu diesem Zeitpunkt schon über acht Jahre tot war.
27 Kurzer Lebenslauf 1781: 249.
28 Struensee an Francke, Rendsburg, den 11. Jun. 1760, AFSt/H C 710, 8.

Adam sah sich nicht als autonomen Akteur, sondern als williges Werkzeug in Gottes Plan. Diesen Demutsgestus und auch die religiöse Rahmung des eigenen Lebens insgesamt sucht man in den Selbstzeugnissen der Söhne vergeblich. Johann Friedrich kommentierte seinerseits die Einstellung zu seinen beruflichen Tätigkeiten mit den Worten:

> „Die Begierde nützlich zu werden und Handlungen zu verrichten, die einen weiter ausgebreitetern Einfluss zum Vortheil der Gesellschaft, worin ich lebte, haben könte, beschäftigte mich allein."(zit. nach Hansen 1930: 8).

Und Carl August betonte: „Dass ich fleissig und unermüdet in meinem Amt gewesen bin, dessen kan und darf ich mich rühmen." (zit. nach ebd.: 100). Diese Aktivität war nicht mehr gottgeleitete Praxis, sondern sie basierte auf einem Bewusstsein der eigenen Entscheidungskraft und Gestaltungsmacht sowie auf einem „Willen zur Wirksamkeit", wie Hans von Held, der erste Biograph Carl August Struensees, betonte (vgl. Held 1805: 8). Aus dieser differenten Einstellung zu sich selbst ergeben sich verschiedene Konsequenzen, die letztlich das Problemfeld abstecken, auf dem sich die Auseinandersetzungen zwischen Vater und Söhnen ereigneten.

4   Fazit

Im Hinblick auf die oft gestellte und wohl kaum endgültig zu beantwortende Frage nach dem Verhältnis von Pietismus und Aufklärung insgesamt[29] ergibt sich aus diesen Beobachtungen erneut eine zwiespältige Schlussfolgerung. Einerseits werden auch im familiären Kontext die unüberbrückbaren Differenzen deutlich, diese liegen jedoch weniger in konkreten Handlungen begründet als vielmehr in der Bewertung dieser Handlungen durch die Handelnden. Diese sind einerseits geprägt von demütiger Frömmigkeit und andererseits von einem Bewusstsein der eigenen Gestaltungskräfte. Gleichwohl führten die Differenzen kaum zu einem antagonistischen Gegenüber, sondern sie wurden überbrückt durch eine Vielzahl von Gemeinsamkeiten im praktischen Lebensvollzug. Daher möchte ich abschließend betonen: Wenn uns die Untersuchung von Auseinandersetzungen im Spannungsfeld von Pietismus und Aufklärung auf der Mikroebene einer Familie eines zeigen kann, dann, dass diese Auseinandersetzungen in der lebensweltlichen Pra-

---

29 Ausführliche Studien zum Verhältnis von Pietismus und Aufklärung liegen beispielsweise vor von Kirn 1998 und Gierl 1997. Für eine brauchbare Zusammenfassung der Forschungsdiskussion vgl. Beutel 2009: 228–232.

xis offenbar sehr viel weniger verheerende Folgen hatten, als uns die normativen und stereotypen Aussagen auf einer ideengeschichtlichen Ebene zu glauben machen versuchen.

Quellen- und Literaturverzeichnis

Quellen

Ungedruckte Quellen

A) Archiv der Franckeschen Stiftungen, Halle
AFSt/H C 710: Briefwechsel zwischen Adam Struensee und Gotthilf August Francke (1757-1770).
AFSt/M 3 M 8: Jahresberichte 1772-1778 mit Korrespondenz im Anhang.

B) Dänisches Reichsarchiv, Kopenhagen
Bestand 205, Nr. 11: Dokumente zum Prozess gegen Carl August Struensee
Bestand 205, Nr. 12: Persönliche Unterlagen Carl August Struensees
Bestand 05129, Nr. 51: Briefe an Johann Hartwig Ernst Bernstorff, Se-U

Gedruckte Quellen

Bahrdt, Carl Friedrich (1781): Kirchen- und Ketzerhistorie bis aufs Jahr 1781, Berlin: Lange
Bekehrungsgeschichte (1772) des vormaligen Grafen und Königlichen Dänischen Geheimen Cabinetsministers Johann Friedrich Struensee nebst desselben eigenhändiger Nachricht von der Art, wie er zur Änderung seiner Gesinnung über die Religion gekommen ist, hrsg. von Balthasar Münter, Kopenhagen: Rothe & Proft
Carl, Johann Samuel (1747): Medicinische und moralische Einleitung in die Natur-Ordnung, Halle: Gebauer
Goethe, Johann Wolfgang (1850): Werke. Vollständige Ausgabe aus letzter Hand, Bd. 33, Stuttgart/Tübingen: Cottascher Verlag
Hansen, Holger (1930): Inkvisitionskommissionen af 20. Januar 1772. Udvalg of den Papirer og Brevsamlinger til Oplysning om Struensee og Hans Medarbeidere. Bd. 2. Kopenhagen: Gad
Held, Hans von (1805), Struensee. Eine Skizze für diejenigen, denen sein Andenken werth ist, (…), Berlin: Matzdorff

Kurzer Lebenslauf (1781) des Königlich Dänischen Oberconsistorialsraths und Generalsuperintendenten D. Adam Struensee nebst sämmtlichen bey Dessen Amtsjubilaeo herausgekommenen Schriften, Flensburg/Leipzig: Korte

Niemeyer, August Hermann (1809): Leben, Charakter und Verdienste Johann August Nösselts (…). Nebst einer Sammlung einiger zum Theil ungedruckten Aufsätze, Briefe und Fragmente, Halle/Berlin: Waisenhaus-Verlag

Literatur

Albrecht, Ruth (2004): Frauen. In: Lehmann (2004): 522–555

Amdisen, Asser (2002): Til nytte og fornøjelse. Johann Friedrich Struensee 1737–1772. Kopenhagen: Akademisk Forlag

Austermann, Simone (2010): Die „Allgemeine Revision". Pädagogische Theorieentwicklung im 18. Jahrhundert. Bad Heilbrunn: Julius Klinkhardt

Beutel, Albrecht (2009): Kirchengeschichte im Zeitalter der Aufklärung. Ein Kompendium. Göttingen: Vandenhoeck & Ruprecht

Boehart, William (1988): Politik und Religion. Studien zum Fragmentenstreit (Reimarus, Goeze, Lessing). Schwarzenbek: Martienss

Brecht, Martin/Deppermann, Klaus (Hrsg.) (1995): Geschichte des Pietismus 2. Der Pietismus im achtzehnten Jahrhundert. Göttingen: Vandenhoeck & Ruprecht

Brietzke, Dirk/Kopitzsch, Franklin (Hrsg.) (2003): Hamburgische Biographie. Personenlexikon, Bd. 2. Hamburg: Christians

Burke, Peter (Hrsg.) (1991): New Perspectives on Historical Writing. Cambridge: Polity

Carstens, Carsten Erich (1881): Dr. Adam Struensee. Generalsuperintendent in Schleswig-Holstein. In: Zeitschrift der Gesellschaft für Schleswig-Holsteinische Geschichte 10. 1881. 145–170

Cedergreen Bech, Svend (1979): Struensee, Adam. In: Schleswig-Holsteinisches biographisches Lexikon 5. 1979. 258

Cimino, Paolo/Opitz-Belakhal, Claudia (2007): Vater-Sohn-Konflikte um 1800? Generationenbeziehungen zwischen alter Ordnung und neuen Freiheiten. In: Labouvie/Myrrhe (2007): 169–186

Dülmen, Richard van (2005a): Kultur und Alltag in der Frühen Neuzeit. Bd. 1: Das Haus und seine Menschen. 16.–18. Jahrhundert. München: C. H. Beck

Dülmen, Richard van (2005b): Kultur und Alltag in der Frühen Neuzeit. Bd. 3: Religion, Magie, Aufklärung. München: C. H. Beck

Faix, Wilhelm (1997): Familie im gesellschaftlichen Wandel. Der Beitrag des Pietismus. Eine sozialgeschichtliche Studie. Giessen: Brunnen

Feddersen, Ernst (1938): Kirchengeschichte Schleswig-Holsteins, Band II. 1517–1721. Kiel: Mühlau

Fischer, Ole (2010): „Toleranz ist gut, wenn sie nur gehörig eingeschräckt wird." Adam Struensee als Generalsuperintendent in Schleswig und Holstein. In: Zeitschrift der Gesellschaft für Schleswig-Holsteinische Geschichte 135. 2010. 143–174

Gestrich, Andreas (2004): Ehe, Familie, Kinder im Pietismus. Der „gezähmte Teufel".
    In: Lehmann (2004): 498–521
Gleixner, Ulrike (2005): Pietismus und Bürgertum. Eine historische Anthropologie
    der Frömmigkeit. Württemberg 17.–19. Jahrhundert. Göttingen: Vandenhoeck
    & Ruprecht
Gierl, Martin (1997): Pietismus und Aufklärung. Theologische Polemik und die Kom-
    munikationsreform der Wissenschaft am Ende des 17. Jahrhunderts. Göttingen:
    Vandenhoeck & Ruprecht
Ginzburg, Carlo/Poni, Carlo (1985): Was ist Mikrogeschichte? In: Geschichtswerkstatt
    6. 1985. 48–52
Ginzburg, Carlo (1993): Mikro-Historie. Zwei oder drei Dinge, die ich von ihr weiß. In:
    Historische Anthropologie 1. 1993. 169–192
Glebe-Møller, Jens (2007): Struensees vej til skafottet. Fornuft og åbenbaring i Oplys-
    ningstiden. Kopenhagen: Museum Tusculanum
Grashoff, Udo (2008): Johann Friedrich Struensee. Arzt, Staatsmann, Geliebter der
    Königin. Halle: Hasenverlag
Günther, Dagmar (2001): „And now for something completely different". Prolegome-
    na zur Autobiographie als Quelle der Geschichtswissenschaft. In: Historische
    Zeitschrift 272. 2001. 25–61
Habrich, Christa (2002): Johann Samuel Carl (1677–1757) und die Philadelphische
    Ärztegemeinschaft. In: Lehmann/Schilling/Schrader (2002): 272–289
Hammerstein, Notker (Hrsg.) (1995): Universitäten und Aufklärung. Göttingen: Wall-
    stein
Hardach-Pinke, Irene (1981): Kinderalltag. Aspekte von Kontinuität und Wandel der
    Kindheit in autobiographischen Zeugnissen 1700 bis 1900. Frankfurt am Main:
    Campus
Hebeisen, Erika (2005): Leidenschaftlich fromm. Die pietistische Bewegung in Basel
    1750–1830. Köln/Wien/Weimar: Böhlau
Hendel, Marie (1920): Beiträge zur Würdigung des preußischen Finanzministers C. A.
    v. Struensee. Göttingen: Hubert
Jakubowski-Tiessen, Manfred (2004): Struensee, Adam. In: Religion in Geschichte und
    Gegenwart 7. 2004. 1781
Keitsch, Christine (2000): Der Fall Struensee. Ein Blick in die Skandalpresse des aus-
    gehenden 18. Jahrhunderts. Hamburg: Krämer
Kirn, Hans-Martin (1998): Deutsche Spätaufklärung und Pietismus. Ihr Verhältnis im
    Rahmen Kirchlich-Bürgerlicher Reform bei Johann Ludwig Ewald (1748–1822).
    Göttingen: Vandenhoeck & Ruprecht
Kühne, Thomas (1996): Männergeschichte – Geschlechtergeschichte. Männlichkeit im
    Wandel der Moderne. Frankfurt am Main/New York: Campus
Labouvie, Eva/Myrrhe, Ramona (Hrsg.) (2007): Familienbande – Familienschande.
    Geschlechterverhältnisse in Familie und Verwandtschaft. Köln/Weimar/Wien:
    Böhlau
Lehmann, Hartmut (1983): Zwischen Pietismus und Erweckungsbewegung. Bemerkun-
    gen zur Religiösität der Emkendorfer. In: Lehmann/Lohmeier (1983): 267–279

Lehmann, Hartmut/Lohmeier, Dieter (Hrsg.) (1983): Aufklärung und Pietismus im dänischen Gesamtstaat. 1770–1820. Neumünster: Wachholtz

Lehmann, Hartmut (Hrsg.) (1995): Wege zu einer neuen Kulturgeschichte. Göttingen: Wallstein

Lehmann, Hartmut/Schilling, Heinz/Schrader, Hans-Jürgen (Hrsg.) (2002): Jansenismus, Quietismus, Pietismus. Göttingen: Vandenhoeck & Ruprecht

Lehmann, Hartmut (Hrsg.) (2004): Geschichte des Pietismus 4. Glaubenswelt und Lebenswelten. Göttingen: Vandenhoeck & Ruprecht

Lejeune, Philippe (1994): Der autobiographische Pakt. Frankfurt am Main: Suhrkamp

Lenzen, Dieter (1991): Vaterschaft. Vom Patriarchat zur Alimentation. Reinbek: Rowohlt

Levi, Giovanni (1991): On Microhistory. In: Burke (1991): 93–113

Loch, Werner (2004): Pädagogik am Beispiel August Hermann Franckes. In: Lehmann (2004): 264–308

Medick, Hans (1994): Mikro-Historie. In: Schulze (1994): 40–53

Neumann, Josef N./Sträter, Udo (Hrsg.) (2000): Das Kind in Pietismus und Aufklärung. Beiträge des internationalen Symposions vom 12.–15. November 1997 in den Franckeschen Stiftungen zu Halle. Tübingen: Niemeyer

Opitz, Eckardt (2003): Art. „Struensee, Adam". In: Brietzke/Kopitzsch (2003): 412–413

Scharfe, Martin (1980): Die Religion des Volkes. Kleine Kultur- und Sozialgeschichte des Pietismus. Gütersloh: Mohn

Schneider, Ulf-Michael (1990): „Stroh-Kram und Wage". Johann Samuel Carl in seinem Verhältnis zu den Inspirierten. In: Pietismus und Neuzeit 16. 1990. 76–101

Schneider, Hans (1995): Der radikale Pietismus im 18. Jahrhundert. In: Brecht/Deppermann (1995): 107–197

Schulze, Winfried (Hrsg.) (1994): Sozialgeschichte, Alltagsgeschichte, Mikro-Historie. Eine Diskussion. Göttingen: Vandenhoeck & Ruprecht

Sträter, Udo (1995): Aufklärung und Pietismus – das Beispiel Halle. In: Hammerstein (1995): 49–61

Straubel, Rolf (1999): Carl August von Struensee. Preußische Wirtschafts- und Finanzpolitik im ministeriellen Kräftespiel (1786–1804/06). Potsdam: Verlag für Berlin-Brandenburg

Toellner, Richard (2004): Medizin und Pharmazie. In: Lehmann (2004): 332–356

Trepp, Anne-Charlott (1996a): Männerwelten privat. Vaterschaft im späten 18. und beginnenden 19. Jahrhundert. In: Kühne 1996: 31–50

Trepp, Anne-Charlott (1996b): Sanfte Männlichkeit und selbständige Weiblichkeit. Frauen und Männer im Hamburger Bürgertum zwischen 1770 und 1840. Göttingen: Vandenhoeck & Ruprecht

Ulbricht, Otto (2009): Mikrogeschichte. Menschen und Konflikte in der Frühen Neuzeit. Frankfurt am Main/New York: Campus

Vierhaus, Rudolf (1995): Die Rekonstruktion historischer Lebenswelten. Probleme moderner Kulturgeschichtsschreibung, In: Lehmann (1995): 7–28

Winckel, Friedrich Wilhelm (1842): Aus dem Leben Casimirs, weiland regierenden Grafen zu Sayn-Wittgenstein-Berleburg. Frankfurt am Main: Brönner

Winkle, Stefan (1983): Johann Friedrich Struensee. Arzt, Aufklärer, Staatsmann. Ein Beitrag zur Kultur-, Medizin-, und Seuchengeschichte der Aufklärungszeit. Stuttgart: Fischer

Witt, Ulrike (1996): Bekehrung, Bildung und Biographie. Frauen im Umkreis des hallischen Pietismus. Tübingen: Niemeyer

Familie und Demokratie im „Zeitalter der Extreme". Spanien 1931–1936

Till Kössler

1 Familie und politischer Wandel im 20. Jahrhundert. Einleitung

Die politischen Umwälzungen des 20. Jahrhunderts zielten auf eine umfassende Neugestaltung von Gesellschaft. Kriege und Bürgerkriege, Revolutionen und die Neugründung von Staaten und politischen Regimen griffen tief in das Leben der einzelnen Menschen ein. Die historische Familienforschung hat sich dieser Epoche und diesen Phänomenen bislang zumeist aus einer engeren politikgeschichtlichen Perspektive genähert. Neben den demographischen Folgen von Kriegen und politischen Umbrüchen hat sie vor allem die Familienpolitik einzelner Staaten und Regime zwischen Disziplinierung und Fürsorge untersucht.[1] Diese politikorientierte Forschungsrichtung steht weitgehend unverbunden neben Studien, die sich in einem genealogischen, lebensgeschichtlichen Zugriff einzelnen Familien zuwenden. Eine der historischen Epoche angemessene Familiengeschichte sollte jedoch diese beiden Forschungsrichtungen stärker als bisher aufeinander beziehen und erweitern. Familie bietet sich als Gegenstand einer Analyse der extremen Jahrzehnte des vergangenen Jahrhunderts in besonderer Weise an, da ihre Betrachtung Einblicke in Reichweite, Widersprüche und Folgen politischer Ideologien, Gesellschaftsprojekte und der neuen (sozial)bürokratischen Apparate in das Leben der Menschen ermöglicht. Ein familienhistorischer Zugriff vermag es zugleich, die mit politischen Regimewechseln verbundenen Ängste und Hoffnungen von Männern, Frauen und Heranwachsenden in den Blick zu nehmen. In den Familien verknüpften sich die gesellschaftliche Mikroebene der einzelnen Individuen und Subjekte mit der gesellschaftlichen Makroebene der politischen Ideolo-

---

[1] Vgl. als neuere Überblicke Winter 2003: 152–172; Ginsborg 2003: 174–197. Vgl. auch: Gestrich 2010: insb. 47–51; Sieder 1998: 210–284.

gien und der Gesellschaftspolitik. Zwar sind in den letzten Jahren vermehrt Versuche unternommen worden, besonders über Medien wie Elternratgeber Politik und Familie auf neue Weise zueinander in Verbindung zu setzen, doch wissen wir bisher erst wenig darüber, welche Auswirkungen politische Regimewechsel auf Familienleitbilder hatten, welche Erwartungen und Befürchtungen Familien mit den neuen politischen Ordnungen verbanden und wie sich Stellung und Machtressourcen einzelner Familienangehöriger veränderten.[2] Geht man davon aus, dass familiäre und politische Ordnung auch im 20. Jahrhundert in einer engen Wechselbeziehung zueinander standen, gewinnt gerade auch die Erforschung der Beziehungen zwischen der Etablierung von Demokratien und dem Wandel von Familie an Bedeutung. Folgte eine Demokratisierung der Familie, wie immer man sie definieren mag, aus der Einführung politischer Demokratie? Und: In welcher Weise stabilisierten oder destabilisierten familiäre Ordnungen die demokratische Staatsform?

Der folgende Aufsatz verfolgt diese Fragen am Beispiel der spanischen Zweiten Republik (1931–1936/39), deren Gründer nach Jahren der Militärdiktatur Miguel Primo de Riveras (1923–1930) eine neuartige demokratische Staats- und Gesellschaftsform auf der iberischen Halbinsel verwirklichen wollten. Spaniens kurzlebige Demokratie bietet sich in unserem Zusammenhang als Untersuchungsgegenstand auf besondere Weise an, da die spanische Entwicklung der frühen 1930er Jahre allgemeineuropäische Trends zuzuspitzen schien. Die spanische Geschichte vor dem Bürgerkrieg (1936–1939) wird in der Regel als Zeit einer zunehmenden Politisierung der Bevölkerung und ihrer Spaltung in sich feindlich gegenüberstehende Lager beschrieben. Die harten Auseinandersetzungen zwischen einem katholisch orientierten nationalen Block und einem betont laizistischen liberalen und linken Lager wird von der historischen Forschung zumeist als Ringen von Tradition und Moderne betrachtet.[3] Die progressiven Kräfte des liberalen Bürgertums und der Arbeiterschaft, so die Interpretation, lieferten sich seit dem 19. Jahrhundert einen Dauerkampf mit den um die Gruppe der Großgrundbesitzer, das Militär und die katholische Kirche gruppierten Kräften der Reaktion. Die Zweite Republik stellt in dieser Lesart einen Höhepunkt linksliberaler Gesellschaftsreform und Modernisierungsbemühungen dar, die jedoch spätestens im Bürgerkrieg an den Kräften des traditionalistischen Spaniens scheiterte.

Nun haben jedoch neuere Forschungen die These einer Fundamentalpolitisierung und Polarisierung der spanischen Bevölkerung in Frage gestellt. Weniger politische Programme als individuelle Alltagsinteressen hätten das Handeln der

---

2   Vgl. Brunner 2008; Gebhardt/Wischermann 2007. Für die Zeit nach 1945 vgl. auch: Van Rahden 2010.
3   Siehe nur: Bernecker 2010.

Menschen geleitet. Eine politische Lagerbildung sei lediglich auf der Ebene der Deutungseliten und kleiner Gruppen politisch aktiver Individuen erkennbar. Die gesellschaftliche Reichweite der politischen Ideologien sei dagegen beschränkt gewesen.[4] Angesichts dieser Debatte über die gesellschaftliche Prägekraft politischer Gesellschaftsentwürfe vermag eine familienhistorische Studie zu neuen Erkenntnissen beitragen. Umgekehrt vermag das spanische Beispiel allgemeine Hinweise darauf geben, wie sich Familie im Zuge der politisch-weltanschaulichen Auseinandersetzungen des „Zeitalters der Extreme" wandelte.[5]

Die folgenden Ausführungen beschäftigen sich mit dem Aufeinanderprallen von Familienreformbewegungen, öffentlich-medialem Familiendiskurs und den Interessen und Hoffnungen Madrider Mittelschichtfamilien in den frühen 1930er Jahren. Es geht darum, die Reichweite und die Konsequenzen republikanischer wie katholischer Kindheits- und Familienreform zu bestimmen und gegenläufige Wandlungsprozesse von Familie zu identifizieren. Lässt sich in den spanischen Mittelschichten die Herausbildung neuer republikanischer und katholischer Familienordnungen mit besonderen Umgangsformen und einem besonderen Lebensstil erkennen, oder blieben die Reformimpulse ein politisches Oberflächenphänomen? Politisierte sich der private Raum der Familie in den politisch turbulenten Jahren der Zweiten Republik, oder wurde er durch ganz andere Dynamiken geprägt?

Es geht im Folgenden bewusst nicht um eine Geschichte der Familienpolitik. Vielmehr wird in drei Schritten nach den Wechselwirkungen von politischen Gesellschaftsreformprojekten und urbanen familiären Lebenswelten gefragt. Zunächst wird der Wandel katholischer Familienreformprojekte verfolgt und diese mit republikanisch-laizistischen Konkurrenzprojekten hinsichtlich ihrer grundlegenden Vorstellungen einer Erneuerung von Familie verglichen. Im Anschluss wird anhand einer Analyse der Debatten über Familie in populären Zeitschriften nach der Reichweite der Reformkonzepte in der urbanen Öffentlichkeit gefragt. In einem letzten Schritt wird schließlich anhand exemplarischer Beispiele das Verhalten einzelner Familien angesichts von politischen Reformansprüchen, neuen Kindheitsbildern und neuen politischen Rahmenbedingungen skizziert. Insbesondere wird die Bedeutung der Republikgründung für einzelne Familienmitglieder untersucht. Insgesamt sollen hier die Auseinandersetzungen um eine neue Form des Zusammenlebens in den Familien als Teil einer allgemeinen Suche

---

4   Vgl. Seidman 2002. Weiterhin: Andrés 2006. Siehe auch die abwägende Darstellung: Ranzato 2006.

5   In Spanien hat die historische Familienforschung leider bisher nur wenig Fuß gefasst. Eine Ausnahme stellt die Arbeit von Pilar Muñoz López 2001 dar. Wichtige Hinweise finden sich zudem in dem Sammelband: Borrás Llop 1996: 21–55.

nach einer der neuen Zeit angemessenen Staats- und Gesellschaftsordnung dargestellt werden.

Jede familienhistorische Arbeit, die sich nicht auf eine Geschichte von Familienpolitik beschränken will, steht vor einem Quellenproblem. Während sich gesellschaftliche Debatten über Familie recht gut nachvollziehen lassen, ist es schwierig Familien selbst ‚zum Sprechen zu bringen'. Die historische Bürgertumsforschung hat dieses Manko durch einen intensiven Gebrauch von Autobiographien, Tagebüchern und Briefen auszugleichen versucht.[6] Hier wird jedoch aufgrund eines anders gelagerten Erkenntnisinteresses ein anderer Zugang gewählt. Im Mittelpunkt der Analyse stehen populäre Zeitschriften und Illustrierte, die an der Schnittstelle von politischen Reformimpulsen und allgemeinen Interessen und Bildern von Familien standen. Die publizistischen Quellen geben einen Einblick in eine urbane Öffentlichkeit, die zwar auch, aber keineswegs ausschließlich durch weltanschauliche Reformprogramme bestimmt wurde und markieren einen Zwischenraum zwischen dem politischen Feld im engeren Sinne und der Handlungsebene der Familie. Um auch diese praktische Handlungsebene, also die Interessen, Bedürfnisse und Hoffnungen von Familienmitgliedern selbst in den Blick zu bekommen, werden Akten des Madrider Jugendgerichts herangezogen. Dieses seit Mitte der 1920er Jahre tätige Gericht beschäftigte sich zwar in erster Linie mit delinquenten Kindern und Jugendlichen, wurde von Anfang aber auch in Familienstreitigkeiten vielfältiger Art gehört. Die Akten ermöglichen in vielen Fällen sehr detaillierte Einblicke in das Leben Madrider Familien. Auch wenn die Unterlagen keine allgemeine Repräsentativität beanspruchen können, lassen sich aus ihnen doch wertvolle Einsichten hinsichtlich der Reaktionen von Familien auf Reformanforderungen und die sich wandelnden gesellschaftlichen und politischen Rahmenbedingungen gewinnen.

2   Spanien vor dem Bürgerkrieg. Der historische Kontext

Ausgangspunkt des modernen Spaniens bildet das Jahr 1898, in dem Spanien in einem kurzen Krieg gegen die USA seine letzten Kolonien Kuba, Puerto Rico und die Philippinen verlor.[7] Die demütigende Kriegsniederlage löste in Spanien eine tiefgreifende intellektuelle Erschütterung aus. Die folgenden Jahre waren gekennzeichnet von intensiven Debatten über die Defizite von Staat und Gesellschaft. Reformer aller politischen Lager diskutierten Vorschläge, wie die Rückständigkeit

---

6   Siehe nur: Habermas 2000; Budde 1994.
7   Siehe zum Folgenden: Bernecker 2010; Vincent 2007; Álvarez/Shubert 2003.

des Landes überwunden und ein modernes, international konkurrenzfähiges Spanien geschaffen werden könne.

Die Krise von 1898 verschärfte die politischen Spannungen in der Restaurationsmonarchie, die sich 1876 nach Jahrzehnten innerer Unruhen und Bürgerkriege etabliert hatte. In unserem Kontext ist vor allem die Zunahme der Konflikte zwischen einem katholisch-nationalen und einem liberal-progressiven Lager wichtig. Liberale Kreise sahen im Einfluss der Kirche das wesentliche Hindernis einer zeitgemäßen Modernisierung Spaniens, während die katholische Meinung umgekehrt gerade in der Durchsetzung eines gottlosen Liberalismus im 19. Jahrhundert die Gründe für den Abstieg Spaniens zu einer Macht dritten Ranges erblickte. Für sie bildete eine umfassende Rechristianisierung des Landes die Voraussetzung für den Wiederaufstieg Spaniens.

Auch der Aufstieg der Arbeiterbewegung und das Erstarken der peripheren Nationalismen im Baskenland und Katalonien destabilisierte das politische System. Nach krisenhaften Jahren mit Generalstreiks, Aufstandsversuchen und einer zunehmenden Lethargie der politischen Eliten stürzte 1923 der General Miguel Primo de Rivera das Restaurationsregime und versuchte eine Modernisierungsdiktatur zu errichten. Nach anfänglichen Erfolgen geriet die Diktatur aber selbst in die Krise. An ihre Stelle trat im Frühjahr 1931 in der Folge einer unblutigen Volkserhebung die Zweite Republik, die auf einem Bündnis verschiedener liberal-republikanischer Bewegungen und der mitgliederstarken sozialistischen Partei beruhte. In den Jahren bis 1936 erlebte Spanien dann eine der politisch turbulentesten Phasen seiner Geschichte. Radikale republikanische und sozialistische Reformprojekte trafen auf einen zähen nationalen und katholischen Widerstand. Straßenproteste, unzählige Streiks, blutige Attentate, instabile Regierungen, häufige Wahlen und eine Atmosphäre von Krise prägten diese Jahre. Nach dem Wahlsieg des linken Volksfrontbündnisses im Februar 1936 begannen Teile des Militärs mit konkreten Putschvorbereitungen gegen die Republik, die sich auf eine breite Unzufriedenheit mit der republikanischen Ordnung in vielen Bevölkerungskreisen stützen konnte. Im Juli 1936 erhoben sich weite Teile der Armee gegen die Republik. Der spanische Bürgerkrieg begann.

3   Politische Familienreformprojekte. Unterschiede und Gemeinsamkeiten

Die Familie stieg im 20. Jahrhundert zu einem wichtigen Gegenstand der Politik auf. In Spanien geriet Familie nach der Krise von 1898 in das Fadenkreuz unterschiedlicher politischer Erneuerungsprojekte, die eine gesellschaftliche Regeneration über eine Reform der Familie anstrebten. Katholisch-nationale und laizistisch-progressive Reformer stritten miteinander um die richtige Familienpolitik und versuchten die Familie als Sozialform je unterschiedlich umzugestalten.

Überblickt man die politischen Debatten über Familie, fallen zunächst die deutlichen Unterschiede zwischen den Reformplänen der beiden Großlager auf. Diese betrafen zunächst die Zielperspektive. Die katholischen Reformer sahen die Familien als Ausgangspunkt einer Rechristianisierung Spaniens. Die Familie sollte zu einer wirklichen Keimzelle christlicher Gemeinschaft umgebaut und zu einem wirkungsvollen Kollaborateur der Kirche in der Erziehung neuer Christen gestaltet werden. Eine christliche Aufklärung der Eltern und die christliche Sozialisation der Kinder erschienen als beste Mittel, um die Säkularisierung Spaniens zu stoppen und den kirchlichen Einfluss auszudehnen. Die katholischen Gesellschaftsreformer entwarfen neue Idealbilder der christlichen Familie und familiärer Erziehung, vor der die zeitgenössische Gegenwart nicht anders als unzureichend erscheinen musste.[8] Gegenüber den katholischen Entwürfen waren die Ziele der unterschiedlichen liberal-republikanischen und sozialistischen Reformer weniger einheitlich. Im Kern wollten sie jedoch einer neuen rationalen Gesellschaftsordnung selbstbewusster und sozial verantwortlicher Staatsbürger durch eine Aufklärung der Familien und eine Rationalisierung des familiären Miteinanders den Weg bereiten. Altertümliche Erziehungsformen, Aberglauben und überlebte Autoritätsverhältnisse sollten ausgerottet und dadurch die Voraussetzungen einer neuen Generation glücklicher Menschen gelegt werden.[9]

Jenseits dieser allgemeinen Reformziele unterschieden sich die Reformprojekte vor allem hinsichtlich der Haltung zum Staat als familienpolitischen Akteur. Die progressiven Reformer sahen in dem Aufbau öffentlicher Beratungsstellen den besten Weg, auf Familien einzuwirken. So richteten sie in den Großstädten beispielsweise seit der Jahrhundertwende nach französischem Vorbild Mütterberatungsstellen ein, die neben der Ausgabe von Säuglingsnahrung Mütter durch intensive Beratung zu einer hygienischeren und an neuen pädagogischen Erkenntnissen orientierten Kindererziehung überreden sollten.[10] Mit Beginn der Zweiten Republik versuchte die links-republikanische Regierung zudem durch eine umfassende Neugestaltung des Familienrechtes, das familiäre Zusammenleben zu rationalisieren. Die neue Verfassung legte die Rechtsgleichheit der Ehepartner auch

---

8   Vgl. Objeto y Programa de la Revista de Educación Familiar, Revista de Educación Familiar 1. Jan. 1916; El Arte de Educar: Condiciones para la educación en la familia, El Pilar 3, 1923; La familia y la educacion, Atenas 22, 15. 7. 1932; Oloriz, Josefina: De educación familiar, Boletín de la Institución Teresiana 254, Mai 1936.
9   Siehe als exemplarische Darstellung der liberalen Position: Rodríguez García, Gerardo: Lo que debe saber un padre para educar bien a su hijo, Madrid 1921: 1–10.
10   Vgl. De las Casas Pérez, José: Una Institución generosa, Crónica, 23. 2. 1930.

hinsichtlich der Kindererziehung fest, führte die Möglichkeit der Ehescheidung ein und verbesserte die Stellung unehelicher Kinder.[11]

Die staatlichen Institutionen und Regelungen sollten die Familien unterstützen, traten jedoch in progressiver Vorstellung in latente Konkurrenz zu den Familien. Es war die tiefe Überzeugung vieler republikanischer Erneuerer, dass im Zweifelsfall der Staat Kinder besser erziehen und ihre Bedürfnisse besser befriedigen könne als die Eltern. So tadelte die liberale Tageszeitung „El Sol" im Frühjahr 1931 Eltern, die ihren Kindern Angst vor einem Krankenhausaufenthalt einflößten und damit Krankheiten verschlimmerten und Heilung erschwerten, statt Vertrauen in die öffentlichen Institutionen zu hegen. Und der bekannte Journalist Antonio Zozaya meinte Ende 1934 sogar:

> „In dem Maße, in dem sich mit der Intensivierung der Kultur die Ansprüche an die Erziehung erhöhen, ist die Familie, die in einem zunehmenden Prozess der Auflösung begriffen ist, immer weniger geeignet, diese zu leiten. Um einen gewöhnlichen Menschen *(hombre elemental)* zu erziehen, reicht die rudimentäre Pädagogik der Familie aus; aber heutzutage, um zivilisierte Menschen *(hombres cultos)* zu formen, braucht es eine höher entwickelte Kunst, einen größeren Umfang an Mitteln, die nur die Gesellschaft (…) und der Staat mit seiner Macht bereitzustellen in der Lage ist."[12]

Die Steigerung der Ansprüche an die Kindererziehung ließ die real existierenden Familien immer mangelhafter erscheinen.

Im Gegensatz zu den republikanischen Kräften stand das katholische Lager staatlichen Eingriffen in die Familie im Grundsatz skeptisch gegenüber. Die Katholiken misstrauten dem Staat. Die kirchliche Doktrin sah die Familie als gottgewollte, naturrechtlich legitimierte Einheit an, die dem Staat in der Kindererziehung vorgeordnet sei. Sie vertrat ein Subsidiaritätsprinzip, nach dem der Staat nur in die Bereiche eingreifen sollte, die Familie und Kirche nicht selbstständig zu gestalten in der Lage waren. Ein Hauptthema der katholischen Familiendebatten seit dem Ausgang des 19. Jahrhunderts war dementsprechend die Verteidigung des Elternrechts, über die Erziehung ihrer Kinder unabhängig vom Staat zu entscheiden. Staatliche Schulen und Kindereinrichtungen sollten nur dort gegründet werden,

---

11 Siehe zu den zeitgenössichen Debatten: Bajo la signa de la mujer y de la bondad, Crónica, 26.4.1931; Ferragut, Juan: Problemas de España: El derecho al divorcio y la igualdad de los hijos ante la ley, Crónica, 24.5.1931. Eine detaillierte Analyse der neuen rechtlichen Bestimmungen liefert: Lezcano 1979.

12 Zozaya, Antonio: Del ambiente y de la vida: Niños fugitivos, El Mundo Gráfico, 7.11.1934. Para las madres: El niño en la clínica, El Sol, 28.4.1931. Ähnlich auch: DeEscoriaza, Teresa: Página de la Mujer, El Mundo Gráfico, 22.12.1931.

wo die private Initiative dazu nicht selbstständig in der Lage war. Die Katholiken misstrauten dem Staat.[13]

Die hier aufgezeigten Unterschiede lassen sich leicht in das Bild eines antagonistischen Gegenübers von katholischen und republikanischen Reformbewegungen einpassen. Doch existierten auch eine ganze Reihe erstaunlicher Gemeinsamkeiten zwischen den ideologischen Lagern. Trotz deutlicher Unterschiede in der gesellschaftspolitischen Zielrichtung und hinsichtlich der Bewertung der Rolle des Staates als familienpolitischer Agent, strebten sowohl liberale als auch katholische Reformer eine Erneuerung der spanischen Familie an und hielten dazu Eingriffe in reale Familien für sinnvoll und notwendig. Beide Lager versuchten, ihren Zugriff auf die Familienwirklichkeit zu vergrößern. Katholische wie liberale Reformer wollten traditionelle Vorstellungen vom Kindheit und Erziehung ausrotten und bezogen das Familienleben auf größere gesellschaftsreformerische Projekte. Die Hoffnung, dass aufgeklärte Eltern einen familienegoistischen Blick auf das eigene Fortkommen und das ihrer Kinder überwinden und „sich mit den höchsten und weitesten gesellschaftlichen Interessen identifizieren und sich diesen unterordnen" würden, einte Reformer über die weltanschaulichen Fronten hinweg.[14] Beide Lager versuchten denn auch ihren Einfluss auf die Familienwirklichkeit auf vielfältige Weise zu vergrößern, etwa durch publizistische Kampagnen, die Gründung von Elternzeitschriften, Beratungsstellen und Elternvereinen. Die katholischen Reformer erwiesen sich insgesamt in dieser Hinsicht als aktiver als die Progressiven, die sich mehr auf die Anregung staatlicher Maßnahmen konzentrierten.

Auch hinsichtlich konkreter Reformvorstellungen gab es Gemeinsamkeiten, die auf der ähnlichen Rezeption des neuen regenerationistischen Kindheitsdiskurses beruhten. Beide Lager traten für eine Popularisierung der modernen Hygienebewegung und Kinderpflege in den Familien ein. Ratgeber jeglicher politischer Couleur plädierten für eine angemessene Durchlüftung der Wohnungen, eine Säuglingsernährung nach den neuesten wissenschaftlichen Erkenntnissen und für eine schlichte, bequeme Kindermode. Die Nähe der Reformforderungen zeigt sich nicht zuletzt daran, dass es vielfach dieselben Kinderexperten waren, die sich sowohl in katholischen als auch in progressiven Publikationen zu Fragen der Kinderhygiene und Säuglingspflege äußerten.[15]

---

13 Die Formulierungen dieser Position sind Legion. Vgl. nur: Minteguiaga, V.: Por los derechos de la paternidad y de la infancia. La educación cristiana en la familia, in Razón y Fe 28, Sep. 1910, S. 195 ff.; La familia y la educacion, Atenas 22, 15. 7. 1932.

14 Rodríguez García, Lo que debe saber, S. 8. Zu den Anfängen der Reformbewegungen am Ausgang des 19. Jahrhunderts vgl. auch: Muñoz López 2001: 285–289.

15 Zur katholischen Bewegung vgl. nur die zahlreichen Beiträge in der *Revista de Educación Familiar*. Seit der Nummer 19 vom September 1917 publizierte der Mediziner César Juarros eine zwölfteilige Serie von Artikeln zur Kinderpflege unter dem Titel „La Crianza del Hijo". In

Einig waren sich die Familienreformer auch in der Forderung nach einem verstärkten Engagement der Eltern in der Betreuung und Erziehung ihrer Kinder.
Beide Seiten griffen seit dem Ausgang des 19. Jahrhunderts die spätestens seit der
Aufklärung verbreitete Ammenkritik auf und kritisierten, wobei sie sich ebenfalls
in eine lange historische Tradition einreihten, Eltern, die aufgrund weltlicher, urbaner Vergnügungen ihre Kinder vernachlässigten. Hintergrund dieser Appelle
war die Auffassung, dass nur über die Eltern selbst, nicht jedoch über bezahlte
Kindermädchen oder Erzieher eine den gesellschaftspolitischen Zielsetzungen
entsprechende Sozialisation der Kinder gewährleistet werden könne.[16]

Schließlich ähnelte sich auch die Aufwertung der familiären Stellung des Kindes im katholischen wie im republikanischen Erziehungsmilieu. Hatten Heranwachsende nach der Meinung der Benimmfibeln des 19. Jahrhunderts im Hintergrund des Familienlebens zu stehen, billigten ihnen die Reformer beider Lager
nun größeren Eigensinn und eine prominentere Rolle in der Familie zu. Der katholische Pädagoge und Schulleiter Domingo Lázaro argumentierte etwa 1924,
dass eine neue permissivere Haltung gegenüber den Kindern in der Familie sehr
wohl mit einer christlichen Überzeugung korrespondiere und forderte die Eltern
auf, ihre Kinder als vollwertige Personen zu respektieren. Kritikern, die in solchen
Appellen „liberalistische Dogmen" und eine Unterminierung elterlicher Autorität
sahen, hielt er entgegen, dass die moderne, auf ein stärker egalitäres Miteinander in der Familie ausgerichtete Haltung „nicht weniger christlich als das traditionelle Vorgehen, aber humaner, rationaler und sogar segensreicher für die Eltern selbst [sei]. Heute leben Eltern und Kinder mehr zusammen, während sie
früher getrennte Leben voneinander führten".[17] Es herrschte über die Lagergrenzen hinweg Konsens, dass Kinder vermehrte familiäre Gestaltungsspielräume erhalten müssten.

Zweierlei ist bisher deutlich geworden. Erstens schlug sich das intensivierte gesellschaftliche Interesse an der Familie als Agent von Gesellschaftsreform in umfangreichen Bemühungen nieder, mit Hilfe von Publikationen, Elternvereinen
oder staatlichen Eingriffen das Familienleben umzugestalten. Zweitens konnte

---

den 1930er Jahren veröffentlichte Juarros dann sowohl in der republikanischen als auch in
der katholischen Presse und diente beiden Reformlagern als Referenzpunkt. Vgl. La Mujer,
El Niño y el Hogar, El Sol, 4.6.1933; Doctor César Juarros, Una Institución Meritísma: La Escuela Nacional de Anormales, El Mundo Gráfico, 4.7.1934; KAY, La Vida de nuestros hijos:
Puericultura, Ciencia Moderna, Esto, 25.10.1934.

16 Siehe etwa: Pro Infantia: La Crianza del Hijo: 2. La lactancia y sus reglas, Revista de Educación Familiar 20, Oktober 1917; De Tolosa Latour, Manuel: Nuestros Hijos, Blanco y Negro,
4.1.1902; Bonnat, A. R.: La tirania del ama, El Mundo Gráfico, 27.12.1911; Gonzalez Fiol, E.:
Quando los niños lloran …, Esfera, 16.5.1914.

17 El Arte de Educar: La Autoridad en la Familia, El Pilar 10, Juni 1924.

festgestellt werden, dass jenseits grundsätzlich differierender Zielvorstellungen, die katholischen und progressiven Reformer im Einzelnen viele Ansichten teilten. Die Auseinandersetzungen um Familienreform lassen sich nicht als Konflikt zwischen liberaler Moderne und katholischer Tradition begreifen. Vielmehr sind sie besser als Konfrontation verschiedener Spielarten der Moderne zu verstehen. In gewissem Sinne waren sie verfeindete Geschwister. Ihre Distanz zu älteren bürgerlichen Familienmodellen war mindestens ebenso groß wie die Gegensätze zwischen ihnen.

4   Ein neues Miteinander. Familienmodelle in der publizistischen Öffentlichkeit

Die gesellschaftliche Reichweite sowohl katholischer als auch republikanischer Familienreform war begrenzt. In der Presseöffentlichkeit der 1930er Jahre bildeten sich zunächst tatsächlich zwei politische Familienmodelle aus, die grob den beiden Reformströmungen zugeordnet werden können. Doch konnten die Reformer stets nur Teilbereiche der Öffentlichkeit prägen. Die Zeitschriften nahmen zwar politische Reformimpulse auf, gaben diesen jedoch eine je spezifische Form. Von den politisch-weltanschaulichen Familienleitbildern kann zudem ein drittes Familienmodell unterschieden werden, das nicht eindeutig parteipolitisch zugeordnet werden kann, aber in der Zeitschriftenöffentlichkeit eine wichtige Rolle spielte.

Die publizistischen Debatten über Familie kreisten in den 1930er Jahre intensiv um die Frage einer Neuordnung des Innenlebens der familiären Gemeinschaft als Reaktion auf die politischen Umwälzungen. In der linksliberalen Presse erhielt mit Gründung der Zweiten Republik 1931 ein Vorstoß Verbreitung, der auf eine – wie es explizit hieß – „Republikanisierung der Republik" *(republicanizar la República)* gerichtet war, also auf eine inhaltliche, lebensweltliche Ausfüllung der demokratischen Staatsform.[18] Eine soziale Aktivistin sah es als Aufgabe der Familien an, „ihre Kinder in einem demokratischen und weit gefassten liberalen Sinn zu erziehen und [...] sie zu Staatsbürgern, die sich ihrer Pflichten bewusst sind, zu formen."[19] In diesem Kontext entfalteten sich in den beiden Anfangsjahren der Republik Projekte einer Neuordnung familiärer Beziehungen im republikanischen Geist.

Ein wichtiges Thema der republikanischen Debatten war die Erneuerung der Partnerschaft von Mann und Frau jenseits der vermeintlich erstarrten Konven-

---

18   Temas Políticas: La República a los Transfugas, Heraldo de Madrid, 23. 5. 1931.
19   Encuestas de Crónica: ¿Cómo educa o piensa usted educar a sus hijas? Crónica, 27. 3. 1932; Hacia el porvenir: ¿Cual debe ser la labor de las mujeres en la República? Crónica, 17. 5. 1931.

tionen bürgerlicher Ehe. Die Chancen einer Erneuerung der Institution Ehe wurde insbesondere in den Ratgeberspalten der populären Illustrierten *El Mundo Gráfico* und *Crónica* diskutiert, die politisch auf Seiten der Republikbefürworter zu verorten sind.[20] Doch gingen die Initiativen über eine Erneuerung der Geschlechterbeziehungen hinaus und zielten auf die Herausbildung eines neuen, die republikanische Staatsform spiegelnden familiären Miteinanders. Nicht nur das Verhältnis der Ehegatten zueinander, auch das Verhältnis zu den Kindern sollte sich von einem hierarchisch und distanzierten Verhältnis zu einer, wie es nun immer wieder hieß, kameradschaftlichen, innigen Beziehung wandeln. Deutlich zeigt sich dies in Neuentwürfen der Vater-Kind Beziehung, die besonders in das Zentrum der Aufmerksamkeit rückte, da die Mutter-Kind Beziehung traditionell bereits als innige Gemeinschaft imaginiert wurde. Schon im Sommer 1931 hatte ein Artikel in der liberalen Tageszeitung *El Sol* Väter aufgefordert, sich zum gegenseitigen Nutzen mehr um ihre Kinder zu kümmern.[21] Die linksliberale *Crónica* druckte im Laufe des Jahres 1932 eine mehrteilige Artikelserie, in der Journalisten über ihr Verhältnis zu ihren Kindern Auskunft gaben. Die Artikel geben somit Einblicke in das öffentliche Bild linksliberaler Vaterschaft Anfang der 1930er Jahre. Alle interviewten Väter waren bemüht, sich von den als autoritär und distanziert empfundenen Umgangsformen ihrer Vätergeneration abzugrenzen und ein neues partnerschaftliches Modell der Eltern-Kind Beziehung zu entwerfen. Nicht nur erlangten die Kinder neue Freiräume in der Familie, sondern sie wurden auch als spirituelle Erneuerer des persönlichen und Familienlebens der Eltern wahrgenommen. Dem Journalist José Montero Alonso erschien sein Kind, das ihn vertraulich mit „Pepe" anredete, beispielsweise als „kleiner Freund und Kamerad". Er hoffte in der Zukunft mit seinem Sohn eine innige geistige Union zu formen: „Vater und Sohn, Kameraden, Seelen, die sich nichts verbergen und die zu einer vollständigen, innigen Gemeinschaft des Strebens, der Freude und der Traurigkeit verschmelzen."[22] In ähnlicher Weise wünschte der Journalist Angel Lázaro, dass eines Tages „es mein Sohn ist, der mich erzieht, der mir den Weg weist, wenn ich beginne, ihn nicht mehr klar zu sehen (...) und mein Sohn mich erlöst".[23] In diesen Äußerungen und Projektionen lassen sich Ansätze einer spezifisch links-republikanischen Familienkultur erkennen, welche die Republikgründung als An-

---

20 Siehe hier nur als frühes Beispiel: Eva, Crónica, 19. 4. 1931; Martínez Sierra, María: La insigne escritora, da en el Ateneo un curso sobre política y feminismo, Crónica, 17. 5. 1931.

21 Vida de Sociedad: Paternidad, El Sol, 1. 8. 1931. Zur traditionellen Vaterrolle in bürgerlichen Familien siehe: Muñoz López 2001: 291–295.

22 Montero Alonso, José: El Padre y el niño, Crónica, 10. 7. 1932.

23 Lazaro, Angel: El Padre y el niño, Crónica, 12. 6. 1932. Siehe weiterhin: Juan G. Olmedilla, El Padre y el niño, Crónica, 19. 6. 1932; Pedro Massa, El Padre y el niño, Crónica, 3. 7. 1932.

sporn einer inneren Reform der bürgerlichen Familie verstand und eng mit den Projekten progressiver Reformer in Verbindung stand.

Die katholische, kirchennahe Presse entwarf dagegen ein alternatives Familienleitbild auf der Grundlage des Rechristianisierungsprogramms der katholischen Reformer. Angesichts der politischen Attacken gegen die Kirche plädierten viele Artikel für eine neue religiöse Mobilisierung der Familie. Eine Autorin der militant-katholischen Frauenzeitschrift *Aspiraciones* schrieb etwa im März 1932, dass auf den Müttern in der gegenwärtigen Situation eine hohe Verantwortung laste: „Wenn sie auch immer schon ihre erzieherische Mission mit Gewandtheit und Wachsamkeit ausgeübt haben, so gilt es heute die Aufmerksamkeit zu verdoppeln (…) Von ihrem Handeln in der Erziehung der Kinder kann die Zukunft Spaniens abhängen."[24]

Die katholische Presse gab der Familienreform jedoch eine deutlich defensivere Ausrichtung, als es die führenden kirchlichen Reformer taten. Sie fürchtete insbesondere eine Unterminierung der familiären Gemeinschaft durch die als bedrohlich wahrgenommene Selbstständigkeit urbaner Kinder. Nicht nur die republikanischen Gesetze, sondern auch ein Machtzuwachs der Kinder drohe die christliche Familie zu sprengen. Besonders plastisch beschreibt ein langer Artikel in *Ellas* ein neues Unbehagen gegenüber vermeintlich zu weitgehenden Freiheiten der Kinder. In der Gegenwart, so die Autorin, sorge die Aufforderung nach Unterordnung unter die elterliche Autorität unter den Heranwachsenden nur mehr für „große Erheiterung": „Das kleine Fräulein von heute (…) will auch Freiheit; sie will sich nicht unterordnen. (…) Heute hat sich die Auffassung durchgesetzt, dass man Kinder nicht zwingen oder zurechtweisen darf."[25] Familie wird hier als Schutzraum vor den korrumpierenden Einflüssen der republikanischen Gesellschaftspolitik und moderner Konsumkultur entworfen.

Die defensive Ausrichtung, die sich in politischen Kampagnen gegen die republikanische Familienpolitik, die Einführung der Zivilehe und das Scheidungsrecht manifestierte, darf aber nicht darüber hinwegtäuschen, dass die katholische Presse ebenfalls zu einer Erneuerung der christlichen Familie aufrief. Zwar wollte sie das ältere Konzept elterlicher Autorität als Grundlage familiärer Ordnung nicht aufgeben, doch gab sie ihm eine veränderte Ausformung. An die Stelle einer bloß äußerlichen Unterwerfung der Kinder unter den Elternwillen sollte eine neue organische, das heißt von allen Familienmitgliedern innerlich akzeptierte elterliche Autorität einen neuen familiären Zusammenhalt begründen. Die Erneuerung des Familienmodells zeigte sich zudem in den Debatten um eine Erneuerung der Mutterrolle. Angesichts der neuen Herausforderungen an die Fami-

---

24   Pilar Palacios de Hijas, Las madres y el momento, Aspiraciones, 5. 3. 1932.
25   Manjarrés, F.: Colaboración: Lo que era y lo que debe ser la familia cristiana, Ellas, 13. 11. 1932.

lie dürften die Frauen nicht mehr „einfältig, kleinmütig und ignorant" sein, sondern müssten aktiv nach Bildung und außerhäuslicher Tätigkeit streben: „[W]eit davon entfernt, ein Hindernis für den familiären Zusammenhalt zu sein, wird der Wunsch nach Arbeit und Bildung diesen festigen und zementieren".[26]

Sowohl die links-republikanischen als auch die katholischen Projekte einer Erneuerung der Familie markierten öffentlichkeitswirksame Fluchtpunkte der Familiendebatten, doch dominierten sie diese nicht. Ihrer medialen Reichweite waren deutliche Grenzen gesetzt. Deutlich mehr Raum in der illustrierten Presse als die politischen Reformprojekte nahm eine dritte Reformposition ein, die zugespitzt als aufstiegsorientiert-konkurrenzgesellschaftliche beschrieben werden kann und einen deutlichen sozialdarwinistischen Einschlag aufwies. Sie nahm eine Neubestimmung der Familie als Zweckgemeinschaft zur Unterstützung der individuellen Karrierewege ihrer Mitglieder vor und beinhaltete die Aufforderung, die im Kind angelegten Energien und Begabungen möglichst umfassend zu entwickeln. Ein Großteil der Kommentatoren, die sich publizistisch zur Familie äußerten, sahen die Gründung der Republik weder als Aufforderung an, mehr familiäre Demokratie zu wagen, noch als Appell, christliche Familien als Bollwerk gegen die Republik zu positionieren. Vielmehr nahmen sie den Regimewechsel vor allem als Wegfall traditioneller Schranken und als weiteren Schritt in der Durchsetzung einer ungehemmten Konkurrenzgesellschaft wahr. In den Jahrzehnten nach 1900 hatten klassische bürgerliche Karrieremuster, die im Falle der Söhne oft mit der Reihenfolge der Geburt verbunden gewesen waren, zunehmend ihre soziale Verbindlichkeit eingebüßt.[27] Dieser Wandel brachte nach Meinung vieler Kolumnisten der nachwachsenden Generation neue Möglichkeiten sozialen Aufstiegs und öffnete ihr bis dahin verschlossen gebliebener Karrieren, setzte sie aber auch neuen Belastungen und Zumutungen aus. Der Wandel der Gesellschaft und Arbeitswelt forderte von den Familien vor allem anderen, ihre Mitglieder mit den notwendigen Ressourcen für ein erfolgreiches Bestehen in dem gesellschaftlichen Kampf um Status und Reichtum auszustatten.

Seit den 1910er Jahren hatten populäre Zeitschriften allgemeine Forderungen nach einer Neuordnung der Familien in allgemeiner Form unterstützt. Im Frühjahr 1914 veröffentlichte die Zeitschrift *Esfera* beispielsweise einen langen Artikel zu Elternpflichten, der Eltern zu einer größeren Sorgfalt in der Kinderpflege und Kindererziehung aufrief.[28] In den 1920er Jahren flossen in die medialen Familiendebatten dann zunehmend hygienische Forderungen ein. Die Journalistin Isabel de Palencia forderte beispielsweise Anfang 1926 in der populären konservativen

---

26 Carriedo de Ruiz, Carmen: ¿Puede discutirse? Aspiraciones, 30. 1. 1932.

27 Vgl. zu den älteren Mustern: Muñoz López 2001: 333–335.

28 Vgl. Gonzalez Fiol, E.: Quando los niños lloran, Esfera, 16. 5. 1914.

Wochenschrift *Blanco y Negro* eine Berücksichtigung der „„modernen Wissenschaft" in der Wohnungsgestaltung und Hausarbeit, durch die die Familie auf eine neue Grundlage gestellt werden könne. Dass es notwendig sei, den Müttern neues kinderpflegerisches und pädagogisches Wissen an die Hand zu geben, wurde in der illustrierten Presse, und gerade solcher konservativer Ausrichtung, zu einem Gemeinplatz.[29] Diese Artikel stehen exemplarisch für eine breitere, politisch polyvalente Strömung, die eine biologisch-hygienische Regeneration der spanischen Familie als Grundlage einer Regeneration Spaniens entwarf.

Zu den biologisch-hygienischen Reformforderungen trat ebenfalls in den 1920er Jahren das Element der Ertüchtigung der Kinder für das Berufsleben und verband sich mit ihnen zu einem wirkmächtigen Modell, das die Familiendebatten in den gemäßigt-republikanischen und konservativen Illustrierten der 1930er Jahre dominieren sollte. Die Wahrnehmung der republikanischen Gesellschaft als Leistungsgesellschaft bildete den Referenzrahmen dieses Modells. Eltern müssten alles in ihrer Macht Stehende unternehmen, um ihren Kindern einen Startvorteil im Leben zu sichern. In einer Vielzahl von Artikeln in der gemäßigt-liberalen, die Republik unterstützenden *El Mundo Gráfico* hielt beispielsweise die Kolumnistin Teresa de Escoriaza Mütter dazu an, aus ihren Kindern „starke Persönlichkeiten" zu machen und sie „zum Triumph im Leben anzustacheln": Sie müssten ihre Kinder lehren, „bis zum Sieg zu kämpfen [...] und ihnen Kraft und Tapferkeit vermitteln". Die Kinder sollten lernen, selbst Armut „nicht als Hindernis, sondern als Stimulus zu sehen, um im Leben zu triumphieren". Um diese Erziehungsziele zu erreichen, müssten die Eltern ihren Kindern Freiräume für eigene Erfahrungen geben. Vor allem aber dürften sie sie nicht durch falsch verstandenes Mitgefühl und Verzärtelungen in einem Stadium der Unselbstständigkeit und des Müßiggangs gefangen halten. Falsch verstandene Mutterliebe habe „mehr als alles andere dazu beigetragen, die Welt mit unnützen, wenn nicht sogar für die Gesellschaft gefährlichen Wesen zu füllen".[30]

Diese Vorstellung von Familie als Ertüchtigungsanstalt für das Leben grenzte sich deutlich gegenüber älteren, vermeintlich sentimentalistischen Erziehungsformen ab und wies einige Berührungspunkte mit den links-republikanischen Erneuerungsprogrammen rationaler Familiengestaltung auf. So sollten in der mo-

---

29 De Palencia, Isabel: El Hogar Español: La Jornada de un Ama de Casa, Blanco y Negro, 10. 1. 1926; Notas femeninas: Por Amor al Niño, por Regina, Blanco y Negro, 9. 1. 1927.

30 De Escoriaza, Teresa: Página de Mujer: Epistolario, El Mundo Gráfico, 16. 11. 1932. Siehe auch: De Escoriaza, Teresa: Página de la Mujer, Epistolario, El Mundo Gráfico, 1. 8. 1934; De Escoriaza, Teresa: Página de Mujer: Epistolario, El Mundo Gráfico, 20. 5. 1936. Das erzieherische Programm de Escoriazas wies deutliche Ähnlichkeiten zu Ratgeberautoren wie Johanna Haarer in Deutschland auf, deren Erziehungsratgeber sowohl während des Nationalsozialismus als auch in der frühen Bundesrepublik Bestseller waren: vgl. Brockhaus 2007.

dernen Familie alle Familienmitglieder einander als Gleiche gegenübertreten, die geschlechtsspezifischen Unterschiede in der Erziehung aufgehoben werden und schließlich der Vater auf neue Weise einen kameradschaftlichen Kontakt zu seinen Kindern suchen. Doch diese Nähe darf nicht über die deutlich unterschiedlichen Ziele hinwegtäuschen. Die Reformen sollten weniger harmonischere, menschlichere, authentischere Gemeinschaften schaffen, als vielmehr der besseren Vorbereitung der Kinder auf den Lebenskampf dienen. Väter sollten beispielsweise gerade zu ihren Töchtern neue Kontakte aufbauen, da sie die Pflicht hätten, diese „auf das Leben vorzubereiten." Das neue Interesse der Väter für ihre Töchter sei notwendig, da „die modernen Mädchen sich vor die Aufgabe gestellt sehen, die der Frau neu geöffneten Lebenswege zu beschreiten. (...) Wege, deren Stolpersteine ihre Väter im Gegensatz zu ihren Müttern kennen."[31] Es ging im Miteinander von Vater und Tochter nicht um die Befriedigung bisher vernachlässigter emotionaler Bedürfnisse und auch nicht um die Formung neuer christlicher Persönlichkeiten, als vielmehr um die Anleitung der Heranwachsenden, sich im gesellschaftlichen Leben der modernen Industrie- und Leistungsgesellschaft zurechtzufinden und durchzusetzen.

Am Ende der Republik erhielt dieses Familienprojekt angesichts der als krisenhaft wahrgenommenen Zeitumstände eine zusätzliche heroische Note. Die Familien mussten nun nicht mehr nur richtige Einstellungen und Eigenschaften ihrer Mitglieder für die bürgerliche Karriere in einer kapitalistischen, meritokratischen Gesellschaft trainieren, sondern zudem eine stoische Haltung gegenüber den Gesellschaftskrisen der Zeit überhaupt einüben. Anfang Juni 1936 schrieb Teresa de Escoriaza:

„Nicht der blinde Glaube (...) und auch nicht die christliche Resignation, die den Kopf gegenüber Widerständen senken und mit Geduld seine Konsequenzen ertragen lässt, sind heute als ästhethische Toniken genügend wirkungsvoll, um den niederreißenden und destruktiven Kräften zu widerstehen, die uns einhüllen und fortreißen. Statt die Heranwachsenden zu lehren, die Augen zu schließen, sollen sie lernen, sie zu öffnen; anstatt den Kopf senken zu lassen, müssen sie genötigt werden, dem Schicksal die Stirn zu bieten. Sie müssen lernen zu sehen, zu widerstehen, zu kämpfen und zu siegen."[32]

---

31 De Escoriaza, Teresa: Página de la Mujer, Epistolario, El Mundo Gráfico, 12. 9. 1934. Zur Angleichung der Erziehung von Mädchen und Jungen: De Escoriaza, Teresa: Página de la Mujer, Epistolario, El Mundo Gráfico, 4. 7. 1934. Zu Forderungen nach neuen Umgangsweisen in der Familie: De Escoriaza, Teresa: Página de la Mujer, Epistolario, El Mundo Gráfico, 31. 10. 1934.
32 De Escoriaza, Teresa: Página de la Mujer, Epistolario, El Mundo Gráfico, 3. 6. 1936.

De Escoriaza rief Eltern und Familien zu einer heroischen Persönlichkeitsbildung auf. Sie sollten ihre Kinder in die Lage versetzen, den gesellschaftlichen und geistigen Verwerfungen der Vorbürgerkriegsjahre stoisch und „realistisch" die Stirn zu bieten und sie persönlich erfolgreich zu bewältigen.

Die hier skizzierte Haltung wies Anknüpfungspunkte über das gesamte politische Spektrum hinaus auf. Es ließ sich mit Vorstellungen linksrepublikanischer Familienreform ebenso verbinden wie mit konservativen und katholischen Projekten. Besondere Wirkmacht entwickelte sie jedoch neben der gemäßigt-republikanischen auch in einer dezidiert katholischen Teilöffentlichkeit, wie ein Blick auf die militant-katholische Zeitschrift *Esto* zeigt. Im Jahr 1934 vertraten viele Autoren der Illustrierten sehr ähnliche Positionen wie die moderate Republikanerin Teresa de Escoriaza. So argumentierte etwa ein Kommentator, „moderne Eltern" hätten die Pflicht, nicht nur auf die körperliche Ertüchtigung ihrer Kinder zu achten, sondern auch die Aufgabe

> „mithilfe von geeigneten Denksport-Übungen *(ejercicios de gimnasia mental)* die Intelligenz ihrer Kinder zu wecken und zu stärken. (...) Es gibt eine Unzahl unterhaltender Spiele, deren Ziel das Training der (...) mentalen Agilität ist, die in der Zukunft eine der besten Qualitäten des Studenten sein wird, und noch später das magische ‚Sesam-Öffne Dich', das alle Türen des Erfolgs öffnet."[33]

Ein anderer Kommentar, der zudem eine intensive Beschäftigung der Väter mit den Errungenschaften der Kinderpflege anmahnte, argumentierte ganz ähnlich: Im Gegensatz zu dem verfehlten, weil den Charakter der Heranwachsenden korrumpierenden Traum vergangener Generationen, ihren Kindern ein kleines Vermögen zu hinterlassen, müssten die modernen Eltern „ihr Kind in eine lebendige Sparbüchse verwandeln (...). Die Eltern von heute sind dann wirkliche Eltern, wenn sie (...) ihr Vermögen in persönliche Begabungen *(dotes personales)*, in körperliche, moralische und mentale Pfandstücke investieren, mit denen sie ihre Kinder schmücken."[34] In den neuen Zeiten erschienen auch in einer kämpferisch katholischen Öffentlichkeit persönliche Fähigkeiten und Kenntnisse sowie eine erfolgsorientierte Arbeitseinstellung in der Familie als Schlüssel zum Erfolg im Leben und als wichtigste Ziele zeitgemäßer Kindererziehung.

---

33 KAY, La Vida de nuestros hijos: Jugando, Esto, 1.11.1934.
34 KAY, La Vida de nuestros hijos: Puericultura, Ciencia Moderna, Esto, 25.10.1934. Siehe auch: La vida de nuestros hijos: La educación debe empezar con la primera sonrisa, dice el doctor Víctor Pauchet, Esto, 15.11.1934; KAY, La vida de nuestros hijos: „Jardineras" de niños, Esto, 13.12.1934.

Die Debatten um Familie in den Medien gehorchten zusammenfassend keineswegs durchgängig oder auch nur mehrheitlich den Imperativen von politisch-weltanschaulichen Bewegungen. Vielmehr boten sie Raum für Diskussionen, die quer zu den politischen Reformprogrammen standen, deshalb aber nicht weniger bedeutend und einflussreich waren. Sowohl republikanische Überlegungen einer Demokratisierung der Familie als auch katholische Entwürfe einer neuen christlichen Familie blieben Projekte von Minderheiten. Es ist bezeichnend für ihre geringe gesellschaftliche Attraktivität etwa der katholischen Familienmodelle, dass selbst in der Zeitschrift *Esto*, die finanziell unmittelbar von der spanischen Kirche abhängig war, eine dezidiert religiöse Familienreform kaum eine Rolle spielte. In einer weiten medialen Öffentlichkeit war es jedoch ein sozialhygienisch unterfüttertes Konzept von Familie als Ressource individuellen Aufstiegs in einer kapitalistischen Konkurrenzgesellschaft, das über die politischen Lagergrenzen hinweg die meiste Resonanz erzielte und sich als Modell zur Bündelung von Erfahrungen und Ängsten angesichts des politischen Neubeginns und später der politischen Krisen anbot. Es griff viele Forderungen neuer Kinderpflege und Pädagogik auf und forderte ein engeres Miteinander von Eltern und Kindern, darf aber nicht als Element einer Liberalisierung oder gar Demokratisierung der Familien verstanden werden. Es war vielmehr politisch mehrdeutig. Es ließ sich mit dem politischen System der Republik vereinbaren, doch erforderte es dieses System nicht. Es stellte neue Anforderungen an die Familien, welche von den einzelnen Familienmitgliedern als persönliche Chancen, aber auch als Zumutungen begriffen werden konnten.

5   Die Republik als Chance und Zumutung. Familienleben zwischen 1931 und 1936

Welche Wirkung hatten Reformprogramme und mediale Modelle neuer Familien auf Madrider Eltern? Auf der Basis einer schwierigen Quellenlage lassen sich drei Entwicklungen herausarbeiten, welche die Haltung zu den republikanischen Reformen, die Stellung zu der katholischen Familienpolitik, schließlich familieninterne Konflikte betreffen.

Erstens boten sich katholische Positionen als Sprachrohr für diejenigen Eltern an, welche in der republikanischen Familienpolitik eine Herabminderung ihrer Rechte oder eine Gefährdung ihres gesellschaftlichen Status sahen. In ihrer Verteidigung der Elternrechte gegen staatliche Zugriffe konnte die katholische Bewegung verbreiteten Ressentiments in den Mittel- und Unterschichten gegen die als Zumutungen wahrgenommenen Folgen republikanischer Bildungspolitik eine politische Stimme geben. Nur ein kleiner Teil der Madrider Eltern unterstützte die republikanischen Reformen im Familien- und Bildungsbereich offensiv. Im Einzelnen zeigt sich vielmehr ein mehrheitlich eigensinniges Verhalten gegenüber den politischen Reformansprüchen und Institutionen. Viele Familien nutzten die neuen Rechte und Angebote, soweit sie ihnen hilfreich erschienen, verweigerten sich jedoch weitergehender politischer Einbindung. Exemplarisch zeigte sich dies in den neuen Säuglingsstationen, welche die Mütter aufgrund der kostenlosen Ausgabe von Milch durchaus frequentierten, deren kinderpflegerische Beratung sie aber kaum in Anspruch nahmen.[35]

Es war jedoch vor allem die republikanische Bildungspolitik, die viele Väter und Mütter als Eingriffe in ihre Elternrechte und als kulturelle Zumutung verstanden, in der Elternwünsche und die Interessen der progressiven Reformer aufeinander prallten. Im Juni 1936 stellte die Madrider Schulleitern Rosalía Prado nach jahrelanger Arbeit für eine Erneuerung der spanischen Schule desillusioniert fest, dass in der Madrider Elternschaft immer noch ein „atavistisches Misstrauen gegen die pädagogischen Neuerungen" existiere. In der großen Masse der Eltern „herrsche hinsichtlich allem, was sich auf die körperliche und intellektuelle Erziehung der Kinder bezieht, große Ignoranz, irrige Ansichten und Vorurteile. Ihr kann nur ein äußerst begrenztes Vertrauen in Erziehungsangelegenheiten entgegen gebracht werden."[36]

Drei Bereiche können besonders herausgestellt werden, in denen sich die Widerstände der Eltern gegenüber den republikanischen Reformen in besonderer Weise konzentrierten. Zunächst stießen die säkularisierenden Maßnahmen, insbesondere die Abhängung der Kruzifixe in den Klassenräumen, nicht nur bei strenggläubigen Eltern auf Protest.[37] Zweitens trafen die Maßnahmen, eine klassenübergreifende Einheitsschule an die Stelle des sozial deutlich differenzierten Schulwesens zu setzen, auf Widerspruch in den Mittel- und Oberschichten – und dies nicht nur auf konservativer, katholischer Seite, sondern auch unter Liberalen. Der Madrider Schulleiter Virgilio Hueso beschrieb Anfang 1936 ganz offen, dass „die vermögenden Eltern – und vor allem die Mütter – nicht wollen, dass ihre Kinder die gleiche Erziehung und Ausbildung wie die armen Kinder erhalten". Die demokratische Überwindung der Klassengrenzen in der Erziehung gestaltete sich in der Praxis schwierig.[38]

Drittens schließlich stießen die Koedukation und eine liberalere Kleiderordnung auf Skepsis und Ablehnung. Selbst in den politisch mehrheitlich republi-

---

35 Siehe etwa: De las Casas Perez, José: Una Institución generosa, Crónica, 23. 2. 1930.

36 Prado, Rosalia: La escuela y la familia, Escuelas de España 30, Juni 1936; Prado, Rosalia: Los grupos escolares de Madrid. Puericultura psicológica, Escuelas de España 28, April 1936.

37 Siehe nur: La escuela laica, El Magisterio Nacional, 23. 1. 1932. Vgl. weiterhin: Vincent 1996: 171–190.

38 Hueso, Viriglio: Cómo se hace una escuela graduada, Revista de Pedagogía 169, Januar 1936.

kanisch-progressiv wählenden Metropolen Madrid und Barcelona verweigerten sich viele Eltern der Einführung gemischtgeschlechtlicher Klassen und teilweise, aufgrund der lockeren Kleidung, auch der Gymnastik als Unterrichtsfach. Die Madrider Schulleiterin María Arbós sah sich nach 1931 angesichts der breiten Ablehnung in der Elternschaft gezwungen, die Gemeinschaftserziehung sehr langsam, zunächst über die Aufnahme von Geschwisterkindern, einzuführen, und hoffte, allmählich ihre Akzeptanz erhöhen zu können.[39]

Es war nun die katholische Reformbewegung, welche die reformkritischen Elterninteressen partiell kanalisierte. Die katholischen Bildungspolitiker versuchten, Eltern auch jenseits religiöser Fragen im engeren Sinne für sich zu gewinnen und ihren Vorbehalten gegenüber den neuen Gesetzen politischen Ausdruck zu verleihen. Die erste nationale Zusammenkunft der katholischen Elternverbände im November 1931 kritisierte beispielsweise die geplante Einführung der Einheitsschule als Eingriff in Eltern- und Kinderrechte und thematisierte dabei besonders die neuralgische Frage der Karrierechancen:

> „Es darf auf keinen Fall (…) dem Heranwachsenden vorgeschrieben werden, welchen Beruf er ausüben soll, sondern diese Wahl muss jedem einzelnen nach seinen Neigungen und Fähigkeiten überlassen werden, gebührend beraten von seinen Eltern."[40]

Doch obwohl die katholische Kritik an den republikanischen Reformen an Elterninteressen anknüpfen konnte, stießen die genuin religiösen Reformbemühungen unter den Eltern nur auf ein zwiespältiges Echo. Die meisten katholisch orientierten Madrider Eltern arrangierten sich, so scheint es, mit der republikanischen Schulpolitik. Sie waren nur in Ausnahmefällen bereit, die kirchlichen Forderungen aktiv zu unterstützen. Zwar engagierten sich viele Eltern für einen Erhalt der katholischen Schulen, doch sie taten dies in der Mehrheit nicht primär aus religiösen Gründen. Katholische Intellektuelle bemängelten immer wieder, dass das Seelenheil ihrer Kinder in den Entscheidungen auch der meisten sich als katholisch definierenden Eltern kaum eine Rolle spielen würde. Statt auf die Qualität der religiösen Unterweisung zu achten, so bemerkte ein Kommentator bitter, gehe es den Eltern in der Schulwahl primär darum, ihren Kindern „jede Art von Annehmlichkeiten" zu bieten.[41]

---

39 Sánchez Arbos 2007: 158–162. Zu Barcelona: Casanovas Clota, José: La coeducación en la escuela, in: Revista de Pedagogía 12. 1933. 487–493. Zu Elternprotesten gegen den Sportunterricht: Ligeritas de ropa, Aspiraciones, 23.1.1932.
40 Los padres de familia: Queda constituida la Confederación Nacional, Los Hijos del Pueblo, 19.11.1931.
41 Rodríguez 1935: 33.

Diese Klage verzerrt die Elterninteressen in der Schulwahl, doch ist die Beobachtung der geringen Rolle religiöser Motive zutreffend. Schon 1918 hatte Domino Lázaro den Aufschwung der religiösen Internate wesentlich auf den Umstand zurückgeführt, dass die Eltern die Verantwortung für die Erziehung ihrer Kinder abschieben wollten. Diese hätten oft keine Zeit, sich um ihren Nachwuchs selbst zu kümmern, wollten ihn aber auch nicht den Gefahren urbanen Lebens aussetzen. Das katholische Internat sei in diesem Fall eine nahe liegende Lösung.[42] Hinzu traten Karrieregesichtspunkte als überragender Faktor der Schulwahl. Bildungseinrichtungen wurden als vermeintlicher Türöffner zu bestimmten Berufsfeldern ausgesucht.[43] Die Bildungsinteressen der Familien und der Kirche unterschieden sich deutlich.

Aus der ambivalenten Haltung der Elternschaft sowohl gegenüber der republikanischen wie gegenüber der katholischen Gesellschaftsreform darf jedoch nicht das Bild einer unpolitischen und homogenen urbanen Mittelschicht abgeleitet werden. Vielmehr griffen die verschiedenen Familienangehörigen in konkreten Situationen die unterschiedlichen Reformsprachen auf und verbanden sie mit spezifischen eigenen Interessen. Die Fronten zwischen den Reformlagern zogen sich durch einzelne Familien hindurch. Anstatt von lebensweltlich klar getrennten kulturellen Lagern lässt sich eher von einer situativen Aktualisierung der weltanschaulichen Positionen innerhalb einzelner Familien und Familienverbände sprechen. Während sich eine Polarisierung der Eltern in unterschiedliche Familienkulturen nur sehr begrenzt beobachten lässt, kam es sehr wohl in einzelnen Familien zu einer Spaltung in Modernisierungsbefürworter und Modernisierungsgegner, Gewinner und Verlierer des politischen Wandels hin zur Demokratie. Die Spaltung musste nicht parteipolitisch aufgeladen sein; Hinweise einer Spaltung von Familien entlang parteipolitischer Bruchlinien gibt es in den Quellen kaum. Eher handelte es sich um unterschiedliche Entwürfe von Lebensläufen, um unterschiedliche Bewertungen der Chancen und Zumutungen, mit denen die urbane Gesellschaft der frühen 1930er Jahre Familien konfrontierte.

Über einen langen Zeitraum stabile Kleinfamilien stellten in den Mittelschichten in den frühen 1930er Jahren eher die Ausnahme dar. Der Tod eines Ehegatten, Trennungen der oft sehr jung verheirateten Eheleute, ohne dass dies notwendigerweise eine erst nach 1931 mögliche rechtliche Scheidung nach sich gezogen hätte, aber auch temporäre Trennungen aufgrund der Verlagerung der beruflichen Tätigkeit ins Ausland: unvollständige Familien bilden zumindest in den Akten des Madrider Jugendgerichts die Regel. Dies hat sicherlich viel mit der Quellengattung

---

42   Vgl. Lázaro, Domingo: La educación en la familia y por la familia, in: Revista de Educación Familiar 30, September 1918.
43   Vgl. Muñoz López 2001: 335.

zu tun: Die Wahrscheinlichkeit von Waisen, Halbwaisen und von Kindern aus getrennt lebenden Familien in den Aufmerksamkeitsbereich des Jugendgerichtes zu kommen, waren größer als im Fall von Heranwachsenden aus Familien mit zusammenlebenden Eltern. Doch deutet die sehr hohe Zahl unvollständiger Familien in den Akten zusammen mit autobiographischen Zeugnissen darauf hin, dass sehr viele Madrider Eltern und Kinder die Erfahrung von durch Todesfälle oder persönliche Differenzen auseinander fallender Familien machten. Für die Kinder bedeutete dieser Umstand einen häufigen Wechsel der familiären Umgebung, wobei die temporäre oder langfristige Unterbringung bei Verwandten, zumeist den Großmüttern, Onkeln oder Tanten keine Seltenheit war.[44]

Die Haltungen der Eltern zur republikanischen Ära müssen vor dem hier knapp skizzierten Hintergrund verstanden werden. Die Republik schien generell vielen Müttern, Vätern und Kindern neue Chancen zu eröffnen. Der Regimewechsel konnte als Anregung einer Selbstreform und eines neuen verbesserten familiären Lebens verstanden werden. Angesichts des in den 1920er Jahren gestiegenen Wohlstandes und den mit dem Wirtschaftswachstum verbundenen neuen beruflichen Möglichkeiten war für viele Angehörige von Mittelschichtenfamilien eine Aneignung regenerationistischer Familienbilder attraktiv. Die nach Einschätzung der Sozialarbeiterin des Jugendgerichts wohlhabende Familie eines Angestellten des städtischen Telegraphenamtes hatte ihre Wohnung beispielsweise tatsächlich entsprechend der Vorgaben der medialen Kindheitsexperten gestaltet. Die Wohnung war hygienisch eingerichtet und jedes Kind besaß ein eigenes Zimmer mit Schreibtisch und Bücherregal, was nach Ansicht der Sozialarbeiterin zeigte, dass „die Eltern keine Opfer scheuen, um ihren Kindern die besten Arbeitsmöglichkeiten bereit zu stellen."[45]

Auf der anderen Seite weckten die mit den neuen Familienmodellen verbundenen Anforderungen aber auch neue Ängste. Viele Menschen nahmen sie als Überforderung der eigenen Person und des familiären Zusammenhalts wahr. Der Modernisierungsdruck schien ihnen angestammte Rechte streitig zu machen, und sie sahen in der republikanischen Familienpolitik eher die Risiken persönlichen Scheiterns und der Auflösung der Familien. Sie fanden es schwer, gegenüber ihren Kindern eine neue Rolle zwischen Lehrer und Freund einzunehmen und fürchteten, dass ihre Kinder allmählich familiärer Kontrolle entglitten. Angesichts der

---

44	Siehe nur als plastisches Beispiel für einen ständigen Wechsel der familiären Umgebung eines 1936 8-jährigen Mädchens: Aussage Nicolàs L. A., 7.3.1936, AGA 7/14.2, Nr. 130, Fallakte 241/1936; Die Klärung der Frage, was mit den Kindern unter diesen Umständen geschehen sollte, stellte ein zentrales Moment in der Tätigkeit des Madrider Jugendrichters dar. Siehe auch als autobiographische Thematisierung: Fernán-Gómez 1990.

45	Informe Regina Lagos, 6.4.1934, Archivo General de la Administración/Alcalá de Henares (AGA) 7/14.2, Nr. 101, Fallakte 171/1934.

politischen Umwälzungen, der Wirtschaftskrise und der weltpolitischen Konflikte war ihrer Ansicht nach weniger die Freisetzung kindlicher Energien, welche die neue Kinderkultur propagierte, und ein neues Miteinander in der Familie, als eine Einhegung der Kinder und ihre Unterordnung unter die elterliche Autorität das Gebot der Stunde. Sehr deutlich lässt sich dies an den immer wieder an das Jugendgericht herangetragenen Elternwünschen ablesen, ihr Kind je nach Einkommen entweder in ein städtisches Kinderheim oder aber in ein katholisches Internat zu geben. Immer wieder wurde in Fällen familiärer Konflikte von Eltern eine Separierung der Kinder in geschlossenen Einrichtungen als Lösung ins Feld geführt.[46] So erschien beispielsweise Mitte Januar 1936 Julio P. vor dem Gericht und erklärte, dass seine Erziehungsbemühungen gegenüber der 11-jährigen Emilia Josefa gescheitert seien, die er erst im letzten Jahr aus dem Wunsch heraus, ein eigenes Kind zu haben, adoptiert hatte. Er schlug vor, dass Kind in ein städtisches Heim einzuweisen. Erst wenn das Mädchen „ein normales Verhalten an den Tag lege und sich ihm und seiner Frau gegenüber als Tochter verhalte", wolle er sie wieder zu sich nehmen.[47] Oftmals brachten Eltern die Unterbringung in einem Heim oder Internat auch dann ins Gespräch, wenn sie sich von ihren Ehepartnern getrennt hatten und ein Aufwachsen ihres Kindes beziehungsweise ihrer Kinder in der Familie des ehemaligen Ehegatten missbilligten.[48]

Die Fronten innerhalb der Familien hatten weiterhin oft insofern eine geschlechterhistorische Dimension, als dass die neuen Rechte und Freiheiten der Frauen eine wichtige Rolle in den Familienkonflikten spielten. Besonders eindrücklich lassen sich die unterschiedlichen Haltungen gegenüber den neuen Möglichkeiten urbaner Kindheit und Familienlebens in einem Streit zweier getrennt lebender Ehegatten um die Schauspiel- und Kinokarriere ihrer Tochter erkennen.[49] Ende 1935 wandte sich ein Vater an das Madrider Gericht und klagte, dass seine geschiedene Frau ihre Schutzpflicht gegenüber ihrer gemeinsamen 16-jährigen Tochter Elvira verletzt habe. Die Ehepartner hatten sich schon bald nach Elviras Geburt Anfang der 1920er Jahre entfremdet und ihre gemeinsame Wohnung aufgegeben. Die Mutter hatte sich als Modistin ein unabhängiges Leben aufgebaut und auch versucht, als Schauspielerin Fuß zu fassen. Sobald ihr dies rechtlich möglich war, reichte sie einen Antrag auf Scheidung ein. Die Mutter, die

---

46 Siehe etwa: Diligencias Previas, 10.6.1931, AGA 7/14, Nr. 23, Fallakte 570/1931; Aussage Maria
    G. P., 27.7.1932, AGA 7/14.2, Nr. 62, Fallakte 30/1932.
47 Diligencias Previas, 11.1.1936, AGA 7/14.2, Nr. 130, Fallakte 63/1936; Aussage Julio P. G.,
    6.2.1936, ebd.; Aussage Julio P. G., 7.5.1936, ebd.
48 Zu den familiären Auseinandersetzungen und den Vorschlägen siehe die umfangreiche
    Überlieferung: AGA 7/14.2, Nr. 62, Fallakte 24/1932.
49 Siehe zum Folgenden die umfangreiche Überlieferung in: AGA 7/14.2, Nr. 130, Fallakte
    15/1936.

nach einem für das Jugendgericht erstellten Bericht ein „etwas freizügiges Leben"
führte, ließ auch der bei ihr aufwachsenden Tochter viele Freiheiten und pflegte,
soweit es die Quellen erkennen lassen, einen partnerschaftlichen Erziehungsstil.
So nahm sie die Tochter entgegen der unausgesprochenen Normen der Zeit und
zum Entsetzen des Vaters mit in Cafés und Bars. Der Vater hatte sich nach eigener Aussage schon in den 1920er Jahren intensiv darum bemüht, die Tochter zu
sich zu nehmen, doch hatte es die Mutter stets verstanden, ihn begünstigende Ge-
richtsurteile – Kinder über drei Jahre wurden nach dem Familienrecht von 1889
im Fall von Trennungen dem Vater zugesprochen – zu umgehen. Nachdem sich
die rechtliche Lage mit der Einführung des neuen Scheidungsrechtes für ihn ver-
schlechtert hatte, wandte er sich an das Jugendgericht, um unter Verweis auf die
vermeintliche moralische Korruption der Tochter durch ihre Karriere als Model
und Schauspielerin doch noch das Sorgerecht für diese zu erhalten. Die Mutter
habe Elvira unrechtmäßigerweise erlaubt, für Werbeplakate zu posieren und als
Schauspielerin in anzüglichen Filmen mitzuwirken. Er ersuchte das Gericht, der
Mutter das Sorgerecht abzuerkennen, ihm die Tochter zu überantworten und dieser die Schauspielerei zu verbieten. Er habe vor, Elvira für „eine Zeit der Umerzie-
hung" in ein Internat zu geben.

Neben Sorgerechtsfragen ging es hier im Kern um das Problem angemessener
Kindheits- und Familienentwürfe. Die angerufene Mutter wehrte sich vehement
gegen die erhobenen Vorwürfe, indem sie nicht nur auf die ihres Erachtens moralisch einwandfreie Handlung des Spielfilms verwies, sondern allgemein das Recht
ihrer Tochter, in Filmproduktionen mitzuwirken und in der Öffentlichkeit auf-
zutreten, verteidigte. Zwei unterschiedliche Ansichten der Ehegatten über Kindheit und Familie werden hier erkennbar. Einerseits erfolgte eine unterschiedliche
Abwägung von Schutz- und Entfaltungsrechten des Kindes. Während der Vater
den Schutz des Kindes vor möglicher Ausbeutung höher gewichtete, wertete die
Mutter das Recht ihrer Tochter auf die freie Entfaltung ihrer Persönlichkeit höher. Darüber hinaus gibt der Fall der kindlichen Schauspielerin Elvira Einblicke
in innerfamiliäre Demokratiegewinner und -verlierer. Während die Mutter auch
im Namen ihrer Tochter die neuen Chancen von Mädchen und Frauen im öffentlichen Raum, welche die Zweite Republik eröffnete, ausnutzen wollte, sah sich der
Vater als Demokratieverlierer. Er fürchtete eine Entfremdung von seiner Tochter
und den Verlust seines gesellschaftlichen Prestiges als Familienoberhaupt.

Während in diesem Fall die Frau den gesellschaftlichen Wandel als Chance
begriff, waren es in anderen Fällen Männer, welche auf eine Neugestaltung familiären Lebens drängten. Nach Aussage seiner Ehefrau, die nach dem Bürgerkrieg
eine steile Karriere im franquistischen Hilfswerk *Madre y Niña* (Mutter und Tochter) durchlief und ihrem Ehemann das Sorgerecht aberkennen lassen wollte, hatte
der Zahnarzt Tomás C. unter der Republik eine ausgesprochen religionsfeindliche

Haltung an den Tag gelegt. Er wollte seine drei Kinder nicht taufen lassen, nahm nicht an ihrer Erstkommunion teil und plante, sie an der Deutschen Schule in Madrid einzuschreiben, ohne sie dort am Religionsunterricht teilnehmen zu lassen. Nur mit Mühe gelang es der Mutter nach eigener Aussage, sich gegen ihren Ehemann durchzusetzen und die Kinder auf katholische Schulen zu geben. Jenseits des innerfamiliären Streites um religiöse Erziehung zeichnen die Quellen ein Bild von Tomás C. als Vater, der einerseits seinen Kindern eine möglichst gute Ausbildung vermitteln wollte – nach Aussage der Mutter gab er ihnen „Novellen und alle Klassen von Büchern in die Hand" – andererseits aber neue Umgangsformen mit seinen Kindern anstrebte und ihnen größere Freiheitsrechte zugestand.[50] Es bleibt unklar, wie stark die familiären Konflikte vor 1936 ausgeprägt waren und inwieweit die Trennung der Familie während des Bürgerkrieges auf vorangegangene Ehekonflikte zurückzuführen ist. Doch lassen sich auch in diesem Fall unterschiedliche Haltungen innerhalb einer Familie zu grundsätzlichen Fragen der Kindererziehung und des familiären Zusammenlebens in der urbanen Stadtgesellschaft Madrids erkennen. Die neuen Zeiten konnten innerhalb derselben Familie sowohl als Chance wie auch als Bedrohung begriffen werden. Hoffnungen, ein neues, besseres Verhältnis zu ihren Kindern aufzubauen und ihnen den Weg in eine erfolgreiche Zukunft zu ebnen, mischten sich mit im Einzelnen vielfältigen Kombinationen von Ängsten vor einer Auflösung der Familie unter dem Druck der Großstadt und dem Wunsch nach einer besseren Kontrolle des Aufwachsens.

6   Schluss

Zusammenfassend lassen sich in den frühen 1930er Jahren verstärkte Bemühungen sowohl der katholischen Reformer als auch progressiv-republikanischer Kreise feststellen, über eine Neuformung der Familie auf die Bildung und Erziehung der Kinder einzuwirken und die Familie zur Keimzelle einer umfassenden Gesellschaftsreform zu machen. Diese Anstrengungen hatten jedoch nur begrenzten Erfolg. Zwar popularisierte die Massenpresse der 1930er Jahre tatsächlich neue Familienmodelle, doch entsprachen diese nur in Teilen der politischen Agenda der unterschiedlichen Reformgruppen. Zu einer Ausbildung deutlich voneinander abgegrenzter Familienkulturen kam es in Madrid nicht. Jenseits politischer Programme setzte sich vor allem ein Verständnis von Familienerziehung als Vorbe-

---

50   María G. L. an Júez, Tribunal Tutelar de Menores, 18.10.1939, AGA 7/14.2, Nr. 154, Fallakte 1495/1939; Tomás C. an Ramón Alberola y Such, Júez, Tribunal Tutelar de Menores, 20.4.1940, ebd.; Informe Delegada Flores, 1.5.1940, ebd.; Acuerdo Tribunal Tutelar de Menores, 29.5.1940, ebd.

reitung für den Kampf des Lebens in einer kapitalistischen Leistungsgesellschaft durch; ein Kampf, der, so die Wahrnehmung, nach dem Wegfall traditioneller Schranken mit Gründung der Republik noch intensiver tobte als zuvor. Einzelne Familien und Familienangehörige griffen, schließlich die politischen und öffentlich-medialen Reformsprachen auf, um widersprüchlichen Erfahrungen, Interessen und Bedürfnissen Ausdruck zu verleihen. Ihre Haltung schwankte zwischen einem optimistischen Ergreifen neuer Chancen und Ängsten vor neuen Zumutungen und Risiken. Diese Widersprüche durchzogen viele Familien und wurden erst nach dem Ende des Bürgerkrieges gewaltsam unterdrückt.

Hinsichtlich der Frage nach den Chancen der Demokratie im Spanien der frühen 1930er Jahre ergibt ein Blick auf Familien einen ambivalenten Befund. Zwar fanden gegen die Republik gerichtete familienreformerischen Forderungen keine Mehrheit, aber den republikanischen Kräften gelang es bis 1936 ebenfalls nicht, über die Popularisierung neuer demokratischer Familienmodelle der neuen Staatsform eine stabile gesellschaftliche Grundlage und Akzeptanz zu verschaffen. Insgesamt deutet das Zurücktreten des republikanischen Familienmodells in den öffentlichen Debatten seit 1933 darauf hin, dass die pessimistische Sichtweise, die Ängste vor einer Überforderung der Familien und einer Korruption der Kinder gegen Ende der Republik die Oberhand gewannen. Damit lockerten sich die Bindungen der Familien zur republikanischen Staatsform und verliehen tendenziell Bewegungen – keineswegs nur auf der politischen Rechten – Legitimität, die für eine neue Ordnung und eine Einhegung von Kindheit eintraten.

Insgesamt deuten die Ergebnisse des spanischen Falls darauf hin, dass die Beziehungen zwischen Familie und Demokratie im frühen und mittleren 20. Jahrhundert komplexer waren als es Thesen einer Demokratisierung familiären Zusammenlebens und einer Liberalisierung von Erziehungsstilen bisher nahe legen. Die politische Demokratisierung wirkte auf Familien ein und trug zur Popularisierung neuer liberaler Familienmodelle in Teilen der Bevölkerung bei, doch weckte sie gleichzeitig auch neue Ängste und Erwartungen, die oft nur mittelbar mit demokratischen Idealen in Verbindung standen. Eine vermehrte Untersuchung der sehr verschiedenen Wahrnehmungs- und Aneignungsweisen von Demokratie erscheint als wichtiger Gegenstand einer Gesellschafts- und Kulturgeschichte der Familie im 20. Jahrhundert.

Literaturverzeichnis

Álvarez Junco, José/Shubert, Adrian (Hrsg.) (2003): Spanish History since 1808. London

Andrés, Carlos Gil (2006): Lejos del Frente. La Guerra Civil en la Rioja Alta. Barcelona

Bernecker, Walther L. (2010): Geschichte Spaniens im 20. Jahrhundert. München
Borrás Llop, Jose María (1996): Historia de la infancia en la España contemporánea (1834–1936).Madrid
Brockhaus, Gudrun (2007): Lockung und Drohung. Die Mutterrolle in zwei Ratgebern der NS-Zeit. In: Gebhardt/Wischermann (2007): 49–68
Brunner, José (Hrsg.) (2008): Mütterliche Macht und väterliche Autorität. Elternbilder im deutschen Diskurs. Göttingen
Budde, Gunilla-Friederike (1994): Auf dem Weg ins Bürgerleben. Kindheit und Erziehung in deutschen und englischen Bürgerfamilien 1840–1914. Göttingen
Burguière, André et al. (Hrsg.): Geschichte der Familie. 20. Jahrhundert. Frankfurt a. M.
Fernán-Gómez, Fernando (1990): El Tiempo Amarillo. Memorias. Bd.1. Madrid
Fulda, Daniel (Hrsg.) (2010): Demokratie im Schatten der Gewalt. Geschichten des Privaten im deutschen Nachkrieg. Göttingen
Gebhardt, Miriam/Wischermann, Clemens (Hrsg.) (2007): Familiensozialisation seit 1933 – Verhandlungen über Kontinuität. Stuttgart
Gestrich, Andreas (2010): Geschichte der Familie im 19. und 20. Jahrhundert. München 2. Aufl.
Ginsborg, Paul (2003): The Family Politics of the Great Dictators. In: Kertzer/Barbagli, Marzio (2003): 174–197
Habermas, Rebekka (2000): Frauen und Männer des Bürgertums. Göttingen
Kertzer, David I./Barbagli, Marzio (Hrsg.) (2003): The History of the European Family. Bd. 3: Family Life in the Twentieth Century. New Haven, Conn.
Lezcano, Richard (1979): El divorcio en la Segunda República. Madrid
Muñoz López, Pilar (2001): Sangre, Amor e Interés. La Familia en la España de la Restauración. Madrid
Ranzato, Gabriele (2006): El Ecplise de la Democracia. La Guerra Civil Española y sus Orígenes, 1931–1939. Madrid
Rodríguez, Manuel (1935): Las Residencias de Estudiantes. In: Anuario de educación y enseñanza católica en España 1935/36. Madrid 1935. 31–34
Sánchez Arbós, María (2007): La Coeducación. In: Sánchez Arbós, María (2007): Una Escuela Soñada. Textos. Edición de Elvira Ontañón y Víctor M. Juan Borroy, Madrid
Seidman, Michael (2002): Republic of Egos. A Social History of the Spanish Civil War. Madison
Sieder, Reinhard (1998): Besitz und Begehren, Erbe und Elternglück. Familien in Deutschland und Österreich. In: Burguière et. al. (1998): 210–284
Van Rahden, Till (2010): Wie Vati die Demokratie lernte: Religion, Familie und die Frage der Autorität in der frühen Bundesrepublik. In: Fulda (2010): 122–151
Vincent, Mary (1996): Catholicism in the Second Spanish Republic. Religion and Politics in Salamanca 1930–1936. New York
Vincent, Mary (2007): Spain, 1833–2002. People and State. Oxford
Winter, Jay (2003): The European Family and the Two World Wars. In: Kertzer/Barbagli (2003): 152–173

Familien in der Migration – zur Bedeutung kultureller Einbindungs- und Ablösungsprozesse für die Entwicklung des Selbst in der Adoleszenz

Sandra Kirsch

1 Einleitung: Untersuchungsinteresse, -material und Forschungsdesign

Der Umgang mit Familienkulturen und -traditionen wird in Familien oft erst dann explizit oder implizit thematisch, wenn eine bis dahin mehr oder minder selbstverständlich erscheinende Praxis in eine Krise gerät, also (zum Beispiel zwischen den Generationen oder den Geschlechtern) fraglich wird. Dies ist im Zusammenhang von Migration besonders ausgeprägt der Fall, wenn sich für Eltern und Kinder in je unterschiedlicher Weise die Frage stellt, wie viel in der neuen, noch fremden Kultur von der bisherigen, die familiale Lebensweise im Sinne einer Familienkultur prägenden und auf Vergemeinschaftung basierenden, nationalen Kultur wie gelebt werden kann oder was umgekehrt von der fremden Kultur angenommen, was von der eigenen in die andere hineingegeben werden kann.

Im Zentrum des folgenden Beitrags steht die Rekonstruktion adoleszenter Identitätsbildungsprozesse und der Bedeutung familieninterner kultureller Praktiken vor dem Hintergrund migrationsbedingter Erfahrungen. Dabei ist die Perspektive einerseits insofern eine historische, als es sich um historisch (und politisch) spezifisch kontextuierte Erfahrungen handelt: es geht um die (erzwungene) Emigration von Kindern bzw. Jugendlichen aus dem nationalsozialistischen Deutschland. Andererseits reicht die Fragestellung über diesen historischen Kontext hinaus. Denn ausgehend von der Annahme, dass es sich bei dem biographischen Ereignis Migration um ein potentiell krisenhaftes handelt, stellt sich prinzipiell die Frage, wie faktische Krisenlagen (im Sinne von ‚brute facts') einerseits und Entwicklungskrisen andererseits bearbeitet werden und welche Rolle Familienkulturen dabei spielen bzw. welchen Veränderungen letztere selbst im Zuge von Migrationsprozessen möglicherweise unterliegen. Daran anschließend lässt sich nach Typen der Krisenbewältigung fragen. Anhand der Ergebnisse zweier

Fallrekonstruktionen soll im Folgenden exemplarisch aufgezeigt werden, wie mit Vorstellungen vom ‚guten Leben', von Familie, Tradition und Kultur vor dem Hintergrund von bewährt erscheinender Tradierung oder aber Traditionsbrüchen (auch bereits in der Elterngeneration) je unterschiedlich umgegangen wurde.

Bei dem der Untersuchung zugrundeliegenden Sample handelt es sich um in Deutschland geborene Personen, die als Kinder bzw. Jugendliche mit ihren Eltern aufgrund rassistischer Verfolgung und/oder aus politischen Gründen aus dem nationalsozialistischen Deutschland emigrierten. Da das Interesse sich auf die Rekonstruktion ihrer Identitätsentwicklung richtete, wurde das Sample auf Personen eingegrenzt, die zum Zeitpunkt der Auswanderung maximal 17–18 Jahre alt waren und ihre Adoleszenzkrise also entweder in der Migration oder frühestens zum Zeitpunkt der Auswanderung durchlebten.

Die Fallrekonstruktionen basieren auf der objektiv hermeneutischen Analyse und Interpretation von (auto-)biographischen Interviews bzw. eines autobiographischen Texts; außerdem wurden autobiographische Texte der Eltern,[1] Fotographien und Briefe in die Auswertung mit einbezogen. Des Weiteren ermöglichte die Analyse und Interpretation der objektiven Daten – in Anlehnung an Bourdieu – auch die Rekonstruktion der (vor und nach der Emigration) jeweils vorhandenen materiellen, sozialen und kulturellen bzw. symbolischen Kapitalien, die optionseröffnende bzw. -begrenzende Faktoren darstellen hinsichtlich der je konkreten Lösung sowohl der ontogenetisch unvermeidlichen, aber fallspezifisch je unterschiedlichen traumatischen Entwicklungskrisen der Kindheit als auch der Entscheidungskrisen ab der Adoleszenz und in Konsequenz daraus hinsichtlich der Entwicklung einer Selbst- und Welthaltung bzw. eines spezifischen Habitus der Krisenbewältigung.

2   Theoretischer Zugang: Heuristische Modelle

Als heuristisches Modell liegt der Analyse zum einen Oevermanns Konzept von Sozialisation als Prozess der Krisenbewältigung und der Entstehung des Neuen zugrunde, zum anderen das Modell R. Kegans von der Entwicklung des Selbst in einbindenden Kulturen. Auf die Darstellung des ersteren möchte ich in diesem Zusammenhang verzichten, um den weniger bekannten zweiten Ansatz und

---

1   Die autobiographischen Texte der Elterngeneration entstanden 1940 im Kontext eines wissenschaftlichen Preisausschreibens der Harvard University unter dem Titel ‚Mein Leben in Deutschland vor und nach dem 30. Januar 1933' und waren bereits Gegenstand eines biographietheoretischen Forschungsprojekts (vgl. dazu z. B. Garz 2003 und 2005).

meine Zusammenführung beider Modelle skizzieren zu können.[2] Betont werden soll hier lediglich, dass in der Oevermannschen Sozialisationstheorie erstens die Krise geradezu als anthropologisches Konstitutivum von Lebenspraxis gilt, dass zweitens mehrere Krisentypen (traumatische Krise, Entscheidungskrise, Krise durch Muße) unterschieden werden und dass drittens der Sozialisationsprozess als ein Prozess des Durchlaufens von Ablösungskrisen gefasst wird, in dem die Adoleszenzkrise geradezu als prototypische Entscheidungskrise angesehen werden kann. Dies insofern, als erstmals selbstverantwortlich Entscheidungen bezüglich der eigenen Zukunft getroffen werden können und müssen. Die – wie auch immer gestaltete – Bewältigung von Entscheidungskrisen ist sozialisationstheoretisch konstitutiv für den Prozess der Individuierung des aufgrund seiner Weltoffenheit strukturell autonomen Subjekts. Dieser strukturalistische Krisenbegriff Oevermanns liefert ein heuristisches Fundament für die „Konstitution von Erfahrung" (Wagner 2004) und somit für die Rekonstruktion von Identitätsbildungsprozessen.

2.1 Die Entwicklung des Selbst in einbindenden Kulturen

Wie für Oevermann gilt für Robert Kegan die Krise als Motor für Entwicklung. Kegans Krisenbegriff ist aber weniger anthropologisch und philosophisch fundiert, sondern basiert auf seinem reformulierenden Anschluss an die strukturgenetische Theorie Piagets, in der das Streben nach Ausgleich eines Ungleichgewichts aufgrund nicht mehr ausreichender Problemlösungskapazitäten die Bewegung auf die nächst höhere Stufe bedingt.[3] Kegans Perspektive ist somit deutlicher eine entwicklungspsychologische, die zum einen von einer konstruktivistischen Annahme von Realität und zum anderen von einer stufenförmig sich vollziehenden Entwicklung (vgl. Kegan 1994: 28) ausgeht und dabei in Anknüpfung an sowohl kognitionspsychologische (Piaget und Kohlberg) als auch ich-psychologische (Erikson, Loevinger) und objekttheoretische Modelle (Klein, Winnicott, Fairbairn u. a.) viel stärker die Psychogenese des Subjekts fokussiert. Sein Entwurf einer stufenförmigen Entwicklung des Selbst über Prozesse der Auseinandersetzung mit sogenannten ‚einbindenden Kulturen' ist zugleich anschlussfähig an die

---

2   Für eine ausführliche Darstellung vgl. Oevermann 2004; Kirsch 2010.
3   Der Begriff der Bewegung ist nicht im Sinne von bloßer motorischer Aktivität, sondern als psychische Bewegung der Bedeutungskonstruktion, für Kegans Modell zentral (vgl. Kegan 1994: 31). Auch bei Piaget kommt der Bewegung als Ermöglichung von Bedeutungsbildung von Beginn an, nämlich bereits im *senso*motorischen Stadium, zentraler Stellenwert zu.

Prämissen erziehungswissenschaftlicher Biographieforschung, weil „Menschsein"
für ihn heißt: „Bedeutung schaffen" (vgl. ebd.: 31).

In Kegans kreativer Integration und der damit einhergehenden partiellen
Neuinterpretation der verschiedenen Ansätze liegt somit meines Erachtens das
Potential eines umfassenden heuristischen Rahmens zur Rekonstruktion von
Identitätsbildungsprozessen,[4] weil sie nicht nur, wie im Falle Piagets und Kohlbergs, die Entwicklung kognitiver und moralischer Strukturen berücksichtigt,
sondern auch, „wie ein dynamisch sich aufrecht erhaltendes Selbst diese Aktivität erfährt" (ebd.: 32), also affektiv besetzt und deutet. Nicht zuletzt wird in einem
zweiten Schritt die Bedeutung der von Kegan als ‚einbindende Kulturen' bezeichneten sozialen Umwelt äußerst differenziert entfaltet.

Der menschliche Entwicklungsprozess wird, insofern folgt Kegan der stufenförmigen, strukturgenetischen Logik Piagets und Kohlbergs, die gesamte Lebens-
spanne betreffend in Stufen eingeteilt, auf deren ersten dreien es vor allem um die
Etablierung eines Subjekt-Objekt-Verhältnisses und eines diesbezüglichen relati-
ven Gleichgewichtes geht. Die Zusammenführung der Modelle Piagets, Kohlbergs,
Eriksons, Loevingers und Maslows mit seinem eigenen betont als gemeinsamen
theoretischen Kern genau das oben genannte Prinzip, nämlich das der Selbst-Ob-
jekt-Relationierung als Grundlage für Bedeutungsentwicklung. Dieser Prozess der
Relationierung und der Organisation des Selbst hält ein Leben lang an. Insofern
ist Kegans Ziel eine „Theorie der Entwicklung von Objektbeziehungen (…), die für
den gesamten Lebenszyklus gilt und neben den inzwischen bekannten kognitiven
und soziomoralischen Entwicklungsformen den Entwicklungsverlauf auf emotio-
nalem, motivationalem und psychodynamischem Gebiet beschreibt" (ebd.: 108 f.).
Mit Kegans etymologisch aufgeklärter Verwendung des Begriffs der Objektbeziehungen steht dann genau das im Mittelpunkt, was auch im Sozialisationsmodell
Oevermanns zentral ist, nämlich Auseinandersetzung und Ablösung:

> „Der Wortstamm (*jekt;* lat.: jacere = werfen) bezieht sich im Grunde auf einen Bewe-
> gungsvorgang, auf eine Aktivität eher als auf ein Ding – genau genommen auf Werfen.
> Mit der Vorsilbe (ob) deutet das Wort auf den Vorgang oder die Folgen von ‚wegwerfen'
> oder ‚wegwerfen von'. ‚Objekt' verweist auf etwas, das durch einen Prozeß von etwas
> anderem abgelöst oder verschieden von ihm geworden ist, oder es verweist auf diesen

---

4   Kegan spricht allerdings durchgängig vom ‚Selbst' statt vom ‚Ich' oder von ‚(Ich-)Identität',
    was in seiner unterschiedliche Ansätze synthetisierenden Theorie begründet liegt – er ver-
    steht sich weder als Ich-Psychologe noch als Objekttheoretiker, sondern interessiert sich für
    einen umfassenderen Entwicklungsansatz, der kognitive und moralische Aspekte mit ein-
    schließt und insofern die Entwicklung des Selbst in seinem Verhältnis zur Welt in ganz un-
    terschiedlichen Dimensionen erfassen soll.

Prozeß selbst. So verstanden sind mit dem Begriff ‚Objektbeziehungen' Beziehungen gemeint, die wir zu etwas aufbauen, das, durch einen bestimmten Prozeß von uns abgelöst oder verschieden geworden ist" (ebd.: 111, Hervorh. i. O.).

Dabei aber versteht Kegan diesen Prozess als einen der psychischen Aktivität von „Differenzierung" und „Integration" (ebd.: 112). Auf dem Weg von der Stufe des ‚einverleibenden Selbst' bis hin zum ‚überindividuellen Selbst'[5] erfolgt über die dezentrierende Aktivität der Objektbildung nicht nur eine Ablösung von signifikanten anderen als den im konventionell objekttheoretischen Sinne einverleibten ‚Objekten', sondern auch von dem Selbst, das man auf der jeweils früheren Stufe gewesen ist. Nochmals anders formuliert, erfolgt mit der Subjekt-Objekt-Differenzierung, also der Ausdifferenzierung eines symbiotischen Ganzen in Selbst und Um-Welt erstens eine Objektivierung dessen, was man zuvor gewesen ist, und damit auf der Stufe des einverleibenden Selbst eine allererste Dezentrierung. Dies impliziert dann aber im Weiteren eine Differenzierung des Selbst, indem die früheren Anteile des Selbst in das aktuelle Selbst integriert werden. Die Entwicklung erfolgt stets in dieser Logik: vom Sein zum Haben und damit zu einem neuen Sein. Die Entwicklungskrisen des Selbst implizieren zugleich eine auf jeder neuen Stufe spezifische Form von Wachstum und Verlust (vgl. ebd.: 153 ff.).

Die Tatsache, dass Kegan das Selbst stets als in stufenspezifischer Weise mit Fragen der Einbindung und Ablösung konfrontiert sieht, und dass dabei der sozialen Lebensumwelt jeweils spezifische Funktionen zukommen, führt dazu, dass er nicht einfach von der sozialen Umwelt spricht, sondern von ‚Kulturen', um, dem lateinischen Wortsinne entsprechend (lat. ‚colere' = pflegen, anbauen) sowohl die übergreifende Aufgabe der ‚Pflege' und Nährung/Versorgung als auch den Aspekt der sich ausdifferenzierenden Entwicklung und der „Kultur als anwachsende Geschichte und Mythologie" (ebd.: 159) zu betonen.

Von Bedeutung ist auf den verschiedenen Stufen jeweils, ob und wie diese Kulturen drei verschiedene Funktionen auszufüllen vermögen, nämlich erstens das im frühesten Stadium der Entwicklung auch ganz konkret physisch zu verstehende ‚Halten' (vgl. ebd.: 165 ff.), zweitens die Funktion des Freigebens und auch des Widerspruchs (vgl. ebd.: 171 ff.) und drittens die Funktion des ‚In-der-Nähe-

---

5   Es handelt sich um insgesamt sechs Stufen: Stufe 0: das einverleibende Selbst, Stufe 1: das impulsive Selbst, Stufe 2: das souveräne Selbst, Stufe 3: das zwischenmenschliche Selbst, Stufe 4: das institutionelle Selbst, Stufe 5: das überindividuelle Selbst. – Ich verzichte hier auf eine ausführliche Beschreibung der einzelnen Entwicklungsstufen (und verweise diesbezüglich auf ihre Darstellung in Kegan 1994³), weil es mir erstens auf die Herausarbeitung des ‚Grundzuschnitts' des Keganschen Modells ankommt und dabei zweitens insbesondere auf die Funktion der einbindenden Kulturen.

Bleibens', um Sicherheit bei der Integration des „Ich-das-ich-gewesen-bin" (ebd.: 170) in das ‚neue' Ich zu geben (vgl. ebd.: 174 ff.).⁶

Als einbindende Kultur(en) fungieren in der ersten Phase (bzw. auf Stufe 0) des einverleibenden Selbst die nächsten Bezugspersonen, meistens also zunächst vor allem die Mutter („mütterliche Kultur), später dann in der ‚impulsiven Phase' Familie bzw. beide Eltern als „elterliche Kultur". Auf der Stufe 2 des souveränen Selbst ist dies „die Kultur, die Rollen anerkennt", vertreten durch Eltern, Schule und peers. Auf der Stufe 3 des zwischenmenschlichen Selbst geht es entsprechend um eine „Kultur der Wechselseitigkeit" in diesen Beziehungen. Für die Stufe 4 des institutionellen Selbst, das in Analogie zur Kohlbergschen Stufe 4 im späten Jugend- und frühen Erwachsenenalter anzusiedeln ist (vgl. ebd.: 122), ist eine „Kultur der Identität oder Selbstgestaltung" relevant und schließlich, auf der Stufe 5 des überindividuellen Selbst, hier wiederum in stärkerer Anbindung an Erikson, eine „Kultur der Intimität" (vgl. dazu ebd.: 162 f.)

Konkret auf die hier gegebene Situation der Emigration bezogen, wäre also bei der Analyse und Interpretation sowohl der objektiven Daten wie auch der jeweiligen Selbstpräsentationen darauf zu achten, welche einbindenden Kulturen vorhanden waren und wie sie Halt, Freiraum und Möglichkeit zur Wiedereinbindung geben konnten. Zunächst betrifft dies, wie oben dargestellt, immer die Eltern bzw. andere frühe enge Bezugspersonen: Auf welche Art und Weise vermochten sie den Kindern Halt zu geben vor dem Hintergrund eigenen Haltverlusts in Deutschland? Auf welche Art und Weise vermochten sie es dann sowohl vor dem Hintergrund akuter Bedrohung in Deutschland als auch später im Emigrationsland vor dem Hintergrund der Fremdheit und potentiellen Ungeborgenheit den Kindern auch den Freiraum zu geben, diese Umwelt zu der ihren werden zu lassen? Welche anderen einbindenden Kulturen standen dann zur Verfügung? Und inwiefern bzw. auf welche Art und Weise standen die Eltern später den Kindern dennoch als die Eltern, zu denen sie zumindest symbolisch im Sinne der Möglichkeit der Bezugnahme auf eine gemeinsame familiäre Praxis zurückkehren konnten, zur Verfügung?

---

6   Aus allgemein erziehungswissenschaftlicher Perspektive lässt sich hier eine Verbindung herstellen zu den im Anschluss an Schleiermacher von Andreas Flitner formulierten Grundformen der (Familien-)Erziehung: Behüten, Unterstützen und Gegenwirken (vgl. Flitner 1982).

Ablösungskrise und Kulturform	Einbindungsmodus der umgebenden Kultur	Modus des Frei-gebens	Modus des In-der-Nähe-Bleibens
Krise der Geburt (mütterliche Kultur)	–	Losgelassenwerden aus der ersten einbet-tenden Kultur (in Form des umhüllenden und versorgenden mütter-lichen Leibes)	Nährung, Pflege, leib-liche Nähe
Ablösung aus der Mutter-Kind-Sym-biose (elterliche Kultur)	Akzeptanz und Förde-rung von Phantasien und konkurrieren-den Dyaden (ödipale Triade)	anerkennendes Frei-geben zugunsten erster Erprobung von Autonomie	stellvertretende Krisen-bewältigung, Auffangen bei scheiternden Auto-nomiebestrebungen, Gegenwirken gegen Ein-samkeit im Zweifeln
Ablösung aus der ödipalen Triade (Kultur, die Rollen anerkennt)	‚Vermittlung' von So-zialität; Unterstützung des ‚Großwerden-Wol-lens'	Anerkennung von Ge-nerationsschranken über Ausschluss aus der Paarbeziehung	Haltgeben, Erlauben des ‚Kleinseins '
Adoleszenzkrise (Kultur der Wechsel-seitigkeit)	Stützung von Gefüh-len der Zugehörigkeit und Verantw ortung	Förderung in der Entwicklung eines eigenen Lebensent-wurfes	Sicherung von emotio-naler Bindung trotz Ent-fremdungsgefühlen der Adoleszenten

Abbildung 1 Zusammenführung der Modelle Oevermanns und Kegans

3 Rekonstruktion eines Habitus der Krisenbewältigung anhand zweier Fallbeispiele

Präsentiert werden im Folgenden hinsichtlich ihres Habitus der Krisenbewälti-gung zwei maximal kontrastierende Fälle. Beide Personen, 1924 und 1925 gebo-ren, gehören der gleichen Altersgruppe an. Gemeinsam ist beiden Fällen außer-dem, dass sie aus jüdischen, bildungsbürgerlichen Familien stammen und in die USA emigrierten, so dass eine gewisse Vergleichbarkeit hinsichtlich der biogra-phischen Ausgangskonstellation und der Migrationsbedingungen gegeben ist.

3.1   Georg Levi: Objektive Daten[7]

- 1924 geboren in A., einer mittelgroßen Stadt im Rheinland
- Eltern:
  - Vater: Bernhard Levi, *1885 in A., Metzgersohn, sechs Geschwister, Arzt (allg.med. Praxis) und Vorsitzender der jüdischen Gemeinde.
  - Mutter: Inge Levi, geb. Blum, *1899 in N-Stadt (Rheinland), Fabrikantentochter, zwei Schwestern, Heilgymnastin, verheiratet mit Bernhard Levi ab 1922, ab 1923/24 Hausfrau, Mitarbeit in der Praxis
- 1926 Geburt der Schwester Gisela
- Ab 1930 zunächst Besuch einer Privatschule, dann der Volksschule; ab dem sechsten Lebensjahr Geigenunterricht
- 1934 – ca. 36 Besuch des Gymnasiums, dann Privatunterricht durch die Mutter
- Oktober 1938 Bernhard Levi wird die Approbation entzogen; Zwangsverkauf des Hauses, Umzug in einen kleinen Ort bei der Stadt A.
- November 1938 Verhaftung Bernhard Levis, Freilassung und weitere Verhaftungen
- 23. 01.1939 Emigration der Familie Levi über Holland in die USA (New York);
- Ca. 1939–41 Besuch der High School, dort Konzertmeister des Schulorchesters
- Ca. 1941 Bewerbung um einen Studienplatz in Medizin an der Columbia University, abgelehnt (wg. ‚jüdischer Quote')
- Stipendium für Musikstudium an der B-School of Music, University of B.
- Ca. 1941 Einzug in die Armee (Infanterie), wegen Krankheit (Herzerkrankung) ca. ein halbes Jahr Dienst als Übersetzer
- 1945 Fortsetzung und Abschluss des Musikstudiums in B., Studium Kompositionslehre in C.
- 1949–74 musikalischer Direktor verschiedener Opernhäuser; Dirigent
- Ca. 1974–97 Professur für Dirigieren und Komposition sowie Orchesterleitung an der Universität in G-Stadt. Welttourneen mit Orchester, 1983–92 Leitung d. G.-Stadt Chamber Orchestra

---

7   Die Anonymisierung der Daten gestaltete sich im Falle der Familie Levi besonders schwierig. Zur Gewährleistung der Anonymität Georg Levis mussten viele Daten, insbesondere die beruflichen Stationen, so verschlüsselt werden, dass eine Präsentation der Analyse und Interpretation der objektiven Daten mangels konkreter Angaben zumindest etwas problematisch erscheint. Insgesamt ist versucht worden, die Daten so zu anonymisieren, dass so viele Informationen wie nötig, aber so wenige Anhaltspunkte wie möglich zur Identifizierung der Person übrig blieben.

Zusammenfassung der Interpretation der objektiven Daten

Georg Levi wuchs in einer assimilations- und aufstiegsorientierten, bürgerlichen jüdischen Familie auf. Die Eltern verstanden sich vermutlich als Deutsche, wobei zumindest der Vater als Vorsitzender der jüdischen Gemeinde deutlich seine Bindung zum Judentum pflegte. Offen ist, ob dieses Engagement religiös motiviert war, aber es kann in jedem Falle vermutet werden, dass im Hause Levi Traditionen gepflegt wurden, die sowohl aus der christlich-deutschen wie auch aus der jüdischen Kultur kamen. Weiter ist daher anzunehmen, dass die Eltern aus ihrem Selbstverständnis als (jüdische) Deutsche heraus angesichts der 1933 einsetzenden Ausgrenzung und Verfolgung von Juden durch die Nationalsozialisten insofern besondere Schwierigkeiten (im Vergleich zu zionistischen Juden) hatten, als es ihnen schwergefallen sein könnte, das Ausmaß der Bedrohung für ihr eigenes Leben zu realisieren und entsprechende Konsequenzen zu ziehen. Das späte Auswanderungsdatum lässt sich jedenfalls dahingehend interpretieren, dass sie versucht haben, so lange wie möglich in Deutschland zu bleiben. Für die Identitätsbildung Georg Levis ist somit von Interesse, ob er trotz der zunehmenden Bedrohung von außen und der zunächst sehr passiven Haltung der Eltern sich noch durch diese geschützt fühlen konnte. 1933 war er neun Jahre alt, hat also den Beginn des Nationalsozialismus und vor allem die späteren Jahre bereits recht bewusst miterlebt und war als Schüler unter Umständen von Diskriminierung betroffen. Es ginge in seinem Fall also nicht nur um ein Gefühl des Gehaltenseins durch die Eltern, wie es in der frühen Kindheit von ganz basaler Bedeutung ist, sondern auch um eine beginnende reflektierende Auseinandersetzung mit den Eltern und den gewählten Identifikationen. Es weist hier bislang nichts darauf hin, dass eine solche Auseinandersetzung für Georg Levi krisenhaft verlaufen sein könnte; der erste Berufswunsch beinhaltete, es dem Vater als Arzt gleichzutun, womit eine starke Identifizierung mit diesem angezeigt wird. Unbeabsichtigt, durch eine wiederum diskriminierende Hinderung, ‚gelang‘ eine Lösung von diesem traditionalistischen Weg, dies aber nur, weil Georg Levi durchaus in der Lage war, für sich eine Alternative zu entwickeln.

Als zweite Wahl erst scheint ein Musikstudium in Frage gekommen zu sein, da er das Geld, mit dem er als ‚jüdischer Quotenstudent‘ in ein Medizinstudium hätte aufgenommen werden können, nicht aufbringen konnte. Er hatte somit keine große Wahl, sondern musste dorthin gehen, wo man ihn aufzunehmen bereit war, womit sich – wenngleich nicht auf unmittelbar existentieller Ebene – die Erfahrung der Emigration ‚wiederholte‘. Festzuhalten ist, dass trotz mangelnder finanzieller Mittel eine nicht-akademische Berufsausbildung für ihn nicht in Frage kam; und er verfügte über eine Leistungsorientierung und Zielstrebigkeit, die ihn alle Möglichkeiten, die ein Studium erlaubten, auszuschöpfen versuchen ließen. Dabei wird er auch von seinen Eltern unterstützt worden sein, denn eine akademische Ausbildung scheint selbstverständlich angestrebt worden zu sein. Die von ihm genannte Musikhochschule ist eine von einem privaten Stifter gegründete und zählt (heute) zu den renommiertesten Colleges bzw. Musikhochschulen der Welt.[8] Dass er dort ein Stipendium erhielt, lässt sich also durchaus als Hinweis auf eine entsprechende Begabung verstehen. Dennoch ist ein Musikstudium im Vergleich zu jenem der Medizin mit größeren Unwägbarkeiten hinsichtlich der späteren Berufs- und vor allem Karrieremöglichkeiten behaftet, die Georg Levi aber in Kauf zu nehmen bereit war, was sowohl für eine tendenziell optimistische Haltung als auch für die Ernsthaftigkeit seiner Entscheidung spricht. Wenngleich die Entscheidung für die Musik zunächst wie eine Notlösung erscheint, bot ihm also paradoxerweise gerade die Ablehnung aus der Medizin die Chance, sein ‚Hobby' zum Beruf zu machen.

Der Dienst in der US-Armee ab 1941 stellte im günstigen Falle nur eine Unterbrechung, im ungünstigen Falle eine wirkliche Zäsur dar, weil, abgesehen von prinzipieller Lebensgefahr, auch die Gefahr bestand, eine Verletzung zu erleiden, die eine Musikerkarriere hätte unmöglich werden lassen. Sein Körper aber ‚produzierte' genau zur rechten Zeit eine Erkrankung, die ihn vor dieser Gefährdung rettete und ihm die Tätigkeit als Übersetzer ermöglichte. Diese Krankheit lässt sich als Somatisierung eines Identifikationskonfliktes deuten; in jedem Falle wird die gleiche Struktur wie schon bei der Studienwahl deutlich: Ein zunächst negativ zu bewertendes Ereignis, also die Schließung von Optionen, eröffnet nicht einfach (im Sinne der Sequentialität sozialen Handelns) andere Möglichkeiten, sondern diese Schließung wird von Georg Levi jeweils positiv gewendet. Dies stellt meines Erachtens ein zentrales Element bezüglich des Habitus der Krisenbewältigung im Falle Levi dar.

Trotz der schwierigen Lebensbedingungen, die für die Familie in den USA bestanden, schaffte Georg Levi es also, dort Fuß zu fassen und einen eigenen Lebensentwurf zu entwickeln. Eine gute Ausbildung war ihm nicht nur aus materiellen Gründen wichtig, sondern er wollte einen Beruf ausüben, der ihm Freude machen würde und in dem er etwas erschaffen konnte. Es deutet also einiges darauf hin, dass er in der beruflichen Leistung eine Möglichkeit der ‚Selbstverwirklichung' und damit einen für sich tragfähigen Bewährungsmythos sah. Diese Leistungsorientierung wird auch deutlich daran, dass sein erster Berufswunsch Arzt war, womit er in die Nachfolge des Vaters getreten wäre und sich an diesem Vorbild hätte messen müssen. Stärker als eine nur formale, statusfokussierte Leistungsorientierung ist aber die Offenheit und Flexibilität, die Georg Levi ange-

---

8 Hier zeigt sich natürlich, wie problematisch eine Anonymisierung ist, und zwar einmal, weil das hier Gesagte als unüberprüfbare Behauptung erscheinen muss, und weil außerdem die Charakterisierung der Hochschule schon die Absicht der Anonymisierung gefährden mag.

sichts der Versagung seines ursprünglichen Ziels zeigte. Eine Möglichkeit der Individuierung lag für ihn in professioneller schöpferischer Leistung. Dabei werden ihm auch die schon im Schulorchester als Konzertmeister bewiesenen kommunikativen Kompetenzen zugute gekommen sein.

Auf Georg Levi mag zutreffen, was Walter Laqueur über die Generation der zwischen 1914 und 1928 geborenen Emigranten (zu denen er selbst gehörte) schrieb: „Sie mussten entweder schwimmen oder untergehen. Für manche Angehörige dieser Generation lässt sich zweifellos sagen, dass sie es ohne Hitler und die Nazis im Leben nie so weit gebracht hätten" (Laqueur 2000: 10).

3.2 Georg Levi: Familienleben und -kultur

Anhand thematisch einschlägiger Sequenzen aus dem biographischen Interview,[9] das 1999 mit Georg Levi bei ihm zu Hause geführt wurde, sollen im Folgenden zentrale Merkmale der Familienkultur im Hause Levi herausgearbeitet werden.

> „Und wir hatten ein wunderbares Haus äh in A-Stadt. Und da, unterm Dach hat er sich da ein Studio eingerichtet, was wir das vierte Reich nannten. „Wo ist der Papi?" „Er ist im vierten Reich". (Lachen) Entflohen (Lachen) vom täglichen Dreck des dritten Reiches, nich."

Georg Levi geht hier in Verbindung mit der Erinnerung an seinen Vater auf sein Elternhaus ein. Zunächst nur die äußere, architektonische Beschaffenheit als „wunderbar" charakterisierend, vollzieht er sodann im doppelten Wortsinne eine Bewegung in das Innere des Hauses, indem er zum einen vom Studio seines Vaters, der also offenbar künstlerisch tätig war, spricht. Zum anderen wird dann in direkter Rede exemplarisch ein ‚typischer' Wortwechsel wiedergegeben, der sowohl über das Familienklima, die Haltung der Eltern im Umgang mit Konflikten als auch über Georg Levis Beziehung zum Vater Aufschluss gibt. Zugleich zeigt sich daran auch deutlich Georg Levis Haltung zu den Erlebnissen in Deutschland und zu seinem Umgang mit diesen Erinnerungen.[10]

---

9 Das Interview mit Georg Levi wurde ursprünglich unter der Fragestellung nach dem weiteren Leben seines Vaters nach der Emigration aus Deutschland geführt; Georg Levi erzählt darin jedoch sowohl von der gesamten Familie und ihrer Geschichte als auch seine eigene Lebensgeschichte, so dass es auch für deren Rekonstruktion genutzt werden konnte.

10 Bei der Analyse und Interpretation der Erinnerungen Georg Levis ist durchaus in Rechnung zu stellen, dass dieser zum Zeitpunkt des Interviews 75 Jahre alt war, seine Erinnerungen also möglicherweise von einer gewissen Altersmilde, eventuell gar von Verklärungen geprägt sein können, was allerdings wiederum Ausdruck einer spezifischen Verarbeitungsweise von Er-

In seiner Präsentation eines exemplarischen Dialogs zwischen Mutter und Kind(ern) oder zwischen ihm und der Schwester versetzt sich Georg Levi zurück in die Position des Kindes, in der er, die emotional positiv besetzte Koseform ‚Papi' verwendend, nach seinem Vater fragt. Das heißt, es kann von einer Beziehung ausgegangen werden, für die, wie auch immer konkret ausgestaltet, prinzipiell eine Begegnung ganzer Personen sowie affektive Zuwendung charakteristisch ist. Die Bezeichnung des Vaters als ‚Papi' ist also – gerade unter Berücksichtigung der in Georg Levis Kindheit und Jugend gesellschaftlich dominanten und politisch propagierten geschlechtsspezifischen Erziehungs- und Sozialisationsvorstellungen – als Hinweis darauf zu deuten, dass der Vater sich liebevoll als ganze Person seinen Kindern zuwandte und wohl auch keinen Wert legte auf eine seinerzeit als ‚vorbildlich deutsch' angesehene und damit ‚militärisch disziplinierende Erziehung' des Sohnes gemäß gängiger Geschlechterstereotypen. Die familieninterne Bezeichnung des väterlichen Studios als ‚viertes Reich' zeigt nun einen Versuch des humorvollen, ironischen Umgangs der Familie, zuallererst der Eltern, die diesen Begriff geprägt haben dürften, mit der Politik der Nationalsozialisten. Nicht nur die Einrichtung des väterlichen Refugiums selbst, sondern auch der familieninterne Sprachgebrauch stellt eine kreative Form der Distanzierung dar. Das ausgerufene ‚dritte Reich' wird als nicht ernstzunehmend verspottet bzw. wird ihm ein eigenes, viertes gegenübergestellt, eine eigene Welt, so als könne man aus dem dritten in das vierte Reich nicht nur wechseln, sondern dessen Realität progressiv hinter sich zurücklassen. Man mag dies, besonders scharf akzentuiert, als Verharmlosung der erfahrbaren ‚Realität' interpretieren; mir scheint darin aber vor allem ein Potential zu deren kreativer Verarbeitung zu liegen, das den Kindern auch als psychische Ressource gedient haben wird. Denn ermöglicht wurde ihnen ein schützender Innen- und Alternativraum sowie die Perspektive auf die Option der Erschaffung eines solchen. Dies wird auch von Georg Levi selbst an anderer Stelle noch entsprechend erinnert:

„So (1) es waren schwierige Jahre denn es war viel Schönes und viel Schreckliches, nich. Denn äh wie gesagt ich war erst sieben Jahre alt als die Nazis kamen. Und trotzdem die ersten Jahren, die Eltern ham die hatten irgendwie ne große Freude am Leben, nich, und trotz all den schwierigen Sachen, die uns passierten ham sie irgendwie doch immer noch möglich gefunden schöne Sachen zu zu (2) Papi in seinem vierten Reich, und äh die Sonntagsausflüge, und (3) dann als ich nicht mehr in die Schule konnte natürlich äh (1) das hab ich denn sehr (1) versäumt, vermißt, ver (S: mhm, vermißt) vermißt

---

lebtem und somit dem Erkenntnisgewinn hinsichtlich eines spezifischen Habitus der Krisenbewältigung keineswegs abträglich ist. Diese Konstellation verweist auf eine grundlegende Problematik von biographischer Erinnerung.

ähm aber auf der anderen Seite hats wars dann möglich für mich denn intensiv Englisch zu zu lernen die ganzen Sachen zu tun, die meine Mutter mir beigebracht hat, das hat sich dann doch ge(lohnt), nich."

In der Migration wurde es für die Familie Levi schwer, die gewohnte Lebensweise wieder aufzunehmen: der Vater erlitt einen „Nervenzusammenbruch" und „konnte ungefähr ein Jahr lang überhaupt nichts", bevor er zweimal durch das Examen fiel, das er benötigte, um seinen Beruf als Mediziner überhaupt wieder aufnehmen zu können.

Insofern war das Familienleben in den USA zunächst weiterhin harten Belastungen ausgesetzt, die schließlich aber bewältigt werden konnten, so dass Georg Levi dennoch positiv resümiert:

„Das das war ganz fantastisch. Also diese Zusammenarbeit von meinen Eltern, das war also was ganz ganz Besonderes, nich. Aber (1) trotzdem hat er jeden Tag Cello geübt. Ähm ging in viel Vorträge, hat schrecklich viel gemalt. Er war ein e enorm beschäftigter äh (1) (1 W. uv.). Der hat immer, viel zu tun hatte, wenn er nicht Medizin tat dann hat er seine Kunst ausgeführt, und zwei, zwei Künste ausgeführt. [Bandwechsel] Ja die die diese künstlerische (1) Bildung von beiden Eltern. Meine Mutter spielt die Laute und hat gesungen. Und äh, so das d d die ganze Atmosphäre zu Hause war immer sehr wunderbar, neh."

Hier fällt insbesondere die als positiv und tragfähig erinnerte Paarbeziehung der Eltern ins Auge, die für Georg Levi von besonderem Wert gewesen zu sein scheint: Die Tatsache, dass er Mutter und Vater als überwiegend positiv aufeinander bezogene Gefährten erleben konnte, die eine gemeinsame, einzigartige ‚Kultur' des Zusammenlebens entwickeln konnten, stellte somit eine sichere Basis für das Aufwachsen Georg Levis dar.

Habitus der Krisenbewältigung I: Amor fati – das Glückskind
Wenngleich an biographischen Knotenpunkten Entscheidungen und Initiativhandlungen entweder von Georg Levi selbst und/oder anderen Personen (in unterschiedlichem Maße) die Wendung der Situationen und die Ausgestaltung der bis dahin als negativ geschlossen imaginierten Zukunft mitbestimmten, ist für ihn selbst dabei immer wieder die Perspektive, bei allem Leid ‚Glück gehabt' zu haben, die dominante. Er ist das Glückskind, für das sich scheinbar ohne eigenes Zutun nahezu jede Situation zum Positiven wendet, das aber, darüber ungläubig erfreut, auch jede Gelegenheit beim Schopfe packt und gestaltet.

Die Kultur, die im Sinne Kegans sowohl Einbindung als auch später Ablösung und Reintegration ermöglichte, ist im Falle dieser Familie geprägt von einer lebendigen, kommunikativen Verwendung (und bezogen auf die Kinder: Bereitstellung) kreativer Ausdrucksformen (in Form von Musik, Malerei, Bildhauerei und anderem mehr), die von den Eltern nicht vorrangig als standesgemäße Hobbies und damit um der gesellschaftlichen Selbstdarstellung willen gepflegt, sondern als zur eigenen Lebenspraxis unbedingt dazugehörige, ja möglicherweise als deren konstitutive Bestandteile verstanden wurden. Es ist somit nicht nur eine als typisch bildungsbürgerlich erscheinende Lebensweise im Sinne eines rein äußerlichen bleibenden Lebensstils, sondern vor allem die Art und Weise der Integration kreativer Ausdrucksformen in den Lebensalltag, die zunächst eine spezifische Vergemeinschaftung, nämlich das über gemeinsame Inhalte Aufeinander-Bezogensein ermöglichte. So fertigte der Vater für Georg und seine Schwester zum Beispiel Handpuppen aus Pappmaché für ihr Kasperletheater – diese Puppen waren Karikaturen nachgebildet, die der Vater während seiner Sprechstunden auf einem Skizzenblock heimlich von seinen Patienten anfertigte (vgl. GJ, 6).

Insbesondere im Falle der von allen Familienangehörigen praktizierten Musik wurde den Kindern innerhalb dieser vergemeinschaftenden Praxis zugleich Individuierung ermöglicht. Im Zuge der Sequenzanalysen entwickelte sich in diesem Zusammenhang für mich der Begriff der Resonanz zu einem angemessenen Terminus, um Möglichkeitsbedingungen für das Entwickeln einer eigenen krisenlösungswirksamen ‚Stimme‘ – und jede Situation gemeinsamer Interpretation eines musikalischen ‚Textes‘ stellt eine Krise des Hervorbringens, Sich-Exponierens, des Sich-Abstimmens und Einfügens dar – symbolisch zu beschreiben.

3.3   Esther Brückner: Objektive Daten

1925 geboren in Berlin
Eltern:

- Mutter: Margot Weiss, *1900 in Breslau, † 1961 in Berlin, Sozialarbeiterin; Tochter eines jüdischen Wissenschaftlers
- Vater: Walter Pelzmann ,*1900 in Berlin, † 1988 ebd., Philosoph, Sohn eines jüdischen Textilkaufmanns,

verheiratet seit 1922; die Mutter arbeitet als Sekretärin einer Frauenrechtlerin, der Vater promoviert und verrichtet Schreibarbeiten in einer Bank. Ab 1923 Privatdozent.
Geschwister: 1 Bruder (Simon), *1924 in Berlin, † 1989 in den USA
Ende 1926   Scheidung der Eltern. Mutter und Kinder ziehen zu den Großeltern Weiss nach Hamburg

1928	Die Mutter beginnt wieder als Sozialarbeiterin zu arbeiten, wird Gewerkschaftsmitglied und unterhält Kontakte zu KPD-Mitgliedern
1933	Entlassung der Mutter aus dem Arbeitsamt wg. ‚jüd. Abstammung'; sie arbeitet als Arbeitsvermittlerin in der jüdischen Gemeinde
April 1934	Esther und ihr Bruder werden nach Holland in ein Quäkerinternat geschickt
1934	Emigration der Großeltern in die USA; Eintritt der Mutter in die KPD
	Verhaftung der Mutter, Verurteilung zu 2 Jahren Zuchthaus wg. ‚Beihilfe zum Hochverrat'
1937	Entlassung der Mutter aus der Haft; Emigration mit den Kindern in die USA (New York City)
1937–39	Besuch einer Internatsschule in der Nähe von New York; die Mutter ist zunächst arbeitslos, arbeitet dann in jüdischen Hilfsorganisationen und ist als Mitarbeiterin einer Exilzeitschrift verstärkt politisch tätig
1939–43	Esther und ihr Bruder ziehen zur Mutter und besuchen die Highschool in New York; Eintritt Esthers i. d. ‚Nature Friends of America', Esther und ihr Bruder leben mit der Mutter und deren neuem Partner, einem kommunistischen Schriftsteller, in einer Dreizimmerwohnung in New York. Alle arbeiten bei der Exilzeitung mit
1943	Hilfsarbeiten in einem Forschungslabor; Stelle als Laborantin an einem Institut für medizinische Forschung
1946	Heirat mit Hans Brückner, Historiker, Kommunist (*1905); zweite Heirat der Mutter mit dem o. g. Schriftsteller; Heirat des Bruders mit einer Amerikanerin
Winter 1946/47	Esther und ihr Mann gehen (per Schiff über die SU) nach Deutschland, in den sowjetisch besetzten Teil Berlins, ebenso wie (einige Monate später) Mutter und Stiefvater
1947	Studium der Biologie an der Humboldt-Universität Berlin, einige Jahre später Wechsel ins Studienfach Chemie; der Ehemann promoviert
1950	Unterbrechung des Studiums, Schilddrüsen-Operation
1952	Geburt des Sohnes Michael, Abbruch des Studiums, später Arbeit in einem physiologisch-chemischen Institut
ca. 1951	Ehemann erhält Professur und universitäre Leitungsposition
1955	Geburt des Sohnes Gert

1961	Tod der Mutter
1970	Emeritierung des Ehemannes
1984	Ausreise des Sohnes Michael aus der DDR
ab 1984	Pflege des demenzerkrankten Ehemannes
1987	Tod des Ehemannes
1988	Tod des Vaters

Zusammenfassung der Interpretation der objektiven Daten
Esther Brückner wurde 1925 in Berlin geboren und wuchs bis zu ihrem neunten Lebensjahr in Hamburg auf. Der Vater war (finanziell mittelloser) Akademiker, die Mutter Sozialarbeiterin; das Herkunftsmilieu kann also als mehr oder minder bildungsbürgerlich bezeichnet werden. Zugleich wuchs Esther Brückner, verglichen mit Gleichaltrigen, als Scheidungskind in – für damalige Verhältnisse – eher unkonventionellen Familienverhältnissen auf. Denn als Tochter einer jüdischen Kommunistin stand sie sowohl in Deutschland als auch später in den USA außerhalb der bürgerlichen ‚Mainstreamkultur'.

Dessen scheinbar noch ungeachtet sind zwei Ereignisse biographisch bedeutsam: die erste Trennung von der Mutter durch die Unterbringung in einem holländischen Quäker-Internat 1934, die insbesondere angesichts der nur kurze Zeit später erfolgenden Verhaftung der Mutter verstörend auf das Mädchen gewirkt haben dürfte. Dies bedeutete also eine Krise in zweierlei Hinsicht. Zum einen eine Überforderung darin, die Familie und das gerade erschlossene (schulische) soziale Umfeld verlassen, durch ein anderes ersetzen und sich darin zurecht finden zu müssen, ohne andererseits die (zumindest in ernsten Krisenfällen bis dahin vermutlich präsente) Mutter hinter sich zu wissen. Die Geschwister hatten nunmehr nur einander, aber der nur ein Jahr ältere Bruder wird Esther hier kaum eine Stütze gewesen sein. Die Gefahr der Regression oder aber der ‚Flucht in vermeintliche Autonomie' ist aus der Bindungsforschung wohlbekannt;[11] somit wird es hinsichtlich der weiteren Entwicklung beider Kinder von großer Bedeutung sein, wie es den Erziehern dort gelang, den Kindern tatsächlich ein vorübergehendes ‚Heim' zu schaffen und sich der kindlichen Sorgen und Ängste anzunehmen.

Zum anderen wird die Verhaftung der Mutter für Esther dann mit Schmerz und Angst verbunden gewesen sein: Ohnehin schon getrennt von ihr, wusste sie weder, ob noch wann sie diese wiedersehen würde. Des Weiteren wird das bisherige Bild von der Mutter erschüttert worden sein, denn diese wurde als Kriminelle verhaftet. Selbst, wenn Esther in etwa gewusst haben sollte, weshalb die Mutter verhaftet wurde und – wovon auszugehen ist – die Erwachsenen ihr bereits eine kritische Perspektive auf den Nationalsozialismus vermittelt haben sollten, wird

---

11 Vgl. zur Situation von heimatlosen Kindern z. B. Freud/Burlingham 1951/1982.

sie in diesem Alter doch Schwierigkeiten gehabt haben, die Lage in ihrer moralischen Komplexität jenseits von Gut (gleich gesetzestreu) und Böse angemessen
zu erfassen.

Das Wiedersehen mit der Mutter drei Jahre später dürfte Esther eine große
emotionale ‚Erleichterung‘ verschafft haben; zugleich werden Befürchtungen, erneut von der Mutter verlassen zu werden, bestehen geblieben sein, und insofern
wird sie vermutlich ängstlich versucht haben, mit ihrer Mutter zusammenzublei-
ben und darüber die Bindung an sie erneuert haben. Die Internatsunterbringung
in den USA bedeutete für Esther Brückner letztlich, dass sie zum zweiten Mal von
der Mutter ‚weggeschickt‘ wurde, so dass sich die Angst vor einer erneuten Trennung als letztlich gerechtfertigt für sie herausstellte.

Die ‚Rückkehr‘ zur Mutter nach New York erfolgte dann im Alter von 14 Jahren, also in einem Alter, in dem Jugendliche üblicherweise beginnen, sich von
den Eltern abzugrenzen und allmählich zu lösen. Dies aber ist nur möglich, wenn
überhaupt eine hinreichend enge und sichere Bindung vorhanden ist. Nach fünf
Jahren fast kontinuierlicher Trennung von der Mutter – von kurzen Besuchen einmal abgesehen – wird Esther ein Zusammenleben mit dieser nicht nur ungewohnt,
sondern schon ‚befremdlich‘ vorgekommen sein. Esther stand also vor dem Problem, sich (noch) gar nicht lösen zu können, da im tagtäglichen Zusammenleben die Überwindung der ‚Entfremdung‘ sowie die Intensivierung und Sicherung
der Bindung im Vordergrund standen. Hinzu kommt: Sie verbrachte ihre Ado-
leszenzzeit in einem politisch relativ geschlossenen Milieu und orientierte sich
in der Entwicklung einer politischen Haltung – darauf weisen ihre Mitgliedschaft
bei den ‚Nature Friends of America‘ wie auch ihre Mitarbeit bei der Exilzeitschrift
hin – stark an der Mutter; eine moratoriumsgemäße Exploration von Alternativen
erfolgte offenbar nicht.

Insofern stellt sich die Frage, inwiefern sie in der Lage gewesen sein wird, diesbezüglich einen autonomen, reflexiven Standpunkt sowie einen eigenen Lebensentwurf zu entwickeln.

Ein lebensgeschichtlich außerordentlich folgenreiches Datum ist dann das der
Heirat 1946. Esther Brückner heiratete mit gerade einmal 21 Jahren einen Mann,
der nicht ihrer Generation, sondern der ihrer Mutter angehörte, ebenfalls Kom-
munist war und beabsichtigte, nach Deutschland zurückzukehren. Diese Heirat
nun als Ausdruck einer fehlenden Vaterbindung zu interpretieren, wäre m. E. zu
kurz gegriffen, denn Esther Brückner wusste sicher, dass die Mutter wie die übrigen Personen aus dem Kreis der Exilzeitungsmitarbeiter eine Rückkehr nach
Deutschland anstrebte, um den Aufbau eines neuen, sozialistischen bzw. kommunistischen Staates mitzugestalten. Wäre Esther Brückner in den USA geblieben,
so wäre sie ein drittes Mal von der Mutter getrennt worden und hätte sich allein,
außerhalb des vertrauten Exilantenmilieus ein neues und eigenes Leben aufbauen

müssen. Die Heirat eröffnete ihr gleich zwei, letztlich aber unvereinbare Möglichkeiten, nämlich, sich erstens über eine eigene Ehe und damit als erwachsene Frau
vermeintlich von der Mutter zu lösen und zugleich zweitens bei der Mutter bleiben zu können bzw. den Zusammenhalt der Familie nicht zu gefährden.

Es zeigt sich, dass die Kernaufgabe der Adoleszenz, die (erstmalige, aber nicht
abschließende) Auseinandersetzung mit den identitätszentrierten Fragen ‚woher
komme ich?‘, ‚wer bin ich?‘ und ‚wohin gehe ich?‘ von Esther Brückner offenbar
sehr schnell im Sinne eines ‚foreclosure‘ (Marcia 1989) abgeschlossen wurde. Besonders deutlich kristallisiert sich dieses Strukturmerkmal heraus, wenn man die
von Erikson (1959/1973) ebenso wie von Oevermann (1995) diesbezüglich formulierten drei zentralen (Bewährungs-)Dimensionen berücksichtigt, zu denen jeder
Mensch erstmals in der Adoleszenz Stellung zu beziehen hat:

1) Paarbeziehung und Elternschaft,
2) Beruf bzw. Karriere in Form individueller Leistung und
3) Staatsbürgerschaft bzw. Gemeinwohlorientierung

Im ersten und im dritten Punkt trifft Esther Brückner eine definitive Wahl, geknüpft an die Orientierung an der politischen Haltung bzw. an den Zukunftsent-
wurf der Mutter. Die Bewährung über den Beruf aber, über den Bereich also, in
dem die Exploration der individuellen Fähigkeiten und Leistungen zentral ist, ist
der einzige Bereich, in dem zwar eigene Interessen sich herauskristallisieren, diese
werden aber gerade nicht an die erste Stelle gesetzt und konsequent verfolgt. So
hat Esther zwar ‚jobs‘ als Laborantin, sie absolviert aber keine Berufsausbildung
– das Geldverdienen, die materielle Unabhängigkeit, steht im Vordergrund, nicht
das Suchen und Finden einer Berufung.

Emigrationsbedingte Trennungserfahrungen in der Kindheit scheinen in diesem Fall zu heteronomer Beziehungsgestaltung zu führen: Es erfolgt eine Unterordnung unter das Primat der Beziehung und dies zieht unter Umständen eine
Selbstdefinition über andere und deren Wirken nach sich. Die objektiven Daten
lassen also zunächst eine Konstruktion der eigenen Biographie als Beziehungsbio-
graphie erwarten, die sicherlich auch kompensatorische Funktion haben dürfte.
Umgekehrt ließe sich formulieren: In dem von Esther Brückner entwickelten Bewährungsmythos von Paarbeziehung und Mutterschaft wird der Versuch deutlich,
sich genau auf diesem Feld vom Lebensentwurf der Mutter abgrenzen und etwas
realisieren zu können, was ihr selbst versagt geblieben ist, nämlich eine hinreichend haltgebende Mutter-Kind-Beziehung.[12]

---

12 Inwiefern damit eigene Individuierungsprobleme wiederum an die nächste Generation ‚wei-
    tergegeben‘ werden, ist eine Frage, die ich hier nicht mehr behandeln kann.

3.4 Esther Brückner: Familienleben und -kultur

Eingangs muss vorangeschickt werden, dass im Gegensatz zu Georg Levis Erzählung im Interview mit Esther Brückner auffälligerweise so gut wie keine selbstläufigen Passagen existieren, die das Familienleben vor oder nach der Emigration, gemeinsame Praktiken, Auseinandersetzungen oder ähnliches thematisieren. Ausgewählt wird daher eine Passage, in der die Beziehung zur Mutter und das eigene Selbstbild thematisiert werden sowie eine weitere, in der Esther Brückner Bilanz angesichts ihrer Rückkehr nach Deutschland zieht.

> „Also ich hab den Eindruck, meine Mutter hat mehr drunter jelitten, dass se ihre Kinder nicht sehen durfte, na und nu vor allen Dingen einjesperrt so, nicht? Als wir da und dass sie/obwohl es kann natürlich sein, dadurch dass ich in diesem Heim und in Amerika wieder in nem Heim war, insjesamt war ich von 34 bis 37 in dem Heim in Holland und von 37 bis 39 also insgesamt fünf Jahre, doch sehr <u>wichtige Jahre</u>, äh äh in Heimen, es <u>kann</u> sein dass dat meine Beziehung zu meiner Mutter so n bisschen jelockert hat (I: mhm). Denn <u>soo</u> eng waren wir nie und sie war auch immer <u>so</u> mit ihrem Beruf, und sie hat dann auch noch studiert, hab ich ganz vergessen zu erzählen (I: mhm). Sie hat äh hat dann noch studiert, also en äh <u>nach</u> der Arbeit, da war se schon in den Fünfzijern, hat ihr Diplom so, glaube war se sechzig oder so, hat a/und dann hat se noch für Sepp getippt und dann hatte se noch allerhand hohe Funktionen im deu/demokratischen Frauenbund, die hat sich halb <u>tot</u> jemacht, und bei jedem <u>Arbeitseinsatz</u> war se dabei, also eigentlich müssten Se mehr über meine Mutter – schreiben, det se/lohnt sich mehr als über mich. Die war auch erfolgreicher und und und mutiger und alles."

Auffällig ist hier, dass Esther Brückner manifest das Leid der Mutter angesichts der Trennung als höher einschätzt als das eigene und das des Bruders. Mit der unvollendeten Einlassung „als wir da und dass sie/" wird sodann ein Konflikt deutlich, nämlich ein Ringen darum, das eigene Leid *und* das der Mutter darstellen zu wollen, dem eigenen aber scheinbar keine höhere Dringlichkeit einräumen zu dürfen. Es scheint, als ob sie sich zu keiner vollständigen Aussage durchringen könne: Weder will sie über die eigene Befindlichkeit als Kind nach der Trennung von der Mutter sprechen, noch will sie über deren Probleme weiter berichten. Sie befindet sich in einem Dilemma, in dem sie nicht weiß, welcher Perspektive nun der zumindest sequentielle Vorzug gegeben werden ‚darf', ohne die jeweils andere dabei zu kurz kommen zu lassen. Diese Schwierigkeiten auf der Darstellungsebene können dann als Hinweis auf Schwierigkeiten auf der Ebene des Erlebens und der Verarbeitung dieses Erlebens gedeutet werden: Esther Brückner hadert nicht nur mit der Frage, wessen Leid ‚schwerer wiegt', sondern ringt damit zugleich um die berechtigte Einnahme einer eigenen Perspektive. Dieses Hadern setzt sich in anderer Form fort, wenn sie im Anschluss sehr distanziert und um Theoretisierung bemüht, die eigene Situation als Kind darzustellen versucht. Es scheint, als ob ihr die eigene Position der Wahrnehmung geradezu verloren gegangen ist. Zumindest zweifelt sie so weit an der Erinnerung, dass ihr nur die theoretische Rekonstruktion des Erlebens möglich erscheint, an deren Ende die Aussage steht, „nie" ein enges Verhältnis zur Mutter gehabt zu haben. Der zweite Aspekt, der in dieser Passage aufscheint, die Idealisierung der Mutter als ‚Arbeitstier', steht in direktem Zusammenhang damit, denn sie zeigt und bestätigt nochmals die oben herausgearbeitete Beziehungsstruktur zwischen Esther Brückner und ihrer Mutter. In der Aufzählung der Aktivitäten der Mutter und der Aufforderung, dieses Leben durch eine Veröffentlichung zu würdigen, kommt Bewunderung für die Mutter zum Ausdruck, dahinter aber auch Enttäuschung, Ärger und Unverständnis – die Mutter hat für all das viel zu viel Energie aufgewendet und ist nicht mehr zum ‚Leben' (mit den Kindern) gekommen. Verglichen mit dem Leben der Mutter hält Frau Brückner das eigene nicht für betrachtenswert; sie ist dem großen mütterlichen Vorbild in jeder Hinsicht unterlegen („und alles"). Dies macht umso deutlicher, dass sie in ihrer Entwicklung so stark an der Mutter orientiert blieb, dass sie offenbar keinen eigenen, gegenüber dem der Mutter als gleichwertig betrachteten Lebensentwurf für sich entwickeln konnte.

Sich mit anderen ehemaligen NS-Verfolgten vergleichend, bilanziert Esther Brückner später:

> „Ich war in keinem Konzentrationslager, ich wurde äh nich misshandelt, oder oder so etwas, ja, aber ich würde sagen, n bisschen, die Seele hat doch n bisschen gelitten, indem ich so kein richtiges Heimatland habe. (I: mhm) Das is mir im Laufe der Jahrzehnte erst – bewusst jeworden, ja? Ich bin weder richtije Amerikanerin noch richtije Deutsche (I: mhm). Also ich fühl mich immer noch fremd hier. Zum Beispiel wenn ich so im Krankenhaus bin, ich mach immer allet anders als die Leute, ja? Äh äh irjendwie hab ich mir dann nich lang genuch die Zähne jeputzt wie die – Nachbarin meint, wie ich müsste oder äh, oder äh oder ich gehe äh-äh-äh im Bademantel auf n Flur, und ‚nee, dat macht man nich, man muss sich richtig anziehen' & irjendwat mach ich immer – falsch."

Angesichts der Tatsache, dass Millionen Menschen von den Nationalsozialisten auf das Schwerste misshandelt und ermordet wurden, empfindet Esther Brückner offenbar große Schwierigkeiten, das eigene Leid als ‚schlimm genug' bzw. als Leid überhaupt anzuerkennen. Es zeigt sich damit ein Problem, das von Holocaust-Überlebenden sowohl der ersten als auch der zweiten Generation häufig thematisiert wird, nämlich ein diffuses Gefühl der Schuld angesichts des eigenen Überlebens gegenüber den Ermordeten.

Dies ist möglicherweise auch der Grund dafür, dass Esther Brückner hier nun ihr eigenes Leid sehr vorsichtig und distanziert im Konjunktiv thematisiert: Nicht sie hat gelitten, sondern „die Seele", die distanziert wie ein lokalisierbares Organ behandelt wird und überdies auch keinen ernsthaften Schaden genommen hat. Die Empfindung der Heimatlosigkeit wird relativiert: Frau Brückner wird sich demnach durchaus an einem Ort zu Hause fühlen können, dürfte aber Schwierigkeiten haben, *eines* der Länder, in denen sie gelebt hat bzw. das Land, in dem sie heute lebt, wirklich als ihre Heimat zu begreifen.

Auffällig ist hier die grammatikalisch inkorrekte Verwendung der Konjunktion ‚indem', die dazu dient, zeitgleich ablaufende Handlungen bzw. Prozesse nach Mittel und Zweck zu differenzieren (vgl. Weinrich 2003: 755). Korrekt wäre die folgende Konstruktion gewesen: ‚… die Seele hat doch n bisschen gelitten, insofern, als ich so kein richtiges Heimatland habe'.

In diesem Falle hätte Esther Brückner eindeutig aus der heute empfundenen Heimatlosigkeit frühere psychische Beeinträchtigungen abgeleitet, aber den primären Schmerz in die Sphäre der Vergangenheit verwiesen.

Faktisch liegt allerdings folgende Sinnkonstruktion vor: ‚Indem ich feststelle, dass ich keine richtige Heimat habe, muss ich auch folgernd feststellen, dass die Seele doch etwas gelitten hat'.

Daran wird deutlich, dass das frühere Leid und das heutige Gefühl der Heimatlosigkeit zwar ebenfalls, wie oben skizziert, in einen kausalen Zusammenhang gebracht werden, diese Kausalität aber wird geradezu dekonstruktivistisch umgekehrt. Darin zeigt sich erneut eine ‚psychische Entfremdung', ein mangelnder Zugang zu den eigenen Gefühlen, die vom Erleben so abgespalten zu sein scheinen, dass über das eigene (frühere und aktuelle) Empfinden und seine biographische Kontextualisierung nur Mutmaßungen angestellt werden können – wie bei der ärztlichen Diagnose werden anhand eines Symptombefunds Rückschlüsse auf die zugrunde liegende Krankheit und ihre potentiellen Ursachen gezogen.

Frau Brückner macht das Gefühl von Heimatlosigkeit daran fest, dass sie heute für sich keinen eindeutigen Status nationaler bzw. kultureller Zugehörigkeit reklamieren kann. Sie ist weder Amerikanerin noch Deutsche, weil sie in keinem der beiden Länder ‚vollständig aufgewachsen' ist:

Es zeigt sich ein Dilemma, das für Menschen, die in unterschiedlichen Kulturen aufgewachsen sind, geradezu typisch ist: Im Falle der Frage nach ihrer nationalen bzw. kulturellen Identität ist eine eindeutige Antwort meistens nicht möglich, häufig werden Bindestrich-Nationalitäten konstruiert (z. B. ‚Deutsch-Türkin').

Fraglich ist nun, was eine ‚richtige' Amerikanerin oder Deutsche auszeichnet: Für eine solche Definition ist offenbar die bloße (mehr oder weniger lange Verweildauer) im entsprechenden Land ebenso wenig ausreichend wie die eigene Perspektive und Verortung, denn dass Frau Brückner hier von ,Richtigkeit' spricht, verweist darauf, dass die nationale und kulturelle Zugehörigkeit von sozial definierten normativ gesetzten Merkmalen abhängt, die folglich hinsichtlich der Erfüllung bestimmter Normen auch von anderen überprüfbar sind.

Damit wird deutlich, dass die Befragte hier nicht vorrangig Empfindungen thematisiert, sondern Bündel zuschreibbarer, als ,typisch' angesehener Eigenschaften, die die Nationalität einer Person offenbar zweifelsfrei ausweisen können: Die Rede ist hier schließlich von einem Status („ich bin"), und nicht so sehr von dem Gefühl nationaler Zugehörigkeit.

Hinsichtlich der Identitätsformation zeichnet sich eine Konstruktion ab, in der das Ringen um die Berechtigung und Adäquatheit der Selbstdefinition im Kontrast zu Fremddefinitionen und somit um ein relatives Gleichgewicht zwischen Anpassung und Differenz, zwischen Subsumption unter fremde Maßstäbe und Beibehaltung der eigenen Perspektive als zentraler Konflikt aufscheint. Angestrebt wird eine eindeutige, sozial zweifelsfrei feststellbare Zugehörigkeit zu einer Gemeinschaft qua Erfüllung stereotyper Eigenschaftsdefinitionen, die allerdings nicht möglich erscheint und somit eine Leerstelle in der eigenen Identitätskonstruktion lässt, so dass das Selbstbild als ,Mängelwesen' sich (scheinbar zwangsläufig) nur über Negation konstituieren kann.

Dass Esther Brückner sich ihr eigenes Leiden an Emigration und Remigration nur indirekt und retrospektiv erschließen kann aus der Schwierigkeit, sich nirgendwo eindeutig zuordnen zu können, zeugt von emotionaler Selbstentfremdung. Die Identitätskonstruktion als einzigartige Person, die sich auch in ihrem Leid nicht unter bestehende Kategorien subsumieren lässt, erfolgt über die Abarbeitung an solchen Stereotypen, an dem, was sozial als ,richtig' und objektiv feststellbar gilt. Paradoxer- und tragischerweise wird aber der Wunsch, sich authentisch wahrnehmen und darstellen zu können, gerade durch diese starke Orientierung an vermuteten Normvorstellungen (nämlich z.B., nur dann Leid empfinden und dies auch äußern zu dürfen, wenn entsprechende Kriterien objektiv erfüllt sind) verunmöglicht.

Dass die ,Andersartigkeit' gerade am Beispiel des Aufenthalts im Krankenhaus belegt wird, in dem spezifische, institutionell definierte Regeln einzuhalten sind, macht deutlich, dass das Problem des ,Fremdseins' nicht so sehr auf der Ebene von Nationalität und kulturspezifischen Gewohnheiten liegt, sondern, dass es ganz allgemein um die Auseinandersetzung mit Normen und Erwartungen anderer einerseits und den eigenen Ansprüchen andererseits geht. In der Behauptung, „immer alles anders" zu machen als die (und damit: alle!) „Leute" wird die größtmögliche Differenzmarkierung vorgenommen und absolute Einmaligkeit konstruiert.

Der Konflikt ‚Abweichung vs. Anpassung' schält sich schließlich noch deutlicher heraus: Es geht nicht darum, dass Esther Brückner sich durch ‚kulturell be-
dingte' Andersartigkeit auszeichnet, sondern sie hat Schwierigkeiten mit Situationen, in denen sie unangenehm auffällt und sich als ‚nicht richtig' in den Augen
anderer erlebt.

Dieses grundlegendere Identitätsproblem[13] wird subsumiert unter das Problem der nationalen Identität: Denn Frau Brückners Argumentation zufolge
müsste nun angenommen werden können, dass es ‚typisch' amerikanisch sei, sich
nur flüchtig die Zähne zu putzen oder im Morgenmantel über den Krankenhaus-
flur zu spazieren. Abgesehen davon, dass es in Deutschland eine durchaus verbreitete Sitte ist, im Bademantel oder Jogginganzug selbst über das Klinikgelände
zu flanieren: Es wird deutlich, dass Frau Brückner ihre Unangepasstheit bzw. ihr
‚Fehlverhalten' kausal in Beziehung setzt zur emigrationsbedingten Tatsache, in
zwei Kulturen aufgewachsen zu sein.

Die Identitätsproblematik ist tatsächlich an die Erfahrung der Emigration gebunden, dass diese aber primär in Bezug zu der Erfahrung des Kindes steht, von
emotional bedeutsamen, nahe stehenden Personen abhängig zu sein, und diese
Beziehungen nur durch heteronome ‚Unterordnung' aufrechterhalten zu können,
wird ausgeblendet. Der Kernkonflikt, der hier manifest als Problem mangelnder
kultureller Anpassung erscheint, erweist sich als latent schwelendes Problem von
Bindungsstreben einerseits und autonomer Entscheidungsfindung und -vertre-
tung andererseits.

Habitus der Krisenbewältigung II: Lebenslänglich Emigrantin
Am Fall Esther Brückners wird deutlich, wie eine soziale Außenseiterposition und
fragile familiale Bindungen in der Kindheit ‚Anpassungsdruck' erzeugen. Die Perspektive auf das Selbst und das eigene Leben entwickelt sich vor allem über die
Abarbeitung an einem Typus (‚Emigrantin') und an der Frage ‚wer/wie bin ich
(nicht)'. Als habituelles Muster der Krisenbewältigung zeigt sich eine Selbststilisierung als nicht nur anders, sondern als vollkommen ‚untypisch' bzw. eine Konstruktion des Selbst als ‚nicht-wie-die-anderen', womit ein krisenhaftes Ringen
um eine klar definierte Identität einhergeht. Im Kampf um ein konturiertes, autonomes Selbst erfolgt eine starke, heteronome Auseinandersetzung mit Erwartungen, Zuschreibungen und Normen anderer.

Der Kernkonflikt dieses Typus stellt sich wie folgt dar: Die im Zuge der Identitätsentwicklung sich stellende Aufgabe, einen Entwurf auszubilden, der ein Ge-

---

13 Vgl. dazu Eriksons Konzeption von Ich-Identität als das Gefühl, sich selbst als so einheitlich
    und kontinuierlich erleben zu können wie man in den Augen anderer erscheint (1959/1973:
    107).

fühl von Einzigartigkeit ebenso wie von Zugehörigkeit (so zu sein, wie alle anderen) ermöglicht, muss unter erschwerten Bedingungen, weil von vornherein unter dem Zeichen der Andersartigkeit stehend, bewältigt werden. Dies führt zu einem Krisenbewältigungshabitus der Selbststilisierung als ‚untypisch', dessen Verheißung darin zu liegen scheint, dass eine befürchtete positive oder negative ‚Determination' und Vereinnahmung durch Fremdtypisierung (‚ich sage dir, wie du wirklich bist') putativ über die selbstbewusste Markierung von Differenz abgewehrt werden kann. Zugleich wird diese Differenz immer wieder als Problem – und damit auch der Wunsch nach positiver Identifikation und Zugehörigkeit – artikuliert. Die Bezeichnung dieses Typus' als ‚lebenslängliche Emigrantin' bringt nicht nur den Aspekt der Fortsetzung eines Emigrantendaseins über den Rückzug in ‚innere Emigration' zum Ausdruck, sondern auch den einer damit einhergehenden dauerhaften Selbstbeschränkung, die also, zugespitzt formuliert, einer selbst vorgenommenen Inhaftierung gleichkommt.

Der im Falle Esther Brückners entwickelte Bewährungsmythos von Paarbeziehung und Mutterschaft bringt den Versuch zum Ausdruck, durch ‚Ausweichen' auf das Feld der Generativität etwas realisieren zu können, was ihr selbst versagt geblieben ist, nämlich eine hinreichend haltgebende Mutter-Kind-Beziehung.[14]

Es konnte herausgearbeitet werden, wie eher mangelhafte Bindungs- und damit auch Ablösungsmöglichkeiten, die Erfahrung der Emigration und die ängstlich-bindungsorientierte Entscheidung zur Remigration individuierungshemmend zusammenwirken, was sich besonders deutlich daran zeigt, dass Frau Brückner, am Modell der Mutter orientiert und nahezu zeitgleich zu deren zweiter Eheschließung mit einem kommunistischen Schriftsteller, einen 20 Jahre älteren Kommunisten heiratete, um dann quasi im Familienverband nach Deutschland zu remigrieren.

Die frühzeitig an sie gestellte Anforderung, selbständig zu werden, erwies sich faktisch als Überforderung, wird aber von ihr als solche nicht ‚gesehen', sondern als – tendenziell überstrapazierte – Stütze der Selbstkonstruktion präsentiert: Die Entwicklung eines Habitus der Krisenbewältigung in Form einer Selbststilisierung als autonomes, geradezu autarkes Subjekt, ist somit ein Versuch der Stillstellung kehrseitiger Gefühle, genauer: der Tilgung von Erinnerungen an Gefühle der Bedürftigkeit, Verlassenheit und Verletztheit. ‚Lebenslänglich Emigrantin' heißt dann nicht nur auf Dauer gestellte Fremdheit im Umgang mit anderen, sondern auch sich selbst gegenüber.

---

14 Inwiefern damit eigene Individuierungsprobleme wiederum an die nächste Generation ‚weitergegeben' werden, ist eine Frage, die ich hier nicht mehr behandeln möchte.

Literaturverzeichnis

Erikson, Erik H. (1959/1973): Identität und Lebenszyklus. Frankfurt a. M.: Suhrkamp

Flitner, Andreas (1982): Konrad, sprach die Frau Mama. Berlin: Siedler

Freud, Anna/Burlingham, Dorothy (1951/1982): Heimatlose Kinder. Zur Anwendung psychoanalytischen Wissens auf die Kindererziehung. Frankfurt a. M.: Fischer

Fritz Bauer Institut (Hrsg.) (2003): Im Labyrinth der Schuld. Jahrbuch 2003 zur Geschichte und Wirkung des Holocaust. Frankfurt a. M./New York: Campus

Garz, Detlef (2005): ‚Mein Leben in Deutschland vor und nach dem 30. Januar 1933'. Das wissenschaftliche Preisausschreiben der Harvard Universität und seine in die USA emigrierten Teilnehmerinnen und Teilnehmer aus den Gebieten der Literatur. In: Spalek et. al. (2005): 305–333

Garz, Detlef/Lee, Hyo-Seon (2003): ‚Mein Leben in Deutschland vor und nach dem 30. Januar 1933'. In: Fritz Bauer Institut (2003): 333–357

Geulen, Dieter/Veith, Herrmann (Hrsg.) (2004): Sozialisationstheorie interdisziplinär. Stuttgart: Lucius & Lucius

Kegan, Robert (1994³): Die Entwicklungsstufen des Selbst. Fortschritte und Krisen im menschlichen Leben. München: Kindt

Kirsch, Sandra (2010): Emigration als Herausforderung. Eine Studie zu Einbindungs- und Ablösungsprozessen von aus dem nationalsozialistischen Deutschland emigrierten Kindern und Jugendlichen. Frankfurt a. M.: Humanities Online

Laqueur, Walter (2000): Geboren in Deutschland. Der Exodus der jüdischen Jugend nach 1933. Berlin/München: Propyläen

Luszcz, M. A./Nettelbeck, T. (ed.) (1989): Psychological Development: Perspectives Across the Life-Span. North Holland: Elsevier Science Publishers B. V. 1989

Marcia, James E. (1989): Identity Diffusion Differentiated. In: Luszcz/Nettelbeck (1989): 289–294

Oevermann, Ulrich (1995): Ein Modell der Struktur von Religiosität. Zugleich ein Strukturmodell von Lebenspraxis und von sozialer Zeit. In: Wohlrab-Sahr (1995): 27–102

Oevermann, Ulrich: Sozialisation als Prozeß der Krisenbewältigung. In: Geulen/Veith (2004): 155–181

Spalek, J. M./Feilchenfeldt, K./Hawrylchak, S. H. (Hrsg.) (2005): Deutschsprachige Exilliteratur seit 1933. Band 3; USA. Bern u. a.: Saur Verlag

Wagner, Hans-Josef (2004): Krise und Sozialisation. Strukturale Sozialisationstheorie II. Frankfurt a. M.: Humanities Online

Wohlrab-Sahr, Monika (Hrsg.) (1995): Biographie und Religion. Zwischen Ritual und Selbstsuche. Frankfurt a. M./New York: Campus

,Modernizing Mom'? Der Einfluss von Expertendiskursen und Werbung auf die Familienwerte in den USA des 20. Jahrhunderts

Isabel Heinemann

1 Einleitung

In meinem Beitrag analysiere ich Vorstellungen von Mutterschaft und Mutterrolle *(concepts of motherhood)* als eine Facette des Diskurses über Familienwerte in den USA des 20. Jahrhunderts. Am Beispiel von Expertendiskursen und der Darstellung von Müttern in der Werbung möchte ich zeigen, wie sich Familienwerte in Auseinandersetzung mit sozialen Wandlungsprozessen veränderten. Unter Familienwerten *(family values, family ideal)* verstehe ich dabei die mehrheitliche Vorstellung davon, was Familie idealerweise sein sollte und was nicht. Mein Artikel gliedert sich in vier Abschnitte: Erstens die Neuaushandlung des weiblichen Status in Familie und Gesellschaft in der *Progressive Era*, zweitens die Frage nach dem Einfluss eugenischer Mutterkonzepte in den 1920er und 1930er Jahren, drittens die Debatte um Frauenarbeit und Häuslichkeit in den 1940er und 1950er Jahren und abschließend die Diskussion um Psyche und Reproduktion der berufstätigen Frau in den 1950er bis 1970er Jahren.[1]

---

1   Eine ausführliche Fassung dieses Beitrags ist erschienen in der Zeitschrift Zeithistorische Forschungen (vgl. Heinemann 2011). Der Artikel entstand im Rahmen der Emmy Noether Nachwuchsgruppe „Familienwerte im gesellschaftlichen Wandel: Die US-amerikanische Familie im 20. Jahrhundert" – ich danke der Deutschen Forschungsgemeinschaft für die großzügige Förderung meiner Forschungen.

2   Fragestellung: Familienwerte als Sonde zur Analyse gesellschaftlicher Wandlungsprozesse in den USA

Will man verstehen, wie sich der Normen- und Wertehaushalt westlicher Gesellschaften im 20. Jahrhundert entwickelte, welche Folgen die Durchsetzung der Moderne zeitigte mit ihren Prozessen von Industrialisierung, Urbanisierung, Mobilisierung, Neuaushandlung der Geschlechterrollen, Pluralisierung der Lebensformen und einer generellen Beschleunigungserfahrung in allen Lebensbereichen, so ist es sinnvoll, nicht nur nach punktuellen Umbrüchen zu fragen, sondern vor allem nach längerfristigen Wandlungsprozessen. Obwohl die Studien zur Moderne, zu modernen westlichen Gesellschaften und in letzter Zeit auch zum Phänomen des Wertewandels zahlreich sind, wurden Veränderungen von Familienwerten bislang kaum untersucht (vgl. Raphael 2012a; Dipper 2010; Rödder 2004; Eisenstadt 2000; Klages 1984; Inglehart 1977).[2] Wenn die Neuaushandlung von Geschlechterrollen oder auch die Veränderung von Familienstrukturen thematisiert wurde, dann vor allem unter dem Blickwinkel einer vermeintlichen Krise der Familie *(family decline)* oder aber als Resultat des Feminismus oder der Homosexuellenbewegung (vgl. Lasch 1977; Popenoe 1988; Stacey 1996). Was völlig fehlt, ist indes die Frage nach dem Zusammenhang von sozialen Wandlungsprozessen und einem Wandel von Familienwerten und Geschlechterrollen.[3] Hier setzt unser Münsteraner Forschungsprojekt „Familienwerte im gesellschaftlichen Wandel: Die US-amerikanische Familie im 20. Jahrhundert" an. In einer Langzeitperspektive fragen wir nach der Veränderung von Familienwerten in den USA im Zeitraum von 1890 bis zum Beginn der 1990er Jahre. Unser Ziel dabei ist, herauszufinden, inwiefern die Veränderung von Familienwerten und Geschlechterrollen Rückschlüsse auf die Wahrnehmung und Auswirkungen sozialer Wandlungsprozesse im 20. Jahrhundert erlaubt. Untersuchungsgegenstand sind dabei öffentliche Debatten und Expertendiskurse, die um die idealisierte *white middle class nuclear family* und vermeintliche Abweichungen (Minderheiten-, Migranten-, Arbeiterfamilien) kreisen sowie die mediale Generierung von Familienwerten (vgl. Popenoe 1988; Lasch 1977).

Die Zentralität des Untersuchungsgegenstandes Familie für eine Studie über gesellschaftlichen und normativen Wandel ergibt sich aus zwei Faktoren: Erstens war die Familie während des gesamten 20. Jahrhunderts stets als wichtigste Mikroeinheit der Gesellschaft nach dem Individuum akzeptiert. Öffentliche Debatten um die Familie, ihre Strukturen und ihre Werte unterstreichen stets deren

---

2   Erfreuliche Ausnahmen dagegen bei Hodenberg 2011; Dietz/Neumaier 2012.
3   Wichtig in diesem Zusammenhang sind die Pionierarbeiten von Coontz 1995 und Zaretzky 2007.

Bedeutung für die Gesellschaft. Zweitens entfaltete das Familienideal der weißen *middle class* im 20. Jahrhundert eine prägende Wirkung für alle US-Amerikaner/ innen. Es diente als Projektionsfläche von Integrations- und Aufstiegshoffnungen, inspirierte aber auch Diversifizierungs- und Abgrenzungsstrategien.[4]

In der historischen Literatur ist eine starke Fixierung auf die Nachkriegszeit, insbesondere die 1950er Jahre mit Babyboom, neuer Häuslichkeit und dem vermeintlichen *Golden Age of the family* zu beobachten. Diese Begrenzung führt meist zu einer Reduktion auf das Interpretationsmodell der *isolated white middle class nuclear family* (vgl. Parsons 1955), welches sowohl die Werte als auch die Lebensformen ethnischer Minderheiten sowie abweichende soziale Realitäten (alleinerziehende, arbeitende Mütter, Patchwork-Familien, Homosexuelle) dezidiert ausblendet (vgl. Parsons/Bales 1955; Parsons 1971). Daher plädieren wir für den breiteren historischen Zugriff der Längsschnittuntersuchung, wie ich es Ihnen hier am Beispiel der öffentlichen Debatten und Expertendiskurse um Frauenarbeit und Mutterschaft vorstellen will.[5] Besondere Bedeutung kam darin den Äußerungen von Sozialexperten zu, welche nicht nur als Befürworter oder Kritiker des sozialen Wandels der Frauen- und Mutterrollen wirkten, sondern gewissermaßen als Seismographen der damit verbundenen normativen Aushandlungsprozesse, an denen sie zugleich selbst beteiligt waren. Dabei ging es den überwiegend männlichen Experten in den allermeisten Fällen darum, das Mutter-/Familienideal der weißen *middle class* zu propagieren sowie andere soziale oder ethnische Gruppen (insbesondere afro-amerikanische und mexikanisch-stämmige Familien, aber auch Familien aus der *working class* oder Familien mit homosexuellen Partnern) zur Akzeptanz und praktischen Umsetzung dieser Werte zu motivieren (vgl. Solinger 2001; Sanchez 1997). Folglich ist es sinnvoll, die Kategorien *race, class and gender* als zentrale Untersuchungsachsen zu berücksichtigen. Unter ‚(Sozial)Ex-

---

4   Emmy Noether Nachwuchsgruppe „Familienwerte im gesellschaftlichen Wandel: Die US-amerikanische Familie im 20. Jahrhundert" am Historischen Seminar der Universität Münster; http://www.uni-muenster.de/Geschichte/hist-sem/NwG-ZG. Folgende Teilprojekte werden bearbeitet: Isabel Heinemann: Familienwerte im gesellschaftlichen Wandel: Öffentliche Debatten über Ehescheidung, Frauenarbeit und Reproduktion in den USA des 20. Jahrhunderts. Anne Overbeck: Mothering the Race: Eugenics and the Discourse on Reproductive Rights of African-American Women in the 20th Century. Claudia Roesch: Familia, Machismo, Compagdrazgo: Sozialexperten, Aktivisten und mexikanische Einwandererfamilien in den USA, 1920–1970. Andre Dechert: Cultures of Fatherhood between Tradition and Change: US-American TV Series in den 1980s. Jana Hoffmann: Familienwerte im amerikanischen Mainline-Protestantismus, 1950–1980.

5   An dieser Stelle kann keine erschöpfende Berücksichtigung divergierender *concepts of fatherhood* geleistet werden, wiewohl sie bei Debatten über Familienwerte immer mitgedacht werden müssen. Zum Einstieg in die Fülle der Forschungsliteratur zu Vaterschaft und Männlichkeit in den USA vgl. insbes. die Arbeiten von Connell 1995, Kimmel 2006 und LaRossa 1997.

perten' verstehe ich in Anlehnung an Lutz Raphael Wissenschaftler und Akademiker, die sich nicht nur theoretisch artikulierten, sondern auch praktisch an der Gestaltung der Gesellschaft mitwirkten (vgl. Raphael 1998).

Die Grundthese meines Beitrags ist, dass sich die Mutterkonzepte und Geschlechterrollen im Untersuchungszeitraum von 1890 bis 1970 fundamental wandelten, dieser Wandel zugleich immer mit Forderungen nach Rückkehr zu vermeintlich traditionellen Werten konfrontiert wurde. In welchen Etappen dies verlief und welche Rückschlüsse dieser ambivalente Aushandlungsprozess auf die Wahrnehmung und Auswirkungen sozialer Wandlungsprozesse im 20. Jahrhundert zulässt, möchte ich im Folgenden herausarbeiten. Expertendiskurse und öffentliche Debatten über Familienwerte und Gendernormen wurden insbesondere in den Medien und in wissenschaftlichen Publikationen geführt, fanden aber auch ihren Widerhall in der Bildwerbung von Zeitungen und Zeitschriften. Meine Quellen sind folglich die überregionale Tages- und Wochenpresse (insbesondere *New York Times, Washington Post*), Frauenmagazine (insbesondere *Good Housekeeping, Ladies' Homes Journal* mit einem speziellen Fokus auf den dort geschalteten großformatigen Werbeanzeigen), wissenschaftliche Publikationen von Sozialwissenschaftlern und populäre Ratgeber zu den Feldern Ehe und Kindererziehung.

3 ,New women or good mothers'? Die Neuaushandlung des weiblichen Status in Familie und Gesellschaft (1890–1920)

Zwischen der letzten Dekade des 19. Jahrhunderts und dem Jahr 1920 wurde in den USA die Frage nach der adäquaten Rolle der Frau in Familie und Beruf sowie ihren politischen und privaten Rechten unter weiblichen wie männlichen Intellektuellen, Sozialwissenschaftlern und Sozialreformern kontrovers verhandelt. Hintergrund war der Kampf um das Frauenwahlrecht, welches 1920 mit dem 19. Gesetzesänderung (oder: *19th amendment*) in der US-Verfassung verankert wurde. Zudem führte der Aufstieg der Soziologie als wissenschaftlicher Disziplin zu einer Professionalisierung gesellschaftsbezogener Analysen und zum verstärkten Nachdenken vieler Wissenschaftler über das Verhältnis von Individuum und Staat (vgl. Gilman 1898; Gilman 1903; Ross 1901; Howard 1905; Lichtenberger 1909). Der Anstieg weiblicher Erwerbstätigkeit im Zuge der Ausweitung des Dienstleistungssektors und das damit zusammenhängende Phänomen der unverheirateten, jungen, ökonomisch unabhängigen und kulturell unangepassten *new women* bewirkte, dass nicht nur viele Frauen selbst, sondern auch Sozialwissenschaftler, Publizisten und Intellektuelle begannen, die *Victorian Values* insgesamt in Frage zu stellen und für eine vorsichtige Neuausrichtung der weiblichen Geschlechterrollen zu plädieren (vgl. Taylor Allen 1999; Matthews 2003). Verhandelt wurde die Frage, ob Frauen weiterhin auf ihre traditionelle Rolle als Hausfrau und Mutter beschränkt bleiben sollten, oder ob eine graduelle Ausweitung der Frauenrolle angemessen sei, die neben mehr individuellen Rechten (Wahlrecht, Scheidung, Besitz) auch dasjenige auf Erwerbsarbeit umfassen könne.

Nahrung bekam die Debatte durch das Bekanntwerden der eklatant gestiegenen nationalen Scheidungszahlen von knapp 10 000 Fällen (1867) auf gut 25 500 (1886) und 72 000 (1906) durch die erste nationale Scheidungsstatistik der Jahre 1899 und 1909. Während führende Soziologen Scheidung als notwendiges Übel zur Beendigung einer untragbaren Beziehung billigten und eine innerfamiliäre Gleichberechtigung von Mann und Frau anmahnten (vgl. Howard 1908), sahen konservative Intellektuelle und Theologen die Familie in fundamentaler Gefahr.[6] Auch unter Frauenrechtlerinnen und Reformerinnen war die Thematik keineswegs unumstritten. So argumentierten insgesamt fünf prominente weibliche Intellektuelle um die Schriftstellerin Amelia E. Barr 1889 in der Zeitschrift *North American Review*, dass viele Frauen durch falsche Erwartungen und Fehlverhalten das Scheitern ihrer Ehen selbst provozierten. Nur durch bessere Erziehung, hauswirtschaftliche Ausbildung sowie die Vermittlung religiöser und moralischer Werte an junge Frauen lasse sich der Trend zur Scheidung umkehren. Barr's Statement steht dabei paradigmatisch für die Besorgnis vieler konservativer Frauen angesichts des um die Jahrhundertwende spürbaren Übergangs zu einem moderneren Frauenbild:

> „Women are at present in a restless state of transition. They have broken from the citadel of home, where have walked the holy women of all past ages; they are attacking the hoary supremacy of men, and invading the world where men have hitherto toiled and travelled and ruled alone" (Barr 1889: 642).

Demgegenüber befürworteten US-amerikanische Feministinnen eine partnerschaftliche Arbeitsteilung zwischen den Geschlechtern in Familie und Beruf. Auf dem Jahrestreffen der *American Sociological Association* im Jahr 1908 forderte die Soziologin Charlotte Perkins Gilman, bekannt durch ihre Abhandlung *The Home* (vgl. Gilman 1903), exemplarisch die rechtliche Gleichstellung von Mann und Frau sowie ihre partnerschaftliche Arbeitsteilung in der Familie:

---

6   Mit Blick auf unterschiedliche intellektuelle Strömungen vgl. O'Neill 1967. Für den Forschungsstand zu Ehe und Ehescheidung in den USA des 20. Jahrhunderts vgl. Cott 2000; Cherlin 2009.

„We need homes in which mother and father will be equally free and equally bound, both resting together in its shelter and privacy, both working together for its interests. (…) The woman, no longer any man's property, nor any man's servant, must develop social usefulness, becoming more efficient, intelligent, experienced" (Gilman 1908/09; New York Times 1908: 5; Gilman 1898; Gilman 1903).

Damit artikulierte sie die Hoffnung vieler liberaler Intellektueller, die soziale Reformbewegung in den USA und die Diskussion um die Gestaltung der Gesellschaft (vgl. Ross 1901) möge auch eine Erweiterung weiblicher Handlungsspielräume nach sich ziehen.

4   ‚Scientific Motherhood and Reproductive Morality': Der Einfluss eugenischer Mutterkonzepte in den 1920er und 1930er Jahren

Mit der Konjunktur der Eugenik als wissenschaftlichem Paradigma rückten die amerikanischen Mütter verstärkt in den Fokus von Sozialwissenschaftlern und Bevölkerungsplanern (vgl. Kline 2001; Kühl 1997). Einerseits vermittelten Ratgeber, Presseberichte und Werbung den Müttern, dass gesunde Kinderaufzucht insbesondere auf dem Beherzigen von modernem Expertenrat (anstelle „ungesunder Instinkte") basiere, wobei dieser überwiegend von Männern erteilt und die Kindererziehung weiterhin als ausschließliche Domäne der Frau betrachtet wurde (vgl. Apple 2006). Andererseits forderten vor dem Hintergrund der Weltwirtschaftskrise Politiker, Sozialwissenschaftler und Intellektuelle die Verbesserung moderner Familien durch eugenische Maßnahmen.[7] Dabei ist die Eugenik-Bewegung in den USA nicht als eine kurzlebige Episode vor ihrer definitiven Diskreditierung im Nationalsozialismus zu betrachten, sondern als ein Element des Bevölkerungsdiskurses bis hin zur *Welfare*-Reform 1996, drang sie doch tief in die amerikanischen Vorstellungen von Freiheit des Individuums und Verpflichtung gegenüber der Gesellschaft, von individueller Handlungsfähigkeit und ökonomischen Kosten ein (vgl. Ryan 2007: 274; Kline 2001; Ordover 2003).

In den Forderungen der Eugeniker nahmen die Mutter und ihre reproduktive Funktion eine zentrale Rolle ein: Während die Gesellschaft vor *unfit mothers* bewahrt werden musste, sollten *responsible mothers* gesellschaftliche Anerkennung und ökonomische Unterstützung finden. Diese Zielsetzung erforderte einerseits

---

7   So argumentierten auch der liberale Soziologe E. A. Ross und die Feministin Anna Garlin Spencer zu Beginn des 20. Jahrhunderts für eine Verbindung von *social control* und eugenischen Maßnahmen. Vgl. Ross 1901: 67–89; Spencer 1912: 188–204.

Zwangsmaßnahmen wie die Sterilisation potentiell unerwünschter Mütter oder
die Einweisung vermeintlich behinderter (oft auch nur armer oder sozial auf-
fälliger) Kinder in spezielle Kinderheime oder in Pflegefamilien.[8] Andererseits
mussten die Grundlagen der ‚positiven Eugenik' in der US-Gesellschaft popula-
risiert werden.[9] Dazu dienten unter anderem die populären *Fitter Family Contests*, welche die *American Eugenics Society* Ende der 1920er Jahre in einzelnen
Bundesstaaten durchführte (vgl. Bicchieri Boudreau 2005). Hier wurde die Bevölkerung durch Anleitung zum Verfertigen von Abstammungstafeln, durch Prä-
mierung der ‚hochwertigsten Familien' in diversen Kategorien und durch Publikation der Wettbewerbsergebnisse für Belange der Eugenik sensibilisiert. Zentral
bedeutsam für die Popularisierung eugenischen Denkens war ferner die Arbeit
des bekannten Eugenikers, Eheberaters und Kolumnisten Paul Popenoe, der von
1920 bis in die 1970er eine breite Fangemeinde und Leserschaft in Fragen der Fa-
milienplanung und Eheführung beriet (vgl. Ladd-Taylor 2001). Im Handbuch *The
Conservation of the Family* von 1926 entwickelte er Maßnahmen zur Förderung
biologisch ‚hochwertiger Familien' durch höhere Reproduktionsquoten, bessere
Sexualerziehung, eugenische Beratung und Re-Biologisierung der Rolle der Frau.
Besondere Verachtung empfand er für die sich ihren reproduktiven Pflichten ver-
weigernden „superior single women, who (…) under the banner of individualism,
are destroying the machinery of society" (Popenoe 1926: 135 f.; Popenoe/Gosney
1929; Popenoe/Johnson 1918).

Den Rahmen für auch von Popenoe propagierte negative eugenische Maßnahmen bildeten Sterilisationsgesetze auf Bundesstaatenebene, gefolgt von einem
Richtungsentscheid des *Supreme Court* aus dem Jahr 1927, der Zwangssterilisationen zum ‚Schutz der Gesellschaft' erlaubte.[10] Bis Ende der 1960er Jahre waren 65 000 Personen betroffen, überwiegend Frauen, die zumeist ohne ihr Einver-
ständnis sterilisiert wurden, darunter überproportional viele *African Americans*
und *Mexican Americans*.[11]

Ein wichtiges Thema der Presseberichterstattung der 1920er und 1930er Jahre
war dagegen die Frage, welche Rolle die Frau innerhalb der modernen Gesell-

---

8   Insbesondere Pflegemütter wirkten hierbei als Mittlerinnen zwischen Eugenikern, Psychologen, Sozialreformern, den Kindern und der Gesellschaft. Vgl. Ryan 2007: 263; Rymph 2012.

9   Unter ‚positiver Eugenik' verstanden die Zeitgenossen die ‚Verbesserung' der biologischen
Substanz der amerikanischen Gesellschaft durch gezielte Förderung vermeintlich ‚hochwertiger' ethnischer und sozialer Gruppen, unter ‚negativer Eugenik' die Verhinderung der
Fortpflanzung der ‚Unerwünschten' unter anderem durch Zwangssterilisationen. Vgl. Stern
2005; Lovett 2007.

10 Urteil des Supreme Court im Fall Buck versus Bell, 74 U. S. 200 (1927). Vgl. Reilly 1991.

11 Zur Sterilisationspolitik gegenüber *Mexican American* und *African American Women* vgl.
Gutierrez 2008; Roberts 1997; Del Castillo 1980: 65–70; Velez-I 1980: 71–91.

schaft zu spielen hätte. So forderte 1926 in der *New York Times* der Neuropatho-
loge Max G. Schlapp einen sukzessiven Ausschluss der Frauen vom Arbeitsmarkt,
damit diese wieder ihrer Funktion als Mütter gesunden Nachwuchses nachkommen könnten. Die moderne Industriearbeit habe dafür gesorgt, dass vormals gesunde Frauen nunmehr ausschließlich behinderten Nachwuchs zur Welt brächten
und damit entscheidend zum „menacing growth of the unfit and the dependent"
beitrügen:

> „Women, both because of her unchangeable physiology and her age-long habitude, is
> not adapted to the catabolic role in life. Under the stress and strains of business life all
> her important endocrine glands become quickly disordered and she is, once this has
> happened, unfit for healthy motherhood" (Schlapp 1926; Schlapp 1911).

Dem widersprach eine sozialwissenschaftliche Analyse des Zusammenhangs von
Marriage and Careers, über welche die *New York Times* ebenfalls 1926 berichtete.[12] Die Studie hatte die Lebenssituation von 100 arbeitenden Frauen mit Col-
lege-Ausbildung aus dem Großraum Boston und New York untersucht und war zu
dem Ergebnis gekommen, dass Frauenarbeit bei gut ausgebildeten Angehörigen
der Mittelschicht nicht zur Vernachlässigung ihrer Mutterpflichten, sondern im
Gegenteil zu mehr Zufriedenheit führe, da diese über ausreichend Hilfe bei Haushalt und Kinderbetreuung verfügten. Damit wurde das Problem der *healthy motherhood* von der biologistischen auf die soziale Ebene gehoben, Konflikte bei der
Vereinbarung von Arbeit und Mutterschaft erschienen mehr als ein Klassenphä-
nomen – was in den Debatten um arbeitende Mütter in der Nachkriegszeit fort-
gesetzt wurde.

5   ‚Career Woman or Housewife'? Die Debatte um Frauenarbeit und Häuslichkeit in den 1940er und 1950er Jahren

Im März 1945 druckte die *New York Times* zwei aufeinander bezogene Artikel, die
der Frage nachgingen, ob die Existenz als Hausfrau oder als Karrierefrau für die
amerikanische Frau und Mutter erfüllender und gesellschaftlich wichtiger sei. Die

---

12   Einer Gründung der *Alumnae*-Vereinigungen der Seven Sisters Colleges von 1911/12, seit
     1919 unter dem Namen *Bureau of Vocational Information*, die bis 1926 bestand und der Er-
     forschung und Propagierung weiblicher Berufstätigkeit diente. Der Nachlass liegt in der
     Schlesinger Library an der *Harvard University*. http://oasis.lib.harvard.edu/oasis/deliver/
     deepLink?_collection=oasis&uniqueId=sch00055.

Korrespondentin der *Times*, Edith Efron, plädierte für die Berufstätigkeit von Frauen und stützte sich dabei auf Argumente der Soziologin Karen Horney:

„Staying at home with little to do – particularly after children have started school – will make a neurotic woman even more neurotic. It probably won't affect a psychologically healthy woman – but there are very few such women. It is definitely good for the wife and mother to get some training and go to work" (Efron 1945; Horney 1937).

Dagegen argumentierte die Journalistin Ann Maulsby, nur in ihrer Rolle als Hausfrau könne die amerikanische Frau wirklich glücklich werden: „No happily married woman who is honest with herself could possibly prefer the office to the home". Sonst gerate nicht nur ihre Persönlichkeit, sondern auch das Verhältnis der Geschlechter aus den Fugen (Maulsby 1945). Den Hintergrund dieser und vieler vergleichbarer Debatten Mitte der 1940er Jahre bildeten erstens die mittlerweile bessere Bildung von Frauen und zweitens der erhebliche Anstieg der Frauenarbeit während des Zweiten Weltkriegs. So waren bei Kriegsende nicht weniger als 35 Prozent aller Erwerbstätigen in den USA Frauen (vgl. Chafe 1991: 133). Entgegen der populären Vorstellung von der klassisch strukturierten *cold war family* ging der Anteil der Frauen an der Erwerbsbevölkerung in der zweiten Hälfte der 1940er Jahre nur kurzfristig zurück und stieg ab 1950 kontinuierlich an, insbesondere der Anteil der verheirateten Frauen. Ebenso wichtig wie dieser Trend zur Beteiligung von Frauen an der Sicherung des Familieneinkommens ist der Wandel des Familienbildes. Obwohl von vielen Seiten Druck insbesondere auf weiße Frauen und Mütter aus der Mittelklasse ausgeübt wurde, ihre Erwerbstätigkeit zugunsten der Kriegsheimkehrer aufzugeben, beharrten viele Frauen mit neuem Selbstbewusstsein auf ihrer Rolle als Arbeitskräfte (vgl. Tyler May 1988; Anderson 1996: 188–191; Anderson 1981; Kaledin 1984; Miller/Moon/McLain 1991).

In der Berichterstattung durch die Tagespresse der 1950er Jahre sind zwei Argumentationslinien zu unterscheiden. Die eine Richtung betonte die gesellschaftlich bedeutsame reproduktive und erzieherische Funktion der Frau und Mutter. Sie sorge für die Familie als Keimzelle der Gesellschaft und leiste dieser durch die Erziehung der Kinder einen unverzichtbaren Dienst. Daher solle sie sich auf diese Kernkompetenz konzentrieren, anstatt einer Lohnarbeit nachzugehen – eine Position, die auch viele überzeugte Hausfrauen in ihren Leserbriefen formulierten.[13] Die zweite Linie der Berichterstattung diskutierte, unter welchen Umständen es für Frauen und Mütter möglich sei, Berufstätigkeit und Familienarbeit zu verbinden. Neben der Forderung, nur im Falle unbedingter ökonomischer Erforder-

---

13 Vgl. Agnes E. Meyer: Beginning: ‚Women Aren't Men'. In: *WP*, 14. 8. 1950. S. B9; Marriage and Motherhood Most Popular Role. In: *WP*, 11. 5. 1957. S. B3.

nis eine Teilzeit-Arbeit für die Mutter zuzulassen[14], wurden Ende der 1950er Jahre verstärkt Stimmen laut, die den Frauen um ihrer persönlichen Entfaltung willen zu einer Berufstätigkeit rieten oder sogar argumentierten, Arbeitnehmerinnen seien letztlich die besseren Hausfrauen.[15]

Überraschend ähnlich war der Tenor der meisten Artikel in den großen Frauenzeitschriften *Ladies' Home Journal* und *Good Housekeeping* – beides auflagenstarke Journale, die sich an einen überwiegend weißen, der Mittelklasse angehörenden Leserinnenkreis richteten (vgl. Damon-Moore 1994; Scanlon 1995; Walker 2000; Odland 2010).[16] Hier wurde zwar überwiegend der amerikanischen Hausfrau und Mutter gehuldigt, aber die Probleme arbeitender Frauen kamen ebenfalls vor.[17] So standen beispielsweise in *Good Housekeeping* während des Krieges und unmittelbar danach arbeitende Frauen im Fokus.[18] In den 1950er Jahren verschob sich der Schwerpunkt der Berichte auf Fragen der Teilzeitbeschäftigung von Ehefrauen und Müttern.[19] Dabei fungierte vor allem die Werbung als Seismograph gesellschaftlicher Trends. So zelebrierten großformatige Bildanzeigen ab 1942 die arbeitende Frau, nach 1945 die wiedervereinte Familie sowie in den 1950erJahren die berufstätige Mutter, die Hausfrau und das College-Girl auf der Suche nach einem Mann.[20] Beispielsweise wurden Fertigprodukte (Dosensuppen, Fertiggerichte) vermehrt beworben, damit die berufstätigen Kundinnen ihre ‚Doppelschicht' erleichtern konnten. Ebenso bezogen sich Werbeanzeigen für Kosmetika auf die geänderte Lebenssituation vieler Kundinnen, indem argumentiert wurde, die berufstätige Frau werde von der Vertreterin auch zu Hause besucht.[21]

---

14 Vgl. Malvina Lindsay: New Figure of Controversy: The Working Mother. In: *WP*, 13.9.1951. S. 10; The Gesell Institute: Should Mother Stay at Home? In: *WP*, 31.5.1954. S. 29; Why Do They Work? They Have To. Ages of Working Women Reach from 16 to 80. In: *WP*, 7.9.1954. S. 29.

15 Vgl. Ruth Mac Kay: White Collar Girl. In: *Chicago Tribune* (im Folgenden: *CT*), 22.12.1953. S. B12; Joan Beck: More Freedom For Housewifes? In: *CT*, 21.3.1954. S. H19; Marcia Winn: Mother Should Have Time For Herself, Says Reader. In: *CT*, 19.7.1955. S. A3; Mary Haworth's Mail: Mission Work Begins at Home. In: *WP*, 9.10.1957. S. D6; Louise Hutchinson: ‚Let Wife Earn It'. Trend Hit By Professor. In: *CT*, 9.3.1957. S. A7.

16 Vgl. Job Flitting Mothers Criticized. In: *WP*, 14.8.1957. S. B3.

17 Zu einem ähnlichen Befund kommt Meyerowitz 1994: 229–262.

18 Vgl. Maxine Davis: Women without men. In: *Good Housekeeping* (im Folgenden: *GH*) 114 (1942).Vol. 3. S. 30; If you must wear slacks. In: *GH* 180 (1942).Vol. 4. S. 50–53; Ruth Hawthorne Fay: The Family Chore. In: *GH* 130 (1950).Vol. 6. S. 55, S. 158.

19 How to keep house and get paid for it. In: *GH* 148 (1959).Vol. 1. S. 98 f.; How to get a job as a pollster. In: *GH* 148 (1959).Vol. 2. S. 123 f.; How to become officer at the WAC. In: *GH* 148 (1959). Vol. 4. S. 165 f.

20 Diese Überlegungen basieren auf einer Auswertung der großformatigen Bildanzeigen der Zeitschrift *Good Housekeeping (GH)* der Jahrgänge 1940–1958.

21 Z.B. Avon-Werbung: Take Time out for Beauty when Your Avon Representative Calls: GH September 1959: 156–157.

Werbeanzeigen mussten den ‚Nerv' der Kundinnen treffen, um den Absatz der beworbenen Haushaltsgeräte, Kosmetika, Bekleidung und allgemein Konsumgüter zu steigern.[22] Somit ist davon auszugehen, dass die in der Werbung verwandte Ikonographie auf einen Wiedererkennungswert setzte. Frauen wurden in Situationen gezeigt (als Hausfrau in der Küche, als berufstätige Mutter etc.), mit denen die Kundinnen etwas anfangen konnten, sich im Idealfall sogar identifizieren konnten. Ziel war es, sie zum Kauf der entsprechenden Produkte zu bewegen.[23] Da Werbung aber aus handfesten wirtschaftlichen Interessen agiert und nicht um normverändernd oder gesellschaftsverbessernd zu wirken, können die in der Werbung der zweiten Hälfte der 1950er Jahre verstärkt gezeigten berufstätigen Mütter und Frauen durchaus als Hinweis auf eine geänderte gesellschaftliche Praxis gelesen werden.

6 Psyche und Reproduktion der berufstätigen Frau als Aushandlungsorte divergierender Geschlechterrollenvorstellungen (1950–1980)

Während die Diskussion um die gesellschaftlichen Folgen der Frauenarbeit weiterlief, begannen mitten in den Jahren des Babybooms (zumeist männliche) Psychologen, Mediziner und Demographen, sich speziell um die psychische Gesundheit arbeitender Frauen und Mütter, ihr Rollenverständnis, ihre Sexualität und den Zusammenhang zur Fruchtbarkeit zu sorgen. So sorgte sich der Psychologe David Goodman in seinem populären Erziehungsratgeber von 1959 nicht nur um die Gebärfähigkeit, sondern auch um die Erziehungskompetenz der modernen Frau (vgl. D'Emilio/Friedman 1988; Ehrenreich/English 1979).

„The American woman is suffering from gender pangs – psychophysical unfulfillment as a woman. She rules her husband, she rules her children, and to an ever increasing decree she is beginning to own, if not rule, American business. But is she happy? That's a question. Does she exert a wholesome influence on her children? That's another question" (Goodman 1959: 51 f.).

Dabei standen die weiße Mutter und ihre Kinder erneut im Zentrum der Aufmerksamkeit; die Reproduktion von *African American Women* und Angehörigen

---

22 Für eine historische Analyse von Werbepraxis und Wirkung vgl. Sivulka 2009; Scanlon 2000a/b.

23 Eine hervorragende Studie zu Frauen und Konsum bei Walker 2000: 101–144; Cohen 2000.

anderer Minderheiten sollte nicht gefördert, sondern vielmehr gebremst werden.[24]
Was auf den ersten Blick als schlichter Rückgriff auf die biologistische Argumentation der 1920er Jahre anmutet, stellt sich bei näherem Hinsehen eher als Reaktion der Sozialwissenschaftler auf den Wandel der Geschlechterbeziehungen in
der Familie dar. Zu fragen ist, welche Weichenstellungen für die weitere Aushandlung der Geschlechterrollen die Experten damit vornahmen. In einem Aufsatz
von 1952 beschrieb die Medizinerin und Sozialpsychologin Therese Benedek den
Zusammenhang von Unfruchtbarkeit und psychischen Faktoren – wobei sie ihn
auf die Konfrontation zwischen „biologic needs" und „cultural values" von Mutterschaft reduzierte:

> „women incorporating the value-system of a modern society may develop personal-
> ities with rigid ego-defenses against their biological needs. The conflict which arises
> from this can be observed clinically not only in the office of the psychiatrist, but also in
> the office of the gynecologist and even of the endocrinologist" (Benedek 1952b: 529).[25]

Da in der modernen Gesellschaft mittlerweile die aktiven, extrovertierten männlichen Persönlichkeitsanteile das Ziel der Erziehung von Frauen darstellten, würden viele Frauen bewusst oder unbewusst gegen ihre „biologic need for motherhood" ankämpfen – was dann zu gestörter Fruchtbarkeit und ungewollter
Kinderlosigkeit führe (Benedek 1952b: 531).

Diese beiden Beispiele aus dem populären Wissenschaftsdiskurs der 1950er
Jahre legen es nahe, dass im Lichte von Psychoanalyse und Reproduktionsbiolo-
gie männliche und weibliche Geschlechterrollen erneut festgeschrieben werden
sollten. Anders als bei der Eugenik-Debatte der 1920er Jahre ging es den Experten
weniger um die Verhinderung „erblich belasteten" Nachwuchses denn um die Be-
handlung der psychischen Ursachen weiblicher Sterilität. Charakteristisch ist die
Verbindung einer wertkonservativen Forderung nach Wiedererrichtung des Status
quo einer *healthy womanhood* vergangener Generationen mit dem Verweis auf die
Erkenntnisse moderner Naturwissenschaften, um der Argumentation zusätzliche
Überzeugungskraft zu verleihen. Einen wichtigen Hintergrund für die Besorgnis
vieler Experten bildete zunächst die Einführung der Antibabypille 1960/61 und
damit die Entkopplung von Sexualität und Reproduktion sowie die Legalisierung
der Abtreibung durch den *Supreme Court* 1973.

---

24 Eine ausführliche Schilderung zentral- und bundesstaatlicher Versuche, die Reproduktion
    von Minderheiten zu beschränken, findet sich bei Solinger 2001; Gutierrez 2008.
25 Vgl. auch Therese Benedek (1952a): Psychosexual Functions in Women.

In den 1970er Jahren argumentierte der Demograph Stanley Kupinski im Lichte aktueller Daten, dass alles auf eine negative Korrelation zwischen Reproduktionsrate und Beschäftigungsquote von Frauen hindeute:

„The more modern, instrumental, and individualistic her sex-role education, the more likely a married woman is to perceive the economic and psychological benefits of working as greater than the economic and psychological benefits of bearing and rearing children and thus to be more strongly committed to her worker role and to restrict her family size" (Kupinski 1977: 223).

Dieser Expertendiskurs und die daraus abgeleiteten politischen Rahmensetzungen hatten unübersehbar rassistische Implikationen. Da die Statistiken eine weiterhin hohe Fertilitätsrate nicht-weißer Mütter auswiesen (zunächst standen insbesondere *African American Women* im Fokus, ab den 1970er Jahren dann auch die *Mexican Americans*), diskutierten Politiker und Experten, wie die Reproduktion dieser Bevölkerungsgruppen zu kontrollieren sei (vgl. Chavez 2001). Die in den Einzelstaaten ergriffenen Maßnahmen reichten von gezielter Diskriminierung und Pathologisierung nicht-weißer Mütter bis hin zu Sterilisationen von Wohlfahrtsempfängerinnen.[26] Neben dem bisweilen offenen Rassismus dieser Expertendiskurse der 1950er und 1960er Jahre zeigt sich ferner ein Trend zur Re-Biologisierung der Geschlechterrollen und zur Definition der Frauen hauptsächlich über ihre Mutterrolle. Wie stets ging es auch hier mittelbar um die Reformulierung von Machtbeziehungen. So lieferten Goodman, Benedek und andere der Politik ein zentrales Argument für die konservative Auslegung von Mutterkonzepten in den 1980er Jahren, unter anderem in Präsident Reagans *Traditional Family Values*-Kampagne und in der Publizistik der Christlichen Rechten.[27] Während die christliche Rechte offen eine Rückkehr zur patriarchal geprägten Familie und zur Betonung der reproduktiven Verpflichtung der Frau propagierte (gut ablesbar an den Aktivitäten der zahlreichen religiös geprägten *pro-family organizations* wie „*Focus on the Family*" (gegründet 1977), „*American Family Association*" (gegründet 1977 als „*National Federation for Decency*") und den Forderungen der thematisch breiter ausgerichteten religiös-konservativen „*Moral Majority*" (gegründet 1979)), machte Ronald Reagan die Forderung nach Erneuerung der klassischen Familie zu einem Kernstück seiner Präsidentschaft. Nachdem er bereits in seiner ersten Inaugurationsrede klargestellt hatte, dass die wirtschaftliche Regeneration des Landes auch an eine moralische Erneuerung gekoppelt sei, un-

---

26 Vgl. die Münsteraner Dissertationsprojekte von Anne Overbeck und Claudia Roesch; Solinger 2001; Gutierrez 2008; Chappell 2010.

27 Brocker 2004; Ehrman 2005.

ternahm er insbesondere in seiner zweiten Amtszeit zentrale Schritte zur Konsolidierung der traditionellen Familie. Der von ihm in Auftrag gegebene Bericht „*The Family: Preserving America's Future*" (1986), erarbeitet von einer konservativen Expertenkommission unter dem stellvertretenden Erziehungsminister Gary L. Bauer, beklagte den Niedergang der Institution Familie an sich als Folge der „*abrasive experiments of two liberal decades*".[28] Die amerikanische Familie sei gefährdet durch Frauenbewegung, weibliche Berufstätigkeit, steigende Zahlen unehelicher Geburten und Abtreibungen, höhere Anzahl der Single Parent Families und durch die Ausbreitung einer lässigen Sexualmoral. Reagan reagierte darauf nicht nur mit einer Intensivierung seiner familienzentrierten Rhetorik, sondern auch durch Erlass einer Verordnung zum Schutze der Familie vom 2. September 1987, die verfügte, dass Behörden und Bundesstaaten angehalten werden, bei allen Verwaltungsakten die potentiellen Auswirkungen auf die amerikanische Familie mit zu reflektieren.[29]

7   Schlussbemerkung

Von der Jahrhundertwende bis zu den 1970er Jahren wurde die Rolle der Frau und Mutter innerhalb des Idealbildes der amerikanischen Familie intensiv diskutiert. Die um das Verhältnis von Häuslichkeit, Frauenarbeit und Reproduktion kreisenden öffentlichen Debatten und Expertendiskurse zeigen aufschlussreich, wie angesichts gesellschaftlicher Wandlungsprozesse neue Geschlechterrollenvorstellungen und *concepts of motherhood* verhandelt werden mussten. Dies war kein eindimensionaler, alle ethnischen Gruppen und sozialen Schichten gleichermaßen umfassender Fortschrittsweg – vielmehr waren progressive Vorstöße ebenso vertreten wie konservative Gegenbewegungen und Kontinuitäten bestimmter Argumentationsmuster. Dezidiert rassistische Exklusionen aus dem verhandelten Familien- und Frauenbild waren ebenso konstitutiv wie die Nichtberücksichtigung von Familienvorstellungen der *working class*. Insgesamt wurde das Ideal der amerikanischen Familie als dasjenige einer *white middle class nuclear family* aus der Mittelschicht nicht angetastet; es ging vielmehr um die Ausbalancierung der Geschlechterrollen innerhalb dieser Kerneinheit. Dieser Befund steht im Gegensatz zur realen Pluralität familialer Lebensformen in den USA des 20. Jahrhunderts.

---

28 Preserving America's Future: A Report to the President from the White House Working Group on the Family. Washington D. C. 1986.

29 Vgl. Executive Order 12606 „The Family" vom 2. 9. 1987.

Während der *Progressive Era* wurde in der Diskussion um Frauenwahlrecht, Frauenarbeit und Ehescheidung das Verhältnis zwischen den Geschlechtern neu gefasst. In den 1920er und 1930er Jahren stiegen angesichts der geforderten *reproductive morality* die Erwartungen an Frauen und Mütter weiter an. Als Reaktion auf Kriegsbeschäftigung und Baby Boom spitzte sich in den 1940er Jahren die Debatte um Frauenarbeit und Häuslichkeit weiter zu, bis im Laufe der 1950er Jahre das Phänomen der arbeitenden Mutter als gesellschaftliche Realität anerkannt wurde. Von Mitte der 1950er bis zum Ende der 1970er Jahre nahm ein Expertendiskurs um Reproduktion und Psyche der arbeitenden Frau Motive aus der biologistischen Moderne-Kritik der 1920er Jahre wieder auf und bildete mit seiner Forderung nach Re-Biologisierung der Geschlechterrollen ein wichtiges Fundament für die konservative Familienrhetorik der 1980er Jahre.

Am Beispiel der Debatten um Familienwerte im Allgemeinen und Mutterkonzepte im Besonderen zeigt sich, dass Prozesse der Aushandlung und Anpassung von Werten nie linear und widerspruchsfrei verlaufen. Bedingt durch die Gleichzeitigkeit unterschiedlicher Modelle und Werthaltungen ist die Langzeitperspektive besonders fruchtbar, um zu zeigen, wie Forderungen der Frauenbewegung nach gleichen Rechten und größeren Handlungsspielräumen im gesamtgesellschaftlichen Diskurs allmählich Berücksichtigung fanden, zugleich aber immer wieder durch Vorstöße im Sinne einer Rückkehr zu vermeintlich traditionellen Familienwerten unterlaufen wurden.

Sozialwissenschaftler prägten in entscheidender Weise die Debatten über *concepts of motherhood* und Familienwerte. Sie diagnostizierten soziale Veränderungen und postulierten normative Anpassungen, versuchten aber auch gestützt auf ihre wissenschaftlichen Ergebnisse Liberalisierungsprozesse umzukehren oder umzudeuten. Besonders offensichtlich ist die Deutungsmacht der Experten für die amerikanische Familie im Zeitraum zwischen 1920 und 1960, den Lutz Raphael als Zeitalter der „Verwissenschaftlichung der Sozialen" bezeichnet hat (Raphael 1996: 187; vgl. auch Raphael 2012b).

Die an Frauen und Mütter gerichtete Werbung in Frauenmagazinen, Elternratgebern und der überregionalen Tagespresse zeigt eine sukzessive Verbreiterung des gezeigten Frauenbildes und -ideals. Zwar dominierte weiterhin die Mutter mit ihren Kindern die Ikonographie, doch appellierte die Werbung der 1920er Jahre durchaus an die gebildete Mutter als Expertin und pries ihr Produkte zur besseren Kinderpflege an. In den 1950er Jahren dann trat die berufstätige Mutter, die Fertigprodukte kaufte und nach Arbeitsschluss zu Hause die Avon-Beraterin empfing, vermehrt neben ihre ganz auf Haushalt und Kinderaufzucht fixierte Schwester. Hier griff die Werbung einen gesellschaftlichen Trend auf, um ihn dann ikonographisch zu verstärken. Aufschlussreich dabei ist, dass die primär wirtschaftlichen Interessen dienende Werbung hier eine Veränderung im Bildergedächtnis der Nation bewirkte. Indem sie berufstätige Mütter nicht nur als Zielgruppe erkannte, sondern massenwirksam ins Bild setzte, verlieh sie diesen mediale Repräsentation. Inwiefern über die ikonographische Präsenz der „working woman" im Magazin der späten 1950er und 1960er Jahre auch tatsächlich gesellschaftliche Akzeptanz erzielt werden konnte – oder diese vielleicht vorbereitet und unterstützt wurde – wäre indes noch zu untersuchen.

Literaturverzeichnis

[OhneVerf.]: Higher Marriage, Mrs. Gilman's Plea. In: New York Times. 29.12.1908. 5
[OhneVerf.]: How to become officer at the WAC. In: Good Housekeeping 148.4. 4.8.1959. 165 f.
[OhneVerf.]: How to get a job as a pollster. In: Good Housekeeping 148. 2. 1959. 123 f.
[OhneVerf.]: How to keep the house paid for it. In: Good Housekeeping 148, 1. 1959. 98 f.
[OhneVerf.]: If you must wear slacks. In: Good Housekeeping 180. 4. 1942. 50–53
[OhneVerf.]: Job Flitting Mothers Criticized. In: Washington Post. 14.8.1957. B3
[OhneVerf.]: Marriage and Motherhood Most Popular Role. In: Washington Post. 11.5.1957. B3
[OhneVerf.]: Mary Haworth's Mail, Mission Work Begins at Home. In: Washington Post. 9.10.1957. D6
[OhneVerf.]: The Gesell Institute, Should Mothers Stay at Home. In: Washington Post. 31.5.1954. 29
[OhneVerf.]: Why Do They Work? They Have To. Ages of Working Women Reach from 16 to 80. In: Washington Post. 7.9.1954. 29
Anderson, Karen (1981): Wartime Women. Sex Roles, Family Relations, and the Status of Women During World War II. Westport: Greenwood Press
Anderson, Karen (1996): Changing Women. A History of Racial Ethnic Women in Modern America. New York: Oxford University Press
Apple, Rima D. (2006): Perfect Motherhood: Science and Childrearing in America. Piscataway: Rutgers University Press
Apple, Rima D./Golden, Janet (Hrsg.) (1997): Mothers and Motherhood. Readings in American History. Columbus: Ohio State University Press
Barr, Amelia F. (1889): Are Women to Blame? In: North American Review 148.1889. 638–642
Beck, Joan (1954): More Freedom for Housewife? In: Chicago Tribune. 21.3.1954. H19
Benedek, Therese (1952a): Psychosexual Functions in Women. New York: Ronald Press Co.
Benedek, Therese (1952b): Infertility as Psychosomatic Defense. In: Fertility and Sterility 3. 1952. 527–537
Bicchieri Boudreau, Erica (2005): Yeah, I have a Goodly Heritage. Health Versus Heredity in the Fitter Family Contests, 1920–1928. In: Journal of Family History 30.4. 2005. 366–387

Brocker, Manfred (2004): Protest – Anpassung – Etablierung. Die Christliche Rechte im politischen System der USA. Frankfurt a. M./New York: Campus

Brückweh, Kerstin (Hrsg.) (2012): Engineering Society: The Role of the Human and Social Sciences in Modern Societies, 1880–1980. New York: Palgrave Macmillan

Chafe, William (1991): Paradox of Change. American Women in the 20th Century. New York: Oxford University Press

Chappell, Marisa (2010): The War on Welfare. Family, Poverty and Politics in Modern America. Philadelphia: University of Pennsylvania Press

Chavez, Leo (2001): Covering Immigration. Berkeley: University of California Press

Cherlin, Andrew J. (2009): The Marriage-Go-Round. The State of Marriage and the Family in America Today. New York: Vintage

Cohen, Lizabeth (2000): From Town Center to Shopping Center: The Reconfiguration of Community Marketplaces in Postwar America. In: Scanlon (2000b): 201–225

Connell, Raewyn (1995): Masculinities. Cambridge: Blackwell Publishers

Coontz, Stephanie (1992): The Way We Never Were. American Families and the Nostalgia Trap. New York, NY: Basic Books

Cott, Nancy (2000): Public Vows. A History of Marriage and the Nation. Cambridge: Harvard University Press

D'Emilio, John/Friedman, Estelle B. (1988): Intimate Matters. A History of Sexuality in America. Chicago: University of Chicago Press

Damon-More, Helen (1994): Magazines for the Millions. Gender and Commerce in the Ladies' Home Journal and the Saturday Evening Post 1880–1910. New York: State University of New York Press

Davis, Maxine (1942): Women without Men. In: Good Housekeeping 114. 3. 1942. 30

Del Castillo, Adelaida R. (1980): An Overview. In: Del Castillo/Mora et. al. (1980): 65–70

Del Castillo, Adelaida R./Mora, Magdalena (Hrsg.) (1980): Mexican Women in the United States. Struggles Past and Present. Los Angeles: Chicano Studies Research Center

Dietz, Bernhard/Neumaier, Christopher (2012): Vom Nutzen der Sozialwissenschaften für die Zeitgeschichte. Werte und Wertewandel als Gegenstand historischer Forschung. In: Vierteljahrshefte für Zeitgeschichte 60. 2012. 293–304

Dipper, Christof (2010): Moderne, Version: 1.0. In: Docupedia-Zeitgeschichte. 25. 8. 2010. URL: https://docupedia.de/zg/Moderne?oldid=80259

Efron, Edith (1945): Career Woman or Housewife? In: New York Times. 4. 3. 1945. SM8

Ehrenreich, Barbara/English, Deirdre (1979): For Her Own Good. 150 Years of the Expert's Advice to Women. London: Anchor

Ehrman, John (2005): The Eighties. America in the Age of Reagan. New York: Yale University Press

Eisenstadt, Shmuel (2000): Multiple Modernities. In: Daedalus 129. 2000. 1–30

Gilman, Charlotte Perkins (1908/09): How Home Conditions React Upon the Family. In: American Journal of Sociology 14. 1908/09. 592–605

Gilman, Charlotte Perkins (1903): The Home. Its Work and Influence. Chicago: University of Illinois Press

Gilman, Charlotte Perkins (1898): Women and Economics. A Study of the Economic Relation between Women and Men. Amherst: Nabu Press

Goodman, David (1959): A Parent's Guide to the Emotional Needs of Children. With an Introduction by Marynia Farnham, M.D. New York: Hawthorn Books

Gutierrez, Elena (2008): Fertile Matters: The Politics of Mexican Origin Women's Reproduction. Austin: University of Texas Press

Hawthorne Fay, Ruth (1950): The Family Chore. In: Good Housekeeping 130. 6. 1950. 55, 158

Heinemann, Isabel (Hrsg.) (2012): „Inventing the Modern American Family". Family Values and Social Change in 20th Century United States. Frankfurt a. M./New York: Campus

Heinemann, Isabel (2011): „Concepts of Motherhood". Öffentliche Debatten, Expertendiskurse und die Veränderung von Familienwerten in den USA (1890–1970). In: Zeithistorische Forschungen/Studies in Contemporary History 8.1. 2011. 60–87. Online-Ausgabe. 8.1 (2011). URL: http://www.zeithistorische-forschungen.de/16126041-Heinemann-1-2011

Hockerts, Hans Günter (Hrsg.) (1998): Drei Wege deutsche Sozialstaatlichkeit. NS-Diktatur, Bundesrepublik und DDR im Vergleich. München: Oldenbourg-Verlag

Hodenberg, Christina von (2011): Ekel Alfred und die Kulturrevolution: Unterhaltungsfernsehen als Sprachrohr der 68er-Bewegung? In: Geschichte in Wissenschaft und Unterricht 62. 2011. 557–572

Horney, Karen (1937): The Neurotic Personality of Our Time. New York: W.W. Norton & Company, Inc.

Howard, George E. (1908): Is the Freer Granting of Divorce an Evil? In: American Journal of Sociology 14. 1908. 766–796

Howard, George E. (1904): A History of Matrimonial Institutions. Chicago: The University of Chicago Press, Callaghan & Company

Hutchinson, Louise (1957): ‚Let Wife Earn It'. Trend Hit By Professor. In: Chicago Tribune. 9.3.1957. A7

Inglehart, Ronald (1977): The Silent Revolution. Changing Values and Political Styles among Western Publics. Princeton: Princeton University Press

Kaledin, Eugenia (1984): Mothers and More. American Women in the 1950s. Boston: MacMillan Publishing Company

Kimmel, Michael (2006): Manhood in America. A Cultural History.New York: Oxford University Press

Klages, Helmut (1984): Wertorientierungen im Wandel. Rückblick, Gegenwartsanalyse, Prognosen. Frankfurt a. M./New York: Campus

Kline, Wendy (2001): Building a Better Race. Gender, Sexuality, and Eugenics from the Turn of the Century to the Baby Boom. Berkeley: University ofCalifornia Press

Kühl, Stefan (1997): Die Internationale der Rassisten. Aufstieg und Niedergang der internationalen Bewegung für Eugenik und Rassenhygiene im 20. Jahrhundert. Frankfurt a. M./New York: Campus

Kupinski, Stanley (Hrsg.) (1977): The Fertility of Working Women: An International Research. New York: Praeger Publishers

Ladd-Taylor, Molly (2001): Eugenics, Sterilization and Modern Marriage in the USA. The Strange Career of Paul Popenoe. In: Gender and History 13. 2. 2001. 298–327

LaRossa, Ralph (1997): The Modernization of Fatherhood. A Social and Political History. Columbus: University of Chicago Press

Lasch, Christopher (1977): Haven in a Heartless World. The Family Besieged. New York: Basic Books, Inc.

Lichtenberger, James P. (1909): Divorce. A Study in Social Causation. New York: University of California Libraries

Lindsay, Malvina (1951): New Figure of Controversy: The Working Mother. In: Washington Post. 13. 9. 1951. 10

Lovett, Laura L. (2007): Conceiving the Future: Pronatalism, Reproduction and the Family in the United States 1890–1938.Chapell Hill, N.C: University of North Carolina Press

Mac Kay, Ruth (1953): White Collar Girl. In: Chicago Tribune. 22. 12. 1953. B12

Matthews, Jean (2003): The Rise of the New Woman. The Women's Movement in America, 1875–1930. Chicago: Ivan R. Dee

Maulsby, Ann (1945): Housewife or Career Woman? In: New York Times. 11. 3. 1945. SM8

Meyer, Agnes E. (1950): Beginning: ‚Women Aren't Men'. In: Washington Post. 14. 8. 1950. B9

Meyerowitz, Joanne (1994): Beyond the Feminine Mystique. A Reassessment of Postwar Mass Culture, 1946–1958. In: Meyerowitz (1994): 229–262

Meyerowitz, Joanne (Hrsg.) (1994): Not June Cleaver. Women and Gender in Postwar America, 1945–1960. Philadelphia: Temple University Press

Miller, Melody/Moon, Phyllis/McLain Dempster, Donna (1991): Multiple Roles, and Maternal Well-Being. Women of the 1950s. In: Gender and Society 5. 1991. 565–582

O'Neill, William L. (1967): Divorce in the Progressive Era. New Haven: Yale University Press

Ordover, Nancy (2003): American Eugenics, Race, Queer Anatomy and the Science of Nationalism. Minneapolis: University Of Minnesota Press

Parsons, Talcott (1971): The Normal American Family. In: Skolnick/Skolnick (1971): 397–403

Parsons, Talcott/Bales, Robert F. (1955): Family, Socialization and Interaction Process. New York: Free Press

Popenoe, David (1988): Disturbing the Nest. Family Change and Decline in Modern Societies. New York: Walter de Gruyter& Co

Popenoe, Paul/Gosney, Esra Seymour (1929): Sterilization for Human Betterment. New York: Macmillan

Popenoe, Paul (1926): The Conservation of the Family. Baltimore: The Williams & Wilkins Company

Popenoe, Paul/Johnson, Roswell (1918): Applied Eugenics. Baltimore: Hard Press

Raphael, Lutz (Hrsg.) (2012a): Theorien und Experimente der Moderne. Europas Gesellschaften im 20. Jahrhundert. Köln/Weimar/Wien: Böhlau Verlag

Raphael, Lutz (2012b): Embedding the Human and Social Sciences in Western Societies, 1880–1980: Reflections on Trends and Methods of Current Research. In:
Brückweh (2012): 41–56

Raphael, Lutz (1998): Experten im Sozialstaat. In: Hockerts (1998): 231–258

Raphael, Lutz (1996): Die Verwissenschaftlichung des Sozialen als methodische und
konzeptionelle Herausforderung für eine Sozialgeschichte des 20. Jahrhunderts.
In: Geschichte und Gesellschaft 22. 1996. 165–193

Reilly, Philipp R. (1991): The Surgical Solution. A History of Involuntary Sterilization in
the United States. Baltimore: The Johns Hopkins University Press

Ryan, Patrick J. (2007): „Six Blacks from Home": Childhood, Motherhood, and Eugenics in America. In: The Journal of Policy History 19. 3. 2007. 253–275

Rymph, Catherine: Looking for Fathers in the Postwar US Foster Care System. In:
Heinemann (2012): 177–195

Roberts, Dorothy (1997): Killing the Black Body. New York: Vintage

Rödder, Andreas (2004): Wertewandel in der Postmoderne. Gesellschaft und Kultur
der Bundesrepublik Deutschland 1965–1990. Stuttgart: Stiftung Bundespräsi-
dent-Theodor-Heuss-Haus

Ross, Edward A. (1969): Social Control. A Survey of the Foundations of Order. Cleve-
land/London: Nabu Press

Ross, Edward A. (1901): The Causes of Race Superiority. In: Annals of the American
Academy of Political and Social Science 18. 1901. 67–89

Sanchez, George J. (1997): „Go after the Women": Americanization and the Mexican
Immigrant Woman, 1915–1929. In: Apple/Golden (1997): 475–494

Scanlon, Jennifer (2000a): Advertising Women: The J. Walter Thompson Company
Women's Editorial Department. In: Scanlon (2000b): 201–225.

Scanlon, Jennifer (Hrsg.) (2000b): The Gender and Consumer Culture Reader. New
York/London: New York University Press

Scanlon, Jennifer (1995): Inarticulate Longings. The Ladies' Home Journal, Gender,
and the Promises of Consumer Culture. New York: Routledge

Schlapp, Max G. (1926): Civilization Burdened by Costs of its Unfit. In: New York
Times. 16. 5. 1926. XX17

Schlapp, Max G. (1911): Activity of Modern Woman a Racial Problem. In: New York
Times. 13. 8. 1911. SM6

Sivulka, Juliann (2009): Ad Women: How They Impact What We Need, Want, and Buy.
New York: Prometheus Books

Skolnick, Arlene S./Skolnick, Jerome H.(Hrsg.) (1971): Family in Transition. Rethinking Marriage, Sexuality, Child Rearing and Family Organization. Boston: Little,
Brown

Solinger, Rickie (2001): Beggars and Choosers. How the Politics of Choice Shapes Adoption, Abortion and Welfare in the United States. New York: Hill and Wang

Spencer, Anna Garlin (1912): Problems of Marriage and Divorce. In: Forum 48. 1912.
188–204

Stacey, Judith (1996): In the Name of the Family. Rethinking Family Values in the Postmodern Age. Boston: Beacon Press

Stern, Alexandra Minna (2005): Eugenic Nation: Faults and Frontiers of Better Breeding in Modern America. Berkeley: University of California Press

Taylor Allen, Ann (1999): Social Science, and the Meanings of Modernity. The Debate on the Origin of the Family in Europe and the United States, 1860–1914. In: American Historical Review 104. 1999. 1085–1113

Tyler May, Elaine (1988): Homeward Bound. New York: Basic Books

Velez-I, Carlos G. (1980): Se me Acabó la Canción: An Ethnography of Non-Consenting Sterilizations among Mexican Women in Los Angeles. In: Del Castillo/Mora (1980): 71–91

Walker, Nancy (2000): Shaping Our Mother's World. American Women's Magazines. Jackson: University Press of Mississippi

Winn, Marcia (1955): Mothers Should Have Time For Herself, Says Reader. In: Chicago Tribune. 19.7.1955. A3

Zaretzky, Natasha (2007): No Direction Home. The American Family and the Fear of National Decline 1968–1980. Chapel Hill: The University of North Carolina Press

Umstrittene Familienkonzepte: Repräsentationen von Familienwerten US-amerikanischer Experten und mexikanisch-amerikanischer Bürgerrechtsaktivisten im Wandel[*]

Claudia Roesch

1 Einleitung

Sozialexperten, die sich im Laufe des 20. Jahrhunderts mit mexikanischen Einwanderern befasst haben, haben regelmäßig auf die fundamentalen Unterschiede der Familienstrukturen zwischen Mexikanern und Anglo-Amerikanern hingewiesen. Mit wenigen Ausnahmen gingen die Experten davon aus, dass sowohl in Mexiko als auch in den USA die Familie die Basis der Gesellschaft sei. Jedoch gab es signifikante Unterschiede in der Rolle, die der Familie innerhalb der Gesellschaft zugeschrieben wurde. So beschreibt der amerikanische Anthropologe William Madsen 1961 die Unterschiede zwischen US-amerikanischen und mexikanischen Familien folgendermaßen:

„The conflict between Anglo and Mexican-American values is nowhere more pronounced than in the different concepts of the family held by the two ethnic groups. The Anglo democratic family with its concept of female equality violates Mexican-Ameri-

---

[*] Dieser Beitrag ist im Kontext meines Dissertationsprojektes „Familia, Machismo, Compadrazgo? – Mexikanische Einwandererfamilien, soziale Arbeit und Sozialexperten in den USA im 20. Jahrhundert" (Arbeitstitel) im Rahmen der DFG-geförderten Emmy Noether Gruppe „Familienwerte und gesellschaftlicher Wandel – die US-amerikanische Familie im 20. Jahrhundert" an der Universität Münster entstanden.

can ideals. No respectable Mexican-American male would raise doubts about his mas-
culinity by donning an apron and doing the dishes" (Madsen 1961: 17).

Madsen leitete eine von der *Hoggs Foundation for Mental Health* geförderte Studie
in Hidalgo County, Texas, in der er und drei Doktoranden kulturelle Unterschiede
mexikanisch-stämmiger Amerikaner in Bezug auf Gesundheitsfragen untersuchten und eine Broschüre für medizinisches Pflegepersonal über den Umgang mit
spanisch-sprachigen Patienten herausgaben. Sozialwissenschaftliche Arbeiten wie
diese behandelten die mexikanische Familienstruktur sehr ausführlich, egal ob
der eigentliche Untersuchungsgegenstand die Wohnsituation von Einwanderern
in Los Angeles, die Landwirtschaft in abgelegenen Dörfern in New Mexico oder
der Lernerfolg spanisch-sprachiger Schulkinder in Südtexas war.[1] Die Familie galt
als die wichtigste Institution der Wertevermittlung, jedoch waren die Vorstellungen, welche Werte wie vermittelt werden sollten, stetigen Wandlungsprozessen
unterworfen.

   Die spanisch-sprachige Bevölkerung des amerikanischen Südwestens galt
als der mexikanischen Kultur zugehörig und ihre Familien wurden als Gegensatz zum US-amerikanischen Ideal angesehen. Dies veranlasste seit den Amerikanisierungsprogrammen im Ersten Weltkrieg eine Großzahl von Sozialexperten
(Soziologen, Anthropologen, Psychologen), aber auch Sozialarbeiter und Hebammen sowie Bürgerrechtsaktivisten und kirchliche Institutionen sich mit den Familien der Mexican Americans zu beschäftigen. Die Repräsentationen der Familien durch diese Gruppen von Akteuren sind Thema dieses Beitrages. Ich möchte
dabei untersuchen, wie Sozialexperten und Bürgerrechtsaktivisten die Vermittlung von Werten in den spanisch-sprachigen Familien deuteten und wie sich am
Wandel dieser Deutungen über den Untersuchungszeitraum von 1920 bis 1970 ein
Wandel von Familienwerten und -traditionen im Allgemeinen ablesen lässt. Die
Fragen, die hierbei im Vordergrund stehen, sind folgende: Welche Familienstrukturen galten als Ideal für die Vermittlung amerikanischer Werte, welche Fami-
lienstrukturen galten als dysfunktional? Welche Formen von Familie wurden als
Repräsentationen einer mexikanischen Kultur verstanden und wie wurde eine
Angleichung bzw. Abweichung von dem US-amerikanischen Ideal erklärt?

---

1   In vielen Studien wird zwischen Spanish Americans, den Nachfahren der Bewohner, die
     schon vor dem Vertrag von Guadalupe-Hidalgo 1848 und der Eingliederung der südwest-
     lichen Bundesstaaten Texas, Kalifornien, Arizona und New Mexico in die USA in diesem Ge-
     biet gelebt hatten, und Mexican Americans, Einwanderern aus Mexiko in der ersten, zweiten
     und dritten Generation unterschieden. Im praktischen Umgang und in der Repräsentation
     von kulturellen Eigenschaften wurde zwischen den beiden Gruppen spanisch-sprachiger
     Amerikaner jedoch nicht unterschieden.

Ich gebrauche den Begriff der Repräsentation nach dem französischen Sozialhistoriker Roger Chartier, der diese als „Klassifizierungen, Einteilungen und Abtrennungen, die der Erkenntnis der sozialen Welt als kategoriale Formen der Anschauung und Beurteilung des Realen zugrunde liegen," (Chartier 1989: 10) versteht, die in einem Diskurs nach Foucault'schem Verständnis entstehen und aus denen sich Handlungspraktiken generieren. In Bezug auf die USA wirkten in solchen Klassifizierungen immer Vorstellungen von *Race, Class* und *Gender* zusammen, so dass ich in meiner Analyse besonderen Fokus auf die Intersektionalität dieser drei Konzepte lege und frage, welche Rolle sie in Bezug auf die Repräsentation von mexikanisch-stämmigen Familien als Alterität spielten. In diesem Aufsatz geht es im Besonderen um die Kategorisierung von Familienstrukturen, die von Sozialexperten in veröffentlichten Texten vorgenommen wurden, dabei kann es sich sowohl um wissenschaftliche Studien, wie auch um Ratgeberliteratur für Sozialarbeiter und Lehrer handeln. Der Beitrag folgt der These des deutschen Historikers Lutz Raphael, der das 20. Jahrhundert als Zeitalter der Verwissenschaftlichung des Sozialen versteht, bei der „eine dauerhafte Präsenz humanwissenschaftlicher Experten, ihrer Argumente und Forschungsergebnisse in Verwaltung und Betrieben, in Parteien und Parlamenten bis hin zu den alltäglichen Sinnwelten sozialer Gruppen Klassen oder Milieus" (Raphael 1996: 166) nachweisbar war.

Die Repräsentationen von idealen und pathologischen Familienstrukturen, die Sozialexperten vornahmen, beeinflussten Handlungspraktiken von Sozialarbeitern, Medizinern und Lehrern, aber auch von politischen Entscheidungsträgern, und sie forderten Reaktionen von betroffenen Bürgerrechtsexperten heraus. Meine These ist, dass jegliche Form der Kategorisierung von Diskursen um gesellschaftliche Normen und Familienwerte abhängig war, auch wenn Zeitgenossen die Beobachtungen, auf denen ihre Arbeiten basierten, für objektiv hielten. Die Familienwerte und Normen haben sich im Laufe des 20. Jahrhunderts mehrfach gewandelt, wie die Wertewandelforschung um den amerikanischen Soziologen Ronald Inglehart für die Umbrüche um das Jahr 1968 schon festgestellt hat.[2] Während Inglehart und seine Nachfolger in der Wertewandelforschung annahmen, dass der Wandel der späten 1960er Jahre einzigartig war, gehe ich davon aus, dass sich Werte und Normen im 20. Jahrhundert mehrfach veränderten und sich schon in den 1920er und 1940er Jahren Umbruchperioden festmachen lassen. Die

---

2   Zu der soziologischen Wertewandelforschung, die einen Normen- und Wertewandel weg von materiellem Wohlergehen hin zu einer verbesserten Lebensqualität (vgl. Inglehart 1977: 3) bzw. von „Pflicht- und Akzeptanzwerten" zu „Freiheits- und Selbstentfaltungswerten" (Rödder 2008: 19) um das Jahr 1968 herum konstatiert, siehe insbesondere Inglehart 1977; Klages 1984; Rödder/Elz 2008. Zur Historisierung dieses Konzeptes und zur Anwendung auf die Familienforschung in den USA, vgl. Heinemann 2012: 16.

Ausgangsthese dieses Aufsatzes ist, dass sich gesellschaftliche Werten und Normen an der Repräsentation von Familienstrukturen, sowohl der eigenen wie auch der fremden, ablesen lassen und dass sich von dem Wandel dieser Repräsentationen auf einen Wandel von Familienwerten und -normen schließen lässt.

Es soll nun in vier Schritten nachgewiesen werden, wie sich Repräsentationen von mexikanisch-stämmigen Familien in dem Untersuchungszeitraum von 1920 bis 1970, also noch vor der von Inglehart diagnostizierten Umbruchperiode, veränderten. Der erste Abschnitt behandelt das „Cultural Deficiency Paradigm" (D. Gutierrez 1989: 283) in Expertenstudien zu den sogenannten Amerikanisierungsprogrammen um 1920, in denen davon ausgegangen wurde, dass die Einwandererfamilien aus Europa und Mexiko aufgrund von kulturellen Defiziten ihren Kindern nicht die passenden Werte vermittelten konnten, um in der US-amerikanischen Gesellschaft erfolgreich zu sein. Diese Studien forderten im Zuge des *Social Engineerings* dazu auf, besonders auf Mütter einzuwirken, da diese als diejenigen galten, die ihren Kindern Werte in Bezug auf Hygiene, Kleidung, Sparsamkeit, aber auch Staatsbürgerlichkeit vermittelten.

Im zweiten Abschnitt soll das ‚Moderne-Paradigma' nach Talcott Parsons behandelt werden, welches spanisch-sprachige Familien aufgrund ihrer hierarchischen Struktur in einer vormodernen Gesellschaft verortete. Dabei geht es vor allem um die Zusammenhänge zwischen sozio-ökonomischer Entwicklung und Familienstrukturen, aber auch um Jugendkriminalität und jugendliche Söhne als Träger moderner Lebensformen innerhalb der Familie. Moderne wird in diesem Zusammenhang als Quellenbegriff verwendet und normativ verstanden.

Thema des dritten Analyseteils ist die Vorstellung sowohl von Sozialexperten, wie auch von mexikanisch-stämmigen Bürgerrechtsaktivisten, dass Familienstrukturen als Kennzeichen für nationale Zugehörigkeit zu verstehen sei. Jegliche Akteure in diesem Diskurs gingen davon aus, dass es eine einheitliche, von sozialen Schichten und lokalen Unterschieden unabhängige amerikanische und eine mexikanische Kultur gäbe und man die Zugehörigkeit zu der jeweiligen Kultur anhand von bestimmten Lebensstilen und Handlungspraktiken ablesen könne. Diese Kultur war freilich oft nur eine Idealvorstellung, die von einer elitären Minderheit gelebt wurde. Besonders der Machismo wurde als genuines Charakteristikum einer *Mexicanidad* gesehen, während die bürgerliche Kernfamilie als Basis des amerikanischen Lebensstils und im Kontext des Kalten Krieges auch der Demokratie galt.

Erst die Chicana Feministas der späten 1960er und frühen 1970er Jahre konnten durch einen Methodenwechsel in den Sozialwissenschaften von qualitativen Interviews und teilnehmender Beobachtung hin zu quantitativen Interviews nachweisen, dass es sowohl in der US-amerikanischen Gesellschaft, wie auch unter den mexikanischen Einwandererfamilien große Unterschiede zwischen Familien-

idealen und gelebten Familienkonzepten gab. Dies ist Thema des letzten chrono-
logischen Abschnitts, so dass der Untersuchungszeitraum mit der Inglehart'schen
Wertewandelsperiode endet und nachgewiesen werden kann, dass es einen steten Wandel von Familienwerten und Normen schon vor dem eigentlichen Wertewandel gab.

2 Kulturelle Defizite und Amerikanisierung

Laut der japanischen Migrationsforscherin Yuko Matsumoto sind die Amerikanisierungsprogramme Ausdruck eines Wandels des Verständnisses von Staatsbürgerschaft. Das neue Konzept drückte sich nicht mehr allein durch die Wah-
rung von politischen Rechten und Pflichten aus, sondern wurde vielmehr zu
einem kulturellen Konzept, das Menschen mit gleichen kulturellen und moralischen Wertvorstellungen vereinte (vgl. Matsumoto 2006: 145). Für Migranten reichte es folglich nicht mehr aus, Englisch zu lernen und die amerikanische
Staatsangehörigkeit anzunehmen. Sie mussten sich auch kulturelle Normen aneignen und Werte teilen, die als amerikanisch galten. Sozialarbeiter und frei-
willige Aktivisten in staatlichen, kirchlichen oder zivilgesellschaftlichen Orga-
nisationen zielten dabei besonders auf Familien, da diese als Kerneinheiten der
Gesellschaft in ihrer Funktion der Wertevermittlung galten. So schrieb Mary S.
Gibson als Vertreterin der *California Immigration and Housing Commission* in
einem Artikel für die Zeitschrift *Survey,* der die praktische Arbeit der Behörde
erklärte: „It [the California Immigration and Housing Commission, C.R.] recognized the family not only as the social but as the educational unit" (Gibson
1926: 301).

Müttern wurde in dem *Home Teacher Program* der kalifornischen Einwande-
rungsbehörde besondere Aufmerksamkeit geschenkt, denn sie waren innerhalb
der Familie für die Kindererziehung zuständig. „Other things being equal, the
mother is the most important single factor in the training of children. Likewise,
the immigrant mother is the most important single factor in Americanization"
(Bogardus 1931: 287), so begründete Emory S. Bogardus, der Dekan der sozialwissenschaftlichen Fakultät der *University of Southern California (USC),* warum die
Amerikanisierungsprogramme vornehmlich auf Mütter abzielten.

Bogardus, der von Chicago nach Los Angeles gewechselt war, um dort ein Set-
tlement House nach Chicagoer Vorbild einzurichten, kam eine besondere Rolle in
der Verzahnung von sozialer Arbeit mit sozialwissenschaftlichem Expertentum
zu. Er förderte die Zusammenarbeit zwischen Stiftungen, die Jugendarbeit für mexikanisch-stämmige Jugendliche anboten, und seinem Forschungsinstitut an der
USC. Dabei wurden jedes Jahr Stipendien an Doktoranden vergeben, um die Ent-

wicklung der Kinder und die Qualität der Jugendarbeit zu evaluieren und die Programme zu modernisieren.

In seinen eigenen Forschungsarbeiten zum Thema Einwanderung präsentierte er mexikanische Mütter als überfordert mit einer Vielzahl von Kindern und einer irrationalen Art der Haushaltsführung:

„The Mexican women bring with them what might be called a washing-clothes attitude. They spend much time in washing clothes, often some time nearly every day. The members of the family, however, do not give attention to keeping their bodies clean. No personal hygiene attitudes have been developed" (Bogardus 1931: 306).

Wegen solcher Darstellungen, die das Verhalten der Mütter als unüberlegt und nicht rational darstellten, spricht der Historiker David G. Gutierrez von einem *Cultural Deficiency Paradigm* (D. Gutierrez 1989: 283) der Sozialwissenschaften, welche die mexikanische Art der Haushaltsführung als irrational, nicht wissenschaftlich fundiert und altmodisch beschrieben.

Für die Sozialexperten hatten Mütter die Aufgabe, Werte wie Körperhygiene und rationales Verhalten an ihre Familien zu vermitteln. Ein 1929 von der Lehrerin Pearl Idelia Ellis verfasstes Lehrbuch für mexikanische Mädchen mit dem Titel *Americanization through Homemaking* übersetzte die Lehren Bogardus' in praktische Erziehungsarbeit. Es enthielt so gut wie keine Unterrichtseinheiten in akademischen Fächern, dafür aber Lektionen in Kochen, Hutmachen, Hausdekoration und Kleinkindpflege. Besonderer Wert wurde dabei auf Körperhygiene und finanzielle Haushaltsführung gelegt, da die Armut und prekäre Wohnsituation der mexikanischen Einwandererfamilien nicht auf zu niedrige Löhne, sondern auf altmodische Einstellungen zu Sauberkeit und mangelnde Erfahrung im Umgang mit Geld zurückgeführt wurden (vgl. Ellis 1929: 31). Besonders Körperhygiene wurde dabei in einen Zusammenhang mit Staatsbürgerlichkeit gestellt. So lautete eine der wichtigsten Lektionen: „Impress it upon the girl's mind that a clean body and a clean mind are the attributes of a good citizen" (Ellis 1929: 47).

Der mexikanisch-stämmige US-Historiker George J. Sánchez geht davon aus, dass diese Art von Unterricht die mexikanischen Mädchen zu billigen Arbeitskräften, z. B. als Dienst- und Kindermädchen, als Näherinnen oder in der Lebensmittelindustrie, machen würde (vgl. G. J. Sánchez 1997: 487). Im Gegensatz dazu komme ich zu dem Schluss, dass es das Ziel solcher Unterrichtseinheiten war, den Mädchen US-amerikanische Werte und Lebensstandards zu vermitteln, die sie an ihre Kinder weitergeben sollten. Die Amerikanisierer sahen für die Mädchen nur eine Zukunft als Ehefrauen und betonten regelmäßig, dass sie die Mütter zukünftiger Staatsbürger seien. Außerdem lehnten sie Berufstätigkeit von verheira-

teten Frauen und Müttern ab, da dies zu einer Vernachlässigung der Kinder führen würde.[3]

Während die Väter neben der biologischen Reproduktion die Aufgabe hatten,
die finanzielle Versorgung der Familie zu gewährleisten, war es die Aufgabe der
Mütter, die Finanzen der Familie zu verwalten. Das bedeutete eine große Verantwortung nicht nur für die Familie, sondern für die gesamte Gesellschaft:

> „If we can teach the girls food values and a careful system of budgeting (…), we shall
> avoid much of the trouble mentioned here (e. g. children stealing out of hunger – C. R.),
> in the future. Children will not come to school then without breakfast. Employers
> maintain that the man with a home and family is more dependable and less revolutio-
> nary in his tendencies. (…) the homekeeper creates the atmosphere, whether it be one
> of harmony and cooperation or of dissatisfaction and revolt" (Ellis 1929: 31).

Müttern wurde somit nicht nur die Verantwortung für die Gesundheit und die
Ernährung ihrer Familien zugeschrieben. Sie wurden auch für Jugendkriminalität oder Arbeiterunruhen verantwortlich gemacht. Äußere Einflüsse, wie Armut
oder Diskriminierung auf dem Arbeits- und Wohnungsmarkt, wurden nicht in
Betracht gezogen. Mütter waren als Wertevermittlerinnen innerhalb der Familie
für den Erfolg oder Misserfolg einzelner Familienmitglieder in der amerikanischen Gesellschaft verantwortlich.

Dass die Mütter Amerikanisierungskurse belegen und sich im Sinne einer *Modern Domesticity* (Matsumoto 2006: 152) weiterbilden sollten, entsprach nicht
dem mexikanischen Idealbild von Familie, in dem die Frauen von der Außenwelt
isoliert waren und ihre hauptsächlichen Sozialkontakte innerhalb der Familie fanden. Die Strukturen der meisten Einwandererfamilien ließen sich irgendwo zwischen diesen beiden Idealen verordnen, zwischen dem Erhalten ihrer mitgebrach-
ten Kultur und der Assimilation aus praktischen Gründen.

Ab den 1930er Jahren gründeten sich in Texas, in Südkalifornien und im Mittleren Westen Bürgerrechtsgruppen der spanisch-sprachigen Mittelschicht, die
sich als politische Vertretung dieser Minderheit sahen und sich dafür einsetzten,
dass mexikanisch-stämmige Amerikaner als Weiße anerkannt wurden und ihre
Bürgerrechte nutzen konnten. Für Arbeitsmigranten boten sie einerseits Hilfestellung bei der Eingliederung in die US-amerikanische Gesellschaft an, und an-

---

3 Adele S. Calhoun, „Marital and Domestic Trouble – Failure to Provide," Complaint File of
   Carmen G. vs. Manuel G. (Los Angeles, Aug. 10, 1925), in: California. Dept. of Industrial Re-
   lations, Division of Immigration and Housing Records, BANC MSS C-A 194, The Bancroft
   Library, University of California, Berkeley.

dererseits versuchten sie, die mexikanische Kultur und spanische Sprache ihrer Mitglieder zu pflegen. Die Gruppierung mit der größten Reichweite war die politisch konservative *League of United Latin American Citizens* (LULAC), die 1929 aus einer Vereinigung mehrerer Bürgerrechtsgruppen in Texas hervorging. Für LULAC galten die Einbürgerung und das Erlernen der englischen Sprache als Schlüssel zum Erfolg von Einwanderern. So forderte man einerseits von seinen Mitgliedern eine politische Eingliederung in die US-Gesellschaft, andererseits sollten die mexikanische Kultur und die Sozialstrukturen in der Familie erhalten bleiben (vgl. R. Garcia, 1991: 122). In einem Ratgeberartikel der Vereinszeitschrift *LULAC News* zur Erziehung von Töchtern heißt es: „The foundation of society rests on its homes. The success of our homes rests on the wives. Therefore, first of all, teach our girls how to be successful wives" (Flores 1932: 6). Ähnlich wie in den kalifornischen Ratgebern, waren auch hier „good health, physical development, neat dress, and perfect cleanliness" (Flores 1932: 6) wichtige Lektionen. Im Gegensatz zu ersteren sollten dabei jedoch nicht Werte wie Fleiß und Rationalität im Vordergrund stehen. Stattdessen sollte ein Mädchen von klein auf folgendes lernen:

> „(T)o delight in helping others and instill constantly into their minds the necessity for sacrifice for others pleasure as a means of soul development. (…) Unselfishness, perseverance, patience, and cheerfulness must be her constant aids, and above all tact" (Flores 1932: 6).

Die hier zu vermittelnden Werte nehmen Bezug auf Mutterschaftsdiskurse in Mexiko, die hingebungsvolle Mutterschaft idealisierten, laut denen die Mutter eine Art religiös begründete Freude darin empfinden sollte, ihrer Familie selbstlos zu dienen. Im Gegensatz dazu war das amerikanische Ideal, dass die Mütter durch die Werteerziehung der Kinder ihre staatsbürgerlichen Pflichten erfüllten. In beiden Fällen wurde die Familie der Unterschicht zum Ort der Weitergabe von öffentlichen Werten, so dass Experten bzw. Aktivisten es als ihre Pflicht ansahen, als Ratgeber in die private Erziehung der Familie einzugreifen.

3 Moderne-Paradigma, Gesundheitsvorsorge und Jugendkriminalität

Der amerikanische Soziologe Talcott Parsons, der in den 1950er Jahren den Begriff der *isolated nuclear family* geprägt hatte, betonte in seinen theoretischen Ausführungen den Zusammenhang zwischen der Familienstruktur und der sozio-ökonomischen Entwicklung einer Gesellschaft. Für ihn war die isolierte Kernfamilie der Mittelschicht ein Zeichen der Moderne, da sie am besten an die Anforderungen einer industrialisierten Gesellschaft angepasst sei, während die Großfamilie ein Charakteristikum der vormodernen Dorfgemeinschaft sei (vgl. Parsons 1955: 9 ff.). In einer vormodernen Gesellschaft dominierten verwandtschaftlich geprägte Produktionsgemeinschaften die sozio-ökonomischen Strukturen. In der modernen US-amerikanischen Gesellschaft hingegen war das Hauptmerkmal der Sozialstruktur die Spezialisierung der Familie auf die Sozialisation der Kinder und den emotionalen Ausgleich der erwachsenen Familienmitglieder (vgl. Parsons 1955: 19). Diese Vorstellung wurde von der feministisch beeinflussten Soziologie seit den 1970er Jahren als ethnozentrisch und androzentrisch entlarvt (vgl. Stacey 1996: 90).

Parallel mit der Entstehung dieser Thesen in den Sozialwissenschaften begannen Sozialexperten aus verschiedenen Bereichen die in ländlichen Gebieten New Mexicos isoliert lebende spanisch-sprachige Bevölkerung unter einem Modernisierungsparadigma zu betrachten. George I. Sánchez, ein prominenter Erziehungswissenschaftler der *University of Texas* in Austin und gleichzeitig Präsident von LULAC (1941–42), untersuchte in seiner Studie *Forgotten People* von 1940, wie die spanisch-sprachigen Einwohner der Gemeinde Taos, New Mexico, räumlich und sozial isoliert von der Mehrheitsgesellschaft lebten. Die einzigen Normen und kulturellen Praktiken, die sie kannten, seien laut Sánchez die des Spaniens des 16. Jahrhunderts (vgl. G. I. Sánchez 1940: 4). Er betonte dabei bewusst die spanische Herkunft der New Mexicans, um sie als Europäer und somit in einer nach Hautfarben segregierten Gesellschaft als Weiße darzustellen. Für Sánchez war die Familie der Ort, an dem vormoderne Traditionen perpetuiert wurden und wo die Probleme der Einwohner von Taos (Taoseños), sich in der modernen Industriegesellschaft zurechtzufinden, ihren Ursprung hatten:

„Those families failed not for lack of money and of economic resources but because they were unprepared to compete under current economic stresses. The improvement of the economic level of the taoseño must be coupled with improvement in his educational level, in his health status, in his civic behavior" (Sánchez 1940: 81 f.).

In Fragen der Gesundheit wurden die spanisch-sprachigen Familien New Mexicos als besonders rückständig beschrieben, was in einem Bericht der katholischen Nonne Maria Lucia van der Eerden, die in den Jahren 1940–1944 als Missionarin eine Geburtsklinik in New Mexico mit aufgebaut hatte, deutlich wird. Sie beschreibt, wie die Geburt eines Kindes in den spanisch-sprachigen Familien als Familiensache angesehen wurde und wie sich die Familien auf traditionell ausgebildete Hebammen verließen, anstatt eine Klinik aufzusuchen. Die katholische Kirche und der Bundesstaat New Mexico waren bemüht, Geburtskliniken

einzurichten und Hebammen darin auszubilden, nicht nur die Geburt zu beglei-
ten, sondern auch der Familie Beratung über Schwangerschaft, Kinderversorgung
und babygerechte Wohnungseinrichtung zu geben. Die Familien nutzten laut dem
Bericht diese Einrichtungen jedoch nicht, was van der Eerden folgendermaßen
erklärt:

> „Spanish-Americans consider childbearing a normal physical function, but [they] lack
> a realization of the intimate connection between general health and childbearing and
> are ignorant of many of the complications and medical implications of pregnancy and
> child-birth. They thus firmly believe that the needs of the mother at this time can best
> be met almost completely through resources within the family itself" (van der Eerden
> 1948: 56).

Diese Repräsentation der mexikanisch-amerikanischen Familie zeigt sie als Hindernis zur Modernisierung der Bevölkerung im Zuge des *Social Engineering* und
als Antagonist zum Staat und besonders zur katholischen Kirche auf, die hier als
Agenten der Modernisierung auftraten.

Sánchez, der eine Doppelrolle als Sozialexperte und Bürgerrechtsaktivist ein-
nahm, forderte im Sinne des LULAC-Programms zur Verbesserung der Schul-
bildung im amerikanischen Südwesten, dass öffentliche Schulen diese Aufgaben
übernehmen sollten, für die idealerweise die Familie zuständig war:

> „Home standards in health are primitive ones, as modern health practices are not part
> of New Mexican culture (…) therefore, if the New Mexican is to be educated in the
> field of health, the school must do the job – the home and the community cannot" (G. I.
> Sánchez 1940: 79 f.).

Die Familie wurde bei Sánchez als unzureichend in der Vermittlung von kapitalistischen Werten und modernen Gesundheitspraktiken beschrieben und als Hindernis zum Erfolg in einer modernen Gesellschaft, so dass öffentliche Institutionen ihre Aufgaben übernehmen mussten.

Im Auftrag des Landwirtschaftsministeriums in Washington verfassten die Soziologen Olen Leonard und Charles Loomis 1941 eine vergleichende Studie über
die Effekte der New Deal Programme in ländlichen Gemeinden, unter anderem
über die Gemeinde El Cerrito, New Mexico. Die spanisch-sprachigen Jugendlichen von El Cerrito wurden durch die Regierungsprogramme an die Konsum-
gesellschaft herangeführt und ihnen sollten Werte, wie Fleiß, Strebsamkeit und
Geschäftstüchtigkeit durch ihre Teilnahme an Ausbildungsprogrammen der *National Youth Administration* (NYA) und den *Civilian Conservation Corps* (CCC)
vermittelt werden, mit folgendem Resultat:

„They became accustomed to better living conditions and to having a certain amount of cash to spend for their own benefit and pleasure. After a year or two of this they are less satisfied to return to the village, where amusement and recreation is local and where cash to spend is almost impossible to earn" (Leonard/Loomis 1941: 33).

Laut Leonard und Loomis blieben die Väter im Gegensatz zu den Jugendlichen in einer patriarchalen Gesellschaft verortet, in der homosoziale Loyalitäten gegenüber den anderen Männern im Dorf und der Großfamilie wichtiger seien als Treue und moralische Vorbildfunktion innerhalb der Kernfamilie. So seien Untreue gegenüber der Ehefrau und Trunkenheit weniger schlimme Vergehen als verweigerte Nachbarschaftshilfe (vgl. Leonard/Loomis 1941: 19).

Während in Studien der Zwischenkriegszeit die Rolle der Frau als Wertevermittlerin in der mexikanisch-amerikanischen Familie in den Expertendebatten im Vordergrund gestanden hatte, wurde nun vermehrt die Rolle des Vaters als moralisches Vorbild diskutiert, was mit der These von Ralph la Rossa übereinstimmt, dass im Kontext des Zweiten Weltkriegs der Rolle der Väter mehr Bedeutung zugemessen wurde, da männlich konnotierte Werte wie Ehre, Mut und Kampfbereitschaft eine höhere Bedeutung erlangten (vgl. La Rossa 1997: 192). Gleichzeitig rückte in den Betrachtungen der mexikanisch-amerikanischen Familien ihre Struktur in den Vordergrund, die durchgehend als hierarchisch und patriarchal beschrieben wurde. Der Aufbau der Familie wurde als Grund angesehen, warum die mexikanisch-stämmige Familie, anders als die anglo-amerikanische, dysfunktional in der Vermittlung von Modernisierung und kapitalistischen Werten sei. So schrieb die katholische Nonne Francis Jerome Woods, die sich in einer Forschungsarbeit an der *Catholic University of America* mit der mexikanisch-stämmigen Gemeinschaft in San Antonio, Texas beschäftigt hatte:

„This attitude toward money and work is related to the paternalism which has been called ‚one of the basic facts of Mexican relationships,' for only ‚under a patriarchal régime can one laugh and be happy and live without money. In a patriarchal society the man is recognized as ‚lord and master' and his authority is unquestioned" (Woods 1949: 25).

Die Zitate im Text von Woods stammen aus ethnologischen Studien der 1920er Jahre, die sich mit der ländlichen Gesellschaft in Mexiko beschäftigten, deren Erkenntnisse ohne kritisches Hinterfragen auf eine zwanzig Jahre später in einer amerikanischen Großstadt lebende Bevölkerungsgruppe übertragen wurden.

Während die Väter einer vormodernen Gesellschaft zugeordnet wurden, galten die Söhne als diejenigen, die zwischen zwei Gesellschaften standen. Diese wurden besonders in Bezug auf Jugendkriminalität betrachtet, dem neben der Gesundheit wichtigsten Anliegen der Sozialstudien. Besonders in Los Angeles, Chicago und Detroit verursachte die hohe Kriminalitätsrate nach dem Ausbruch der *Zoot Suit Riots* (Straßenschlachten zwischen Soldaten und mexikanisch-stämmigen Jugendlichen in L. A., 1943) große Sorgen in der Öffentlichkeit. Laut dem Detroiter Soziologen Norman D. Humphrey war die Ursache für Jugendkriminalität eine Veränderung der Hierarchie innerhalb der Familie, die Söhne zu Lehrern ihrer Eltern in der Frage des amerikanischen Lebensstils machte (vgl. Humphrey 1944: 625). Lyle Saunders, der an der *University of Colorado* über Gesundheitspraktiken von Mexican Americans forschte, stellte die These auf, dass für die Jugendlichen der zweiten Einwanderergeneration einerseits die traditionellen Kontrollmechanismen der patriarchalen Gesellschaft wegfielen, und andererseits die Kontrollmechanismen der modernen US-Gesellschaft noch nicht galten (vgl. Saunders 1954: 58).

Ein wichtiges Anliegen der Sozialstudien der 1940er und 1950er Jahre war ihre praktische Umsetzung in der Sozialarbeit. Die mit dem oben zitierten Emory S. Bogardus zusammenarbeitende *All Nations Foundation* richtet eine Jugendgruppe ein, mit dem Ziel, die Jugendkriminalität in Los Angeles zu verringern. Dort sollten mexikanisch-stämmige Jugendliche Werte wie Fairness, Strebsamkeit, Geschäftstüchtigkeit und Hygiene lernen und das Gelernte an ihre Familien weitergeben. In einer Fotoserie über die Einrichtung mit dem Title „How a Boys' Club Builds Men" im *LOOK Magazine* von 1947 wurde der Tagesablauf des 17-jährigen Clubmitglieds Al Ceniceros vorgestellt und gezeigt, wie er lernt zu boxen, ein Radio zu bauen und an einer Gesundheitsuntersuchung teilnimmt. Das letzte Bild stellt dar, wie Al mit seiner Mutter und seinen zwei jüngeren Geschwistern in einem spärlich eingerichteten Wohnzimmer sitzt und ihnen von seinen Lektionen in Sachen Hygiene und Geschäftstüchtigkeit berichtet, der Vater ist in der gesamten Bildgeschichte nicht anwesend (Schloat/Terrell 1947: 4). Somit waren nicht mehr die Mütter, sondern die Söhne diejenigen, die Aspekte von Modernisierung, wie etwa die englische Sprache, Kleidungsstile, aber auch Hygiene in die Familie hineinbringen sollten. Väter waren in solchen Darstellungen oft abwesend, so dass die ältesten Söhne eine Vorbildfunktion für ihre jüngeren Geschwister einnahmen. Den Müttern wurde, anders als in der Zwischenkriegszeit, nur noch die Rolle der isolierten Hausfrau zugebilligt, die von allen Familienmitgliedern den geringsten Anteil an der Modernisierung der Familie hatte.

4   Familie als Kennzeichen kultureller Zugehörigkeit

Während sich das um Sánchez entstandene Netzwerk an Forschern, dem unter anderem die oben zitierten Saunders und Loomis zugehörig waren, darum bemühte, die Strukturen spanisch-sprachiger Familien in ihren Arbeiten als Produkte ihrer Lebensumstände in den USA darzustellen, entstand mit dem Hidalgo-Projekt von William Madsen eine gegensätzliche Forschungsströmung, die Familienstrukturen als Teil eines kulturellen Erbes bzw. als Kennzeichen einer kulturellen Zugehörigkeit interpretierte. Dabei konstruierten diese Studien die mexikanisch-stämmige Familie als in ihrer Struktur gegensätzlich zu dem oben beschriebenen Ideal Talcott Parsons, wie es Madsen in dem eingangs genannten Zitat aufzeigt:

„The conflict between Anglo and Mexican-American values is nowhere more pronounced than in the different concepts of the family held by the two ethnic groups. The Anglo democratic family with its concept of female equality violates Mexican-American ideals" (Madsen 1961: 17).

Die mexikanische Sozialisation innerhalb der Familie wurde in solchen Studien als gegensätzlich zur amerikanischen Sozialisation angesehen, die Werte vermittelte, die im Widerspruch zu denen der Mehrheitsgesellschaft standen. So beschreibt eine Studie von John Burma, die als sehr oberflächlich rezensiert, aber dennoch unkritisch zitiert wurde[4]:

„Moreover, in Mexico the pattern is to release the boy from controls when he is sixteen, so that he may become a man; this means sex, alcohol, and possibly some violence. In the old country it was assumed the boy would have his fing, get it out of his system, and settle down. Here he is considered a delinquent and sent to a training school, despite his parents' protests that he is not a bad boy" (Burma 1954: 117).

Werte, die laut diesem Zitat in Mexiko und in mexikanischen Einwandererfamilien die hegemoniale Form der Männlichkeit ausmachten, wie sexuelle Aktivität, Aggression und Alkoholkonsum, galten in den USA als kriminelles Verhalten. Dieser Meinung waren jedoch nicht alle Sozialexperten, die sich mit Mexican

---

4   Siehe Rezensionen von George I. Sánchez und Julian Samora im privaten Nachlass von George I. Sánchez: George I. Sánchez Papers, Benson Latin American Collection, General Libraries, The University of Texas at Austin; als Beispiel für Arbeiten, die Burmas Erkenntnisse unkritisch übernehmen, siehe Clark 1959: 140.

Americans beschäftigten. Der oben zitierte George I. Sánchez, der als Gutachter
der Hoggs Foundation für das Hidalgo Projekt auftrat, warnte in einem ersten
Gutachten:

> „I would caution against generalizing – both as to conclusions and as to assumptions.
> The so-called Mexican-American is, biologically and culturally, highly heterogeneous –
> a biological and cultural complex that defies description and definition."[5]

In einem Brief an den Stiftungspräsidenten Robert L. Sutherland nach der Veröffentlichung der ersten Publikation, bat Sánchez diesen sogar, seinen Namen
nicht mit dem Projekt in Verbindung zu bringen, da, anders als in der Publikation beschrieben, elterliche Kontrolle über ihre Kinder oder fremdgehende Männer „characteristics common to the human race" seien, in der Studie aber dargestellt wurden, als „directly or by implication, made special characteristics of the
Mexican-Americans."[6] Trotz dieser Kritik blieb es bei Verallgemeinerungen in der
Repräsentation von Mexican Americans durch Sozialexperten. Im Kontext des
Kalten Krieges folgten viele Sozialexperten der Annahme, dass die egalitäre Familie ein „bulwark against communism" (Tyler May 1999: 19) sei. Demnach konnte
den Kindern nur in einer Familie, in der egalitäre Entscheidungsfindungsprozesse
vorherrschten, staatsbürgerliche Werte und ein Verständnis von Demokratie ver-
mittelt werden. Familien, in denen konträre Werte vermittelt wurden, waren eine
Gefahr für die Demokratie, der nur mit Assimilation entgegen zu wirken war, wie
Madsen in der Abschlussstudie des Hidalgo-Projektes 1964 aufzeigt:

> „The Anglos believe that equality in the home and self-advancement are necessary to
> maintain the American ideals of freedom, democracy and progress. Mexican-Ameri-
> cans believe that putting family above self is necessary to fulfill the will of God. In the
> process of acculturation, the Anglo ideal of the democratic family is slowly breaking
> down the Latin family, which is the main stronghold of La Raza" (Madsen 1964: 46).

Auch hier wurde wieder die katholische Religion, die aufgrund der Kirchen-
struktur als undemokratisch galt, als das Prinzip beschrieben, auf dem das mexikanische Familienideal beruhte, während die US-amerikanische Familie demokratische Prinzipien widerspiegelte. Die Familienstruktur war dabei nicht nur

---

5   Siehe Gutachten von George I. Sánchez an Wayne H. Holtzman (Hoggs Foundation)
    (12.04.1957): George I. Sánchez Papers, Benson Latin American Collection, General Librar-
    ies, The University of Texas at Austin.
6   Siehe Brief von George I. Sánchez an Robert L. Sutherland (02.08.1963): George I. Sánchez
    Papers, Benson Latin American Collection, General Libraries, The University of Texas at
    Austin.

Ausdruck einer kulturellen Gegensätzlichkeit zwischen den USA und Mexiko, sondern auch Kennzeichen von Assimilation. Je egalitärer die Familienstrukturen, desto angepasster an die amerikanische Kultur galt eine einzelne Familie. Jedoch waren laut Burmas Studie selbst in der zweiten oder dritten Generation die Familien noch nicht komplett assimiliert:

> „Even where second- or third-generation families have acquired such Anglo patterns as the egalitarian family and the limiting of family size, the large-family feeling, the designation of godparents, strictness with girls, and considerable intra-family visiting continue to play a significant role." (Burma 1954: 85)

Neben der Struktur war die Größe der Familie ein wichtiges Erkennungsmerkmal des Grades der Assimilation einer Familie. Die ideale Größe der anglo-amerikanischen Kernfamilie waren zwei bis drei Kinder, weswegen spanisch-sprachige Familien mit bis zu 12 Kindern seit dem 19. Jahrhundert als zu groß galten. Eine hohe Kinderzahl war seit den 1920er Jahren problematisch für Sozialarbeiter, da Mütter in solchen Konstellationen nicht jedem Kind genügend Aufmerksamkeit widmen konnten, um es nach modernen Standards zu erziehen. Außerdem spielten eugenische Argumente eine wichtige Rolle, die mexikanisch-stämmige Mütter als überfruchtbar beschrieben und Befürchtungen äußerten, durch eine erhöhte Geburtenrate könne die weiße Bevölkerungsmehrheit im Südwesten schwinden (vgl. E. Gutierrez 2008: 11).

Alle Familien, die in ihrer Struktur dem Ideal der *isolated nuclear family* nicht ähnelten, galten im Diskurs der 1950er Jahre als dysfunktional in der Wertevermittlung, egal ob sie einer hierarchischen Struktur des Patriarchats folgten, oder es sich um alleinerziehende afro-amerikanische Mütter handelte. Zusammen mit dem Aufschwung der Psychoanalyse, die Kindheitstraumata als Ursache für psychische Auffälligkeiten im Erwachsenenalter ansah, entstanden Thesen wie Oscar Lewises „Culture of Poverty" oder Patrick Moynihans „Tangle of Pathology", die von der gesellschaftlichen Norm abweichende Familienstrukturen und -werte als Ursache für Armut betrachteten. Lewis, der zu seinen Thesen zur „Culture of Poverty" durch teilnehmende Beobachtung in den Slums von Mexico City gelangt war, ging davon aus, dass eine von Armut und konträren Wertvorstellungen geprägte Subkultur, in der Familien falsche Werte an ihre Kinder weitergaben, die Ursache von Armut in einer industriellen Gesellschaft sei (Lewis 1973: 413). In Bezug auf Unterschichten in den USA wurden afro-amerikanische Familien aufgrund der Dominanz alleinerziehender Mütter als problematisch angesehen, während in mexikanisch-stämmigen Familien die Dominanz der Väter und die gleichzeitige Schwäche der Mütter als Ursache für mangelnde soziale Mobilität in der US-Gesellschaft galt. Der Soziolinguist Fernando Peñalosa benutzte die Begriffe

Machismo[7] und Guadalupanismo, um eine Art mexikanischen Ödipuskomplex zu beschreiben, der sich von Generation zu Generation perpetuierte. So beschreibt er, wie ein Junge durch das ambivalente Verhalten seiner Mutter ihm gegenüber zum Macho wird:

„Since the mother sees another macho in the making, however her attitude towards the boy is ambivalent (...) The subconscious longing for the mother is said to be expressed in adulthood not infrequently in alcoholism and in the phenomenon of guadalupanismo (highly emotional, devout veneration of the Virgin of Guadalupe)" (Peñalosa 1968: 687).

Dieser junge Mann würde sich selbst wieder eine Frau suchen, die sich ihm unterordnet und deshalb ambivalente Gefühle gegenüber ihren Söhnen entwickelt, so dass sich diese Familienstruktur und der Alkoholismus in der nächsten Generation fortsetzen würden. Da dies eine inner-familiäre Entwicklung sei, würde auch die Immigration nichts an den Strukturen ändern.

Um dieser Art der Repräsentation von Mexican Americans in den Sozialwissenschaften entgegen zu wirken, begann der in Mexiko geborene und in Berkeley ansässige Verhaltensforscher Octavio Romano, der als Doktorand selbst in dem von Madsen geleiteten Hidalgo Projekt mitgearbeitet hatte, 1968 seine eigene sozialwissenschaftliche Zeitschrift mit dem Titel *El Grito* (der Schrei) herauszugeben. Darin kritisierte er die Darstellung der Mexican Americans in den Arbeiten seines ehemaligen Projektleiters folgendermaßen:

„To summarize Madsen's views, due to their own culture Mexican-Americans are the generators of their own problems. This impedes their material advancement. Therefore, today they are just as they have always been, and they will not progress until they change completely. Thus, Madsen has equated economic determinism with cultural determinism, just as Oscar Lewis has done" (Romano 1968: 50).

Besonders kritikwürdig fand Romano die Repräsentation der Mexican Americans in allen Sozialstudien der Nachkriegszeit als ahistorisches Volk, bei dem es seit dem 16. Jahrhundert aufgrund der Religion und der mangelnden Strebsamkeit

---

7 Laut dem Soziologen Alfredo Mirandé gibt es sowohl ein positives wie auch ein negatives Verständnis von Machismo. Die positive Form besteht aus einem Ehrenkodex, der Ehre, Mut, Demut und Selbstrespekt beinhaltet, während die negative Form Machismo als eine Kompensation von Minderwertigkeitsgefühlen durch Aggressivität, Dominanz und Hypermaskulinität versteht (vgl. Mirandé 2004: 30). Die meisten Sozialexperten waren mit dem Konzept wenig vertraut und verstanden es entweder als männliche sexuelle Potenz oder als übertriebene Zurschaustellung von Männlichkeit (vgl. Saunders 1954: 214; Madsen 1964: 51).

keine Entwicklung gegeben habe. Dies sei laut Romano besonders problematisch, da die meisten der hier und bei ihm zitierten Studien als Anleitung für praktische Sozialarbeit galten (vgl. Romano 1968: 43, 48).

Auch wenn Romano selbst den Begriff Chicano erst in späteren Publikationen gebrauchte, gehört er zu der Chicano-Generation von Sozialexperten, die sich im Rahmen der allgemeinen Bürgerrechtsbewegung der 1960er Jahre sowohl als Experten als auch als Aktivisten verstanden. Bestehend aus studentischen Gruppierungen, streikenden Landarbeitern, großstädtischer Jugend der zweiten Einwanderergeneration und der eigenen *Raza Unida Party,* setzten sich die Chicanos für die Anerkennung von Bürgerrechten und mehr kommunale Selbstbestimmung der spanisch-sprachigen Bevölkerung der USA ein.[8] Die Strömung des *Cultural Nationalism* innerhalb der Bewegung, die sich selbst als kolonialisiertes Volk betrachtete und eine komplette Unabhängigkeit des Südwestens von den USA forderte, sah, ähnlich wie die von Romano kritisierten Sozialexperten, die mexikanische Familie als essentiell unterschiedlich zu der US-amerikanischen Kernfamilie an. Besonders das Konzept des Machismo, das laut den Studien von Alfredo Mirandé und Matthew Gutmann erst durch die mexikanische Populärkultur der 1940er Jahre verbreitet wurde (vgl. Mirandé 2004: 30; Gutmann 2007: 226), galt für die Chicanos als essentielles Element einer *Mexicanidad* im Gegensatz zu dem Amerikanismus der assimilationsbereiten früheren Einwanderergenerationen. Der Journalist und Aktivist Armando Rendón ging in seinem *Chicano Manifesto* von 1971 sogar so weit, den Machismo als Basis eines Chicano-Nationalismus zu deklarieren: „Macho, in other words, can no longer merely relate to manhood, but must relate to nationhood as well." (Rendón 1971: 104).

Für Rodolfo ‚Corky' Gonzales, einen ehemaligen Profiboxer und Gründer des Denverer *Crusade for Justice,* manifestierte sich der Machismo nicht nur in der Fähigkeit, seine Familie zu versorgen und ein Vorbild zu sein, sondern beinhaltete auch Kontrolle und Autorität über Frau und Kinder. Folglich würde in einer egalitären, demokratisch strukturierten Familie der Vater nicht in der Lage sein, seine Männlichkeit auszuleben. Die hierarchisch aufgebaute Familie sah Gonzales als natürlich gegeben an, im Gegensatz zu den egalitären Strukturen, die wissenschaftlich definiert und durch *social engineering* entstanden seien, wie er 1971 in einem Interview mit der marxistisch-orientierten Studentenzeitschrift *El Voz del Pueblo* erklärte:

---

8   Chicano war eigentlich eine pejorativ gebrauchte Bezeichnung für mexikanisch-stämmige Bewohner des Südwestens, die von der 2. Einwanderergeneration um 1965 als Selbstbezeichnung übernommen und in der heutigen Forschung als Begriff für die Anhänger der Bürgerrechtsbewegung der 1960er Jahre gebraucht wird. Als Überblick über die Chicano-Bewegung vgl. Montejano 2010.

„The whole thing is, you don't define what you feel for your child. I mean, you just take care of business. You don't define what you feel for your family – you protect them, you feed them. This is what we are talking about." (Garza 1971: 5).

In dem gleichen Interview schlug er vor, diese Form der Familienstruktur als politische Basis einer Chicano Nation auf dem Territorium des amerikanischen Südwestens zu nutzen. Damit spielte er einerseits auf die These Talcott Parsons an, die Kernfamilie der amerikanischen Mittelschicht sei die Basis der US-Nation, andererseits lehnte er aber ihre demokratischen Grundprinzipien ab. Im Grunde sahen sowohl die Chicanos als auch die Experten die Familie als die Basis der Gesellschaft an, jedoch war das, was sie unter einer idealen Familienstruktur verstanden, grundsätzlich anders. Für die Sozialexperten galt das Ideal der *isolated nuclear family*, an der sich jeder zu orientieren habe, während das Ideal der Chicanos die nach Alter und Geschlecht hierarchisch aufgebaute Großfamilie war. Beide Formen der Familie waren Idealtypen, während in der gelebten Realität sich die Strukturen von anglo- und mexikanisch-amerikanischen Familien aufgrund von äußeren Einflüssen mehr und mehr anglichen.

5   Wertewandel, Feminismus und methodischer Paradigmenwechsel

Ronald Inglehart postulierte die Zeit um 1968 als die Periode des Wertewandels, in der sich die Werte und Normen der US-amerikanischen Gesellschaft aufgrund des Feminismus, der Bürgerrechtsbewegung, aber auch des gestiegenen Wohlstandes fundamental wandelten und pluralistischeren Familienstrukturen mehr Akzeptanz entgegengebracht wurde. Zeitgleich begannen spanisch-sprachige Frauen als Chicana Feministas ihr Recht auf pluralistische Lebensstile und Teilhabe am öffentlichen Leben einzufordern. Sie grenzten sich einerseits von dem männlich dominierten Chicano Nationalismus aufgrund des dort vorherrschenden Sexismus ab, andererseits aber auch vom Feminismus der weißen Mittelschicht, da sie die Familie nicht nur als Ort sexueller Unterdrückung, sondern auch als Schutzraum vor rassistischer Diskriminierung verstanden (vgl. Roth 2004: 64f.).

Anders als die männlichen Aktivisten war für die Feministas der Machismo nicht die Basis ihres Nationalismus. Für die studentische Aktivistin Sandra Salazar war der Machismo keine typisch mexikanische Eigenschaft und die Unterdrückung der Frau in der Familie galt gleichermaßen für die anglo-amerikanische, wie auch die mexikanische Kultur:

„The structure of each, in fact, relegates the woman to a subservient role vis a vis [sic] the Mexican or Anglo male. Both are highly male oriented cultures intent on keeping the women in the same areas, they share the sexist insistence that the woman belongs at home and should not aspire to vocations outside motherhood" (Salazar 1971: 3).

Anstatt den Begriff Machismo für eine mexikanische Form der Männlichkeit zu gebrauchen, forderten die Chicanas den universal zutreffenden Begriff Sexismus zu verwenden. Sexismus bezeichnete die Universalität der Unterdrückung der Frau in der mexikanischen Gesellschaft, wie in jeder anderen Gesellschaft, der Begriff Machismo hingegen machte dies zu einer speziell mexikanischen Eigenschaft (vgl. A. García 1989: 223). Für sie war der Machismo keine natürliche Form der Familienorganisation, sondern ein Stereotyp, das den mexikanischen Männern von amerikanischen Sozialexperten übergestülpt worden war. Indem sie den Machismo-Begriff der Sozialexperten anzweifelten, stellten sie gleichzeitig damit auch das Ideal der *isolated nuclear family* infrage, da sie deren egalitäre Rollenverteilung als unerfülltes Ideal entlarvten. Auch für sie stand die Frage nach hierarchischen Strukturen innerhalb der Familie im Vordergrund. Anders als den Sozialexperten ging es ihnen dabei nicht um die Vermittlung demokratischer Werte, sondern um das Selbstbestimmungsrecht der Frau und Mutter über ihren Körper, den Zugang zu Verhütungsmitteln, erwerbstätiger Arbeit, Bildung und Kinderbetreuung.

Durch die Bürgerrechts- und Frauenbewegung erlangten mehr Frauen aus Minderheiten den Zugang in die sozialwissenschaftliche Forschung. Viele dieser Forscherinnen verstanden sich selbst sowohl als Wissenschaftlerinnen wie auch als Aktivistinnen und formulierten seit den 1960er Jahre neue Ziele für die Forschung über mexikanische Einwandererfamilien. Es ging ihnen darum, Mythen über Familien von der gelebten Realität zu trennen. Die gelebte Realität der Familien sollte anhand quantitativ messbarer Werte in den Studien rekonstruiert werden (vgl. Ybarra 1983: 98 f.). Vornehmlich führte dies zu einem methodischen Wandel, da an Stelle von teilnehmender Beobachtung und qualitativen Interviews die statistische Auswertung quantitativer Interviews betrieben wurde, um zu zeigen, in wie vielen Familien die von früheren Experten formulierten Ideale tatsächlich gelebt wurden. Zum Beispiel befragten Soziologen für die 1964–68 von Grebler/Guzman/Moore geleitete Studie *The Mexican American People* spanischsprachige Haushalte in Los Angeles und San Antonio in einem 18-seitigen Fragebogen unter anderem über ihre Einstellung zu Verhütung, zur Rollenverteilung bei der Kindererziehung und beim Geschirrspülen, sowie zu Entscheidungen in Bezug auf Familienurlaub und größere finanzielle Anschaffungen (vgl. Grebler/ Guzman/Moore 1970: 651). Ziel dieser Studie war es, die Kontroversen, die Lewis

und Moynihan ausgelöst hatten, mit empirischen Daten zu unterfüttern (vgl.
Grebler/Guzman/Moore 1970: 350). In einer Vielzahl ähnlicher Studien, die von
Cromwell und Ruiz 1979 zusammengefasst wurden, wurden Probanden konkret
danach befragt, welches Familienmitglied bzw. welche Familienmitglieder gemeinsam in welcher Situation Entscheidungen trafen z. B. welche Schule die Kinder besuchten, welcher Arzt aufgesucht wurde, welcher Wohnort gewählt wurde
(vgl. Cromwell/Ruiz 1979: 359). Die statistische Auswertung dieser Umfragen er-
gab, dass sich die anglo-amerikanischen und mexikanisch-stämmigen Familien
zwar in ihren Idealen und Einstellungen zu Familienwerten und gesellschaftlichen Normen, aber in alltäglichen Entscheidungen nicht signifikant unterschieden. Das wiederum widerlegte die These Williams Madsens, nach der mexikanische Migrantenfamilien in der Vermittlung von demokratischen Werten weniger
funktional seien als Familien der weißen Mittelschicht. Familien in beiden Bevölkerungsgruppen waren heterogen in ihren Strukturen und eher an äußere
Einflüsse wie Industrialisierung und Urbanisierung angepasst, als an unerfüllte
Idealtypen.

6   Fazit

Für den gesamten Untersuchungszeitraum von 1920 bis in die 1980er Jahre galt die
Familie für Sozialexperten als die wichtigste Institution der Wertevermittlung. Die
Vorstellung darüber, welche Werte idealerweise in einer Familie vermittelt werden sollten und welche Familienmitglieder hauptsächlich daran beteiligt waren,
wandelten sich jedoch mehrfach im 20. Jahrhundert. Dies zeigt, dass sich Annahmen von Sozialexperten, die sich daraus ergebenden Handlungspraktiken und allgemeiner Wertewandel in der US-amerikanischen Gesellschaft stetig gegenseitig
beeinflussten. In den 1920er und 1930er Jahren richteten Sozialexperten und Sozialarbeiter ihren Fokus auf die Mutter, da sie als die alleinige Erzieherin und Wertevermittlerin in der Familie galt. Als in den 1940er Jahren aufgrund des Zweiten Weltkrieges und des Anstiegs der Jugendkriminalität männlich konnotierte
Werte eine höhere Bedeutung erlangten, richteten sich die Handlungspraktiken
der Sozialarbeiter an jugendliche Söhne. Väter galten als Vorbilder, waren aber in
den Darstellungen von Migrantenfamilien oft abwesend. Mit dem Aufkommen
der Psychoanalyse und deren Annahme, das Kindheitstraumata die Ursache von
auffälligem Verhalten im Erwachsenenalter seien, stand die Beziehung der Familienmitglieder zueinander im Vordergrund.
   Parallel dazu spielten aber auch immer Repräsentationen von Migration allgemein eine wichtige Rolle beim Entstehen von Forschungsparadigmen: In der Zwischenkriegszeit wurde bei allen Migranten eine *cultural defiency* diagnostiziert,

was sich in den Annahmen über die defizitäre Wertevermittlung in den Einwandererfamilien ausdrückte. Das Moderne-Paradigma der 1940er Jahre ist eng mit den Thesen Talcott Parsons zum Zusammenhang zwischen der Kernfamilie und der amerikanischen Moderne verknüpft. Ab den 1950er Jahren spiegelte sich die Vorstellung, dass Amerikanismus und *Mexicanidad* komplementär unterschiedliche Konzepte waren, auch in der Hypothese wider, dass die amerikanische egalitäre Kernfamilie und die mexikanische hierarchische Großfamilie gegensätzliche Familienkonzepte waren und dass man nationale Zugehörigkeit und den Grad der Assimilation anhand von Familienstrukturen ablesen könne. Erst die Chicana Feministas der 1970er Jahre, die selbst von der Bürgerrechtsbewegung und dem Feminismus beeinflusst waren, konnten durch einen Methodenwechsel in den Sozialwissenschaften nachweisen, dass die Unterschiede zwischen anglo-amerikanischen und mexikanisch-stämmigen Familien eher in den idealtypischen Vorstellungen von Familie lagen, als in den alltäglichen Entscheidungen. Sie betonten die Rolle der Sozialexperten bei der Etablierung der mexikanisch-stämmigen Familien als defizitär. Das zeigt, dass im Zeitalter der Verwissenschaftlichung des Sozialen, immer allgemeine Werte und Normen und deren Wandel Einfluss auf die Arbeit von Sozialexperten hatten, die wiederum Handlungspraktiken von Sozialarbeitern generierten und damit die jeweiligen Normen- und Wertevorstellungen in die Familien hineintrugen und in gewisser Weise einen Wandel mit erzeugten. Repräsentationen, Diskurse und Handlungspraktiken standen folglich in einer stetigen Wechselbeziehung zueinander, so dass sich sowohl Annahmen darüber, welche Werte in Familien vermittelt werden sollten, wie auch über die Art der Vermittlung, stetigen Wandlungsprozessen unterworfen waren.

Literaturverzeichnis

Apple, Rima D. (Hrsg.) (1997): Mothers & Motherhood. Readings in American History. Columbus: Ohio State University Press

Bogardus, Emory S. (1931): Attitudes and the Mexican Immigrant. In: Young/Bernard (1931): 291–327

Burma, John Harmon (1954): Spanish-speaking Groups in the United States. Durham, N. C.: Duke University Press

Chartier, Roger (1989): Die unvollendete Vergangenheit. Geschichte und die Macht der Weltauslegung. Berlin: Wagenbach

Clark, Margaret (1959): Health in the Mexican-American Culture. A Community Study. Berkeley: University of California Press

Cromwell, Ronald E./Ruiz, Rene A. (1979): The Myth of the Macho Dominance in Decision Making Within Mexican and Chicano Families. In: Hispanic Journal of Behavioral Sciences 1. 1979. 355–373

Ellis, Pearl Idelia (1929): Americanization Through Homemaking. Los Angeles: Wetzel Publishing Co.

Flores, J. Reynolds (1932): How to Educate Our Girls. In: LULAC News 2. Dezember 1932. 6

Garcia, Alma M. (1989): The Development of Chicana Feminist Discourse. 1970–1980. In: Gender and Society 3. 1989. 217–238

Garcia, Richard A. (1991): Rise of the Mexican American Middle Class. San Antonio, 1929–1941. College Station: Texas A&M University Press

Garza, Agustin (1971): La Voz Interview with Rodolfo ‚Corky‘ Gonzales. In: La Voz del Pueblo 2. 1971. 4–7

Gibson, Mary S. (1926): Schools for the Whole Family. In: The Survey (1 June 1926): 301

Grebler, Leo/Moore, Joan W./Guzman, Ralph C. (1970): The Mexican-American People. The Nation's Second Largest Minority. New York/London: Free Press

Gutiérrez, David G. (1989): The Third Generation. Reflections on Recent Chicano Historiography. In: Mexican Studies/Estudios Mexicanos 5. 1989. 281–296

Gutiérrez, Elena R. (2008): Fertile Matters. The Politics of Mexican-origin Women's Reproduction. Austin, TX: University of Texas Press

Gutmann, Matthew C. (2007): The Meanings of Macho. Being A Man in Mexico City. 2. Aufl. Berkeley [u. a.]: University of California Press

Heinemann, Isabel (2012): Introduction. In: Heinemann (2012): 7–28

Heinemann, Isabel (Hrsg.) (2012): Inventing the „Modern American Family": Family Values and Social Change in 20th Century United States. Frankfurt a. M./Chicago: Campus

Humphrey, Norman Daymond (1944): The Changing Structure of the Detroit Mexican Family. An Index of Acculturation. In: American Sociological Review 9. 1944. 622–626

Inglehart, Ronald (1977): The Silent Revolution. Changing Values and Political Styles among Western Publics. Princeton: Princeton University Press

Kimmel, Michael (Hrsg.) (2004): Men's Lives. 6. Aufl. Boston [u. a.]: Pearson

Klages, Helmut (1984): Werteorientierung im Wandel: Rückblick, Gegenwartsanalyse, Prognosen. Frankfurt a. M.: Campus

LaRossa, Ralph (1997): The Modernization of Fatherhood. A Social and Political History. Chicago/London: University of Chicago Press

Leonard, Olen Earl/Loomis, Charles (1941): Culture of a Contemporary Rural Community: El Cerrito, New Mexico. In: Rural Life Studies 1. 1941. 1–72

Lewis, Oscar (1966): The Culture of Poverty. In: Weaver (1973): 406–414

Madsen, William (1961): Society and Health in the Lower Rio Grande Valley. Austin, TX: University of Texas Press

Madsen, William (1964): Mexican-Americans of South Texas. New York: Holt, Rinehart & Winston

Matsumoto, Yuko (2006): Gender and American Citizenship. The Construction of „Our Nation" in the Early Twentieth Century. In: The Japanese Journal of American Studies 17. 2006. 143–163

Mirandé, Alfredo (2004): Macho: Contemporary Conceptions. In: Kimmel (2004): 28–38

Montejano, David (2010): Quixote's Soldiers. A Local History of the Chicano Movement. Austin: University of Texas Press

Parsons, Talcott (1955): The American Family. Its Relations to Personality and to the Social Structure. In: Parsons/Bales (1955): 3–33

Parsons, Talcott/Bales, Robert F. (Hrsg.) (1955): Family, Socialization and Interaction Process. New York: Free Press

Peñalosa, Fernando (1968): Mexican Family Roles. In: Journal of Marriage and Family 30. 1968. 680–689

Raphael, Lutz (1996): Die Verwissenschaftlichung des Sozialen als methodische und konzeptionelle Herausforderung für eine Sozialgeschichte des 20. Jahrhunderts. In: Geschichte und Gesellschaft 22.1996. 165–193

Rendón, Armando B. (1971): Chicano Manifesto. New York: Collier Books

Rödder, Andreas/Elz, Wolfgang (Hrsg.) (2008): Alte Werte, Neue Werte. Schlaglichter des Wertewandels. Göttingen: Vandenhoeck & Ruprecht

Romano-V, Octavio (1968): The Anthropology and Sociology of Mexican Americans. In: El Grito 2. 1968. 13–26

Roth, Benita (2004): Separate Roads to Feminism. Cambridge [u. a.]: Cambridge University Press

Salazar, Sandra (1971): Chicana Women. The Price of their Heritage. In: La Voz del Pueblo 2.1971. 3

Sánchez, George Isidore (1940): Forgotten People: A Study of New Mexicans. Albuquerque, NM: University of New Mexico Press

Sánchez, George J. (1997): „Go after the Women". Americanization and the Mexican Immigrant Woman, 1915–1929. In: Apple (1997): 475–495

Saunders, Lyle (1954): Cultural Difference and Medical Care. The Case of the Spanish-speaking People of the Southwest. New York: Russell Sage Foundation

Schloat, Warren/Terrell, Maurice (1947): How a Boys' Club Builds Men. In: Look – America's Family Magazine. August 19. 1947. 1–4

Stacey, Judith (1996): In the Name of the Family. Rethinking Family Values in the Postmodern Age. Boston: Beacon Press

Tyler May, Elaine (1999): Homeward Bound. American Families in the Cold War Era. New York: Basic Books

Valdez, Armando/Camarillo, Albert/Almaguer, Tomás (Hrsg.) (1983): The State of Chicano Research on Family, Labor, and Migration. Proceedings of the First Stanford Symposium on Chicano Research and Public Policy. Stanford, CA: Stanford Center for Chicano Research

Van der Eerden, Lucia (1948): Maternity Care in a Spanish-American Community of New Mexico. Washington D. C.: Catholic University of America Press

Weaver, Thomas (Hrsg.) (1973): To See Ourselves. Anthropology and Modern Social Issues. Glenview, IL/London: Scott, Foresman & Company

Woods, Frances Jerome (1949): Mexican Ethnic Leadership in San Antonio, Texas. Washington D. C.: Catholic University of America Press

Ybarra, Lea (1983): Empirical and Theoretical Developments in the Study of Chicano Families. In: Valdez/Camarillo/Almaguer (1983): 91–110

Young, Kimball/Bernard, Luther Lee (Hrsg.) (1931): Social Attitudes. New York: Holt

Die Autorinnen, Autoren und Herausgeberinnen

Die Autorinnen und Autoren

Bahr, Simone, 1983, M. A., Wissenschaftliche Mitarbeiterin an der Universität Osnabrück. *Arbeitsschwerpunkte:* Frühkindliche Bildung, Familienforschung, Videoanalyse.

Ecarius, Jutta, 1959, Dr. phil., Professorin für Erziehungswissenschaft, Universität zu Köln. *Arbeitsschwerpunkte:* Jugendforschung (aktuell und historisch), Familien- und Generationenforschung (aktuell und historisch), qualitative Bildungsforschung.

Fischer, Ole, 1982, M. A., Archivreferendar am Landesarchiv Baden-Württemberg, 2009–2012 Stipendiat der Doktorandenschule „Laboratorium Aufklärung" an der Universität Jena, dort 2012 Einreichung der Dissertation mit dem Titel „Macht und Ohnmacht des frommen Mannes. Religion und Männlichkeit in der Biographie Adam Struensees". *Arbeitsschwerpunkte:* Geschichte des 18. Jahrhunderts, Religionsgeschichte, Geschlechtergeschichte, Geschichte Norddeutschlands und Nordeuropas.

Gippert, Wolfgang, 1966, PD Dr. paed., Akademischer Rat a. Z. an der Universität zu Köln, *Arbeitsschwerpunkte:* Historische Bildungsforschung, Biografieforschung, Gender History.

Götte, Petra, 1968, Dr. paed., Akademische Rätin an der Universität Augsburg, *Arbeitsschwerpunkte:* Historische Bildungsforschung, Geschichte von Kindheit, Jugend und Familie, Geschichte der Jugendkriminalität und des Jugendstrafvollzugs, Historische Migrationsforschung, Biographieforschung, Fotografieanalyse.

Heinemann, Isabel, 1971, Dr. phil., Juniorprofessorin für Neuere und Neueste Geschichte an der Westfälischen Wilhelms-Universität Münster. *Arbeitsschwerpunkte:* Gesellschaftsgeschichte der USA im 20. Jahrhundert, Wissenschaftsgeschichte und Geschichte der nationalsozialistischen Umsiedlungs- und Rassenpolitik.

Kirsch, Sandra, 1973, Dr. phil., Dipl.-Päd., Wissenschaftliche Mitarbeiterin am Institut für Erziehungswissenschaft der Johannes-Gutenberg-Universität Mainz, Abteilung Allgemeine Erziehungswissenschaft. *Arbeitsschwerpunkte:* (historische) Sozialisations- und Biographieforschung, Entwicklung in Kindheit und Jugend/ Adoleszenz, Generationenbeziehungen, rekonstruktive Forschungsmethoden.

Kössler, Till, 1970, Dr. phil., Professor für die Sozialgeschichte des Aufwachsens und der Erziehung, Institut für Erziehungswissenschaft, Ruhr-Universität Bochum. *Arbeitsschwerpunkte:* Geschichte der Kindheit, Bildungsgeschichte, Historische Kommunismus- und Arbeiterforschung, Spanische und Europäische Geschichte.

Krinninger, Dominik, 1974, Dr. phil., Wissenschaftlicher Mitarbeiter am Institut für Erziehungswissenschaft der Universität Osnabrück. *Arbeitsschwerpunkte:* Empirisch gestützte Erziehungs- und Bildungstheorie, Pädagogische Familienforschung, Ästhetische Bildung.

Morgenstern, Ulf, 1978, Dr. phil., Wissenschaftlicher Mitarbeiter an der Otto-von-Bismarck-Stiftung in Friedrichsruh. *Arbeitsschwerpunkte:* Deutsche und europäische Geschichte des 19. und 20. Jahrhunderts, Elitenforschung, Universitäts- und Wissenschaftsgeschichte.

Rahn, Christina, 1969, Dipl. Soziologin, Dipl. Pädagogin, Koordinatorin des Familien-Service an der Goethe-Universität Frankfurt. Promoviert über Arbeits- und Familienbeziehungen in Familienunternehmen. *Arbeitsschwerpunkte:* Frauen- und Geschlechterforschung, (historische) Familienforschung, Körpersoziologie, Arbeits- und Industriesoziologie.

Rajkay, Barbara, 1959, Dr. phil., Mitarbeiterin am Lehrstuhl für Bayerische und Schwäbische Landesgeschichte der Universität Augsburg. *Arbeitsschwerpunkte:* Historische Familienforschung, Augsburger Stadtgeschichte, Historische Anthropologie.

Roesch, Claudia, 1984, Wissenschaftliche Mitarbeiterin in der DFG-geförderten Emmy Noether Nachwuchsgruppe „Familienwerte und Gesellschaftlicher Wandel: Die US-Amerikanische Familie im 20. Jahrhundert" an der Westfälischen Wilhelms-Universität Münster. *Dissertationsprojekt:* Debatten um Mexikanische Einwandererfamilien in den USA, 1920–1980.

Die Herausgeberinnen

Baader, Meike Sophia, 1959, Dr. phil., Professorin für Allgemeine Erziehungswissenschaft an der Universität Hildesheim. *Arbeitsschwerpunkte:* Kindheit, Jugend und Familie in der Moderne, Historische Bildungsforschung, Internationale Reformpädagogik, Religion und Erziehung in der Moderne, 1968 und die Pädagogik, Erziehung, Bildung und soziale Bewegungen, Genderforschung, Discourses on Motherhood, Gender, Diversity und Hochschule als Bildungsorganisation.

Götte, Petra, 1968, Dr. paed., Akademische Rätin an der Universität Augsburg, *Arbeitsschwerpunkte:* Historische Bildungsforschung, Geschichte von Kindheit, Jugend und Familie, Historische Migrationsforschung, Biographieforschung, Fotografieanalyse.

Groppe, Carola, 1964, Dr. phil., Professorin für Erziehungswissenschaft, insbesondere Historische Bildungsforschung an der Helmut-Schmidt-Universität (UniBw Hamburg). *Arbeitsschwerpunkte:* Historische Sozialisationsforschung, Geschichte von Familie, Kindheit und Jugend, Geschichte des Bildungssystems, Theoriegeschichte von Bildung und Erziehung.

The manufacturer's authorised representative in the EU is Springer
Nature Customer Service Centre GmbH, Europaplatz 3, 69115 Heidelberg,
Germany. If you have any concerns regarding our products, please
contact ProductSafety@springernature.com

Printed and bound by CPI Group (UK) Ltd, Croydon, CR0 4YY
24/04/2026
02096312-0006